·12·

亚洲研究丛书

亚洲的减贫奇迹
成就斐然还是未竟之业？

The Asian "Poverty Miracle":
**Impressive Accomplishments or
Incomplete Achievements?**

〔以色列〕雅克·西尔伯　万广华 / 主编
Jacques Silber & Guanghua Wan

唐　俊 / 译

社会科学文献出版社
SOCIAL SCIENCES ACADEMIC PRESS (CHINA)

本书根据爱德华·埃尔加出版公司 2016 年版本译出。

亚洲开发银行和亚洲开发银行研究院联合研究

目录
CONTENTS

作者简介

瓦莱丽叶·贝伦赫尔（**Valérie Bérenger**），法国土伦大学教授。她的研究兴趣包括社会政治学、贫穷和不平等的测量以及有关人类发展和性别问题的指标评估。她参与了多个科研项目，范围涵盖多维贫困的方法论问题、政策导向方案以及促进贫困人口经济增长的措施。

萨特亚·**R.** 查克拉瓦蒂（**Satya R. Chakravarty**），印度加尔各答的印度统计学院（Indian Statistical Institute）的经济学教授。他在众多国际知名报刊和编辑书刊上发表过关于福利问题、合作博弈理论、工业组织和数理金融学的文章，在剑桥大学出版社（Cambridge University Press）、斯普林格出版社（Springer）、圣歌出版社（Anthem Press）、Avebury 出版社等出版过著作。他是《社会福利与选择》（*Social Choice and Welfare*）的副主编，《经济不平等期刊》（*Journal of Economic Inequality*）的编辑委员会成员之一。他还担任亚洲开发银行、世界银行以及墨西哥国家社会政策评估委员会（the National Council of Social Policy Evaluation）的顾问。他于 1994 年获得了印度经济计量学会（TIES）授予的马氏奖（the Mahalanobis memorial prize），同时他也是人类发展与能力协会会员。

纳奇克塔·查托帕达伊（**Nachiketa Chattopadhyay**），印度加尔各答的印度统计学院样本和官方统计部的副教授，在众多国际知名报刊和集刊上发表过文章。

藤井智纪（**Tomoki Fujii**），新加坡管理大学经济学副教授。他的主要研究领域是经济发展和环境经济学，他在这些领域相关的顶级期刊中发表过论文。他还为包括世界银行、世界粮食计划署、亚洲开发银行在内的一些尖端的国际发展机构做过咨询。他还担任《新加坡经济评论》（*Singapore*

Economic Review）等众多国际刊物的编辑。

卡洛斯·哈拉丁（Carlos Gradín），1999 年巴塞罗那自治大学经济学博士，西班牙加利西亚维哥大学应用经济学教授，也是收入分配研究者"EQUALITAS 网络"的成员之一。他的主要研究兴趣涉及贫困、不平等、社会流动、两极分化等分配领域的问题，以及性别和族群经济学。他的研究结果发表于许多期刊，包括《经济不平等期刊》（*Journal of Economic Inequality*）、《收入和福利研究》（*Review of Income and Wealth*）、《家庭经济学研究》（*Review of Household Economic*）、《发展研究期刊》（*Journal of Development Studies*）、《区域研究》（*Regional Studies*）、《非洲经济研究》（*Journal of African Economics*）、《产业关系》（*Industrial Relations*）及其他。

勒娜·霍尔费德（Lena Hohfeld），德国发展评估研究所 DEval 的评估员。她是一名致力于研究贫困脆弱性、食品安全、性别和东南移民等方面问题的发展经济学家。她的工作经验包括曾担任汉诺威莱布尼茨大学（Leibniz University of Hanover）发展和农业经济研究所（Institute of Development and Agricultural Economics）的研究员和讲师，同时也是世界银行在缅甸和泰国的顾问。她拥有德国汉诺威大学的学历证书和经济学博士学位。

斯特凡·克拉森（Stephan Klasen），德国哥廷根大学发展经济学教授。他拥有美国哈佛大学的博士学位，曾在世界银行、英国剑桥大学国王学院、德国慕尼黑大学任职。他的研究关注发展中国家的贫困、不平等和性别问题。他是联合国发展政策委员会和政府间气候变化第五次评估报告专业委员会成员之一。

雅克·西尔伯（Jacques Silber），1975 年芝加哥大学博士，以色列巴伊兰大学荣誉退休的经济学教授，也是测量收入不平等、贫困和隔离等领域的专家，发表过 100 多篇科技论文及出版过众多书籍，其中包括《收入不平等测量指南》（*Handbook on Income Inequality Measurement*）。他是《经济不平等期刊》（*Journal of Economic Inequality*）的创始主编，同时也是《不平等、社会排斥和福利》系列丛书（*Springer*）的主编，还担任过多本学术期刊的特刊主编，并于 2011 年至 2013 年任研究"经济不平等研究（国际）协会"（ECINEQ）的主席。

赫尔曼·瓦伊贝尔（Hermann Waibel），德国汉诺威莱布尼茨大学经济管理学院发展和农业经济研究所所长，农业经济学教授。他对东南亚发展研究有 30 年的经验。他拥有德国霍恩海姆大学农业经济学博士学位，曾在位于泰国曼谷的亚洲理工学院担任副教授。他的近期研究关注贫穷的脆弱性和亚洲的农村发展。

万广华（**Guanghua Wan**），日本东京的亚洲开发银行研究院研究主任，担任过亚洲开发银行贫困/不平等项目组的首席经济学家及负责人。在进入亚洲开发银行/亚洲开发银行研究院之前，他曾在联合国担任高级经济学家，在澳大利亚和中国多所大学任教。他专攻发展经济学和计量经济学，在中国经济学研究方面多次获奖，也是成果卓著的亚洲问题专家，发表过 100 多篇专业论文，并出版过多本著作，其中两本著作曾被牛津大学出版社出版。他还担任包括复旦大学和浙江大学在内的中国十余所顶级学府的荣誉教授，他在 REPEC 最新经济学家排名中名列世界前 8%、亚洲前 4%。

前　言

————❧✦❧————

最近几十年，得益于经济快速增长，亚洲和太平洋地区在减少极端贫困（以每人每天 1.25 美元的传统贫困标准线衡量）方面成效显著。1981 年，亚洲还有 15.9 亿人处于贫困状态（即贫困率达 69.8%），而到了 1990 年，亚洲贫困人口的数量已下降至 14.8 亿（贫困率降至 54.7%）。事实上，截至 2005 年，亚洲的贫困率已经降低到 26.9%，比 1990 年下降了近一半。到了 2010 年，极端贫困率已经下降到 20.7% 以下。①

如果没有亚洲，要提前实现世界范围内的千年发展目标（MDGs）中的"全球范围内极端贫困减半"目标则几乎不可能。尽管发展中国家的整体贫困率从 1990 年的 43.1% 下降到 2005 年的 25.1%，2010 年降至 20.6%，但是，如果将亚洲排除在外，根据全球千年发展目标，贫困率要从 1990 年的 24.9% 降低到 2010 年的 20.5%。很显然，其他发展中地区的贫困率无力在 1990 年的水平基础上降低一半，更不用说联合国 2030 年可持续发展议程。

从绝对量上来看，1990 年到 2010 年，亚洲贫困人口规模下降了 7 亿4542 万，而全球仅下降了 6 亿 9347 万。因而，其他发展中地区极端贫困人口的数量实际上增加了 5195 万，这部分要归咎于人口增长。如果采用每天每人 2 美元的"一般"贫困线，情况也大致相同。亚洲的一般贫困人口在 1990 年到 2010 年下降了 5 亿 6631 万，但同一时期内，世界其他地区的一般贫困人口反而增加了 9773 万。

然而，亚洲各国极端贫困水平的下降并非步调一致。东亚的成绩尤其令

---

① 亚洲近几十年来减贫的更多数据可参见 ADB（2014）。

人印象深刻，在 20 年时间内，东亚地区的极端贫困从 1990 年的 60.2% 下降到 2010 年的 11.6%，其中中国的极端贫困人口减少了 5 亿 2764 万。中亚和西亚（39.4%）以及东南亚（31.0%）的减贫成绩也非常显著。南亚的极端贫困率下降 19.8%，太平洋岛国极端贫困率下降 10.9%。作为世界第二人口大国，这一时期印度的极端贫困人口数量减少了 4 亿 8260 万，也值得强调。

不管以每天 1.25 美元还是 2 美元的贫困线来衡量，亚洲的贫困率都出现了显著的下降，但这并不意味着贫困不再是一个重要的问题①。本书旨在阐明，一方面亚洲在减贫方面成绩斐然，另一方面仍是未竟之业。更客观来讲，亚洲的贫困问题在许多方面依然形势严峻，至少要考虑四个方面的因素。

第一个因素，1.25 美元的贫困线对亚洲和太平洋地区来说可能偏低。一方面，主要是它低估了穷人维持最低生活水平的成本。如果以 1.25 美元作为贫困线，在世界上 15 个最贫穷的国家中，只有两个是亚洲国家。此外，1.25 美元的贫困线是根据 1988～2005 年的消费数据设置的。因为消费模式在地区间并不统一，且会随时间变化，有鉴于此，应重新划分和更新贫困线。事实上，一些亚洲国家（包括中国和印度）为了便于制定相关政策，最近都提高了国家贫困线。

另一方面，在过去的 20 年里，许多研究表明，个人福利取决于相对收入和绝对收入。因此，确定贫困线时，必须考虑到相对收入，因为个人生活满意度依赖于某些相关"参照群体"的生活水平。Duesenberry（1949）曾提出类似的观点，他认为个人效用会受到其他人收入更高的负面影响。要确定相关参照群体存在一定的难度。例如，一些学者设想将工作的同事作为相关参照群体（Senik，2009），Ferrer-i-Carbonell（2005）假定年龄、教育程度和居住区等方面特征相同的人组成参照群体。也有学者采用空间基准收入方法，即调查个人生活的地区和圈子里同一种群的平均收入（Kingdon 和 Knight，2007）。

本书的第一部分的两章内容，目标在于探讨为适应亚洲新的生活标准而修改 1.25 美元贫困线的必要性，以及在确定贫困线时考虑相对收入的思路。

第二个因素，对精准扶贫非常重要，就是脆弱性问题，即是否在面对自然灾害、日益严重的气候变化、经济危机以及其他类型的冲击面前不堪一击。诸如地震、极端天气事件、工作损失、疾病等意外冲击，使那些事发前还生活富足的人们一夜之间陷入贫困的深渊，这样的案例也随处可见。近年

---

① 详情参见 ADB（2014）。

来，由自然灾害所引发的脆弱性问题无论是在发生频率还是严重程度方面都与日俱增，尤以东亚、南亚和东南亚为甚。事实上，世界上 10 个最脆弱的国家里有 7 个在亚洲。许多低收入家庭的生活水平高出极端贫困线不多，因而在一次意外的冲击之后很容易陷入贫困。然而，这在传统的贫困评估中往往遭到忽视。在亚洲，正规的保险并不多见，减贫政策应该考虑到这些脆弱性。

本书的第二部分包括三章，归纳了亚洲地区脆弱性的各项特征，其中特别强调将各种冲击或者风险纳入设置贫困线和评估亚洲贫困脆弱性的方法中。

本书的第三部分对贫困程度的评估，试图跳出传统的货币计量贫困线，考虑到福利受到多方面影响，因而贫困本质上也是多维的。这也是第三个因素。许多研究表明，货币计量方法无法全面反映个人和家庭的福利，应该予以考虑其他维度（见 Baulch 和 Masset，2003；McKay 和 Lawson，2003；Carter 和 Barrett，2006；Hulme 和 McKay，2007）。在市场"失灵"或者"失踪"时，金钱也会有一定的局限性。

许多研究表明，货币收入与人类其他方面的福利之间的相关性往往相当低（Baulch 和 Masset，2003；McKay 和 Lawson，2003；Günther 和 Klasen，2009）。非货币性的贫困通常比货币性的贫困更加持久。例如，一旦孩子发育不良，即使当个人的收入状况改善之后，这种营养不良的影响也往往是不可逆的。教育方面，也大体可以得出相似的结论，因为辍学造成人力资本的贫困，即便是将来发家致富以后也于事无补（Baulch 和 Masset，2003；Stifel 等，1999）。

然而，采取多维方法来评估贫困，并不是一项简单的任务（见 Kakwani 和 Silber，2007，2008a，2008b）。原因很多，其中之一就是意味着要选择贫困指标及其权重。联合国开发计划署（United Nations Development Programme，UNDP）推出了多维贫困指数（Multidimensional Poverty Index，MPI）。这种创造性的比较贫困法是一项有趣的尝试，它使用一种所谓的"二次分解法"（Alkire 和 Foster，2011），第一次分解定义家庭是否在一个特定维度上处于被剥夺状态，第二次分解确定一个家庭是否通过了剥夺贫困的阈值，也就是定义多维贫困。尽管尚有许多细节需要完善（Dotter 和 Klasen，2014），但计算亚洲特别版的 MPI 还是可行的，即便亚洲内部的差异很大决定了这不会是一个简单的任务。本书第三部分的两章试图呈现亚洲多维贫困的相关例证。

第四个因素，由于近几十年来亚洲贫困水平空前下降，调查这种福利的提高是否惠及所有人，或者经济机会是否与性别、种族、民族等特征挂钩，也同样重要。这一问题因亚洲地区存在较大的种族多样性而显得意义重大。因此，我们预测居住在偏远地区的亚群体大多是弱势群体，他们在获得适当的教育和基础设施时长期被排斥在外，在劳动力市场上遭受种族隔离和工资歧视。评估族群贫困差异的程度至关重要，对于希望缩小这种差距的政策制定者来说是最高关切，也是本书第四部分的主题，仅有论述亚洲国家的贫困和族群问题的一章。

各章简介

本书的第一章题为"亚洲贫困线：问题与方案"。作者 Stephan Klasen 从亚洲独特的经济现状来考察发展亚洲版的贫困线是否有利于弥补 1.25 美元贫困线的一些缺点。作者回顾了确定亚洲版贫困线的各种方法，包括根据亚洲国家的贫困线扩展而来的亚洲版国际收入贫困线（运用购买力平价调整后的美元）。他的基本建议是，利用国家货币制定的国家贫困线来取代购买力评价调整美元的贫困线，更适用于亚洲。Klasen 认为，在制定贫困线时，考虑相对贫困也非常重要，这反映了亚洲社会崛起的愿望。最后，Klasen 还讨论了设置亚洲版多维贫困指数的可能性，这一指数考虑了亚洲社会的特定生活条件。

第二章的标题是"视参照群体确定贫困线：某些亚洲国家贫困程度的影响"。作者 Satya R. Chakravarty、Nachiketa Chattopadhyay 和 Jacques Silber 一开始提出并定义了一个"混合贫困线"，这是一条对绝对贫困线（比如每天 1.25 美元）和参照收入（比如收入的平均值或者中位数）进行加权平均后的贫困线。接着，他们运用"混合贫困线"，计算了亚洲不同国家和地区的贫困规模。他们依据绝对贫困线和参照收入的相关权重，对不同的情景进行了检验。他们还选定了一条每天 1.45 美元（比 1.25 美元要高）的绝对贫困线对贫困的影响进行了分析，这条阈值线看上去更适合亚洲的案例。本章对所涉及的国家和地区的不同情境进行了检验，评估了贫困率、收入贫困差距和贫困人口的平均收入。

第三章、第四章、第五章是本书的第二部分，从不同视角检验亚洲的脆弱性。第三章主题为"关于贫困脆弱性及其他问题的概念和测量：文献综述"。Tomoki Fujii 回顾了脆弱性方面与日俱增的文献。他首先归纳了脆弱性在文献中的各种概念，即福利主义、贫困预期与公理化方法。然后，他回顾了一些有关亚洲贫困脆弱性的实证研究，尤其是在中国。最后，作者简要评论了其他领域的脆弱性研究，如气候变化、非货币支出（如营养支出）等方面的脆弱性。本章最后讨论了脆弱性分析的部分政策含义。

第四章标题为"测量脆弱性对贫困规模的影响：一种实证研究的新方法"。Satya R. Chakravarty、Nachiketa Chattopadhyay、Jacques Silber 和 Guanghua Wan 等人检验了根据脆弱性的程度确定贫困线的可能性。其基本思路是在存在脆弱性的情况下，修订后的贫困线能够使个人效用在当前贫困线和调整后贫困线下一致。运用脆弱性加法模型的结果表明，如果效用函数被假定为具有绝对恒定的风险厌恶，那么修订后的贫困线就是当前贫困线的简单的、绝对的放大而已。另外，在脆弱性乘法模型中，假设相对风险规避程度恒定不变，修订后的贫困线就是当前贫困线的简单的、相对的增加。由于不确定性起到核心作用，本章中有一节专门评估不确定收入这一干扰变量。最后，本章对亚洲多数国家的案例进行了详细的实证阐述。

第五章标题为"气候变化与贫困脆弱性：印度尼西亚农村的实证分析"，Tomoki Fujii 近距离考察了气候变化对脆弱性的影响。更确切地说，由于人类活动造成的气候变化可能会导致海面温度上升、海平面升高，剧烈的极端天气和气候事件及其他现象频发。作者调查了气候变化如何潜在地影响贫困脆弱性。他的分析以印度尼西亚的面板数据为基础，重点放在干旱和洪涝这两大当地最常见灾害的影响方面。Tomoki Fujii 的仿真结果表明，气候变化导致的贫困脆弱性在印度尼西亚可能会大幅度增加。

第六章和第七章是本书的第三部分，讨论以多维方法研究亚洲贫困问题的必要性。在标题为'运用定序变量测量三个东南亚国家的多维贫困"的一章中，Valérie Bérenger 利用了最新在定序变量计量基础上改进的贫困测量方法，考察了柬埔寨、印度尼西亚和菲律宾三个国家贫困的演变。在本章中，她还比较了 Alkire 和 Foster（2011）提出的多维贫困指数与由 Chakravarty 和 D'Ambrosio（2006）和 Rippin（2010）等人提出的方法以及 Aaberge 和 Peluso（2012）等提出，Silber 和 Yalonetzky（2013）加以扩展的方法，并发现这些方法的优势在于对人际间贫困规模的分布比较敏感。Bérenger 的实证分析是以柬埔寨 2000 年、2005 年和 2010 年的，印度尼西亚 1997 年、2003 年和 2007 年的，菲律宾 1997 年、2003 年和 2008 年的人口和健康调查为基础，分析的重点放在了教育、健康和生活水平方面的贫困上。

第七章的主要内容涉及多维贫困问题，由 Hermann Waibel 和 Lena

Hohfeld 撰写，标题为"贫穷与营养：泰国和越南农村家庭的案例研究"。泰国和越南的货币化减贫成效非常显著，本章分析了营养与贫困的联系。这两个新兴市场经济体目前的贫困率低于10%，而且还会进一步降低。尽管收入贫困的降低令人印象深刻，作者还是质疑这两国人民（尤其是儿童）的营养状况是否也随之有相应的改善。他们得出结论，营养不良仍然是越南和泰国都面临的难题，两国儿童的体重不足率分别为27%和19%，远高于传统的贫困率。作者调查了影响营养支出的因素后，发现尽管贫困和收入会影响到营养支出，但是其他如母亲的身高、教育、迁移和卫生条件等也是重要的影响因素。作者的结论是，即使在高增长的假设前提下，不久的将来仅靠收入增长将无法减少营养不良。

本书的第四部分即第八章，论述贫困及通常所谓的"横向不公平"问题。本章的标题为"亚洲国家的贫困和族群"，由 Carlos Gradín 撰写。作者根据健康和人口调查的数据，比较了某些亚洲国家的弱势族群贫困高发生率的程度和状态。作者首先评估了代表经济地位的综合财富指数，然后分析了不同国家和族群之间的绝对贫困和相对贫困水平的差距量级，接着作者运用以回归为基础的反事实分析，比较了将弱势群体置于优势群体的分布之中后仍然保留的贫困差距之间的实际差异。这一实证调研的结果显示，族群贫困差距的程度、演化和状态在不同国家之间存在着较大的差异。如在尼泊尔、巴基斯坦和印度，族群贫困差距高达50%以上。族群弱势群体之所以更为贫困，主要是因为在教育（如在印度、尼泊尔和巴基斯坦）方面长期的、持续的不平等，或者地区发展差异（如在菲律宾），又或者持久的城乡差距（如在巴基斯坦）。

2013 年 8 月 18 日，诺贝尔奖获得者阿玛蒂亚森（Amartya Sen）在接受《预测》杂志的采访中，强调了如下观点：

> 要判断一个国家的作为不能只看人均收入。印度的人均收入曾经比孟加拉国高50%，现在要高出100%。但是同一时期，……如在20世纪90年代初，印度的人口生命预期比孟加拉国要高出3岁，而现在印度人口的生命预期要比孟加拉国低出3~4岁。印度现在的人口生命预期是65岁到66岁，孟加拉国是69岁。疫苗接种率：印度是72%，孟加拉国则接近95%。男女入学的比率也存在类似的情形。所以我们要在所有这些方面考察国家的能力，即引领健康的、受教育的、安全的生

活（疫苗就是使人对某些可预防的疾病产生免疫能力），培养男女都具备读写的能力。

保障和拓展人的能力是政策制定的核心思想……人的能力的重要性不仅在于其本身，人的能力拓展还是亚洲经济保持可持续发展的经典方式之一。这一理念始于日本明治维新之后，日本人认识到"我们日本人与欧洲人或者美国人并没有什么不同，落后的唯一原因在于我们没有像他们那样受到良好的教育"，于是，日本大力普及教育，进而广泛推动医疗保健。他们发现，健康且受过教育的人是经济增长的有力保障。①

这篇长引文意在说明我们选择本书主题的一些思考。很显然，就减贫而言，大多数亚洲国家成绩斐然，但仍需努力。

参考文献

Aaberge, R., and E. Peluso (2012), 'A counting approach for measuring multi-dimensional deprivation', Discussion Paper No. 700, Research Department, Statistics Norway.

Alkire, S., and J. Foster (2011), 'Counting and Multidimensional Poverty Measurement', *Journal of Public Economics*, **95** (7–8), 476–87.

Asian Development Bank (ADB) (2014), *Key Indicators for Asia and the Pacific 2014*, Manila: Asian Development Bank.

Baulch, B. and E. Masset (2003), 'Do monetary and nonmonetary indicators tell the same story about chronic poverty? A study of Vietnam in the 1990s', *World Development*, **31** (3), 441–53.

Carter, M. and C. Barrett (2006), 'The economics of poverty traps and persistent poverty: an asset-based approach', *Journal of Development Studies*, **42** (2): 178–99.

Chakravarty, S. and C. D'Ambrosio (2006), 'The measurement of social exclusion', *Review of Income and Wealth*, **52** (3), 377–98.

Derbyshire, J. (2013), 'Prospect interviews Amartya Sen', *Prospect Magazine*, 18 July.

Dotter, C. and S. Klasen (2014), 'The Multidimensional Poverty Index: achievements, conceptual and empirical issues', UNDP Human Development Report Office, Occasional Paper, December.

---

① Jonathan Derbyshire 采访诺贝尔奖获得者、著名经济学家阿玛蒂亚森的完整版本刊载于《预测》（*Prospect Magazine*）2013 年 8 月刊，http：//www. prospectmagazine. co. uk/magazine/prospect – interviews – amartya – sen – the – full – transcript – jonathan – derbyshire。

Duesenberry, J. (1949), *Income, Savings, and the Theory of Consumer Behavior*, Cambridge, MA: Harvard University Press.

Ferrer-i-Carbonell, A. (2005), 'Income and well-being: an empirical analysis of the comparison income effect', *Journal of Public Economics*, **86** (1), 43–60.

Günther, I. and S. Klasen (2009), 'Measuring chronic non-income poverty', in T. Addison, D. Hulme, and R. Kanbur (eds), *Poverty Dynamics: Interdisciplinary Perspectives*, Oxford: Oxford University Press.

Hulme, D. and A. McKay (2007), 'Identifying and measuring chronic poverty: beyond monetary measures?', in N. Kakwani and J. Silber (eds), *The Many Dimensions of Poverty*, New York: Palgrave Macmillan.

Kakwani, N. and J. Silber (eds) (2007), *The Many Dimensions of Poverty*, New York: Palgrave Macmillan.

Kakwani, N. and J. Silber (eds) (2008a), *Quantitative Approaches to Multidimensional Poverty Measurement*, New York: Palgrave Macmillan.

Kakwani, N. and J. Silber (eds) (2008b), 'Introduction to the special issue on multidimensional poverty analysis: conceptual issues, empirical illustrations and policy implications', *World Development*, **36** (6), 987–91.

Kingdon, G. and J. Knight (2007), 'Community, comparisons and subjective well-being in a divided society', *Journal of Economic Behavior and Organization*, **64** (1), 69–90.

McKay, A. and D. Lawson (2003), 'Assessing the extent and nature of chronic poverty in low income countries: issues and evidence', *World Development*, **31** (3), 425–39.

Rippin, N. (2010), 'Poverty severity in a multidimensional framework: the issue of inequality between dimensions', Discussion Paper No. 47, Courant Research Centre, Georg-August-University Göttingen.

Senik, C. (2009), *Income Distribution and Subjective Happiness: A Survey*, Paris: OECD.

Silber, J. and G. Yalonetzky (2013), 'Measuring Multidimensional Deprivation with Dichotomized and Ordinal Variables', in G. Betti, and A. Lemmi (eds), *Poverty and Social Exclusion: New Methods of Analysis. Routledge Frontiers of Political Economy*, London and New York: Routledge.

Stiffel, D., D. Sahn and S. Younger (1999), 'Inter-temporal changes in welfare: preliminary results for nine African countries', CFNPP Working Paper No. 94, Cornell University, Ithaca, NY.

第一部分

亚洲有特定的贫困线吗？

第一章

———— ❖ ————

亚洲贫困线：问题与方案

斯特凡·克拉森（Stephan Klasen）[*]

1.1　引言

当我们使用国际收入贫困线（每人每天 1.25 美元）这一广泛使用的标准进行衡量时，亚洲的贫困现象在近几十年来急剧下降。事实上，亚洲在降低绝对收入贫困上迅速取得成就，很大一部分要归功于第一个千年发展目标（简称 MOD）提前四年完成，这一目标旨在使绝对贫困发生率在 1990～2015 年降低一半。该目标的实现依靠亚洲经济体中众多人口大国（特别是中国、印度尼西亚以及越南）的飞速发展，并且还推动了撒哈拉沙漠以南非洲国家较慢的减贫进程（Chen 和 Ravallion，2013）。

即使有了这些进步，现在就宣布在亚洲减贫战线上取得胜利还为时尚早，主要有以下几个原因。第一，许多亚洲国家的减贫成就还很脆弱，贫困的脆弱性还很高（Klasen 和 Waibel，2013，2014）。第二，应该认识到，贫困不仅仅体现为收入短缺，众多文献已经提到有关多维贫困的问题（如 Rippin，2013；Alkire 和 Santos，2014）。第三，在亚洲减少多维贫困取得的进展普遍导致了更不平衡（虽然数据有很大的不确定性，尤其是跨期的可

---

[*]　非常感谢 Xuehin Ham、Guanghua Wan、Jacques Silber、Tatyana Krivobokova 和 George Battese 关于第二章早期版本的有益的投入、意见和讨论。

比较数据）。第四，许多亚洲国家的国家贫困线比每人每天 1.25 美元的国际收入贫困线要高出不少，包括中国、印度在内的一些国家上调了贫困线，以反映这些国家的人民不断上升的愿景。在这些较高的（并且还在不断上升的）贫困线下，贫困还远未被征服。

基于以上因素，亚洲开发银行正在考虑设置一条亚洲专属的贫困线。此外，得出这样一条亚洲贫困线的方法，要与世界银行提出的每人每天 1.25 美元的贫困线所使用的方法密切相关（Ravallion 等，2009），但又要针对亚洲的状况。本章首先探讨创造一条亚洲特有的贫困线的价值，然后在考虑这样一条贫困线的收入和多维视角下，探讨发展该贫困线的多种方案。我们认为，应使用本国货币来设置国家贫困线，而不是使用国际美元来设置根据购买力平价调整的贫困线（参见 Klasen，2013a；Klasen 等，2015），以这种持之以恒的方法设定一条亚洲特有的贫困线是最好的。这条贫困线在评估时也能考虑到相对贫困，进而反映亚洲社会、反映亚洲各国不断上升的愿景，因而也非常重要（参见 Ravallion 和 Chen，2011；Chen 和 Ravallion，2013）。从多维贫困线的角度来说，创造一个亚洲特有的多维贫困指数（多维贫困指标），将亚洲各国的具体的生活条件考虑在内，非常有价值。

1.2 "亚洲式"贫困线的优、缺点

在探讨得到一条亚洲贫困线的方案之前，首先探讨设置这样的贫困线是否有用非常重要。我们从四个可能的观点来考虑这条亚洲特有的贫困线。第一种观点，有人认为亚洲的条件和世界上其他地区非常不同，因此需要一条新的贫困线反映出这些特别的条件。譬如，与非洲相比，亚洲家庭规模更小，家庭成员之间的联系非常紧密，国家提供的公共服务非常充足，从这方面来看，设置一条更低的贫困线更为合理，这条贫困线应以个人平均收入来衡量，因为要达到合理的福利水平不需要更高的个人收入。但是，这些明显的差异并不能直接证明一条亚洲特有的贫困线的合理性，因为在亚洲内部，经济和社会安排的差异性很大。同样，在得出任何肯定的结论之前，可能首先要研究这些观点的实证重要性以及它们与特定亚洲国家的相关性，这在逻辑上会得出不同的条件下亚洲内部必然也有不同的贫困线的结论。因此，这种争论很难成为统一的收

入贫困线适合所有亚洲国家的原因。

第二种观点是关于经济表现的水平和趋势上的差异应反映在贫困线的设置上。亚洲的平均收入高于非洲（但低于拉美和中东地区），亚洲大部分的经济体在过去 30 年经历了快速增长，证明设置一条能够反映平均收入水平的亚洲贫困线具有合理性，更重要的是，它能够反映出亚洲迅猛的经济表现。在后面的讨论中，我们认为这样一条贫困线应该包括一个相关的因素，即随着亚洲越发繁荣，贫困线不断提升。亚洲的收入水平和经济发展的巨大差异性，对于单一而独特的亚洲收入贫困线而言可能形成反例，但是周边国家一定程度上可以相互参照彼此的经济状况，因此也有观点认为设置这样一条独特的贫困线，能够反映出这些特点。

第三种观点认为亚洲贫困线应该更加接近各国的国家贫困线，从而相应减小国家贫困与国际贫困测量之间的脱节（参见 Klasen，2013a；Dotter，2014）。这在本质上是一个实证问题。很明显，当前的 1.25 美元的国际贫困线已经和亚洲现实越来越脱节了。在这 15 个最穷的国家样本中，唯一还使用 1.25 美元贫困线的亚洲国家只有塔吉克斯坦（Ravallion 等，2009）。事实上，1.25 美元的贫困线更能反映非洲国家的贫困现实，而非亚洲（这里的亚洲包括南亚、东亚和东南亚，此处中亚被算入欧洲）。从图 1 - 1 中可以看出国家贫困线减去国际贫困线后的贫困差距。负数意味着国际贫困线高于国家贫困线。这是一部分亚洲国家的实际情况，包括大国（圆圈的大小显示该国的贫困人数）。对这些国家而言，国际贫困线显得高了。在欧洲和中亚地区，国际贫困线又显得太低。一个极端例子就是塔吉克斯坦，用国家贫困线测量的贫困人数要比用国际贫困线测量的高出 40%（即使该国被纳入计算国际贫困线的样本）。因此，可以看出亚洲国家贫困线和国际贫困线之间非常不相称，也论证了设置一条亚洲地区贫困线是必要的。如果"亚洲贫困线"是直接建立在特定国家贫困线的基础之上（相比国际贫困线是对全球范围内贫困线的平均值），国家和泛亚洲的贫困测量之间的联系可以更加紧密，这个问题将在下面进行讨论。

第四种观点与多维贫困测量有关。多维贫困测量最重要，在全球都有可比性，是联合国发展计划署的多维贫困指标（参见 UNDP 2010，ch. 5；Alkire 和 Santos，2014），它在整个发展中世界使用的是同样的指标和临界值。由于在气候、经济和社会安排、社会偏好，以及公共服务的形态和现状

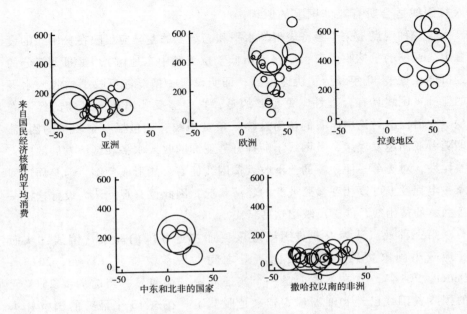

图 1 - 1　使用国家和国际贫困线的不同地区的贫困人口的不对称（NPL - IPL）

　　注：NPL 指的是国家贫困线，IPL 指的是国际贫困线（每人每天 1.25 美元）；纵轴衡量的是平均每人每个月的消费，来自国民核算；欧洲包括东欧和中亚各国；拉美地区指的是拉丁美洲和加勒比海地区；以上地区通常是按照世界银行的地区划分标准划分的。

　　资料来源：Dotter（2014）。

方面的差异，有人认为亚洲的这些差异应该能在多维贫困指标的指标值和临界值中反映出来。譬如，有人认为在亚洲社会中，教育在个人发展的过程中起到极其重要的作用，为了有所反映，多维贫困指标应该赋予教育更高的权重和临界值。以前，亚洲内部的异质性被视为贫困线合理性的一个难题。在后续考虑多维贫困测量时，我们会又一次碰到这个问题。

　　要设定一条特定大洲的贫困线也有许多不便，最重要的莫过于从标准和趋势两个角度来看，各大洲之间很难进行对比，缺失透明度。

　　作为本节的小结，特定的亚洲贫困线显然并不一定可取。最有说服力的观点在于亚洲贫困线相对全球衡量标准而言可能更能反映亚洲的收入水平以及经济快速发展的现状，与亚洲各国的国家贫困线的联系更为紧密；在多维测量中更能反映出亚洲独有的状况和设定。不过，这样一来成本高昂，也从侧面说明了在测量亚洲的情况时不能摒弃全球测量标准，而只能把亚洲贫困线作为全球评估的一个补充性手段。

1.3 构建亚洲地区贫困线的方案

要设定一条亚洲特有的贫困线有多种不同的方案。首先，必须区分收入贫困线和多维贫困线。构建收入贫困线有三种方案可以考虑。第一种方案是模仿世界银行构建每人每天 1.25 美元这一贫困线的评估方法，但在评估时只考虑亚洲国家；第二种方案是利用同等类型的国家构建一条"弱相对"贫困线（Ravallion 和 Chen，2011；Chen 和 Ravallion，2013）；第三种方案则是在各国国家贫困线测量的基础上，构建亚洲贫困线（参见 Klasen，2013a，2013b）。再加上一条亚洲特有的多维贫困线，我们应该将四种方案全部纳入考虑范围。

1.3.1 利用世界银行的方法创建一条绝对收入贫困线

世界银行自 1990 年起便创建了一条国际贫困线（World Bank，1990；Ravallion 等，1991）。贫困线在 1990 年为 1.02 美元（1985 年购买力平价调整后的美元），在 2000 年贫困线调整为 1.08 美元（1993 年购买力平价调整后的美元）（World Bank，2000；Chen 和 Ravallion，2001）；到了 2008 年，贫困线调整为 1.25 美元（2005 年购买力平价调整后的美元）（Ravallion 等，2009）。如今，世界银行正根据 2011 年购买力平价调整后的美元，努力调整预计的贫困线标准。

制定国际贫困线的方法本质上是一样的（虽然在使用的一些数据细节上有所区别），我们只需关注 2008 年最新完成修改的贫困线。Ravallion 等（2009）解释了世界银行制定国际收入贫困线的步骤，如下。首先，将可用的 74 个发展中国家的国家贫困线转换成 2005 年购买力平价调整后的国际美元价格计量的贫困线。接着，将这些国家贫困线（用 2005 年的国际美元表示）按照这 74 个国家的人均消费（也用 2005 年国际美元表示）对数进行排列 ［见图 1－2（a）］。于是，可以观测到，在一个特定阈值以下，曲线下面的平坦部分反映出人均消费和国家贫困线之间的关系非常相似，而超过阈值之后，贫困线的上升就随着平均收入相对变缓，每人每天 1.25 美元这一贫困线就成了平坦部分的平均贫困线了。

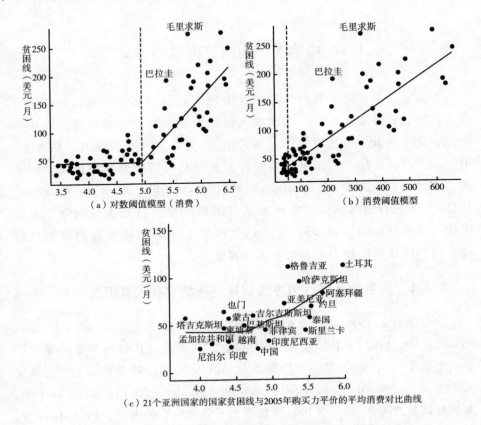

（a）对数阈值模型（消费）

（b）消费阈值模型

（c）21个亚洲国家的国家贫困线与2005年购买力平价的平均消费对比曲线

图 1-2　74 个发展中国家的国家贫困线与基于 2005 年国际
购买力平价的平均消费对比曲线

资料来源：（a）和（b）为基于 Klasen 等（2015）的分析，来自 Ravallion 等（2009）的数据；（c）为亚洲开发银行的详述（2014：8），基于 Ravallion 等（2009）的数据。

对于亚洲贫困线，样本仅限于来自亚洲 21 个国家的国家贫困线，亚洲开发银行 2014 年做了一项解释性尝试，关于这些尝试我们在图 1-2（c）中进行了再现。可以看到，在特定的人均收入基准之下有一段平缓的部分，而在它上面则有一段增加的部分，此处人均消费对数和国家贫困线之间的关系也是非线性的。亚洲平均贫困线的那段平缓部分基本上延伸到了最右边。而全球样本的平缓部分中，只含有两个亚洲经济体，这两个经济体也是组成贫困线基准线的国家，亚洲的样本中，有 9 个国家被列入参考分组。这使得亚洲的贫困线非常高，达到了每人每天 1.51 美元。但是，国际和亚洲贫困线的差异实际上是由 Ravallion 等（2009）的估算方法和亚洲开发银行

（2014）的估计存在差异导致的。前者从国民经济核算［即线性模型，实际上在图1-2（b）中把这一关系模型化了］来评估国家贫困线水平和个人消费能力的关系，而亚洲开发银行（2014）则对各国的国家贫困线和人均消费对数（即对数线性模型）之间的关系进行评估。Greb 等（2011）显示，使用对数线性模型会使得全球模型有更大的参考群体，从而得到每人每天1.45 美元的国际贫困线。因此，只要使用同样的评估方法，使用亚洲国家作为样本与使用国际样本会产生同样的贫困线。尽管如此，还是出现了到底该选用哪种估算方法的问题。

然而，Ravallion 等（2009）和亚洲开发银行（2014）使用的方法，从数据角度来看，都有问题。尤其是在 Ravallion 等（2009）使用的线性模型里，曲线的拐角没有统计数据证明，所以拐角是由数据而不是观察得来的［可以从图1-2（b）看出，参见 Greb 等，2011；Klasen 等，2015］，在对数线性模型中，残差也不是正态分布，所以说这个分隔平坦和上升部分的拐角的位置和意义是存疑的。正如 Klasen 等（2015）显示，首选的数据规格应该是对数—对数模型，其中有数据可以证明拐角和正态分布的残差。使用后面的模型，参考群体（有 19 个国家）略大，会得出一条大约为每人每天1.21 美元的国际贫困线。将这个模型运用到亚洲贫困线的估算中，可以将亚洲国家的平均值纳入国际贫困线的参照系群体中。那样一来会产生一条每人每天 1.28 美元的贫困线，而且只有三个国家被纳入参照系群体（塔吉克斯坦、尼泊尔和孟加拉国），因此这个方法可信度不高。而如果我们以 21个亚洲国家的观察值对线性模型或对数—对数模型进行估算的话，则会得出一条每人每天 1.41 ~ 1.43 美元的"亚洲"贫困线。这很大程度上是被塔吉克斯坦、也门和蒙古国相对较高的国家贫困线拉上去的。同样，可信度在这里也是个问题，因为这个非线性阈值模型是建立在 21 个国家的观察值的基础上的，而许多极端值和小数据问题都会对其产生较大影响。而且基于2011 年的购买力平价的转换也会使估算产生很大变化。总之，我们认为这一方法对产生亚洲特定的贫困线的估算不够可信，也不够稳健。

除了这些估算问题以外，整个方法还会引发更严重的担忧以及批评，许多文献对此进行广泛讨论（比如，Reddy 和 Pogge，2009；Deaton，2010；Klasen，2013a，2013b；Dotter，2014；Klasen 等，2015）。我们着重讲一下文献中讨论过的其中四个比较严重的问题。第一种批评，这个方法不稳定，高度依赖估算中样本包含的国家以及使用的购买力平价汇率。2008 年，世界银行

使用 1993 年的购买力平价进行转换和用来估算贫困线的样本国家，使得 1993
年每人每天 1. 08 美元的国际贫困线上升到了 2005 年的每人每天 1. 25 美元。
当前，如果使用 2011 年购买力平价进行转换也会出现类似的问题，这就需要
重新认真评估世界和不同地区的贫困线（Klasen 等，2015）。更为严重的是，
2008 年的修订会使所有年份的国际贫困线都出现大幅度上升，比如 1990 年
29%的贫困率会在当年上升到 41%。所以，第一个千年发展目标的基准年很
大程度上因为严重影响到全球贫困减半目标的实现而发生改变。而减贫之路
却不会受多大影响（Chen 和 Ravallion，2010）。根据 Deaton（2010）和 Greb
等（2011）显示，被观察的国际贫困线水平大幅上升，原因不在于购买力平
价的转换，而在于估算国际贫困线的样本国的变换。Deaton（2010）注意到样
本的变化还产生了一些相反的结果，尤其提到了印度的案例。虽然在使用
1993 年购买力平价美元构建国际贫困线时，印度是其中的参考群体国家，但
是其后来的快速增长使得用 2005 年的购买力平价美元进行评估时，印度不再
作为参考群体国家之一。因为印度的国家贫困线非常低，将印度排除在参考
群体国家之外使得国际贫困线有所上升，而这样一来，使用新的贫困线估算
标准，印度又出现了大量的贫困人口。从某种意义上来说，使用国际贫困线
测量之后，印度国内增长收入快速却产生了观察得到更多的贫困人口这个结
果，这个结果很显然相互矛盾。简而言之，在估算国际贫困线的时候，购买
力平价和国家贫困线的改变会带来许多问题和不确定性。2011 年的购买力平
价显示之前调整购买力平价后的收入评估低估了中国、印度和其他亚洲经济
体的人均收入。如果这样来构建一条新的国际贫困线，可能会对这些国家的
贫困评估，在与其他地区乃至全球相比时，产生很大的影响。

　　第二种批评的论调和购买力平价在这些评估中滥用有关（Reddy 和
Pogge，2009；Deaton，2010；Klasen，2013b）。一种批评认为购买力是用来
比较总体价格水平的，而无法比较贫困人口的价格水平；更糟糕的是，购买
力平价对于和贫困人群无关的商品价格水平变化非常敏感（Reddy 和 Pogge，
2009）。另一种批评认为，购买力平价只对某一特定基准年有效，而对跨期
无效。因此，是只使用一个购买力平价基准年（也是当前世界银行贫困评
估所使用的方法），还是使用多个基准年（制作宾州大学世界表也使用购买
力平价调整后的收入数据），也存在着争论。

　　第三种批评是针对国际收入贫困线与国家层面的贫困评估相关性有限，
因为国家层面收入贫困线和国际收入贫困线存在着巨大的差异（Dotter，

2014）。正如先前有所暗示，这一点在图 1 - 2 （c）对于亚洲的贫困线评估中可以非常清晰地显示出来。可以看出，国家层面的贫困线和估算出来的亚洲贫困线之间的差异很大。在塔吉克斯坦和也门，使用亚洲贫困线评估出来的贫困率比用国家贫困线评估的结果要低得多，而尼泊尔和印度的贫困率则要高得多。事实上，在国家贫困线和亚洲贫困线之间存在明显的区域格局，所有的南亚国家的国家贫困线都低于评估线，也就是说，使用国家贫困线测量的贫困率低于使用国际贫困线测量的贫困率。而所有西亚和中亚那些原苏联的加盟共和国的情况刚好相反。那里的国家贫困线均在评估线以上，因此用相同的亚洲贫困线测量的贫困率则很低。这一明显的区域格局引发了争论，同时也意味着一条共同的亚洲贫困线存在着巨大问题。

第四种对于这一方法的批评，与之前已经讨论过的问题相近，在于每人每天 1.25 美元这一贫困线标准与越来越多的亚洲国家的关联度正越来越低。在许多亚洲经济体中，对于决策者而言，贫困线太低，以至于失去了政策制定的借鉴意义。事实上，包括中国和印度在内的一些亚洲国家，为了政策制定具有更强的关联性，最近上调了他们的国家贫困线。在此背景下，一国是否应该根据经济不断繁荣而调整贫困线的问题应运而生。这恰好是 Ravallion 和 Chen（2011）提出的"弱相对"国际贫困线建议，接下来我们会转而加以讨论。

总而言之，用世界银行的方法得出 1.25 美元的贫困线对于亚洲贫困线的情况而言太牵强。它不会产生一条迥异的贫困线，与各国贫困线的关联度也很弱，而且由于购买力和评估方法的缘故，它很不稳定，与快速发展的亚洲经济体的关联性也将越来越低。

1.3.2 利用世界银行的方法得出的"弱相对"贫困线

Ravallion 和 Chen（2011）提出了一条"弱相对"贫困线。可以由许多方法得出，但是重新考察图 1 - 2 （a）最为简单。可以看到曲线上平缓的部分，每人每天 1.25 美元应该是相对线，对于曲线上升的部分，贫困线应该随着平均收入的增加而上升。最好的经验拟合结果则是在阈值以上，该国同在临界值以上的人均消费水平每增长 1 美元，贫困线相应增长 0.33 美元（Ravallion 和 Chen，2011；Chen 和 Ravallion，2013）。弱相对贫困线的弹性基本小于 1（但是会随收入的增加而增加），这也使它区别于完全相对贫困线。

这样一条弱相对贫困线的一些特点使其具有成为亚洲贫困线的一定优势（Klasen，2013a；Klasen 等，2015）。首先，它会随着亚洲的不断繁荣而

"自动"调整贫困线，因此解决了每人每天 1.25 美元的贫困线非常低且关联度越来越低的问题。如 Chen 和 Ravallion（2013）指出，东亚 2008 年的弱相对贫困线大约是每人每天 2.34 美元，在南亚，则为每人每天 1.94 美元（参见附录表 1A - 1 和表 1A - 2），考虑到贫困线随着平均收入成比例增加，增长的分配中性仍然会降低弱相对贫困率，但比起用完全绝对贫困线测量的速度稍慢。从附录表 1A - 1 和表 1A - 2 可以看出，使用这一方法，虽然亚洲的贫困率大幅下降，但问题仍十分严重。

所以，弱相对贫困线具有一定优势。同时，其也还保留着世界银行的方法的其他缺点。所以从未来看，这一方法可能不是最优方法。不过很明显，这比直接使用世界银行的方法得出一条亚洲绝对贫困线要好得多。

1.3.3 使用国家贫困线测量亚洲的贫困率

第三种设立收入贫困线的方法，即用标准化的原则来协调好亚洲各国设立贫困线的过程。各国国家贫困线会以本国货币表示。如果构建贫困线的方法一致，那么各国统计贫困人口的口径也会一致。这一建议先是由 Reddy 等（2008）提出，Klasen（2013a，2013b）和 Klasen 等（2015）也予以采用。这种方法的一个有利之处在于避开了有关购买力平价汇率的问题，另外这种贫困线与国家贫困评估关系更为紧密，也因此有更高的关联性。

同时，在实施这一建议之前有一系列问题亟待解决（参见 Klasen，2013b 的扩展讨论）。首先，这一贫困线该如何建立？最有希望的办法是使用在发展中国家设定国家贫困线时最常用的方法，也就是基本需求成本法（Ravallion，1994）。首先，该方法要求确定一个参照家庭分组（应该接近贫困线），其消费模式用于计算支出占评估贫困中的商品和服务消费组合的比重。其次，将该组合中的食品支出转化为卡路里，然后扩大（或缩小）该组合的规模以达到全家人应有的卡路里标准。该组合（包括非食品的商品）就可以定义处于贫困线标准时消费的食品及非食品数量。该组合的成本就产生了贫困线。这条贫困线也会根据组合中的商品价格随着时间的变化而更新。但是，在更长的一段时间内，该组合的调整会反映消费模式的不断变动。对一个快速发展的经济体而言，组合的变化意味着食品占比减少而高质量的商品占比增加。这样一来，一旦贫困线组合出现调整，就能考虑到相对贫困的因素。

虽然这些方法很简单，而且已经应用于许多国家（包括亚洲的一些国家），但是在国家间使用一致的方法设定贫困线具有挑战性。最优方案就是参与国能就使用这一方法评估贫困的一致体系达成统一。理论上还会包括协调家庭调查，这样就可以一致地使用非常相似的调查表。这种模式可以使用国民经济账户体系，其标准方法的相似协调过程在全球范围内都可以接受。

与此同时，以这样一种协调的方式来确定各国贫困线，要在短时间内达成一致的确很难办到。因而，次优的方案是使用这些亚洲国家现有的家庭调查，并且在这些调查中使用一致的贫困线，哪怕这些贫困线不是政府目前使用的方法。这样一来便证明了这一方法的可行性，可以进一步讨论。

因此，这一方法很有希望，但要充分实施，需要一个更为长期的过程。当然，也有人建议可以缩短时间而同样证明该方法的可行性。

1.3.4　亚洲特有的多维贫困指数

最后，还可以考虑亚洲特有的多维贫困指数这一方案。众所周知，贫困是一个多维现象。一直以来的挑战在于提出一套指标体系和权重，使贫困的分析能够随时间和空间的变化依然保持一致性。2010 年多维贫困指标的问世（UNDP，2010：ch.5），是创造一种可比较的贫困测量的首次尝试。它使用了 Alkire 和 Foster（2011）提出的所谓的双重临界法，其中第一个临界值规定了一个家庭在某一特定维度是否贫困，而第二个临界值规定了一个家庭是否通过了贫困的阈值，也叫多维贫困。

虽然有很多细节问题尚待解决（Dotter 和 Klasen，2014），但现在看来，构建一个亚洲特有版本的多维贫困指标是可行的。正如之前讨论的，首先必须考虑的是亚洲版本的多维贫困指标为什么、怎么会有那些不同的指标，以及临界值和权重。这个问题很难而且涉及亚洲各国内部的复杂性。虽然有人认为，可以选择合适的指标，临界值和权重产生不同次区域的多维贫困指标，但由于在特定的次区域内，气候、社会结构和价值观方面存在不同（比如，南亚、东南亚和中亚），还是很难形成一个适用于全亚洲的多维贫困指标。这种困境的唯一出路很可能是在亚洲开发银行层面上，开发一套程序，达成对指标、临界值和权重的共识，然而，可以预见，要达成这种共识，并不容易。

能够构造出本质上区别不大的多维贫困指标的第二种方法，是调整临界值，让这些多维贫困指标能够更好地反映亚洲经济体的平均表现。例如，某一家庭成员接受五年教育可以使全家人免于贫困，这个在当前使用的多维贫困指标中的临界值，对于许多亚洲国家而言太低了。所以就应该从严重多维贫困的绝对指标转向一个（较弱的？）相对指标，并通过这些指标来衡量亚洲经济体的表现。

第三种方法是改变以亚洲国家为基础的多维贫困指标的权重。Pasha（2014）的解释性检验的结果非常有趣。她用主成分分析法，得出多维贫困指标里的统计比重。Pasha（2014）发现各国在这些权重上存在巨大差异。在其样本中，印度的儿童死亡率和营养的权重在所有 23 个国家中最高。相反，教育的权重则很低。生活标准的权重非常高（总共 80%），其中楼层的质量和使用的烹饪燃料显得特别重要。使用这一国家特定权重得出的多维贫困评估结果差异非常大，也会产生全新而有趣的深刻见解。比较各个国家间的水平和趋势的能力也会随之降低。显然这个问题值得进一步深究。

1.4　一些初步结论

本章的讨论认为，在发展中国家制定一条贫困线是一个很复杂的问题。尤其是我们已经讨论过用世界银行每人每天 1 美元的方法适应亚洲环境没有合适的理由。世界银行国际贫困线所存在的众多问题在它的亚洲版本依然存在；另外，用于评估贫困线的数据库变小，带来了可信度和稳健度的问题。除此之外，亚洲现有的贫困线的巨大差异性也会阻碍这种方法。更值得考虑的方案是"弱相对"亚洲收入贫困线或非收入贫困线，这条线能考虑到大多数亚洲经济体的生活条件和愿景的快速增大。但是"弱相对"贫困线也会带有现行国际贫困线的诸多缺点。更加可取的方案是协调国家收入贫困线的制定过程，而国家贫困测量是要建立在共同的贫困原理的基础之上的。这将是一个长期议题，需要亚洲各经济体之间进行大量的协调，但是值得进一步探讨。另一种方案是创造一个亚洲特有的多维贫困指标，它可以随着生活条件的改善通过调整界限值而进行自动调整。所有这些建议都要经过严格的测试来证明是否具有可操作性以及是否会对当前亚洲的贫困评估产生不可预知的新见解。

本章关于国际贫困线变动反映 2011 年购买力平价结果的讨论，凸显出要保持一条可信的、一致的、稳健的国际贫困线难度很大（Klasen 等，2015）。因此提出替代方法显得尤其重要。

参考文献

Alkire, S. and J. Foster (2011a), 'Counting and multidimensional poverty measurement', *Journal of Public Economies*, **95** (7), 476–87.

Alkire, S. and M.E. Santos (2014), 'Measuring acute poverty in the developing world: robustness and scope of the Multidimensional Poverty Index', *World Development*, **59**, 251–74.

Asian Development Bank (ADB) (2014), *Poverty in Asia: A Deeper Look*, Manila: Asia Development Bank.

Chen, S. and M. Ravallion (2001), 'How did the world's poor fare in the 1990s?', *Review of Income and Wealth*, **47** (3), 283–300.

Chen, S. and M. Ravallion (2010), 'The developing world is poorer than we thought, but no less successful in the fight against poverty', *Quarterly Journal of Economics*, **125** (4), 1577–625.

Chen, S. and M. Ravallion (2013), 'More relatively poor in a less absolutely-poor world', *Review of Income and Wealth*, **59** (1), 1–28.

Deaton, A. (2010), 'Price indexes, inequality, and the measurement of world poverty', *American Economic Review*, **100** (1), 5–34.

Dotter, C. (2014), 'The (ir-)relevance of the international poverty line for national poverty assessment', mimeograph, University of Göttingen.

Dotter, C. and S. Klasen (2014), 'The Multidimensional Poverty Index: achievements, conceptual and empirical issues', UNDP HDRO Occasional Paper, UNDP, New York.

Greb, F., S. Klasen, S. Pasaribu and M. Wiesenfarth (2011), 'Dollar a day re-revisited', Courant Research Center Discussion Paper No. 91, University of Göttingen.

Klasen, S. (2013a), 'Is it time for a new international poverty measure?', in E. Solheim (ed.), *Development Cooperation Report 2013: Ending Poverty*, Paris: OECD.

Klasen, S. (2013b), 'Measuring levels and trends in absolute poverty in the world: open questions and possible alternatives', in G. Betti and A. Lemmi (eds), *Poverty and Social Exclusion: New Methods of Analysis*, London: Taylor and Francis.

Klasen, S., T. Krivobokova, F. Greb, R. Lahot, S. Pasaribu and M, Wiesenfarth (2015), 'International poverty measurement: which way now?', Courant Research Center: Poverty, Equity, and Growth Discussion Paper No. 184, University of Göttingen.

Klasen, S. and H. Waibel (2013), *Vulnerability to Poverty*, London: Palgrave.

Klasen, S. and H. Waibel (2014), Vulnerability to poverty in South-East Asia: drivers, measurement, responses, and policy issues, *World Development*, DOI: http://dx.doi.org/10.1016/j.worlddev.2014.01.007.

Pasha, A. (2014), 'Regional perspectives to the Multidimensional Poverty Index', mimeograph, University of Göttingen.

Ravallion, M. (1994), *Poverty Comparisons, Fundamentals of Pure and Applied Economics*, vol. 56, Chur: Harwood Academic.

Ravallion, M. and S. Chen (2011), 'Weakly relative poverty', *Review of Economics and Statistics*, **93** (4), 1251–61.

Ravallion, M., S. Chen and P. Sangraula (2009), 'Dollar a day revisited', *World Bank Economic Review*, **23** (2), 163–84.

Ravallion, M., G. Datt and D. van de Walle (1991), 'Quantifying absolute poverty in the developing world', *Review of Income and Wealth*, **37** (4), 345–61.

Reddy, S. and T. Pogge (2009), 'How not to count the poor', in S. Anand, P. Segal and J. Stiglitz (eds), *Debates on the Measurement of Global Poverty*, Oxford: Oxford University Press.

Reddy, S., S. Visaria and M. Attali (2008), 'Inter-country comparisons of income poverty based on a capability approach', in K. Basu and R. Kanbur (eds), *Arguments for a Better World*, vol. 2, Oxford: Oxford University Press.

Rippin, N. (2013), 'Considerations of efficiency and distributive justice in multi-dimensional poverty measurement', PhD dissertation, University of Göttingen.

United Nations Development Programme (UNDP) (2010), *Human Development Report*, New York: UNDP.

World Bank (1990), *World Development Report 1990: Poverty*, New York: Oxford University Press.

World Bank (2000), *World Development Report 2000/01: Attacking Poverty*, Washington DC: World Bank.

附录

表 1A－1　根据地区和年份统计的平均相对贫困线

地　区	平均贫困线（美元/每人每天, 2005 年购买力平价）									
	1981 年	1984 年	1987 年	1990 年	1993 年	1996 年	1999 年	2002 年	2005 年	2008 年
方法 1										
东亚和太平洋	1.33	1.34	1.35	1.39	1.43	1.57	1.66	1.82	2.03	2.34
中国	1.25	1.25	1.25	1.25	1.25	1.35	1.48	1.64	1.85	2.20
东欧和中亚	4.05	4.21	4.35	4.21	3.78	3.79	3.98	4.54	5.61	6.99
拉美地区	4.32	4.25	4.07	4.00	4.28	4.41	4.68	4.76	5.09	5.79
中东和北非	2.42	2.56	2.40	2.41	2.47	2.50	2.59	2.80	3.05	3.37
南亚	1.27	1.27	1.30	1.35	1.38	1.47	1.54	1.58	1.74	1.94
撒哈拉沙漠以南地区	1.55	1.55	1.53	1.51	1.49	1.51	1.51	1.53	1.55	1.60
总数	2.00	2.01	2.00	2.00	1.99	2.08	2.17	2.30	2.54	2.90
除去中国总数	2.29	2.30	2.28	2.28	2.26	2.34	2.41	2.52	2.77	3.13
方法 2										
东亚和太平洋	1.36	1.38	1.41	1.45	1.54	1.73	1.80	2.06	2.39	2.72
中国	1.26	1.29	1.33	1.34	1.42	1.61	1.71	2.01	2.40	2.81
东欧和中亚	4.19	4.36	4.49	4.27	4.76	4.37	3.96	4.39	5.22	6.71
拉美地区	4.51	4.17	4.36	4.42	4.47	4.68	4.70	4.66	5.17	5.93
中东和北非	2.84	3.04	2.84	2.85	2.98	2.98	3.06	3.35	3.02	3.24
南亚	1.30	1.32	1.35	1.37	1.38	1.41	1.46	1.48	1.54	1.58
撒哈拉沙漠以南地区	1.71	1.66	1.65	1.60	1.54	1.56	1.58	1.61	1.63	1.78
总数	2.09	2.09	2.12	2.11	2.18	2.24	2.23	2.37	2.60	2.94
除去中国总数	2.41	2.39	2.41	2.38	2.46	2.46	2.41	2.50	2.66	2.98

资料来源：由 Ravallion 和 Chen（2013，表4）模拟得来。

表 1A－2　1981～2008 年发展中世界每周贫困评估

地　区	1981 年	1984 年	1987 年	1990 年	1993 年	1996 年	1999 年	2002 年	2005 年	2008 年
处于相对贫困线以下的人口以百分数表示										
东亚和太平洋	80.5	70.0	60.4	63.6	60.1	51.9	52.1	48.8	43.4	42.4
中国	85.2	72.6	59.0	65.2	61.1	51.2	51.3	48.4	41.9	41.0
东欧和中亚	**22.0**	**21.4**	21.5	25.4	32.2	34.0	32.2	30.4	29.3	28.2
拉美地区	49.5	50.3	46.9	46.8	50.0	49.9	51.1	51.2	47.9	45.9
中东和北非	**42.0**	**41.2**	**40.7**	39.3	38.6	38.4	38.8	**37.9**	36.6	**35.0**
南亚	64.0	61.6	60.9	60.3	58.9	58.0	**56.9**	56.8	55.1	53.5

续表

地　区	1981 年	1984 年	1987 年	1990 年	1993 年	1996 年	1999 年	2002 年	2005 年	2008 年
处于相对贫困线以下的人口以百分数表示										
撒哈拉沙漠以南地区	**62.3**	**64.3**	**64.2**	**65.1**	66.9	66.6	66.5	65.3	63.6	61.1
总数	62.8	58.5	54.4	56.0	55.7	52.7	52.6	51.2	48.2	46.9
除去中国总数	54.6	53.4	52.8	52.9	53.8	53.2	53.0	52.0	50.2	48.6
相对贫困人数以百万计										
东亚和太平洋	1143.4	1044.1	946.2	1047.0	1031.8	925.2	959.2	924.4	841.7	840.4
中国	847.0	753.1	639.8	739.9	720.0	623.1	642.7	620.0	546.5	542.6
东欧和中亚	**94.7**	**94.7**	97.5	118.0	150.8	159.7	151.3	143.1	138.0	133.6
拉美地区	180.7	195.4	193.6	204.3	230.0	241.1	259.1	270.9	263.4	261.5
中东和北非	**72.4**	**77.8**	**83.9**	88.5	93.3	98.7	105.6	**109.0**	111.1	**111.9**
南亚	594.7	615.7	653.4	691.6	720.3	752.0	**781.6**	821.4	836.6	849.4
撒哈拉沙漠以南地区	**248.1**	**278.6**	**302.8**	**333.6**	371.4	400.6	431.9	457.9	479.9	496.4
总数	2333.9	2306.1	2277.3	2483.0	2597.6	2577.1	2688.7	2726.6	2671.0	2692.9
除去中国总数	1486.9	1553.0	1637.5	1743.1	1877.6	1953.9	2046.1	2106.6	2124.5	2150.3

注：根据方法 2 得出的相对贫困线；调查范围小于 50% 的已用粗体表示。

资料来源：由 Ravallion 和 Chen（2013，表 4）模拟得来。

第二章

视参照群体确定贫困线：某些亚洲
国家贫困程度的影响[*]

萨特亚·R. 查克拉瓦蒂　纳奇克塔·查托帕达伊
雅克·西尔伯（Satya R. Chakravarty,
Nachiketa Chattopadhyay and Jacques Silber)

2.1 引言

亚当·斯密在《国富论》中写道：

　　我所说的必需品，不只是维持生活所必不可少的商品，还包括国家的风尚让它成为维持值得称赞的人的体面，甚至是最低阶级人民的体面所不能够缺少的东西。举例来说，亚麻布衬衫严格来说并不算是生活必需品。我觉得，希腊人和罗马人尽管没有麻布衬衣，也生活得非常舒适。然而在现金，在欧洲的大多数地区，一个受到人尊敬的日工没有一件麻布衬衫，就不敢在大庭广众下露面，没有这样的衬衫会被别人觉得贫穷到可耻的地步，要不是做了非常大的坏事，没有人会落到这样的地步。……所以我说的必需品不仅包括很容易让人成为最低阶级人民所必要的东西，而且包括已经建立的有关体面的而让之成为他们所必要的那些东西。(Smith 1937：821～822)

＊　作者感谢亚洲开发银行的 Iva Sebastian-Samanieo 在利用 Shorrocks-Wan 算法进行计算中给予的帮助。

现实中，绝对贫困线多用于一些贫困国家（例如，之前的每人每天1美元已经升级到每人每天1.25美元）。另外，在富裕国家，如西欧，贫困线对应于收入中位数的比例为60%。Ravallion和Chen认为两种方法都合乎情理，因为在穷国，那些能够丰衣足食的人不应算作穷人，而在富国，社会排斥的思路则大行其道（具体可参见Sen，2000）。

Ravallion和Chen明确认为：

> 如果有人认为，唯一不同的是社会准则规范，福利完全取决于自我消费，那么他就会更倾向于一种绝对测量方法，实施一套共同标准（尽管他也可能会考虑更多可能的贫困线）。然而，如果他相信福利也受着社会影响，那么，他将更倾向于使用与消费或者收入空间相关的贫困线，并锁定共同的福利标准。全球贫困比较的难点在于，我们不知道这两种解释——社会规范不同和社会对福利的影响——哪种才是正解。我们也许永远无法解决传统实证分析带来的问题。这种不确定性使得我们在测量全球贫困水平时必须同时考虑这两种方式。

这就是为何Ravallion和Chen总结了Atkinson和Bourguignon（2001）的测量方法后，认为必须积极地降低社会融入成本，那么贫困线就会随着平均收入上升而突破临界值，其弹性随之将小于1。最近，Chakravarty等（2015）提出一种不同的但也是综合的方法来确定贫困线，即所谓的"综合贫困线"（an amalgam poverty line）公理。Atkinson-Bourguignon（2001）和欧盟（参见Lelkes和Gasior，2011）标准化建议中提到的贫困线都是以某些位置参数为基础，算是这个方程的特例。

本章所阐述的方法论的本质是"参照群体"概念。所谓的参照群体就是一个由诸多愿景受到限制的个体组成的亚群体。既然我们关注贫困问题，那么就根据参照收入水平来确定参照群体，即收入中位数或均值。

本章的新颖之处在于对Chakravarty等（2015）提出的方法进行了实证检验。该检验利用2010年左右不同亚洲国家支出分布的十分位数占总支出的比例数据，显示出不同情境下的贫困率、贫困规模和贫困差距率。这些情境是绝对贫困线（按照每人每天1.25美元或每人每天1.45美元）、"参照群体"（支出分布的均值或者中位数）和权重（赋予绝对贫困线）的函数。

本章结构如下。2.2简要概括了Chakravarty等（2015）论文中的要点。

2.3 回顾了参照群体在不断增多的有关幸福的经济学文献中发挥的作用。
2.4 呈现实证调查的结果。2.5 进行总结性评论。

2.2　视参照群体确定贫困线：一种公理化方法

　　Chakravarty 等（2015）提出了一种公理化方法来确定所谓的"综合贫困线"。给定参考收入，收入均值或中位数，这条"综合贫困线"取自现有的绝对贫困线和参照收入的加权平均数，权重的选择由政策制定者对整合这两个部分的偏好决定。假设个人效用是绝对贫困线的递增凹函数和参照标准的递减凸函数。沿着 Clark 和 Oswald（1996）的思路，Chakravarty 等（2015）利用两套不同直观合理的公理，得出效用函数的加法形式和乘法形式。

　　其方法的总体思路如下，假定某些参照收入及某个人的收入等于某些随意设定的贫困线。首先确定相应的效用水平。其次，考察这个人的收入等于某些给定贫困线的其他情况。再次，假定这个人的收入实际上等同于其参照收入。如果假定这个人的情况同时适用于两种场合，那么两种情况下的效用水平有可能相等。最后，唯一地确定这条任意贫困线。这种等同假设在两种场合下都能满足，因为个人在每种情况中都处于现有的贫困线收入之下。

　　Chakravarty 等（2015）接着推导如下。沿着 Clark 和 Oswald（1998）的思路，对两种方案进行检验。首先，假设个人效用函数部分取决于其绝对收入。其次，假定个人效用具有线性转换性和线性齐性的特征（具体可参见 Chakravarty 等，2015）。最后，假设效用函数有线性的可译性的属性和线性同质性，证明效用函数的形式如下：

$$U[y,(y-r)] = (k-a)y + ar \qquad (2.1)$$

　　其中，$y > 0$ 代表个人收入，$r > 0$ 是参照收入，$k > 0$ 和 $a < 0$ 是常数，k 为正值则收入增加，满意度上升，而当 a 为负值时，则满意度随参照收入的上升而下降。

　　Chakravarty 等（2015）显示所谓的"综合贫困线"是传统的绝对贫困线和特定的参照收入的加权平均值。但同时他们发现了效用取决于参照收入的案例，即与参照标准相关的收入。换一句话说，个人的效用也取决于根据某些福利测量的社会相对地位（或"状态"）。假定线性齐性、正态性和连续性（参见 Chakravarty 等，2015）之后，这种效用函数的其中一种形式如下：

$$U = y(\beta - \frac{r}{y}) = \beta y - r \tag{2.2}$$

其中，$\beta > 1$ 是收入最大值 u 与最小值 l（$l > 0$）之间的比值。

"综合贫困线" z_1 是传统绝对贫困线 z_0 和参照收入 r 的加权平均数。更精确的公式如下：

$$z_1 = wz_0 + (1 - w)r \tag{2.3}$$

其中，

$$w = \frac{\beta - 1}{\beta} \tag{2.4}$$

由于 $\beta > 1$，因而 $0 < w < 1$。

正如之前所提及的，Clark 和 Oswald（1996）建议通过比较差异或比率来考虑这一相关性。然而本章实证分析一节中的分析将会以"比例对比模型"为基础。在这个模型中，源于个人收入与参照收入标准对比产生的个人剥夺感程度表现为两种收入之间的比率（见2.3）。

2.3 幸福感，生活的自我标准和参照群体

在过去 20 年，特别是近年来，分析主观幸福是一个不断增长的研究领域。这些文献的特别兴趣在于分析所谓的参照群体对生活满意度或对收入满意度的影响。这个问题与较早的一个假设有关，即假设效用不仅取决于自己的收入，也与他人的收入相关。Duesenberry（1949）的著作中强调了参照收入的重要性，他假设个人的效用会受到比其他更高收入的负面影响，Runciman（1966）的著作中也重点指出了有关相对剥夺的概念。

这些思想的实证应用可以总结为如下方程（参见 Clark 等，2008：100）：

$$U(t) = \beta_1 \ln y(t) + \beta_2 \ln(\frac{y(t)}{y^*(t)}) + Z'(t)\gamma \tag{2.5}$$

其中 $U(t)$ 是个人的效用，$y(t)$ 是其收入，$y^*(t)$ 是某些参考收入，Z' 是附加决定因素的向量，γ 是这些决定因素的系数向量，所有变量在时间 t 时测定。

测量 $y^*(t)$ 的方法有多种。我们可以在控制诸如年龄、性别、教育、

居住地区等个体特征差异的情况下估计出工资方程，从而得到每个人的 $y^*(t)$ 预测值。另一种可能性是通过性别、教育、地域等数据本身或一些外部数据资源，计算单元平均值，从而得到平均工资的预测值。最后，参照收入的最新信息可以直接从调查本身获得。这种信息状态可能是定性的，受访者回答其收入比参考收入高多少或低多少（通过某些分类量表）（Knight 等，2009）。甚至参照群本的收入信息可能是定量的，如在日本调查中，要求那些受访者估计与自己年龄、性别和教育水平相同的人的收入水平（Clark 等，2013）。这种直接的信息来源仍然非常罕见，虽然 van Praag 为了得到参照过程的定量信息，通过设置实证研究的一些额外的新议程，提出了一个扩展的幸福（van Praag，2011：111）。

参考组也用于对"主观经济阶梯"决定因素研究中，人们被要求定义其在一定生活水平上的位置。例如，使用印度尼西亚调查，Powdthavee（2009），引入了一个变量来测定个人在当地收入/财富分布中的排名，而没有选择参照收入这个主观经济梯度的决定因素（Powdthavee，2009）。

下一个问题涉及参考群的决定因素。第一种可能是考虑参考群组由同事组成，在这种情况下，重点在于"专业领域的收入差距与从工作到生活满意度的各种满意度概念之间的关系"（Senik，2009：8）。例如，Clark 和 Oswald（1996）根据英国家庭调查（BHPS）分析了工作满意度，并将一个工人的参照群体定义为与其具有相同年龄和资格水平，并从事相同工作的雇员的收入。其他研究假定参考群体由具有相同特征的个体组成，如具有相同的年龄、教育水平和居住地区（Ferrer-Carbonell，2005）。一些作者还使用了以空间为基础的参照收入，如与受调查者居住在同一区域、同一社群的同一种族个体的平均收入（Kingdon 和 Knight，2007）。

正如 Fafchamps 和 Shilpi（2008）在关于尼泊尔主观福利的著作中强调的，个人居住地区的客观排名也会影响其从消费水平中获得的满足感。

参照收入对主观幸福感的影响是需要验证的重要问题。文献区分了两种可能的影响，一种反映了信号效应，另一种反映了状态效应。其他人的收入可能对满意度有积极的影响，这一想法最初由 Hirschman 和 Rothschild（1973：545~546）提出：

假设个人对他未来收入知之甚少，但在某种程度上，少数几个亲戚、邻居或熟人的经济或社会地位得到了改善。那么，接下来他可能会：期待他的机会将会如期而至，也将从别人的进步中获得一段时间内的满足喜悦感。这种最初的满足喜悦感被称为"隧道效应"。

Senik（2004，2008）提供了能够证实信号效应存在的证据。参考收入更常见的影响似乎应该是状态效应：假设其他情况不变，更高的参考收入会对生活或收入的满意度产生负面影响（参见 Senik，2009；Clark 和 Senik，2009）。

至于众所关心的实证结果，迄今有关主观福利的文献还非常少，即测量在一方面自己收入增加，另一方面参照群体的收入增加，其他情况不变的条件下对幸福感的影响。此外，评估时参照收入变化的影响，一般只能间接得到。例如，Knight 等（2009）就考察了中国的主观福利，引入了一个回归虚拟变量，用来表示家庭收入是远高于、高于、低于或远低于村庄平均水平。

Clark 和 Senik（2009）采用了第三轮欧洲社会调查，定义了两种类型的变量来考察其他人的收入：一个虚拟变量用于体现受访者比较与他人比较收入的重要性，另一个虚拟变量显示参与比较的人群类别（朋友、同事、家人等）。然而，Clark 等（2013）在最新的一份论文中提出一个直接体现参照群体收入的变量。他们分析了一项在日本的网上调查，其中要求受访者算出她所认为的与她年龄、性别、受教育程度相同的个人税前平均收入，同时也通过考察年龄、教育、性别和劳动力市场状态相同的个人的可观测单元均值，来评估个人参照收入。Clark 等（2013）也利用外部资源来计算不同劳动力状况（公务员、个体户等）的个人实际收入。Clark 等（2013）这篇论文的表格 4 报告了收入满意度这个因变量的回归结果，显示个人收入的相关系数是自我报告的参照收入相关系数的三倍，意味着一个相反的信号，即便引入了一个测量个人"比较强度"（受访者与他人比较收入的重要性）的变量。

现在，我们可以尝试使用此结果（自身收入系数与参照收入系数之比约为3），并把它用于上面的公式（2.2）和（2.3）。更确切地说，这个实证结果意味着（2.2）公式中的系数 β 将等于3。

利用（2.2），我们可以得出：

$$dU = \frac{\partial U}{\partial y}dy + \frac{\partial U}{\partial r}dr = \beta dy - dr \tag{2.6}$$

因此对于给定的效用水平：

$$\frac{dr}{dy} = \beta \tag{2.7}$$

利用（2.4），本书能够得出结论，权重 w 将等于 2/3，这个 w 值将用于本章中的实证一节。

本书所使用的数据并不提供任何有关个人参照收入的信息。本书只知道在不同的十分位数占总收入的比例，以及不同国家收入分布的均值和中位数（或者说收入分布）是可用的数据。因此，我们决定，参照收入要么采用均值，要么采用中位数。如果选择均值，那么就暗含假设贫困程度也将是那些不穷，或者更通俗地说是人口中所有达到一定生活标准的个人的收入函数。如果选择收入中位数作为参照，那么，由于后者并不依赖于那些并不穷的群体的收入，那么我们实际上假设贫困程度取决于这些属于中产阶层、收入分布处于中间层次的个体的生活标准。

我们更倾向于选择中位数作为参照收入。正如亚里士多德（《政治学》，第4卷，第 XI 部分：96）所认为的："最好的政治社会是由中产阶级公民组成的，这些国家将很可能是良好的管理，其中的中产阶级群体很大。"一个庞大而富有的中产阶级会在多方面极大地促进社会福利，比如，经济快速增长，对税收收入的贡献度高，更好的基础设施和更高的教育水平。因此，低收入的群体可以将收入中位数作为参照，并对实现这个收入目标充满希望（Chakravarty，2015）。

2.4 "综合贫困线"下的贫穷程度：亚洲国家的情况

本节将利用"综合贫困线"对不同亚洲国家的贫困程度进行多方测量。对于绝对贫困线，我们首先使用月收入 38 美元（2005 年购买力平价），相当于每天 1.25 美元，这点最初由 Ravallion 等（2009）提出。不过，遵循 Deaton（2001，2010）批评每天 1 美元或者 1.25 美元的贫困线单一的思路，在 Han（2014）估计的基础上，我们引入了一条 44 美元的绝对贫困线，它只以亚洲数据为基础，相当于每天 1.45 美元。我们还假设各种可能的权重。更确切地说，我们假设绝对贫困线的权重 w［中位数的比重，如果采用均值，权重则为（$1 - w$）］可以是 1、0.9、0.66 和 0.5。

数据库中包含不同国家和年份中可用的收入十分位的占比信息。计算方法以 Shorrocks 和 Wan（2009）提出的算法为基础，能够使收入分布"分散"成为可能。例如，当唯一可用的原始数据是收入十分位的占比时，也能够得出每个十分位的占比。该算法的第一步需要建立一个单元均值的初始样本，单元均值来源于一个拟合分组数据的参数形式。第二步，算法将初始样本中得到的观测量调整为可从分组数据得到的真实值。

在表 2-1 中，我们列出了在几种可能情境和数据可用的前提下，不同亚洲国家贫困率的数值。正如所预期的，对于给定的权重，使用均值，权重为 $(1-w)$ 时的贫困率要高于使用中位数时的贫困率。贫困率会随着权重 w 值的增大而上升，绝对贫困线在 44 美元时的贫困率要高于在 38 美元时的贫困率。

接着，我们结合表 2-1 中的贫困率数据与一些受测试国家 2010 年左右的总人口数据，估算出每个国家贫困人口的总数。所有这些结果都在表 2-2 列出。于是，可以容易比较在绝对贫困线为 38 美元（也就是"综合贫困线"也等于 38 美元），w 值等于 1 的基础上，不同情境下的贫困人口数量。

最后，表 2-3 给出了不同情境下不同国家的收入差距比例。该指数显示的是当贫困线乘以贫困人口总数时不同个体的贫困程度，从直接政策意义角度解读这种综合测量从某种意义上表明，这个乘法方程决定要让所有人达到贫困线所需的总金额。现在，对于任何一个国家，利用一个给定的贫困线和参照收入，我们可以通过一个特定权重方程来确定综合贫困线。而给定了一个国家的综合贫困线，我们就能通过表 2-3 中的国家收入缺口率和表 2-2 中的贫困人口数量，直接测算出要使所有贫困人口达到贫困线所需的总金额。

表 2-1　不同情境下的贫困率

权重方案（赋予绝对贫困线的比重）	亚美尼亚（2010 年）	阿塞拜疆（2008 年）	孟加拉国（2010 年）	不丹（2012 年）	柬埔寨（2009 年）	斐济（2008 年）	格鲁吉亚（2010 年）	印度尼西亚（农村）（2011 年）	印度尼西亚（城市）（2011 年）
绝对贫困线:38 美元（中位数的权重）									
100%	0.02	0.00	0.43	0.02	0.19	0.04	0.18	0.15	0.18
90%	0.04	0.01	0.44	0.04	0.22	0.09	0.21	0.19	0.21
66%	0.16	0.09	0.46	0.17	0.30	0.22	0.29	0.28	0.30
50%	0.24	0.19	0.47	0.26	0.35	0.29	0.35	0.34	0.36
绝对贫困线:38 美元（均数的权重）									
90%	0.06	0.01	0.46	0.06	0.25	0.13	0.23	0.21	0.25
66%	0.22	0.16	0.52	0.26	0.39	0.33	0.36	0.36	0.41
50%	0.34	0.29	0.56	0.38	0.48	0.44	0.44	0.45	0.49
绝对贫困线:44 美元（中位数的权重）									
100%	0.05	0.00	0.55	0.03	0.28	0.09	0.23	0.23	0.24
90%	0.09	0.01	0.54	0.06	0.30	0.15	0.25	0.26	0.27
66%	0.20	0.11	0.53	0.20	0.36	0.25	0.32	0.33	0.34
50%	0.27	0.21	0.52	0.27	0.39	0.31	0.37	0.38	0.38

续表

权重方案（赋予绝对贫困线的比重）	亚美尼亚（2010年）	阿塞拜疆（2008年）	孟加拉国（2010年）	不丹（2012）	柬埔寨（2009年）	斐济（2008年）	格鲁吉亚（2010年）	印度尼西亚（农村）（2011年）	印度尼西亚（城市）（2011年）
绝对贫困线：44美元（均数的权重）									
90%	0.11	0.02	0.56	0.09	0.33	0.18	0.28	0.29	0.31
66%	0.26	0.18	0.59	0.28	0.44	0.36	0.39	0.41	0.44
50%	0.37	0.30	0.61	0.39	0.51	0.46	0.47	0.48	0.52

权重方案（赋予绝对贫困线的比重）	哈萨克斯坦（2009年）	吉尔吉斯斯坦（2011年）	老挝（2008年）	马来西亚（2009年）	马尔代夫（2004年）	密克罗尼西亚联邦（城镇）（2000年）	尼泊尔（2010年）	巴基斯坦（2008年）	巴布亚新几内亚（1996年）
绝对贫困线：38美元（中位数的权重）									
100%	0.00	0.04	0.34	0.00	0.02	0.31	0.25	0.21	0.36
90%	0.00	0.08	0.36	0.03	0.04	0.33	0.27	0.24	0.37
66%	0.05	0.20	0.40	0.17	0.18	0.38	0.34	0.31	0.41
50%	0.16	0.27	0.42	0.26	0.26	0.41	0.38	0.36	0.43
绝对贫困线：38美元（均数的权重）									
90%	0.00	0.10	0.38	0.05	0.06	0.38	0.29	0.27	
66%	0.10	0.25	0.48	0.28	0.24	0.51	0.40	0.39	0.52
50%	0.24	0.35	0.50	0.40	0.36	0.58	0.47	0.47	0.58
绝对贫困线：44美元（中位数的权重）									
100%	0.00	0.08	0.44	0.01	0.03	0.35	0.34	0.33	0.42
90%	0.01	0.13	0.45	0.03	0.07	0.37	0.36	0.35	0.43
66%	0.07	0.22	0.46	0.18	0.20	0.41	0.40	0.39	0.45
50%	0.18	0.29	0.47	0.27	0.27	0.43	0.42	0.42	0.46
绝对贫困线：44美元（均数的权重）									
90%	0.01	0.14	0.47	0.06	0.09	0.41	0.38	0.37	0.47
66%	0.12	0.23	0.54	0.26	0.26	0.52	0.46	0.46	0.56
50%	0.25	0.33	0.58	0.41	0.37	0.59	0.51	0.52	0.61

权重方案（赋予绝对贫困线的比重）	菲律宾（2009年）	斯里兰卡（2009年）	塔吉克斯坦（2009年）	泰国（2010年）	东帝汶（2007年）	土库曼斯坦（1998年）	越南（2008年）
绝对贫困线：38美元（中位数的权重）							
100%	0.19	0.03	0.06	0.00	0.37	0.25	0.17
90%	0.22	0.06	0.10	0.02	0.39	0.28	0.20

续表

权重方案（赋予绝对贫困线的比重）	菲律宾（2009 年）	斯里兰卡（2009 年）	塔吉克斯坦（2009 年）	泰国（2010 年）	东帝汶（2007 年）	土库曼斯坦（1998 年）	越南（2008 年）
绝对贫困线：38 美元（中位数的权重）							
66%	0.31	0.20	0.21	0.11	0.42	0.34	0.29
50%	0.36	0.27	0.28	0.21	0.44	0.38	0.34
绝对贫困线：38 美元（均数的权重）							
90%	0.26	0.09	0.12	0.03	0.41	0.30	0.22
66%	0.41	0.28	0.26	0.22	0.49	0.42	0.36
50%	0.50	0.40	0.35	0.37	0.54	0.50	0.44
绝对贫困线：44 美元（中位数的权重）							
100%	0.25	0.07	0.12	0.01	0.49	0.32	0.24
90%	0.28	0.12	0.16	0.03	0.49	0.34	0.27
66%	0.35	0.23	0.24	0.13	0.49	0.39	0.33
50%	0.39	0.30	0.31	0.23	0.50	0.41	0.38
绝对贫困线：44 美元（均数的权重）							
90%	0.31	0.16	0.17	0.04	0.51	0.36	0.29
66%	0.44	0.32	0.29	0.24	0.56	0.46	0.40
50%	0.52	0.43	0.38	0.38	0.59	0.52	0.47

注：完整的收入分布以 Shorrocks 和 Wan（2009）提出的"分散收入分布"为基础。第一列列出的是赋予绝对贫困线（38 美元或 44 美元）的权重（百分比），补充（百分比）说明赋予的权重是针对收入分配的中位数还是均值。

表 2 - 2　根据不同的权重方案得出的各个国家贫困人口的数量

单位：百万人

国家 \ 权重方案	38 美元，中位数，100%	38 美元，中位数，90%	38 美元，中位数，66%	38 美元，中位数，50%	38 美元，均值，90%	38 美元，均值，66%	38 美元，中位数，50%
亚美尼亚（2010 年）	0.07	0.13	0.48	0.71	0.17	0.66	1.00
阿塞拜疆（2008 年）	0.01	0.07	0.77	1.70	0.11	1.40	2.55
孟加拉国（2010 年）	65.43	66.49	68.99	70.63	69.65	79.10	84.95
不丹（2012 年）	0.01	0.03	0.13	0.19	0.04	0.19	0.28
柬埔寨（2009 年）	2.72	3.13	4.26	4.99	3.55	5.53	6.75
斐济（2008 年）	0.04	0.08	0.18	0.25	0.11	0.28	0.38
格鲁吉亚（2010 年）	0.81	0.94	1.31	1.54	1.04	1.62	1.98
印度尼西亚（农村）（2011 年）	18.21	23.08	33.59	40.49	25.43	43.29	53.99

续表

国家 ＼ 权重方案	38 美元,中位数,100%	38 美元,中位数,90%	38 美元,中位数,66%	38 美元,中位数,50%	38 美元,均值,90%	38 美元,均值,66%	38 美元,中位数,50%
印度尼西亚(城镇)(2011 年)	21.81	26.00	37.07	43.89	30.62	50.06	60.97
哈萨克斯坦(2009 年)	0.00	0.04	0.80	2.61	0.06	1.61	3.80
吉尔吉斯斯坦(2011 年)	0.24	0.45	1.08	1.47	0.54	1.37	1.94
老挝(2008 年)	2.10	2.20	2.44	2.60	2.36	2.94	3.29
马来西亚(2009 年)	0.12	0.75	4.75	7.26	1.32	7.64	11.13
马尔代夫(2004 年)	0.00	0.01	0.05	0.08	0.02	0.07	0.10
密克罗尼西亚联邦(城镇)(2000 年)	0.01	0.01	0.01	0.01	0.01	0.01	0.01
尼泊尔(2010 年)	6.63	7.35	9.07	10.19	7.91	10.87	12.71
巴基斯坦(2008 年)	35.59	40.61	52.56	60.52	44.49	65.51	78.61
巴布亚新几内亚(1996 年)	1.73	1.81	1.99	2.10	2.00	2.54	2.83
菲律宾(2009 年)	17.20	20.27	28.20	33.15	23.68	37.71	45.54
斯里兰卡(2009 年)	0.62	1.29	4.09	5.61	1.96	5.84	8.25
塔吉克斯坦(2009 年)	0.45	0.76	1.54	2.07	0.87	1.90	2.62
泰国(2010 年)	0.32	1.20	7.44	14.04	1.90	14.38	24.61
东帝汶(2007 年)	0.39	0.40	0.44	0.46	0.43	0.51	0.56
土库曼斯坦(1998 年)	1.10	1.22	1.50	1.68	1.33	1.86	2.18
越南(2008 年)	14.79	17.30	24.36	28.99	19.12	30.48	37.70

国家 ＼ 权重方案	44 美元,中位数,100%	44 美元,中位数,90%	44 美元,中位数,66%	44 美元,中位数,50%	44 美元,均值,90%	44 美元,均值,66%	44 美元,中位数,50%
亚美尼亚(2010 年)	0.14	0.26	0.59	0.80	0.32	0.77	1.09
阿塞拜疆(2008 年)	0.03	0.13	0.95	1.80	0.18	1.58	2.66
孟加拉国(2010 年)	82.77	82.07	80.37	79.22	84.78	89.39	92.30
不丹(2012 年)	0.02	0.05	0.15	0.20	0.07	0.21	0.29
柬埔寨(2009 年)	3.90	4.24	5.04	5.57	4.61	6.26	7.23
斐济(2008 年)	0.08	0.12	0.21	0.27	0.15	0.30	0.39
格鲁吉亚(2010 年)	1.00	1.13	1.44	1.64	1.23	1.75	2.07
印度尼西亚(农村)(2011 年)	27.95	31.63	39.79	45.14	34.62	49.16	58.02
印度尼西亚(城镇)(2011 年)	30.16	33.90	42.33	47.55	37.95	54.52	63.94
哈萨克斯坦(2009 年)	0.01	0.09	1.09	2.87	0.12	1.98	4.06
吉尔吉斯斯坦(2011 年)	0.46	0.70	1.23	1.61	0.80	1.55	2.08
老挝(2008 年)	2.70	2.74	2.83	2.89	2.88	3.29	3.54
马来西亚(2009 年)	0.23	0.96	5.04	7.46	1.70	7.90	11.29
马尔代夫(2004 年)	0.01	0.02	0.06	0.08	0.03	0.08	0.11

续表

国家 ＼ 权重方案	44 美元，中位数，100%	44 美元，中位数，90%	44 美元，中位数，66%	44 美元，中位数，50%	44 美元，均值，90%	44 美元，均值，66%	44 美元，中位数，50%
密克罗尼西亚联邦(城镇)(2000 年)	0.01	0.01	0.01	0.01	0.01	0.01	0.01
尼泊尔(2010 年)	9.16	9.62	10.69	11.37	10.15	12.39	13.78
巴基斯坦(2008 年)	54.73	57.81	65.02	69.67	61.61	77.24	86.80
巴布亚新几内亚(1996 年)	2.06	2.09	2.19	2.24	2.26	2.69	2.93
菲律宾(2009 年)	23.12	25.83	31.93	35.69	28.77	40.81	47.55
斯里兰卡(2009 年)	1.47	2.57	4.75	6.20	3.22	6.60	8.79
塔吉克斯坦(2009 年)	0.86	1.17	1.82	2.29	1.28	2.19	2.84
泰国(2010 年)	0.67	1.82	8.66	15.11	2.67	15.80	25.55
东帝汶(2007 年)	0.51	0.51	0.52	0.52	0.53	0.58	0.61
土库曼斯坦(1998 年)	1.41	1.49	1.69	1.82	1.60	2.04	2.30
越南(2008 年)	20.39	22.74	28.29	31.96	24.57	34.33	40.40

注：每列的第一行显示所采用的贫困线（38 美元或 44 美元），以及其他指标（中位数或均值）和绝对贫困线对应的权重；该计算都是以 Shorrocks 和 Wan（2009）的方法为基础。

表 2 - 3　根据不同的权重方案得出的各国贫困缺口率

国家 ＼ 权重方案	38 美元，中位数，100%	38 美元，中位数，90%	38 美元，中位数，66%	38 美元，中位数，50%	38 美元，均值，90%	38 美元，均值，66%	38 美元，中位数，50%
亚美尼亚(2010 年)	0.00	0.01	0.03	0.05	0.01	0.05	0.08
阿塞拜疆(2008 年)	0.00	0.00	0.01	0.04	0.00	0.03	0.07
孟加拉国(2010 年)	0.11	0.11	0.12	0.13	0.12	0.15	0.17
不丹(2012 年)	0.00	0.01	0.04	0.07	0.01	0.07	0.12
柬埔寨(2009 年)	0.03	0.04	0.07	0.09	0.05	0.10	0.14
斐济(2008 年)	0.01	0.02	0.05	0.08	0.02	0.09	0.15
格鲁吉亚(2010 年)	0.06	0.07	0.11	0.13	0.08	0.14	0.18
印度尼西亚(农村)(2011 年)	0.02	0.03	0.06	0.08	0.04	0.09	0.13
印度尼西亚(城镇)(2011 年)	0.03	0.04	0.08	0.10	0.06	0.13	0.18
哈萨克斯坦(2009 年)	0.00	0.00	0.01	0.03	0.00	0.01	0.05
吉尔吉斯斯坦(2011 年)	0.01	0.02	0.04	0.07	0.02	0.06	0.10
老挝(2008 年)	0.09	0.10	0.11	0.12	0.11	0.15	0.18
马来西亚(2009 年)	0.00	0.01	0.05	0.09	0.01	0.09	0.16
马尔代夫(2004 年)	0.00	0.01	0.04	0.07	0.01	0.07	0.12
密克罗尼西亚联邦(城镇)(2000 年)	0.16	0.18	0.21	0.23	0.20	0.29	0.33
尼泊尔(2010 年)	0.05	0.06	0.09	0.10	0.07	0.11	0.14

续表

权重方案 国家	38 美元， 中位数， 100%	38 美元， 中位数， 90%	38 美元， 中位数， 66%	38 美元， 中位数， 50%	38 美元， 均值， 90%	38 美元， 均值， 66%	38 美元， 中位数， 50%
巴基斯坦（2008 年）	0.03	0.04	0.06	0.08	0.05	0.09	0.12
巴布亚新几内亚（1996 年）	0.12	0.13	0.15	0.16	0.15	0.22	0.26
菲律宾（2009 年）	0.04	0.05	0.09	0.11	0.06	0.14	0.18
斯里兰卡（2009 年）	0.00	0.01	0.04	0.06	0.01	0.07	0.11
塔吉克斯坦（2009 年）	0.01	0.02	0.05	0.07	0.02	0.06	0.10
泰国（2010 年）	0.00	0.00	0.02	0.05	0.01	0.05	0.11
东帝汶（2007 年）	0.09	0.09	0.11	0.11	0.10	0.13	0.16
土库曼斯坦（1998 年）	0.07	0.08	0.11	0.13	0.09	0.15	0.18
越南（2008 年）	0.03	0.05	0.07	0.10	0.05	0.10	0.14

权重方案 国家	44 美元， 中位数， 100%	44 美元， 中位数， 90%	44 美元， 中位数， 66%	44 美元， 中位数， 50%	44 美元， 均值， 90%	44 美元， 均值， 66%	44 美元， 中位数， 50%
亚美尼亚（2010 年）	0.14	0.11	0.09	0.09	0.11	0.10	0.12
阿塞拜疆（2008 年）	0.14	0.10	0.06	0.07	0.09	0.07	0.09
孟加拉国（2010 年）	0.23	0.22	0.20	0.19	0.22	0.22	0.22
不丹（2012 年）	0.14	0.11	0.09	0.10	0.10	0.11	0.14
柬埔寨（2009 年）	0.16	0.15	0.14	0.14	0.15	0.16	0.18
斐济（2008 年）	0.14	0.12	0.11	0.12	0.12	0.14	0.18
格鲁吉亚（2010 年）	0.18	0.17	0.17	0.17	0.18	0.19	0.21
印度尼西亚（农村）（2011 年）	0.15	0.14	0.13	0.13	0.14	0.15	0.17
印度尼西亚（城镇）（2011 年）	0.16	0.15	0.15	0.15	0.16	0.18	0.21
哈萨克斯坦（2009 年）	0.14	0.10	0.05	0.05	0.09	0.05	0.07
吉尔吉斯斯坦（2011 年）	0.14	0.12	0.11	0.11	0.12	0.12	0.14
老挝（2008 年）	0.21	0.20	0.19	0.18	0.21	0.21	0.22
马来西亚（2009 年）	0.14	0.09	0.08	0.11	0.08	0.12	0.17
马尔代夫（2004 年）	0.14	0.11	0.09	0.10	0.10	0.11	0.14
密克罗尼西亚联邦（城镇）（2000 年）	0.27	0.27	0.26	0.26	0.28	0.32	0.35
尼泊尔（2010 年）	0.18	0.17	0.16	0.15	0.17	0.18	0.19
巴基斯坦（2008 年）	0.16	0.15	0.14	0.13	0.15	0.16	0.16
巴布亚新几内亚（1996 年）	0.24	0.23	0.22	0.22	0.24	0.27	0.30
菲律宾（2009 年）	0.16	0.16	0.15	0.16	0.16	0.19	0.22
斯里兰卡（2009 年）	0.14	0.12	0.10	0.10	0.11	0.12	0.14
塔吉克斯坦（2009 年）	0.14	0.12	0.11	0.11	0.12	0.12	0.13
泰国（2010 年）	0.14	0.10	0.07	0.08	0.09	0.09	0.13
东帝汶（2007 年）	0.20	0.20	0.18	0.17	0.20	0.20	0.21
土库曼斯坦（1998 年）	0.19	0.18	0.18	0.17	0.19	0.20	0.22
越南（2008 年）	0.16	0.15	0.14	0.14	0.16		

注：每列的第一行显示所采用的贫困线（38 美元或 44 美元），以及其他指标（中位数或均值）和绝对贫困线对应的权重；该计算都是以 Shorrocks 和 Wan（2009）的方法为基础。

2.5 总结

本章以 Chakravarty 等人的前期工作（2015）为基础，测算出了当绝对贫困线考虑到参照群体的存在进行调整时的贫困率和贫困缺口指数。鉴于参照群体可用数据的匮乏，假定以收入中位数或均值作为参照收入，几种情境中都考虑了赋予绝对贫困线（每天 1.25 美元或者 1.45 美元）和参照收入（均值或中位数）不同的权重。这种实证分析基本上涵盖了2010 年左右的众多亚洲国家。鉴于收入分布的不平衡，众所周知，当参照收入采用平均值时，调整后的贫困线显然会比采用中位数时更高。当绝对贫困线是每月 44 美元时调整后的贫困率显然要比每月 38 美元的贫困线时更高。本章只列出了四个权重方案的结果（对贫困线的权重分别为 100%、90%、66% 和 50%）；其他权重可以轻易地举一反三。个人看待他人收入重要的实证证据以及政策制定者面临的财政预算和政治约束等因素都会引导权重的选择，因为贫困人口数量的上升将会导致财政和政治后果。

参考文献 [*]

Aristotle, *Politics*, Kitchener, ON: Batoche Books.

Atkinson, A.B. and F. Bourguignon (2001), 'Poverty and inclusion from a world perspective', in J. Stiglitz and P.-A. Muet (eds), *Governance, Equity and Global Markets*, Oxford: Oxford University Press, pp. 179–92.

Chakravarty, S.R. (2015), *Inequality, Polarization and Conflict: An Analytical Study*, New York: Springer.

Chakravarty, S.R., N. Chattopadhyay, Z. Nissanov and J. Silber (2015), 'Reference groups and the poverty line: an axiomatic approach with an empirical illustration', UNU-WIDER Working Paper 2015/002, United Nation University's World Institute for Development Economics Research, Helsinki.

---

[*] 亚洲开发银行确认中国为中华人民共和国。

Clark, A., C. Senik and K. Yamada (2013), 'The Joneses in Japan: income comparisons and financial satisfaction', Discussion Paper No. 866, Institute of Social and Economic Research, Osaka University, Japan.

Clark, A.E. and A.J. Oswald (1996), 'Satisfaction and comparison income', *Journal of Public Economics*, **61** (3), 359–81.

Clark, A.E. and C. Senik (2009), 'Who compares to whom? The anatomy of income comparisons in Europe', *Economic Journal*, **120** (544), 573–94.

Clark, A.E., P. Frijters and M.A. Shields (2008), 'Relative income, happiness and utility: an explanation for the Easterlin paradox and other puzzles', *Journal of Economic Literature*, **46** (1), 95–144.

Deaton, A. (2001), 'Counting the world's poor: problems and possible solutions', *World Bank Research Observer*, **16** (2), 125–48.

Deaton, A. (2010), 'Price indexes, inequality, and the measurement of world poverty', *American Economic Review*, **100** (1), 3–34.

Duesenberry, J.S. (1949), *Income, Saving and the Theory of Consumer Behavior*, Cambridge, MA: Harvard University Press.

Fafchamps, M. and F. Shilpi (2008), 'Subjective welfare, isolation and relative consumption', *Journal of Development Economics*, **86** (1), 43–60.

Ferrer-i-Carbonell, A. (2005), 'Income and well-being: an empirical analysis of the comparison income effect', *Journal of Public Economics*, **89** (5–6), 997–1019.

Han, X. (2014), 'Estimating an Asian poverty line', mimeo, Asian Development Bank, Manila.

Hirschman, A.O. and M. Rothschild (1973), 'The changing tolerance for income inequality in the course of economic development', *Quarterly Journal of Economics*, **87** (4), 544–66.

Kingdon, G. and J. Knight (2007), 'Community comparisons and subjective well-being in a divided society', *Journal of Economic Behavior and Organization*, **64** (1), 69–90.

Knight, J., L. Song and R. Gunatilaka (2009), 'Subjective well-being and its determinants in rural China', *China Economic Review*, **20** (4), 635–49.

Lelkes, O. and K. Gasior (2011), 'Income poverty in the EU situation in 2007 and trends (based on EU-SILC 2005–2008)', Policy Brief, European Centre for Social Welfare Policy and Research, Vienna.

Powdthavee, N. (2009), 'How important is rank to individual perception of economic standing? A within-community analysis', *Journal of Economic Inequality*, **7** (3), 225–48.

Ravallion, M. and S. Chen (2011), 'Weakly relative poverty', *Review of Economics and Statistics*, **93** (4), 1251–61.

Ravallion, M. and S. Chen (2012), 'More relatively-poor people in a less absolutely-poor world', World Bank, Policy Research Working Paper 6114.

Ravallion, M., S. Chen and P. Sangraula (2009), 'Dollar a day revisited', *World Bank Economic Review*, **23** (2), 163–84.

Runciman, W.G. (1966), *Relative Deprivation and Social Justice*, Berkeley, CA: University of California Press.

Sen, A. (2000), 'Social exclusion: concept, application, and scrutiny', Social Development Papers No. 1, Office of Environment and Social Development, Asian Development Bank, Manila.

Senik, C. (2004), 'When information dominates comparison. Learning from Russian subjective panel data', *Journal of Public Economics*, **88** (9–10), 2009–133.

Senik, C. (2008), 'Ambition and jealousy. income interactions in the "Old Europe" versus the "New Europe" and the United States', *Economica*, **75** (299), 495–513.

Senik, C. (2009), 'Income distribution and subjective happiness: a survey', OECD Social, Employment and Migration Working Papers, No. 96, OECD, Paris.

Shorrocks, A. and G. Wan (2009), 'Ungrouping income distributions. synthesizing samples for inequality and poverty analysis', in K. Basu and R. Kanbur (eds), *Arguments for a Better World. Essays in Honor of Amartya Sen*, vol. 1, Oxford: Oxford University Press, pp. 414–34.

Smith, A. (1937), *An Inquiry into the Nature and Causes of the Wealth of Nations*, New York: Modern Library, pp. 821–2.

Van Praag, B. (2011), 'Well-being inequality and reference groups: an agenda for new research', *Journal of Economic Inequality*, **9** (1), 111–27.

第二部分

亚洲的贫困和脆弱性

第三章

关于贫困脆弱性及其他问题的概念
和测量：文献综述

藤井智纪（Tomoki Fujii）*

3.1 引言

近年来，发展经济学家对脆弱性分析的兴趣激增。例如，20 世纪后半期，在 EconLit 检索标题中包含"脆弱性"一词的学术期刊文章的数量仅有 76 篇，而 2001~2013 年，相应数量为 444 篇，其中相当一部分文章与贫困有关。① 本章的目的是回顾越来越多关于脆弱性的文献，我们主要讨论贫困的脆弱性，但也讨论它与其他脆弱性研究的关系。

对脆弱性研究越来越感兴趣的趋势并不奇怪。尽管进展并不稳定，但自第二次世界大战结束以来，发展中国家的极端贫困大为减少，东亚和东南亚抗争贫困的斗争特别成功。然而，贫困的威胁还没有成为过去式，即使在东亚和东南亚这些减贫相对成功的地区，也是如此。还有很大一部分人仍处于贫困线以下，甚至那些贫困线以上的人们也在遭到如自然灾害或经济危机的负面冲击时，很容易重返贫困。

脆弱性本身是一个有趣的话题，同时对经济效率和家庭的长期福利有着

---

* 作者感谢 Satya Chakraverty、Indranil Dutta、Jacques Silber、Hermann Waibel 和 Guanghua Wan 的帮助意见。在本研究的初始阶段，作者从与 Chris Elbers 的有益讨论中受益匪浅。非常感谢徐思佳提供研究帮助。

① 根据作者于 2014 年 9 月 6 日搜索 Econlit 所得结果。

重要影响。可以看到，那些长期处于贫穷威胁之下的人，比起那些比不受贫穷威胁的人，会选择更加安全但利润较少的投资。正如 Eswaran 和 Kotwal（1990）指出，当穷人比富人更难获得信贷时，前者可能从事风险更低、利润更少的活动，即使每个人的偏好相同。因此，在信贷约束的情况下，不良冲击可能导致贫困陷阱（Morduch，1994）。

实证分析结果也支持这种可能性。例如，在坦桑尼亚，持有资产较少的家庭会将更多的土地分配于低风险作物（Dercon，1996），而较富裕的家庭会大量地投资牲畜，这样虽然利润丰厚，但同时波动性也比较大，更为贫困的家庭会专注于低风险、低回报的活动（Dercon，1998）。在印度，Rosenzweig 和 Binswanger（1993）发现，不确定的天气风险是效率和平均收入较低的一个重要因素。

贫困的脆弱性同样影响资产积累。一方面，随着时间的推移，资产的积累可以缓解信贷途径的缺乏，因为穷人可以在光景差的时候出售资产，而在光景好的时候购入资产以熨平消费（Carter 和 Zimmerman，2000）。另一方面，当穷人面临生存约束时，他们可能通过调整消费来应对负面冲击，从而保护或熨平其资产价值，确保生存（Zimmerman 和 Carter，2003）。因此，以资产持有量来评估家庭的脆弱性可能是可行的。

在 3.2，从讨论贫困的脆弱性开始文献综述。在 3.3，我们简要概述其他领域的脆弱性研究。其中一个重要领域是气候变化的脆弱性。虽然这一组文献在很大程度上独立于贫困脆弱性的研究，但两者之间存在着内在联系，且被认为对于贫困脆弱性的分析越来越重要。因此，我们简要回顾与气候变化相关的脆弱性问题，及其在分析贫困脆弱性中的重要性。我们还回顾了脆弱性的其他几个方面，包括资产和营养。3.4 进行包括脆弱性研究的政策意义在内的一些讨论。

3.2　贫困的脆弱性

我们首先讨论 3.2.1 中关于贫困脆弱性的概念和测量标准。这些之所以成为重要的主题，有两个原因。一是，还没有一个学术界普遍接受的脆弱性定义。因此，回顾脆弱性的不同形式化，有助于归纳不同作者提出的脆弱性概念的相似性和差异性。二是，测量对于了解脆弱性的状态和来源很重要，而这对于制定消除或减轻风险和负面冲击影响的政策至关重要。

在 3.2.2 中，我们分析了在 3.2.1 和其他相关研究中讨论过的脆弱性概念和测量的实证应用。

3.2.1　概念和测量

已有一些研究旨在对贫困的脆弱性进行概念化和测量。在使用 Calvo 和 Dercon（2005）的部分术语的基础上，我们将定义脆弱性测量的方法分为以下三类：福利主义方法、预期贫困方法和公理方法。接下来会讨论到，这些方法并不相互排斥。

福利主义方法

一些早期的研究，如 Ligon 和 Schechter（2003）和 Elbers 和 Gunning（2003）提出了一种基于明确福利基础的脆弱性测量。在 Ligon 和 Schechter（2003）中，个体 i 的脆弱性 v_i 定义为[①]：

$$v_i = u_i(z) - E[u_i(c_i(\omega))] \tag{3.1}$$

其中 u_i 是瞬时效用函数，$E[\cdot]$ 是期望算子，z（$\geqslant 0$）是确定性等价消费的阈值水平，低于该值的个体被认为是脆弱的，$c_j(\omega)$（$\geqslant 0$）是个体 i 的人均消费支出，取决于状态空间为 Ω 的世界 ω（$\in \Omega$）的状态。

注意，z 对应于静态框架中贫困分析的贫困线。因此，在下文适当的时候，我们也将 z 解释为贫困线。此外，我们将 c_i 解释为人均消费支出，绝大多数情况下都不会改变，除非它被解释为收入或个体福利的基本观测量。

Ligon 和 Schechter（2003）基于线性消费方程模型将脆弱性分解为贫困、总风险、特有风险和无法解释的风险，其中，他们研究的贫困指的是 $u_i(z)$ 和 $u_i\{E[c_i(\omega)]\}$ 之差。他们将这种分解方法应用于保加利亚的面板数据集，发现贫匮是脆弱性的最大单一成分，占可观测脆弱性的一半以上。他们还发现，总风险比特殊风险更重要，而这两个风险远远小于不明原因的风险。

Ligon 和 Schechter（2003）的分析框架是静态的。相比之下，Elbers 和 Gunning（2003）定义脆弱性的框架是 Ramsey 收入和资产冲击的模型。他们

---

① 在 Ligon 和 Schechter（2003）和各种其他研究中，脆弱性是为家庭而不是为个体定义的。尽管家庭通常是测量脆弱性的测量单位，我们选择使用个体作为定义脆弱性的单位，因为脆弱性甚至可能在家庭内变化，至少原则上如此。

对脆弱性的测量具有类似于方程（3.1）的形式，但 u_i 被视为个体的福利，即在无限时间范围内即时效用的贴现值的总和。与本章中讨论的大多数其他研究不同，他们明确纳入未来的消费流，并处理风险对消费均值及均值附近的消费波动性的影响。后一点尤其重要，因为承受风险能力和个人可用的应对风险策略不仅影响当前的消费波动，而且影响投资决策，从而影响未来的消费流。

他们的分析框架允许明确区分事前和事后的风险效应，其中前者是由个人面临的预期风险引起，后者源于已经确认的冲击。他们将模型应用于津巴布韦佃农的面板数据，表明未能解释事前和事后效应之间的区别可能导致慢性和短期贫困的巨大估算误差。

这些福利主义措施的一个明显缺点是需要明确规定效用或福利函数。虽然 Ligon 和 Schechter（2003）以及 Elbers 和 Gunning（2003）使用恒定相对风险厌恶效用函数，但这显然不是唯一的选择。此外，相对风险厌恶系数的估计常常带来挑战。

预期贫困方法

另一种评估贫困脆弱性的方法是将脆弱性视为预期贫困。更准确地说，在当前状况下，脆弱性测量或与个人在给定时间范围内陷入贫困的可能性有关。因此，时间范围与预期贫困方法具有内在相关性。这一点与 Elbers 和 Gunning（2003）上述的观点形成对比，他们考虑了无限的时间范围。为了简单起见，我们选择在静态框架中通过固定时间范围来讨论预期贫困方法，即使选择时间范围很重要。这里应当指出，定义脆弱性中测量的消费一般指事前消费，而在贫困测量中是指事后（实现的）消费。

使用预期贫困方法分析脆弱性的开创性思想可见于 Ravallion（1988），他分析了影响个人福利的随机变量对社会贫困的边际影响。他提出将边际影响分解为短期和长期（持续）贫困，分别指外生边际影响和内生边际影响。

Chaudhuri 等人（2002）以及 Suryahadi 和 Sumarto（2003）将脆弱性定义为当前具有一系列可观察个体特征 X_i 的个体 i 人均消费低于贫困线 z 的概率。它们基本上以下面的方式定义个体 i 的脆弱性 v_i：

$$v_i = Pr\,(c_i < z \mid X_i) \tag{3.2}$$

其中 c_i 是（事前）人均消费。应该指出，这与贫困不同，因为贫困家庭的（事后）人均消费低于贫困线。

为了求解方程（3.2），Chaudhuri 等（2002）以及 Suryahadi 和 Sumarto（2003）假设对数消费是条件线性的：

$$\ln c_i = X_i\beta + \varepsilon_i \tag{3.3}$$

其中 β 是系数的向量，ε_i 是特异性误差项。

此外，以 σ_i 表示 ε_i 的标准差，即可能是个体之间的异方差，并且假设 ε_i 是正态分布，方程（3.2）可以简化为：

$$v_i = \Phi\left(\frac{\ln z - X_i\beta}{\sigma_i}\right) \tag{3.4}$$

其中 $\phi(\cdot)$ 是标准正态分布的累积分布函数。

将参数（β，σ_i）的估值代入等式（3.4）中，我们获得一个脆弱性测量。然后，个体可以被分为高脆弱性（$v_i \geqslant l$）和低脆弱性（$v_i < l$）组，其中脆弱性的阈值用 l 表示。

如何选择 l 成为一个明显的问题。Suryahadi 和 Sumarto（2003）选择 $l = 0.5$。[①] 虽然这种选择有点武断，但仍有其理由。第一，如 Pritchett 等（2000）提出，50 - 50 概率有一个很好的焦点，能凭直觉认为一个人在面对逆境或更糟的情况下是脆弱的。第二，如果一个人正处于贫困线并面临的对称冲击均值为零，那么这个人的脆弱性为 0.5。应该注意的是，Pritchett 等（2000）的脆弱性定义与 Suryahadi 和 Sumarto（2003）略有不同，因为前者将脆弱性定义为至少在接下来 n 个时期的一个时期里陷入贫困的风险，这个风险大于阈值概率水平。然而，以上选择 $l = 0.5$ 的解释理由仍适用于 Suryahadi 和 Sumarto（2003）。

Suryahadi 和 Sumarto（2003）建议根据表 3 - 1 进一步对个体进行分类。此表帮助我们了解贫匮与脆弱性之间的差异。他们将脆弱群体分为消费均值高（$E[c] \geqslant z$）和消费均值低的消费群体。例如，B 对应于一群穷人，在其分类中具有高消费均值和高脆弱性。注意，即使平均消费很高，个人仍然可能由于特定的负面冲击而在特定时期内降低到贫困线以下。对于脆弱性高的个人，这种可能性更高。

[①] 虽然 Pritchett 等（2000）只需零均值而不是对称性，但这显然是不适当的。如果贫困线上的个体受到具有高概率的小的负面冲击和低概率的大的正面冲击，即使冲击具有零均值，落在贫困线以下的概率也高于 0.5。

表 3 - 1　Suryahadi 和 Sumarto 的贫困和脆弱性分类（2003 年）

	贫困	不贫困
$E[c] < z, v \geqslant l$	A	D
$E[c] \geqslant z, v \geqslant l$	B	E
$E[c] \geqslant z, v < l$	C	F

Suryahadi 和 Sumarto（2003）使用这一框架，将贫困人群（A + B + C）分为长期和短期贫困人群，分别为 A（预期消费低于贫困线的贫困人口）和 B + C（预期消费高于贫困线的贫困人口）在表格 3 - 1[①] 中，他们还将高脆弱性人群（A + B + D + E）分为两组，一组特征为低预期消费（A + D），另一组消费组（B + E）特征为高变化性。他们将总脆弱性组（A + B + C + D + E）定义为个体处于贫困或高脆弱性组。

Suryahadi 和 Sumarto（2003）将这一框架应用于印度尼西亚。他们首先描述了印度尼西亚贫困和弱势人群的情况，然后比较了 1996 ~ 1999 年各地理位置、户主所在的职业部门、教育水平和性别随贫困和脆弱性的变化。他们发现，亚洲金融危机之后，印度尼西亚个体贫困的脆弱性明显增加，总脆弱群体的比例几乎翻了一番。

Kamanou 和 Morduch（2004）也使用预期贫困来测量脆弱性，尽管他们将脆弱性视为未来预期贫困与当前贫困之间的差异。他们使用蒙特卡罗方法（Monte Carlo method），以个体的观察特征和观察到的类似个体的消费波动为基础，模拟个体可能的未来结果。然而，他们可能得到一个负值，因而该方法可能很难解释。

Christiaensen 和 Subbarao（2005）将脆弱性定义为 Foster 等（1984）所制定的 Foster-Greer-Thorbecke（FGT）贫困指标的预期价值。给出如下公式：

$$v_{i,\gamma} = E\left[\left(\frac{z - c_i}{z} \right)^{\gamma} \cdot \mathrm{Ind}(c_i < z) \right] = \int_0^z \left[\frac{z - c_i}{z} \right]^{\gamma} f(c_i) \, dc_i \tag{3.5}$$

其中 Ind（·）是指数函数，如果参数为真，则等于 1，否则为 0，f（·）是消费的概率密度函数，γ 是 FGT 测量的参数。因为 f（·）一般不为人所知，所以我们需要根据公式（3.5）进行额外的假设来计算脆弱性。与 Chaudhuri 等（2002）和 Suryahadi 和 Sumarto（2003）方法一样，他们估

---

① 注意，慢性和短期贫困通常被定义为事后概念。然而，它们在脆弱性方面被视为事前概念。

计条件均值和 c_i 方差的参数。因此，Christiaensen 和 Subbarao（2005）认为脆弱性测量是方程（3.4）的扩展，即在方程（3.3）中的对数线性条件下，方程（3.5）减去方程（3.4），当 $\gamma = 0$ 时，假设为正态化。

与 Chaudhuri 等（2002）以及 Suryahadi 和 Sumarto（2003）方法不同，Christiaensen 和 Subbarao（2005）利用有关冲击的历史信息的重复横截面数据，发现肯尼亚干旱地区的人们，在经历雨季的波动后，似乎比非干旱地区的人们更脆弱。

上述脆弱性研究通常使用某种形式的消费或收入回归来估计参数，如方程（3.3）中的 β。然而，目前还不清楚，通过回归方法估计的脆弱性事实上怎样能与预期的贫困相符。Zhang 和 Wan（2009）使用中国农村地区的多期面板数据，试图回答如何准确计算脆弱性。[①]

为此，他们将脆弱性定义为未来处于贫困的概率，并假设收入呈对数正态分布，来计算脆弱性。利用面板结构，他们通过比较前几轮数据计算的漏洞和基于后面几轮实际观察到的贫困，来评估脆弱性估计值的精确度。他们发现，脆弱性估计的精确度取决于 l 和贫困线。他们在每天 2 美元的贫困线下得到的估算比每天 1 美元贫困线更精确。他们还认为 $l = 0.5$ 的选择是合理的，因为在这个阈值下的脆弱性似乎比他们尝试的其他选择更精确。

在这里值得指出的是，预期贫困测量可以被视为一种福利主义测量，将个人层面的贫困测量作为个人效用。然而，这两种测量类型在以下两个方面有所不同（Christiaensen 和 Subbarao，2005）。一方面，福利主义方法明确地考虑了风险偏好，而预期贫困测量则不然；另一方面，福利主义考虑 c 的整个分布，包括 c 超过 z 的状态，而预期贫困测量只关注 z 以下的状态。

还值得注意的是，方程（3.5）形式中的预期贫困测量的数学表达式与 Jalan 和 Ravallion（1998，2000）提出的总贫困或暂时贫困和长期贫困的总和相似。他们将总贫困简单地定义为所有时期的平均贫困，而长期贫困是所有时期的平均消费水平。因此，暂时贫困是总贫困与长期贫困之差，在其定义中与消费存在非线性关系的贫困部分。[②]

为了进一步阐明脆弱性和慢性/暂时性贫困之间的关系，假设贫困测量

---

① 使用工资作为福利变量，Bourguignon 等（2004）把基于重复横截面数据的预期贫困数据估计的准确性与真实面板数据相比较。参见下文讨论的 Jha 和 Dang（2010）。

② Duclos 等（2010）提出了长期贫困和短期贫困的替代测量方法。

是具有参数 γ 的 FGT 测量，脆弱性测量是等式（3.5）。考虑脆弱性与总贫困相符的情况。然后，慢性贫困 $CP_{i,\gamma}$ 和暂时贫困 $TP_{i,\gamma}$ 可写为：

$$CP_{i,\gamma} = \left(\frac{z - E[c_i]}{z} \right)^{\gamma}$$

$$TP_{i,\gamma} = v_{i,\gamma} - CP_{i,\gamma}$$

这一结果还指出了一个事实，贫困的高脆弱性可能是由于平均消费低（或长期高度贫困），消费变异性高（或暂时性高度贫困）或两者的结合。因此，这个定量结果如表 3 - 1 所示。

公理化方法

如果不从个人层面上的效用或贫困来定义脆弱性，也可以从一组公理中得出脆弱性测量，其中列出理想的脆弱性测量将满足的属性。Calvo 和 Dercon（2005，2007，2013）为从一系列公理中推导脆弱性测量做出了重要贡献。我们对公理方法的讨论主要以这些研究为基础，然后讨论这些研究与其他研究之间的关系。

因为我们此后将关注一个特定的个体，所以我们暂时舍弃下标 i 来简化符号。我们还引入额外的符号来正式地呈现公理。在 Ω 中存在 K 个可能状态，使得 $\Omega = \{s^1, \cdots, s^K\}$。此外，我们用 $c^k \equiv c(s^k)$ 表示状态 s^k 的消费；状态 s^k 的概率 p^k（$\equiv \text{Pr}(\omega = s^k)$），$k \in \{l, \cdots, K\}$。记 c、p 的 K 向量分别为 $c \equiv (c^1, \cdots, c^k)$、$p \equiv (p^1, \cdots, p^k)$。我们在贫困线上定义右设限的消费，$\tilde{c}^k = \min(c^k, z)$，其矢量模拟值为 $\tilde{c} = (\tilde{c}^1, \cdots, \tilde{c}^K)$。记 K 维空间中的第 k 个单位向量为 e^k，第 k 个元素为 1，其余元素都为零。例如，$e^1 = (1, 0, \cdots, 0)$。

Calvo 和 Dercon（2005，2013）考虑了一类可以被写为 z、c 和 p 的函数的脆弱性测量，使得该一类中的脆弱性测量可以写为 $v(z, c, p)$。这里隐含的一个假设是，贫困线在各种状态中都是相同的。本书也坚持这一假设，以避免不必要的新难题出现。Calvo 和 Dercon（2005，2013）需要以下属性作为各个脆弱性测量的基本属性。

公理 1（聚焦性）：对于每一个 (z, c, p)，v 满足 $v(z, c, p) = v(z, \tilde{c}, p)$。

公理 2（对称性）：对于每一个 $(z, \tilde{c}, p)$ 和 $K \times K$ 序列矩阵 B，v 满足：

$$v(z, \tilde{c}, p) = v(z, B\tilde{c}, Bp)$$

公理 3（结果状态依存效应）：假设 $1 \leqslant k \leqslant K$，$\tilde{c}_a^k = \tilde{c}_b^k > -d$，$p_a^k p_b^k \neq 0$，于是，当且仅当：

$$v(z, \tilde{c}_a, p_a) - v(z, \tilde{c}_a + de^k, p_a) = v(z, \tilde{c}_b, p_b) - v(z, \tilde{c}_b + de^k, p_b) \tag{3.6}$$

有 $p_a^k = p_b^k$。

公理 4（概率转换）：假设 $1 \leqslant k$，$l \leqslant K$，$a \neq b$，$p^k \geqslant d > 0$，以及 $1 - d \geqslant p^l \geqslant 0$。[①] 对于每一个 $(z, \tilde{c}, p)$，当且仅当 $\tilde{c}^l \tilde{c}^k$，v 满足：

$$v(z, \tilde{c}, p) v(z, \tilde{c}, p - de^k + de^l)$$

公理 5：（风险敏感性）：对于每一个 $(z, \tilde{c}, p)$，对于 $\bar{c} \equiv p^T \tilde{c}$，$v$ 满足：

$$v(z, \tilde{c}, p) \geqslant v(z, \bar{c} 1_K, p) \tag{3.7}$$

其中 1_K 是 1 的 K 向量，对于所有的 $1 \leqslant k \leqslant K$[②]，当且仅当 $\tilde{c}^k = \bar{c}$，方程成立。

公理 6（规模不变性）：对于每一个 $(z, \tilde{c}, p)$ 且 $\lambda > 0$，v 满足：

$$v(z, \tilde{c}, p) = v(\lambda z, \lambda \tilde{c}, p)$$

公理 7（可微性）：$v(z, \tilde{c}, p)$ 对于 $\tilde{c}$ 是二次可微的。

公理 1 指出，某个特定状态的消费量变化只要高于贫困线就没有差别。换句话说，感兴趣的结果不是消费本身，而是设限的消费。从技术角度来看，这个公理不是必要的，因为下面给出的包括等式（3.9）和（3.10）的结果通过用 c 适当地替换 $\tilde{c}$ 而成立。

值得指出的是，福利主义测量一般不能满足这一公理。这意味着严重赤贫的可能性可以在福利主义测量下被另一个足够好的状态来补偿。因此，个体不一定是脆弱的，即使存在严重贫困的可能性。当我们关注贫困的脆弱性时，这个特征不具有吸引力。因此，我们认为公理 1 是我们的目标的基本需求。

公理 2 指出，各种状态的指数可以互换，且对脆弱性没有任何影响。也就是说，每种状态下的设限的消费和概率很重要。因此，给定 $\tilde{c}^k$ 和 p^k，所有状态都应该予以平等对待。

---

① 我们要求 $1 - d \geqslant pl \geqslant 0$，以确保传送后的 l-th 分量的概率仍在单位间隔上，这在 Calvo 和 Dercon（2005，2013）中没有明确要求。

② Calvo 和 Dercon（2005，2013）没有包括平等的可能性，因为这是一个微不足道的情况。我们在这里包括它是完整的。应当注意，即使当 c 是随机的时候，$\tilde{c}$ 也可以是常数。如果消费总是高于贫困线，就会发生这种情况。

为了解释公理3，假设 $d > 0$，使得方程（3.6）为正。如果对于第 k 个状态中消费变化相同，脆弱性的减少也是相同的 [也就是说，从 $\tilde{c}_a^k$（$= \tilde{c}_b^k$）到 $\tilde{c}_a^k + d$（$= \tilde{c}_b^k + d$）]，则公理的"当"部分指出第 k 个状态的概率是相同的，"且仅当"部分要求如果第 k 个状态的概率相同，并且第 k 个状态的消费的变化方式相同，则脆弱性的变化是相同的。

公理4认为，如果在设限的高消费中的概率假设从一个好的（坏的）状态转换到一个坏的（好的）状态，那么脆弱性将增加（减少）。公理4也暗示，只要结果低于贫困线，脆弱性的增加与消费的减少单调相关。注意，公式（3.2）中给出的预期贫困率不能满足这个公理。

如果（随机）设限的消费被期望价值 $\bar{c}$ 替换，公理5要求脆弱性更低。在这个公理中，隐含地认为风险发生时概率从中间到尾部转移。也就是说，方程（3.7）的右边假设概率权重完全落在 $\bar{c}$ 上，而左侧则将权重从预期结果向尾部传开。因此，风险和脆弱性更高。

或者，可以以下方式解释公理5。以以下方式定义确定性等效消费 $c^* = c^*(z, \bar{c}, p)$：

$$v(z, \bar{c}, p) = v(z, c^* 1_k, p) \tag{3.8}$$

因此，确定性等价消费 $c^* = c^*(z, \bar{c}, p)$ 是产生相同脆弱性的固定消费量。通过公理4和公理5，我们有 $c^* < \bar{c}$。因此，如果完全可以保证可用于个人获得确定的预期消费，个人将愿意支付高达 $\bar{c} - c^*$ 作为溢价以减少其脆弱性。

公理6意味着，当贫困线和消费量以相同比例变化时，个体不会变得更加脆弱或更不脆弱。这在直觉上说得过去，因为这个公理要求脆弱性测量不受用于贫困线和消费的货币单位的影响。

公理7意味着，消费中的小变化在 v 中不会引起突然反应，消费对脆弱性的边际影响也是平稳的。Calvo 和 Dercon（2005）表明，脆弱性测量满足公理1-7可写成以下：

$$v(z, c, p) = E[\phi(q)] = \sum_{k=1}^{k} p^k \phi(\bar{c}_k / z) \tag{3.9}$$

其中 $q = \bar{c}/z$ 是由贫困线规范化的（随机）受限消费，其必然位于单位间隔上，$\phi(\cdot)$ 是单调递减和凸函数。我们可以将 $\phi(\cdot)$ 解释为一个状态相关的剥夺指数，因为当 $c^k < z$ 时，它趋向于随着 c^k 的下降而增加。

如果 $\gamma \leqslant 1$，则方程（3.5）中给出的预期 FGT 测量不能满足公理 5，因为这意味着穷人在贫困线以下是风险中立或风险偏好的。如果 $\gamma > 1$，预期的 FGT 测量满足所有公理 1 ~ 公理 6（Calvo 和 Dercon，2005）。然而，$\gamma > 1$ 的预期 FGT 测量并非不存在问题。正如 Ligon 和 Schechter（2003）所指出的，这意味着隐含假设贫穷的个体的绝对风险厌恶上升，这与实验性证据不一致。

为了解决这一点并确定所需的脆弱性指数，Calvo 和 Dercon（2013）提出需要以下两个额外的公理：

公理 8（正态性）：如果 $c = z1_K$，对于所有的（z，p）有 v（z，c，p）$= 0$。

公理 9（恒定相对风险敏感）：对于每一个 $\lambda > 0$ 和（z，c，p），v 满足

$$v(z, \lambda c, p) = v(z, \lambda c^* 1_K, p)$$

公理 8 指出，如果个人的消费确定等于贫困线，那么脆弱性测量应该等于零。这个公理在直觉上说得过去，因为个体在这种情况下几乎不会脱离贫穷的威胁。注意，福利主义的措施一般不满足这个公理。

公理 9 基本指出，如果消费在世界所有可能状态中都增加了比例 λ，那么确定性等价消费也必须按相同比例增加。此外，因为在这种情况下预期消耗也以比例 λ 增加，确定性等价消费与预期消费的比率独立于 λ。该要求还解决了上面讨论的 $\gamma > 1$ 的预期 FGT 测量的缺点。

Calvo 和 Dercon（2013）表明，满足公理 1 ~ 公理 9 的脆弱性测量，v 可以写成以下一组表达式：

$$v(z, c, p) = \begin{cases} (1 - E[q^{\theta}]/\theta, \text{对于 } \theta < 1, \text{且 } \theta \neq 0 \\ -E[\ln q], \text{对于 } \theta = 0 \end{cases} \tag{3.10}$$

注意，上述第一种和第二种情况是预期的 Chakravarty 贫困测量（Chakravarty，1983）和预期的 Watts 贫困测量（Watts，1968），忽略第一种情况下的因子 θ^{-1}。因此，Calvo 和 Dercon（2005，2013）公式推导出的个人层面脆弱性测量也可以被视为预期贫困测量。

与 Calvo 和 Dercon（2005，2013）一样，Dutta 等（2011）还从一组公理中得出个人层面的脆弱性测量，这些公理是：（1）可分解性；（2）可转移性；（3）（未来）消费的单调性；（4）当前消费的单调性；（5）独立。[1] 值得注意

---

① Dutta 等（2011）使用月收入变量而不是消费变量，我们使用消费变量以与本书的其余部分一致。

的是，与 Calvo 和 Dercon（2005）不同，Dutta 等（2011）设定明确取决于当前和未来的消费。因此，这两项研究之间的关键差异在于当前单调性消费的公理。

在 Calvo 和 Dercon（2005）中，当前（事后）消费在脆弱性测量中没有作用。然而，Dutta 等（2011）要求，当现有生活水平提高时，与现状相比，脆弱性只能单调递增或递减。单调递增是可能的，如与当前的穷人相比，由于缺乏应对贫困的经验，那些享受较高当前消费的个体很难应对负面冲击。另外，单调递减也是可能的，如较低的当前消费意味着在困境时个人缺乏可以指望的资产和网络。此外，Dutta 等（2011）认为公理 4 中关于当前消费的单调性，与 Calvo 和 Dercon（2005）不同，后者的脆弱性测量一般不是预期贫困测量。

然而，如果假设脆弱性独立于当前的生活标准，Calvo 和 Dercon（2005，2013）以及 Dutta 等（2011）提出的公理是惊人的相似。例如，公理 4 暗含了公理 3 中的单调性消费，说明了在特定状态 k 下，c^k 的增加不影响（$\tilde{c}_a$，p_a）和（$\tilde{c}_b$，p_b）两个消费概率的脆弱性排序。与此相类似，公理 5 与可转移性公理 2 密切相关，其指出消费从不好的状态转化为同样可能的良好状态增加了脆弱性。公理 3 涉及可分解性公理 1，其将脆弱性限制为预期剥夺函数，以及独立性公理 5，要求对于给定概率分布的两个消费分布的脆弱性排序与在特定状态下消费增加后相同。[①]

Chakravarty 等（2015）与上述研究相关是，他们根据预期贫困测量探讨了贫困脆弱性的部分排序。他们发现，不说别的，情况 a（c_a，p_a）不比情况 b（c_b，p_b）脆弱这个条件等价于剥夺函数在每个贫困状态 $k \in \{k \mid l \leq k \leq K_a, c^k < z\}$ 这个条件，其中情况 a 是通过情况 b 中平稳的贫困状态获得的。

Hardeweg 等（2013）还提出了一种有关脆弱性部分排序的方法。在他们的方法中，两组通过比较消费（或收入）分布的一阶、二阶、三阶随机占优，直到某一阈值，如贫困线。当使用高阶随机占优时，更有可能对两个不同的群体进行排名，但与排名一致的一组脆弱性测量收缩。这种方法有一个好处，即群体间脆弱性的比较不取决于脆弱性测量的（任意）选择。

---

① 使用我们的符号，独立的公理要求 $v(z, c_a, p) \leq v(z, c_b, p)$ 1$v(z, c_a + dl_k, p) \leq v(z, c_b + dl_k, p)$，其中 $d > 0$ 和 $1 \leq k \leq K$。

迄今为止的讨论一直关注个人层面的一维贫困的脆弱性。然而，方程（3.10）中给出的脆弱性测量至少在两个方向上进行了扩展。第一个方向要归功于卡尔沃（2008），他在多维贫困方面的扩展在本质上类似于 Calvo 和 Dercon（2005），即使其发展并不完全基于一组公理。这种扩展很重要，因为消费贫穷不可能获得贫穷的每个相关维度。

在形式上，个体 i 的第 j 维的结果（"消费"）记作 c_{ij}，低于该结果的阈值水平结果（"贫困线"）理应由 z_j 获得，$1 \leqslant j \leqslant J$，这样可以定义 q_i 的多维对应部分为 $q_{ij} \equiv \min (c_{ij}, z_j) / z_j$。维度 j 具有权重 γ_j，其中权重的总和等于 1。Calvo（2008）考虑了不同结果之间的替代性恒定弹性之和，使得多维贫困脆弱性指数 v_i^{MP} 由下列公式给定：

$$v_i^{MP} = 1 - E\left[\left(\sum_{j=1}^{J} \gamma_j q_{ij}^{\rho}\right)^{\frac{\alpha}{\rho}}\right], 其中 \alpha \in (0,1), \rho \in [0,1] \tag{3.11}$$

因为 q_{ij} 不超过 1，所以不可能在一个维度上通过另一个良好结果来（完全地）补偿不良结果。Calvo（2008）将这一指数应用于分析秘鲁消费和休闲维度的面板数据，发现随着休闲和消费之间的替代性降低（即当 ρ 降低时），农村和城市之间的多维脆弱性的差距趋于变大。这是因为农村地区在特殊冲击中表现出比城市地区更强的负相关性，这反过来意味着在 ρ 降低时，农村地区（相对于城市地区）更多地依赖于这两个维度少见的正面冲击以脱离贫困。

第二个扩展方向要归功于 Calvo 和 Dercon（2007，2013），他们在总体水平上考虑了贫困的脆弱性。我们可能需要社会测量的原因在于，个人层面脆弱性的简单加总并不适合社会层面的测量[①]。

为了进一步阐述这一点，我们引入一些符号。假设社会中有 I 个个体。我们通过 $(K \times I)$ 矩阵 C 来表示状态决定性消费的情形，其第 i 列向量是个体 i 的状态决定性消费的 c_i 的 K 向量。

现在，考虑一个简单的例子，$I = K = 3$ 和 $p = 1_K/3$。我们假设 $c = 0$ 表示贫困，$c = 1$ 表示非贫困。现在，考虑以下两个状态决定性消费的情形：

$$C_a = \begin{bmatrix} 1 & 0 & 0 \\ 0 & 1 & 0 \\ 0 & 0 & 1 \end{bmatrix}, C_b = \begin{bmatrix} 1 & 1 & 1 \\ 0 & 0 & 0 \\ 0 & 0 & 0 \end{bmatrix}$$

---

① 还有可能认为，添加剂可分解性是脆弱性社会测量的理想性质。Dutta 和 Mishra（2013）从包括可分解性公理的一组公理中得出了脆弱性的社会层面测量。

从个体的角度来看，这两个概况的脆弱性是相同的，因为每个人都有1/3 的概率陷入贫困。然而，从社会的角度来看，他们是不一样的。在情形 a 中，三个个体中只有一个个体在三种可能状态中的每一种状态下都处于贫困。另外，在情形 b 中，每个人在状态 1 中都是穷人，而在其他两种状态中不存在穷人。可以说，后一种情况不太可取，因为存在一个灾难性的状态，每个人都是穷人。

基于这个想法，Calvo 和 Dercon（2013）提出了一套加总脆弱性公理，与公理 1 ~ 公理 7 类似。不过，其中有三个重要的区别。首先，公理 3 和公理 4 必须修改为每个人面对相同的状态决定性的设限消费。换句话说，这些公理关注于社会总风险中的关联风险。

其次，他们不需要公理 6 的加总脆弱性，而是需要相关灵敏度，即避免灾难性状态。这种替代性血药足以确保关联风险的增加会导致脆弱性的提高。

最后，他们需要对个人和不变性叠加的对称。前者意味着所有个人都得到平等对待，后者要求人口规模不起作用。Calvo 和 Dercon（2013）已经表明，只有当脆弱性的总体测量 v 可以写为以下表达式的正倍数时，才满足这些要求：

$$V(z,p,C) = \frac{1}{\theta}\{1 - E[(\prod_{i=1}^{I} q_i^{1/I})^{\theta}]\}, 其中 \theta < 0 \qquad (3.12)$$

值得一提的是，当 θ 设定等于 1 时，方程（3.12）变成了 Clark 等（1981）提出的贫困测量的期望值。尽管这种可能性被条件 $\theta < 0$ 所排除。正如我们已经看到，从一组公理中得出的一系列测量也可以解释为预期贫困测量。

Calvo 和 Dercon（2013）还使用埃塞俄比亚的面板数据调查，计算了各种贫困和脆弱性统计数据，包括 FGT 贫困测量、方程（3.10）中的个人平均脆弱性测量和方程（3.12）的加总脆弱性测量。他们的研究强调了区分脆弱性和贫困的重要性，因为两个概念之间可能存在非常大的差异。

3.2.2　实证研究

在本小节中，我们回顾一些关于贫困脆弱性的实证研究。我们从讨论中国开始，因为中国有许多关于贫困脆弱性及其他相关的研究。然后，讨论亚洲其他地区和世界其他地方。

中国

McCulloch 和 Calandrino（2003）、Zhang 和 Wan（2006），以及 Imai 等（2010）研究了中国家庭层面的贫困的脆弱性。所有这些研究都采用了预期贫困方法，并使用方程（3.4）或类似的形式来估计脆弱性。不过，这些研究在数据源、地域范围和重点等方面存在差异。

McCulloch 和 Calandrino（2003）使用了四川农村家庭 1991~1995 年的五年期面板数据，分析了影响脆弱性的因素。他们发现人口特征、教育、资产价值和地理位置对于脆弱性很重要。他们还发现，教育和地理位置等一些因素是暂时性贫困的重要决定因素，但不是长期贫困的重要因素。

Zhang 和 Wan（2005）分析了 2000~2004 年上海 6 个农村地区的脆弱性。他们比较了教育水平的脆弱性，以及分析了农业活动中的收入比重是否超过了给定年份的样本平均值。他们发现，教育程度低的家庭比教育程度高的家庭要脆弱得多。

Imai 等（2010）使用"中国家庭收入项目"中收集的 1988 年、1995 年和 2002 年大量重复横断面调查数据集，研究递减税收制度对中国农村贫困和脆弱性的影响。他们发现，中国在被研究的这段时间内，贫困和脆弱性已经大大降低。税后贫困和脆弱性下降的幅度大于税前贫困和脆弱性下降的幅度，因为税收制度的累退性减弱，但同一时期贫困和脆弱性的地域差距增加。Imai 等（2010）还发现，户主受教育程度和获得电力供应与贫困和脆弱性负相关，包括农场面积和灌溉农场土地份额在内的一些因素与脆弱性有关，但与贫困无关。

如前所述，定义为预期贫困的脆弱性与长期贫困和短暂贫困密切相关。Jalan 和 Ravallion（1998）使用农村家庭调查发现，中国农村地区的贫困很大一部分是短暂的。Jalan 和 Ravallion（2000）的贫困回归结果表明，人口和财富等一些因素对慢性和短暂贫困很重要，但其他因素只对其中一种贫困有影响。

上述研究表明，贫困的脆弱性在各个家庭中各有不同。教育和地理位置似乎始终是中国存在贫困脆弱性的重要关联变量之一。

亚洲其他地区

目前，对中国以外的亚洲其他地区的贫困脆弱性的研究有限，不过其中一个显著的例外是越南。除了在前面的小节讨论过的 Hardeweg 等（2013）之外，Imai 等（2011a，2011b）计算过越南的各种脆弱性。Imai 等（2011b）使用公式（3.2）和（3.3）计算越南各民族的预期贫困测量。他们发现，少数民族家庭不仅贫穷，而且比华人和京族等多数群体的家庭更为脆弱。Imai 等（2011a）使用回归方法计算脆弱性程度。他们对未来贫困进行概率回归，并对当前和未来贫困之间的贫困转型进行多元逻辑回归。发现在这两种情况下，贫困的脆弱性具有统计上的显著性。

Jha 等（2010）使用 2004～2005 年的面板数据集来分析塔吉克斯坦的贫困和脆弱性。他们使用预期贫困方法来描述脆弱家庭的情况。他们的分析表明，农村家庭往往比城市家庭更加贫穷和脆弱。他们还采用 Ligon 和 Schechter（2003）提出的脆弱性测量来进行分解分析，其分析表明，脆弱性主要来自贫困。

Gaiha 和 Imai（2004）使用预期贫困方法，研究了 1975～1984 年南印度农村家庭贫困的脆弱性。他们首先使用动态面板收入回归模型，并模拟不同规模和持续时间的负面作物冲击影响。他们发现，即使相对富裕的家庭在发生严重的农作物冲击时也很容易遭受长期贫困。

Amin 等（2003）使用来自孟加拉国两个村庄的面板数据，分析了由于家庭无法对特殊风险进行应对而造成的脆弱性，这是以风险共享测试来测量家庭收入和家庭消费之间的联动（Townsend，1994）。使用这一测试，他们发现小额信贷成功地帮助了穷人。然而，它在瞄准弱势群体和脆弱贫困人口时都不成功。这可能是因为一些贫困家庭面对脆弱性压力也可能使小额信贷提供者面临更大的风险。他们的研究表明，在弱势群体和非弱势群体中间进行必要的抗贫干预可能会使结果有所不同。

值得一提的是，Amin 等（2003）使用的脆弱性测量是测量未被有效应对的风险暴露指标，而不是对贫困脆弱性的直接测量。此外，正如 Klasen 和 Povel（2013）指出，Amin 等（2003）使用的脆弱性测量与文献中贫困脆弱性的概念不一致，因为它不是事前测量，忽视了当前消费水平以及不良的特质和关联冲击的可能性。

尽管脆弱性测量存在这些缺点，但是在许多其他研究中已经使用了类似的方法。例如，Skoufias 和 Quisumbing（2005）研究了 5 个国家（包括孟加拉国）未确定风险暴露的脆弱性。他们发现，完美的风险分担并不存在，食物消费往往比特定情况下非食物消费的波动更小。Kurosaki（2006）使用来自巴基斯坦的面板数据，也以风险分担测试来研究脆弱性。然而，他的研究允许正收入和负收入冲击之间存在不对称性。他的研究结果表明，对于那些上了年纪，没有土地和没有正常汇款收入的家庭来说，应对负收入冲击的能力往往较低。

世界其他地区

Günther 和 Harttgen（2009）使用马达加斯加的横截面数据和方程（3.4）来测量脆弱性，提出了一种评估各种脆弱性来源的相对重要性的方法。他们发现，除其他因素外，在城市地区，风险诱发的脆弱性比贫困导致的脆弱性更重要，但农村地区则相反。他们还发现，关联脆弱性对特殊脆弱性的相对重要性在农村地区要高于城市地区。

Milcher（2010）也使用了方程（3.4）中的预期贫困作为脆弱性的测量。他比较了东南欧罗姆人和非罗姆人家庭的脆弱性与贫困的关系。他发现，罗姆人往往要比非罗姆人具有更高的脆弱性。脆弱家庭的特点包括人口多、户主受教育程度低、主要收入来源来自社会保障给付或非正规活动。

Dercon 和 Krishnan（2000）利用埃塞俄比亚农村地区的一个面板数据，结合各种可能性来测量（预测）贫困。例如，是否有一个安全网（粮食援助和食物消费，工作）；家庭面临的降雨是"正常"（长期平均）还是"差"（一半）；是否存在季节性价格波动。这些情景的比较表明，贫困可以在相对较短的时间内大幅改变。

与 Amin 等（2003）一样，Skoufias 和 Quisumbing（2005）以及 Kurosaki（2006）的研究也认为脆弱性是未确定的暴露风险。Glewwe 和 Hall（1998）使用来自秘鲁的面板数据，分析了 1985～1990 年宏观经济震荡的影响。他们发现，在受过相对良好的教育的人群中，以女性为户主的家庭和孩子越少的家庭，脆弱性越低。

在俄罗斯联邦，Gerry 和 Li（2010）将分位数回归应用于类似于 Glewwe 和 Hall（1998）的模型。他们发现，一个功能良好的劳动力市场是非常有价值的，因为失业个体在经历最严重的消费冲击的人群中面临更高的脆弱性，而家庭中有人进入劳动力市场则意味着有能力熨平消费。

Gerry 和 Li（2010）也发现，个人网络对于最脆弱的群体很重要。个人接受亲属的支持越多，更能够在较低的分位数熨平消费。没有发现任何证据表明，育儿津贴、失业津贴和残疾津贴等社会福利有益于缓解个人消费的下滑，但养老金福利似乎有助于个体熨平消费，特别是在高的分位数上。

Jha 和 Dang（2010）评估了巴布亚新几内亚的贫困和脆弱性，其中脆弱性按照预期贫困来计算。使用在第二轮调查中观测值的家庭子样本，他们比较了第一轮中的横截面估计值与第二轮中得到的贫困脆弱性，发现预测相当不错。他们的结果具有说服力，因为基于横断面数据的脆弱性研究仍然可以具有一定的信息量。

上面讨论的脆弱性实证研究要么是完全描述性的，要么试图确定脆弱性的原因。相比之下，de la Fuente（2010）使用脆弱性作为一个解释变量。他根据测量未来贫困的概率，分析了脆弱性对墨西哥汇款流动的影响。研究结果表明，国外汇款最终不会流到那些将来可能更有需求的个人手上。然而，如果农村中从任何地方接收到的汇款都能流向那些最需要的人，而被研究的家庭中几乎没有社会交流，那么这将不是一个问题。

我们已经广泛回顾了本小节中关于贫困的脆弱性的实证研究。各研究的地域范围，使用的技术和所考虑的关联变量都不同。但是，我们提炼出文献回顾中的三个共同点。

首先，贫困和贫困的脆弱性相关，但有差异。因此，了解贫困和脆弱性的根本原因很重要。一些政策，如一次性粮食援助，有可能减轻目前的贫困，但对减少脆弱性的作用很小。其他政策，如改善获得信贷的渠道，对于那些面临信贷限制的贫困创业者企将有所帮助，但无法帮助那些缺乏农作物多样化知识的农民降低脆弱性。

其次；以上讨论的许多研究表明，教育是帮助减少贫困和易受贫困影响的重要因素之一。一个可能的原因是受过教育的人能够利用和适应经济环境的变化，更有效地使用资产（Schultz，1975）。

最后，以上回顾的许多研究中，位置是贫困脆弱性的重要决定因素。考虑到不同地区的经济条件不同，这个结果并不出人意料。然而，目前对特定地区的特征影响脆弱性的了解很少。某些特征，如市场准入，可能会因政策而改变。其他特征，如降雨模式，更难以改变，在这种情况下，政策应侧重于减缓降雨变化。因此，了解每个地区脆弱性的根本原因是确定适当的特定地区政策以应对脆弱性的第一步。我们将在 3.4 重新审视政策问题。

3.3 其他领域的脆弱性

脆弱性的研究不仅限于贫困的脆弱性。在本节中，我们简要回顾与贫困脆弱性相关的其他领域的脆弱性。在 3.3.1，我们将回顾关于气候变化脆弱性的研究。对文献进行回顾，是因为气候变化变得越来越重要，并且对贫困有影响。在 3.3.2，我们将回顾脆弱性研究的兴趣点，不是家庭收入或消费，而是其他测量，如营养、资产和一些总体水平的结果。

3.3.1　气候变化的脆弱性

科学家们现在达成了一个广泛的一致性意见，即自工业革命以来温室气体浓度的迅速增加，如二氧化碳和甲烷，主要是人为的。温室气体浓度增加的影响已经显而易见。全球地表温度估计在 20 世纪上升了 0.5 摄氏度还多，全球平均海平面从 1961 年到 2003 年以平均每年 1.8 毫米的速度上升（Solomon 等，2007）。即使立即实施严格的气候政策，全球平均地表温度预计在未来几年也会上升。

气候变化尤其影响农业、林业、水资源、人类健康和工业。其影响是复杂的，因为它在不同地区影响不同，可能是正面的或负面的。例如，在亚洲，东亚和东南亚的作物产量可能增加 20%，而到 21 世纪中叶，它们可能使中亚和南亚减产高达 30%（Parry 等，2007）。尽管讨论气候变化的具体影响超出了本章的讨论范围，[①] 但显然，气候变化影响了社会、经济和生态系统的各个方面，并可能对穷人的生活产生深远的影响。因此，回顾关于气候变化对贫困的脆弱性的研究有一定帮助。

为了理解贫困的脆弱性与气候变化的脆弱性之间的关系，一方面，Adger（2006）对两类文献做了有益的综述。他认为，贫困的脆弱性的想法来源于视脆弱性为缺乏权利的思想学派（如 Sen，1981）。另一方面，关于气候变化的脆弱性研究，根源是危害的脆弱性分析（如 Burton 等，1993）。Adger（2006）认为，上面讨论的贫困脆弱性的概念化和测量是对基于危害的方法的补充。虽然缺乏将气候变化和贫困的脆弱性联系起来的研究，[②] 但这个研究领域可能会有很丰富的产出。[③]

为了在贫困的脆弱性的背景下给气候变化的脆弱性研究提供见解，有必要考虑以下四个维度来描述脆弱性状况（Fussel，2007）：系统、关注的属性、灾害和时间参考。所有这些对于考虑气候变化对贫困及其政策意义的影响都很重要。他们还提出了富有成果的潜在研究领域。

首先，分析系统（如人口群体、经济部门或地理区域）具有重要的政策意义。这是因为降低特定群体脆弱性的策略可能会提高其他群体的脆弱

---

① 参见 Parry 等（2007），详细描述了已经观察到的并且可能在各种情况下发生的影响。

② 据我们所知，Fujii 的第五章是目前唯一一项基于家庭层面的数据集，直接将未来气候变化与脆弱性联系起来的研究。

③ 顺便提一下，气候变化专门委员会第二工作组关于脆弱性和适应的第五工作组的第五次评估报告有一个关于"生计和贫困"的新篇章（参见气候变化专门委员会，2014）。

性。因此，如果不能合理地确定分析的系统或相关的人口，那么3.2中讨论的对贫困的脆弱性的分析可能会产生误导。

其次，评估受到灾害威胁的脆弱系统的属性也很重要。在3.2中，关注的属性是消费，但它可能包括其他维度，如营养。① 我们在3.3.2简要讨论营养结果中的脆弱性。

再次，明确哪些类型的灾害——或潜在的物理破坏事件、现象或人类活动可能导致的受伤或失去生命、财产损失、社会和经济混乱或环境退化的事件也很重要（联合国办事处减少灾害风险，2004）——正在被考虑中。3.2提到的关于贫困脆弱性的研究大多从具体的灾害中抽象出来，并从随机消费的角度分析脆弱性。因为减少或消除脆弱性的合理政策取决于具体的灾害，所以需要更多的研究来确定气候变化带来的各种灾害与贫困之间的联系。

最后，时间参考在气候变化的背景下与脆弱性特别相关。3.2中提到的大多数研究只有一个基本的时间参考，在他们的模型中只有一个或两个周期。然而，跨期权衡对于缓解气候变化具有根本的重要性。从适应的角度来看，时间参考也很重要，因为气候变化的长期影响取决于经济和社会能够做出的反应。因此，仔细研究相关时间框架对于合理应对由于气候变化造成的贫困脆弱性至关重要。

3.3.2 非货币结果中的脆弱性

3.2讨论的研究主要基于个人层面的货币测量结果，比如人均消费。然而，可以通过其他可观察的结果分析脆弱性。首先，脆弱性和资产所有权之间存在着重要的联系。正如Moser（1998）所说，分析脆弱性不仅包括识别威胁，而且还包括识别"恢复力"，或者利用机遇，抵制或恢复不断变化的环境的负面影响。因此，个人和家庭可用的资产和权利与脆弱性密切相关。这一点与Elbers和Gunning（2003）提出的理论论点一致。

Chiwaula等（2011）提出了3.2讨论的预期贫困方法的变量，其中包括收入回归中的资产指标。它们将预期的贫困分解为结构性慢性（即弱势和平均消费高于贫困线以下的一个标准差）、结构性瞬态（即脆弱和平均消费低于贫困线以下的一个标准差）、随机瞬态（即脆弱和平均消费都不高于贫困线）。

---

① 考虑一个综合指数来描述对气候变化的脆弱性可能是有用的。Brooks等（2005）构建了一个脆弱性指数作为各种健康、教育和治理指标的组合。根据他们的指数，最脆弱的国家几乎都位于撒哈拉以南的非洲。

在对喀麦隆和尼日利亚的实证分析中，他们发现大多数家庭由于结构原因而易受伤害。也就是说，他们的资产基础很低，即使出现有利的生产条件或采取降低风险的措施，他们也不可能永久脱离贫困。他们的研究强调了构建建设性生产资产以增加收入和减少收入差异以摆脱贫困威胁的重要性。

还可以分析营养结果的脆弱性。Stillman 和 Thomas（2008）使用 6 种营养成果，研究了俄罗斯联邦 1998 年危机期间收入的剧烈变化对营养福利的影响。他们测试年轻女性和老年人是否特别容易受到恶化的经济状况的影响，发现男性和女性之间以及不同人口群体之间的营养摄入没有显著差异。

迄今为止对脆弱性的讨论主要关注个人或家庭层面的脆弱性。然而，在更加综合的层面考虑脆弱性也是有益的。例如，考虑贸易开放的脆弱性（Montalbano，2011）。虽然普遍认为贸易开放有利于经济增长，但它可能对穷人的生活产生不利影响。例如，当穷人消费的商品价格上涨或其生产的商品价格下降时。此外，贸易开放可能增加某些货物价格的波动。

可以从家庭层面分析贸易开放对贫困脆弱性的影响，因为它将表现为相对价格及其波动性。然而，在国家层面考虑贸易开放的脆弱性也是有用的。Briguglio 等（2009）将经济脆弱性定义为经济开放引起的外生冲击。然后，他们提出了一个脆弱性和韧性指数，其中后者被定义为一个经济体承受或恢复冲击效应的政策诱导能力。

Montalbano（2011）认为，介于家庭和国家层面之间的中间方法对于贸易自由化所带来的风险的整体福利分析非常重要。Montalbano（2011）确定了两类主要文献："国家以下区域方法的脆弱性"和"行业水平波动方法"。前者包括 Naudé 等（2009），使用南非 354 个地区的主成分分析构建本地脆弱性指数。后者包括 Koren 和 Tenreyro（2007），他们将国内生产总值增长的波动性分解为各种来源，并量化其对波动性的贡献。根据他们的研究结果，随着各国的发展，其生产结构从波动较大的部门转移到波动较小的部门。[1]

3.4　结论

在本章中，我们回顾了主要与贫困有关的脆弱性研究。虽然在各种研究中对于脆弱性的特征描述有一定的一致性，但仍然没有被广泛接受的脆弱性的概

---

[1] 另见 Naudé 等（2009）进一步讨论的非货币结果中的脆弱性。

念或测量方法。即使在 3.2 讨论的关于贫困脆弱性的狭义定义的文献中也是如此。如 3.3 所讨论的，来自不同学科和传统的脆弱性概念的种类更多。

因此，本次回顾产生的一个显而易见的研究领域是进一步完善脆弱性概念及其测量方法，特别是基于 3.2.1 中讨论的公理方法。我们认为 Calvo 和 Dercon（2013）提出的测量法提供了出色的起点，因为它们满足一组合理的公理。然而，他们的分析框架从时间维度中提取出来，明确纳入跨期权衡可能是富有成效的，特别是当我们考虑由气候变化引起的家庭贫困的脆弱性时。

这项回顾还表明，仍然缺乏对脆弱性的实证研究。对于亚洲和其他地方的大多数国家都是如此。一个明显原因是缺乏高质量的数据。虽然可用的具有面板结构的社会经济调查正在迅速增多，但可用性仍然有限。可用于脆弱性分析的大多数可用面板数据最多只包含几个时间段。为了认真评估陷入贫困的风险，需要更长时间和更频繁的数据收集。

从数据可用性的角度来看，脆弱性研究的情况与 20 世纪 80 年代初缺乏相关的高质量消费调查数据时的贫困分析有些类似。正如随后的消费调查数据的扩展促进了贫困研究，更好的可用长期面板数据一定会促进脆弱性的研究。

长期面板数据也可能创造新的研究领域。例如，长期面板数据能够使我们考虑长期贫困的脆弱性和暂时贫困的脆弱性之间的差别。这种区别可能很重要，因为某些负面冲击可能是持续的（如残疾），而其他可能是短暂的（如腹泻）。这种区别的重要性还因为长期贫困的脆弱性和暂时贫困的脆弱性可能需要不同的解决办法和不同的目标政策。

除了缺乏长期面板数据之外，目前的调查通常没有包含关于家庭面临的冲击的足够信息，从而估计这些冲击对脆弱性的影响。从这个角度来看，Günther 和 Harttgen（2009）的研究将是有用的。他们收集家庭面临的重要冲击信息，包括疟疾、肺结核、伤寒、霍乱、水稻害虫、猪流感、新城疫、洪水、桥梁或道路不通、干旱和旋风。可能还有其他冲击，如资产损失、劳动力市场干扰、收获失败和内乱。因此，收集其中一些数据以及其他相关指标的数据可能对脆弱性的分析具有价值。

目前关于脆弱性的研究状况也不足以帮助我们制定适当的政策来应对脆弱性。如前所述，一些常见的因素，包括教育和位置，有助于解释脆弱性。然而，现有研究对减少或消除脆弱性的政策的适当选择几乎没有提供指导。因此，需要更多的研究来了解政策对脆弱性的影响。

有许多可以降低个人脆弱性的政策。正如 Morduch（1999）所说，增强宏观经济稳定性、减少通货膨胀、确保产权、改善运输和通信条件以及创造稳定的政治环境，可以大大减少经济衰退的频率和规模，创造有利的环境以促进私人降低风险的活动。同样，通过公共卫生运动促进免疫和卫生，通过市政工程项目以及在某些情况下稳定价格，都可以减少风险。更高的收入和稳定的就业机会进一步提高个人应对风险的能力。然而，这些政策的主要目的不是减少个体脆弱性，因此最好由其他标准来判定。因此，我们将关注以下几个可以直接解决脆弱性的政策。

首先，可以通过构建资产并使用它们来熨平消费以保障自身。因此，个人可用的储蓄技能对于减轻脆弱性至关重要。促进储蓄的相关政策包括确保储蓄的长期安全和提高便利性（Morduch，1999）向家庭提供更有吸引力和更多样化的资产可以改善自我保险的运作（Dercon，2002）。但是，值得注意的是，巨大的负面冲击不容易通过自保来降低风险。

其次，提供小额信贷可以帮助那些正在创业但受信贷约束的穷人增加收入，并使收入来源多样化。因此，它可以帮助他们增加平均收入和减少收入的变动。然而，最近的随机控制试验研究的结果表明，提供小额信贷无法使所有贫困人群平等受益。因此，它也不足以消除贫困的脆弱性。

再次，就业保障计划，如农村公共工程计划，也可以帮助降低脆弱性（Morduch，1999）。在这种类型的计划中，提供就业给（理想的）任何愿意为低工资而工作的人。在这样的计划下，该工程是自我定位的。也就是说，只有当其他地方没有更好的选择时，工人才会参与。因此，就业保障计划基本上是一种自我指定退路的方案。

最后，一个设计良好的社会安全网可能有助于减少脆弱性。例如，Devarajan 和 Jack（2007）认为，一个简单的公共保险计划为所有遭受负面冲击的家庭支付固定给付，即使处于运营良好的私人保险市场中，它也是公共政策有效的再分配工具。

印度尼西亚在亚洲金融危机期间的经验也突出了社会安全网的潜在重要性。Dhanani 和 Islam（2002）发现，在没有政府干预的情况下，脆弱性可能会恶化，一些社会安全网计划似乎并不奏效。尽管社会保护政策在解决脆弱性方面具有潜在的用途，但制定起来必须谨慎，因为它们可能挤出现有的非正规保险。

总而言之，应对脆弱性有一系列政策方案。然而，具体政策的政策影响却鲜为人知，需要进一步研究以更好地理解非正式保险和公共政策之间的相互作用及其对脆弱性的影响。

参考文献 *

Adger, N. (2006), 'Vulnerability', *Global Environment Change*, **16** (3), 268–81.

Amin, S., A.S. Rai and G. Topa (2003), 'Does microcredit reach the poor and vulnerable? Evidence from Northern Bangladesh', *Journal of Development Economics*, **70** (1), 59–82.

Bourguignon, F., C. Goh and D.I. Kim (2004), 'estimating individual vulnerability to poverty with pseudo-panel data', World Bank Policy Research Working Paper 3375, World Bank, Washington, DC.

Briguglio, L., G. Cordina, N. Farrugia and S. Vella (2009), 'Economic vulnerability and resilience: concepts and measurements', *Oxford Development Papers*, **37** (3), 229–47.

Brooks, N., N. Adger and M. Kelly (2005), 'The determinants of vulnerability and adaptive capacity at the national level and the implications for adaptation', *Global Environmental Changes*, **15** (2), 151–63.

Burton, I., R.W. Kates and G.F. White (1993), *The Environment as Hazard*, 2nd edn, New York: Guilford.

Calvo, C. (2008), 'Vulnerability to multidimensional poverty: Peru, 1998–2002', *World Development*, **36** (6), 1011–20.

Calvo, C. and S. Dercon (2005), 'Measuring individual vulnerability', Department of Economics Discussion Paper 229, University of Oxford.

Calvo, C. and S. Dercon (2007), 'Vulnerability to poverty', CSAE Working Paper 2007-03, University of Oxford.

Calvo, C. and S. Dercon (2013), 'Vulnerability of individual and aggregate poverty', *Social Choice and Welfare*, **41** (4), 721–40.

Carter, M. and F. Zimmerman (2000), 'The dynamic cost and persistence of asset inequality in an agrarian economy', *Journal of Development Economics*, **63** (2), 265–302.

Chakravarty, S.R. (1983), 'A new index of poverty', *Mathematical Social Sciences*, **6**, 307–13.

Chakravarty, S.R., N. Chattopadhyay and L. Qingbin (2015), 'Vulnerability orderings for expected poverty indices', *Japanese Economic Review*, **66** (3), 300–310.

Chaudhuri, S., J. Jyotsna and A. Suryahadi (2002), 'Assessing household vulnerability to poverty from cross-sectional data: a methodology and estimates from Indonesia', Discussion Paper Series 0102-52, Department of Economics, Columbia University.

Chiwaula, L.S., R. Witt and W. Hermann (2011), 'An asset-based approach to vulnerability: the case of small-scale fishing areas in Cameroon and Nigeria', *Journal of Development Studies*, **47** (2), 338–53.

---

* 亚洲开发银行确认中国为中华人民共和国，越南为越南社会主义共和国。

Christiaensen, L. and K. Subbarao (2005), 'Towards an understanding of household vulnerability in rural Kenya', *Journal of African Economies*, **14** (4), 520–58.

Clark, S., R. Hemming and D. Ulph (1981), 'On indices for the measurement of poverty', *Economic Journal*, **91** (362), 515–26.

De la Fuente, A. (2010), 'Remittances and vulnerability to poverty in rural Mexico', *World Development*, **38** (6), 828–39.

Dercon, S. (1996), 'Risk, crop choice and savings: evidence from Tanzania', *Economic Development and Cultural Change*, **44** (3), 485–513.

Dercon, S. (1998), 'Wealth, risk, and activity choice: cattle in western Tanzania', *Journal of Development Economics*, **55** (1), 1–42.

Dercon, S. (2002), 'Income risk, coping strategies, and safety nets', *World Bank Research Observer* 17(2), 141–166.

Dercon, S. and P. Krishnan (2000), 'Vulnerability, seasonality and poverty in Ethiopia', *Journal of Development Studies*, **36** (6), 25–53.

Devarajan, S. and W. Jack (2007), 'Protecting the vulnerable: the tradeoff between risk reduction and public insurance', *World Bank Economic Review*, **21** (1), 73–91.

Dhanani, S. and I. Islam (2002), 'Poverty, vulnerability and social protection in a period of crisis: the case of Indonesia', *World Development*, **30** (7), 1211–31.

Duclos, J.-Y., A. Arrar and J. Giles (2010), 'Chronic and transient poverty: measurement and estimation, with evidence from China', *Journal of Development Economics*, **91** (2), 266–77.

Dutta, I. and A. Mishra (2013), 'Measuring vulnerability using the counting approach', mimeo, Faculty of Humanities, University of Manchester and Department of Economics, University of Bath.

Dutta, I., J. Foster and A. Mishra (2011), 'On measuring vulnerability to poverty', *Social Choice and Welfare*, **37** (4), 743–61.

Elbers, C. and J.W. Gunning (2003), 'Vulnerability in a stochastic dynamic model', Tinbergen Institute Discussion Paper TI 2003-070/2, Tinbergen Institute, Amsterdam.

Eswaran, M. and A. Kotwal (1990), 'Implications of credit constraints for risk behaviour in less developed economies', *Oxford Economic Papers*, **42** (2), 473–82.

Foster, J., J. Greer and E. Thorbecke (1984), 'A class of decomposable poverty measures', *Econometrica*, **52** (3), 761–6.

Fussel, H.-M. (2007), 'Vulnerability: a generally applicable conceptual framework for climate change research', *Global Environmental Change*, **17** (2), 155–67.

Gaiha, R. and K. Imai (2004), 'Vulnerability, shocks and persistence of poverty: estimates for semi-arid rural south India', *Oxford Development Studies*, **32** (2), 261–81.

Gerry, C. and C. Li (2010), 'Consumption smoothing and vulnerability in Russia', *Applied Economics*, **42** (16–18), 1995–2007.

Glewwe, P. and G. Hall (1998), 'Are some groups more vulnerable to macroeconomic shocks than others? Hypothesis tests based on panel data from Peru', *Journal of Development Economics*, **56** (1), 181–206.

Günther, I. and K. Harttgen (2009), 'Estimating households vulnerability to idiosyncratic and covariate shocks: a novel method applied in Madagascar', *World Development*, **37** (7), 1222–34.

Hardeweg, B., A. Wagener and H. Waibel (2013), 'A distributional approach to comparing vulnerability, applied to rural provinces in Thailand and Vietnam', *Journal of Asian Economics*, **25** (April), 53–65.

Imai, K., R. Gaiha and W. Kang (2011a), 'Poverty, dynamics and vulnerability in Vietnam', *Applied Economics* **43** (25–27), 3603–18.

Imai, K., R. Gaiha and W. Kang (2011b), 'Poverty, inequality and ethnic minorities in Vietnam', *International Review of Applied Economics*, **25** (3), 249–82.

Imai, K., X. Wang and W. Kang (2010), 'Poverty and vulnerability in rural China: effects of taxation', *Journal of Chinese Economic and Business Studies*, **8** (4), 399–425.

Interregional Panel on Climate Change (IPCC) (2014), *Climate Change 2014: Impacts, Adaptation, and Vulnerability. Part A: Global and Sectoral Aspects. Contribution of Working Group II to the Fifth Assessment Report of the Intergovernmental Panel on Climate Change*, eds C.B. Field, V.R. Barros, D.J. Dokken, K.J. Mach, M.D. Mastrandrea, T.E. Bilir et al., Cambridge and New York: Cambridge University Press.

Jalan, J. and M. Ravallion (1998), 'Transient poverty in postreform rural China', *Journal of Comparative Economics*, **26** (2), 338–57.

Jalan, J. and M. Ravallion (2000), 'Is transient poverty different? Evidence for rural China', *Journal of Development Studies*, **36** (6), 82–99.

Jha, R. and T. Dang (2010), 'Vulnerability to poverty in Papua New Guinea in 1996', *Asian Economic Journal*, **24** (3), 235–51.

Jha, R., T. Dang and Y. Tashrifov (2010), 'Economic vulnerability and poverty in Tajikistan', *Economic Change and Restructuring*, **43** (2), 95–112.

Kamanou, G. and J. Morduch (2004), 'Measuring vulnerability to poverty', in S. Dercon (ed.), *Insurance Against Poverty*, Oxford: Oxford University Press, pp. 155–75.

Klasen, S. and F. Povel (2013), 'Defining and measuring vulnerability: state of the art and new proposals', in S. Klasen and H. Waibel (eds), *Vulnerability to Poverty: Theory, Measurement and Determinants, with Case Studies from Thailand and Vietnam*, New York: Palgrave-Macmillan.

Koren, M. and S. Tenreyro (2007), 'Volatility and development', *Quarterly Journal of Economics*, **122** (1), 243–87.

Kurosaki, T. (2006), 'Consumption vulnerability to risk in rural Pakistan', *Journal of Development Studies*, **42** (1), 70–89.

Ligon, E. and L. Schechter (2003), 'Measuring vulnerability', *Economic Journal*, **113** (486), C95–C102.

McCulloch, N. and M. Calandrino (2003), 'Vulnerability and chronic poverty in rural Sichuan', *World Development*, **31** (3), 611–28.

Milcher, S. (2010), 'Household vulnerability estimates of Roma in southeast Europe', *Cambridge Journal of Economics*, **34** (4), 773–92.

Montalbano, P. (2011), 'Trade openness and developing countries' vulnerability: concepts, misconceptions, and directions for research', *World Development*, **39** (9), 1489–502.

Morduch, J. (1994), 'Poverty and vulnerability', *American Economic Review*, **84** (2), 221–5.

Morduch, J. (1999), 'Between the state and the market: can informal insurance patch the safety net?', *World Bank Research Observer*, **14** (2), 187–207.

Moser, C. (1998), 'The asset vulnerability framework: reassessing urban poverty reduction strategies', *World Development*, **26** (1), 1–19.

Naudé, W., M. McGillivray and S. Rossouw (2009), 'Measuring the vulnerability of subnational regions in South Africa', *Oxford Development Studies*, **37** (3), 249–76.

Naudé, W., A.U. Santos-Paulino and M. McGillivray (2009), 'Measuring vulnerability: an overview and introduction', *Oxford Development Studies*, **37** (3), 183–91.

Parry, M.L., O.F. Canzian, J.P. Palutikof, P. van der Linden and C.E. Hanson (eds) (2007), *Climate Change 2007: Impacts, Adaptation and Vulnerability. Contribution of Working Group II to the Fourth Assessment Report of the Intergovernmental Panel on Climate Change*, Cambridge: Cambridge University Press.

Pritchett, L., A. Suryahadi and S. Sumarto (2000), 'Quantifying vulnerability to poverty: a proposed measure, applied to Indonesia', World Bank Policy Research Working Paper 2437, World Bank, Washington, DC.

Ravallion, M. (1988), 'Expected poverty under risk-induced welfare variability', *Economic Journal*, **98** (393), 1171–82.

Rosenzweig, M. and H. Binswanger (1993), 'Wealth, weather risk and agricultural investments', *Economic Journal*, **103** (416), 56–78.

Schultz, T.W. (1975), 'Human capital and disequilibrium', *Journal of Economic Literature*, **13** (3), 827–46.

Sen, A.K. (1981), *Poverty and Famines: An Essay on Entitlement and Deprivation*, Oxford: Clarendon Press.

Skoufias, E. and A.R. Quisumbing (2005), 'Consumption insurance and vulnerability to poverty: a synthesis of the evidence from Bangladesh, Ethiopia, Mali, Mexico and Russia', *European Journal of Development Research*, **17** (1), 24–58.

Solomon, S., D. Qin, M. Manning, Z. Chen, M. Marquis, K.B. Averyt et al. (eds) (2007), *Climate Change 2007: The Physical Science Basis. Contribution of Working Group I to the Fourth Assessment Report of the Intergovernmental Panel on Climate Change*, Cambridge: Cambridge University Press.

Stillman, S. and D. Thomas (2008), 'Nutritional status during an economic crisis: evidence from Russia', *Economic Journal*, **118** (53), 1385–417.

Suryahadi, A. and S. Sumarto (2003), 'Poverty and vulnerability in Indonesia before and after the economic crisis', *Asian Economic Journal*, **17** (1), 45–64.

Townsend, R. (1994), 'Risk and insurance in village India', *Econometrica*, **62** (3), 539–91.

United Nations Office for Disaster Risk Reduction (2004), *Living with Risk: A Global Review of Disaster Reduction Initiatives*, vol. 1, New York: United Nations.

Watts, H.W. (1968), 'An economic definition of poverty', in D.P. Moynihan (ed.), *On Understanding Poverty*, New York: Basic Books, pp. 316–29.

Zhang, Y. and G. Wan (2006), 'An empirical analysis of household vulnerability in rural China', *Journal of the Asia Pacific Economy*, **11** (2), 196–212.

Zhang, Y. and G. Wan (2009), 'How precisely can we estimate vulnerability to poverty?', *Oxford Development Studies*, **37** (3), 277–87.

Zimmerman, F. and M. Carter (2003), 'Asset smoothing, consumption smoothing and the reproduction of inequality under risk and subsistence constraints', *Journal of Development Economics*, **71** (2), 233–60.

第四章

————⸎⸙⸎————

测量脆弱性对贫困规模的影响：一种实证研究的新方法[*]

萨特亚·R. 查克拉瓦蒂　纳奇克塔·查托帕达伊

雅克·西尔伯　万广华（Satya R. Chakravarty,

Nachiketa Chattopadhyay, Jacques Silber and Guanghua Wan）

4.1　引言

从收入和健康的维度来看，脆弱性是指家庭或个人可能经历跨期的收入或健康贫困阶段的风险。当然，脆弱性也意味着遭遇一系列其他风险（暴力、犯罪、自然灾害、被迫辍学）的可能性（世界银行，2000：19）。因此，脆弱性应该关注未来消极后果的风险（Hoddinott 和 Quisumbing，2003），最为普遍的"消极性"则是个人处于贫困线以下的状况（Calvo 和 Dercon，2013），从而对个人福利产生消极影响，引发安全风险，也会造成个体长期贫困。

"发展的挑战不仅在于要根绝长期的、特定的贫困，而且在于要消除突发的、严重的贫困脆弱性"（Sen，1999：1）。"在宏观经济紧缩时期保护弱势群体对发展中国家的减贫至关重要"（世界银行，1997：1）。

在对脆弱性的测量中，我们不仅需要关注现状，如当前的收入及消费，还要注意到个体面临的风险以及他们规避、降低和克服这些风险的能力。这表明脆弱性指标需考虑到若干合适的因素。具体地说，在本章的余下部分，

———————————

* 笔者感谢 Iva Sebastian-Samaniego 为本章实证结果提供的巨大帮助。

我们假定以个体为分析单位，以收入为基础经济变量。

正如 Klasen 和 Povel（2013）指出，家庭/个人层面的脆弱性广义上可分为以下类别：（1）风险暴露脆弱性；（2）低期望效用脆弱性；（3）预期贫困脆弱性；（4）贫困脆弱性。Hoddinott 和 Quisumbing（2003）、Ligon 和 Schechter（2004）、Gaiha 和 Imai（2009）（又参见 Hoogeveen 等，2004）曾分析过前三类脆弱性。Calvo 和 Dercon（2013）曾提出并讨论第四类贫困脆弱性（近期讨论参见 Fujii，2013）。

风险暴露脆弱性，是指收入冲击是否会引发消费的变化（参见 Townsend，1994；Amin 等，2003；Skoufias 和 Quisumbing，2005）。这类风险关注的是当前消费水平的变化，而非消费层次，个人对待风险的态度则不在考虑范围内。

低期望效用脆弱性，将脆弱性与可变性联系在一起。在统计决策理论（Rothschild 和 Stiglitz，1970）中，使用可变性来测量风险的方法由来已久。Ligon 和 Schechter（2003）提出这类脆弱性概念的严格公式，即通过个人在收入阈值时获得的效用与其在脆弱状态下从收入中获得的期望效用之差来进行测量。两个效用值之间的差距越大，该个体就越脆弱。如果个体收入高于阈值线，该个体就没有处于脆弱状态（又参见 Glewwe 和 Hall，1998；Dercon，2002；Coudouel 和 Hentschel，2000）。这种方法的主要优势在于它通过冯·诺依曼—摩根斯坦效用函数拉来直接建立方程，从而涵盖了个体对待风险的明确态度。从效用函数和概率公式的非恒性角度来看，该方法也考虑到个体福利受到冲击的严重性和可能性。但它也有一个局限性，即假设所有人对风险的态度都是一样的。然而，阿罗悖论（Sen，1977；Boadway 和 Bruce，1984；Blackorby 等，1984）说明了在不具可比性的前提下，个人效用函数不可能进行加总。Elbers 和 Gunning（2003）也采用了 Ligon 和 Schechter 的概念框架，在无限时间跨度下对未来收入流进行直接加总。

预期贫困脆弱性是指个体收入降到贫困线以下的风险。这个概念由 Ravallion（1988）首创，并由 Holzmann 和 Jorgensen（1999）进一步分析和完善。Chaudhuri 等（2002）发展了这种方法的正式分析，它能显示个体收入低于外生贫困线的概率。然而，它没有考虑到个体面对风险的敏感程度。就脆弱性而言，个人的状况仅取决于某些预期收入。Hoddinott 和 Quisumbing（2003）通过使用 Foster-Greer-Thorbecke 贫困指数（Foster 等，1984）来表达预期贫困脆弱性阐释了这个缺点。通过将贫困理解成负面效用，我们注意到，效用函数中的阿罗—普拉特绝对风险厌恶度量随着基础参数值的增加而上升。然而，这类风险偏好并没有得到实证结果（参见 Binswanger，1981；Hoddinott 和 Quisumbing，2003）的有力支撑。Hoddinott 和 Quisumbing（2003）、Suryahadi 和 Sumarto（2003）、Christiaensen 和 Subbarao（2005）、Kamanou 和 Morduch（2004），以及 Günther 和 Harttgen（2009）都曾运用过这种方法进行实证分析。

贫困脆弱性的概念由 Calvo 和 Dercon（2013）提出。他们没有从个体贫困和效用函数入手，而是提出测量脆弱性的公理化特征。在这个框架中，脆弱性是用未来不确定性和风险的加权平均值衡量的。在这里，权重是在未来国家层面贫困的加权平均，其中权重是不同国家在未来的产出概率。Calvo 和 Dercon（2013）提出的这两种方法正是 Chakravarty（1983）和 Watts（1968）期望的测量方法。实际上，它们就是预期贫困的测量方法[①]。这些方法明确地考虑了风险厌恶，其基础是贫困线、分配概率和世界上有关国家。此前，这些方法在世界上某些国家贫困线和分配概率的基础上，明确地考虑了风险厌恶，此前 Dutta 等（2011）曾按照公理推断出一个测量脆弱性的方法，这与 Calvo 和 Dercon（2013）的方法有所不同，后者假设贫困明显取决于当前和未来收入。所以这种新方法使得我们可以考察脆弱性引发的相关变化。

本章旨在研究脆弱性对贫困线的含义。更为确切地说，我们研究根据脆弱性调整贫困阈值，这样贫困线可以精准地代表脆弱环境下的最低生活标准。以下假定对这种调整尤为重要：当前贫困线的效用和新贫困线产生的预期效用一致，而预期效用受随机误差（干扰项）的影响，即脆弱性。因此，将脆弱性看作低期望效用的隐含假设是这个构想的基础。在干扰项的某些合理假设前提下，在加法模型中，如果效用函数呈现恒定的阿罗—普拉特绝对风险厌恶系数（Arrow，1965；Pratt，1964），提高后的贫困线则会比当前贫困线高出一个恒定的数量。同理，在乘法模型下，如果效用函数呈现不变的阿罗—普拉特绝对风险厌恶系数，调整后的贫困线成为一种标度变换，此时，潜在的标量大于 1。

在最近的一项成果中，Dang 和 Lanjouw（2014）提出了两种确定脆弱性标准的规范方法。在第一种方法中，他们将非弱势人员定为一个亚群，亚群中人员收入的下限则为脆弱性标准线。在第二种方法中，即将面临贫困风险

[①] Chakravarty 等（2015）探讨了预期贫困索引中贫困脆弱性的部分排序。以随机占优为基础的部分排序又参见 Hardeweg 等（2013）。

的非贫困人员组成一个亚群，其收入的上界才是脆弱性标准线。与我们的方法依赖阿罗—普拉特风险厌恶理论不同的是，Dang 和 Lanjouw 的方法以概率公式为基础。所以，两种方式截然不同，并不互补。

本章结构如下：4.2 简要概述与阿罗—普拉特风险厌恶度量有关的背景资料。4.3 正式介绍在关于阿罗—普拉特度量的替代性假设下，导出脆弱性—调整贫困线。4.4 重点放在描述不确定性收入的干扰项的方差估计上。4.5 展示了利用亚洲和太平洋地区的数据进行实证分析。4.6 为结论。

4.2 背景

风险厌恶指标经常被用于衡量个人对风险状态的厌恶程度，在比较个体间对待风险的态度时非常有用。

设 U：$(0, \infty) \to R$ 表示研究中个体的效用函数，这里 R 代表实线。假设效用函数 U 是一个连续的、递增的严格凹函数。为了研究需要，同时假设这个函数至少是二次可微的，用 U' 和 U'' 分别表示 U 的一阶导数和二阶导数。由于已经假定 U 是一个单调递增的严格凹函数，所以满足 $U' > 0$ 和 $U'' < 0$。

对于收入水平为 M，效用函数为 U 的个人，阿罗—普拉特绝对风险厌恶度量 $AP_A(M)$ 可以表述为：

$$AP_A(M) = -\frac{U''(M)}{U'(M)} \qquad (4.1)$$

指标 $AP_A(M)$ 是正值，零或者负值取决于个人是风险厌恶、风险中性还是风险偏好，也就是取决于效用函数是严格凹函数、仿射函数还是严格凸函数。AP_A 的值越大，表示个人风险厌恶程度越高。

如果用相对价值计算收入，表示个人对待风险的态度的阿罗—普拉特风险厌恶度量的合理表达式为：

$$AP_R(M) = -\frac{M \times U''(M)}{U'(M)} \qquad (4.2)$$

指标 AP_R 呈现的是正值，零或者负值取决于个人是风险厌恶、风险中性还是风险偏好。

连续的、严格单调的风险厌恶度量极其重要的意义在于可以促进对风险成本和投资组合构成中的一些概念分析的重视。测量风险成本或风险溢价的方法之一是，计算风险前景中的预期收入和确定性等价（在相同前景中的确定收益）之间的差值。它显示了个体宁愿付出也不愿意面对风险的程度（参见 Gravelle 和 Rees，2004）。正式表达如下：

$$C_A(\underline{p},\underline{x}) = \sum_{i=1}^{k} p_i x_i - x_e \tag{4.3}$$

其中，$\underline{x} = (x_1, x_2, \cdots, x_k)$ 是在风险前景状态依存回报的向量；k 是状态的数量；p_i 是状态 i 下的可能性；$\underline{p} = (p_1, p_2, \cdots, p_k)$。$\sum_{i=1}^{k} p_i x_i$ 是预期回报，确定性等价 x_e 明确表述如下：

$$\sum_{i=1}^{k} p_i U(x_e) = \sum_{i=1}^{k} p_i U(x_i)$$

指标 C_A 为风险成本，当不存在不确定性时，该指标等于零，如果环境充满不确定性，对于风险厌恶的人来说，该指标为正。当且仅当基本效用函数中 AP_A 是一个常数时，这个不变成本保持等于风险前景结果的绝对变化（Chakravarty，2013）。

同样，相对成本可定义为风险前景中的预期收益与确定性等价之间的比例差距。正式表达为：

$$C_R(\underline{p},\underline{x}) = 1 - \frac{x_e}{\sum_{i=1}^{k} p_i x_i} \tag{4.4}$$

如果不确定性占上风，在严格凹效用函数下，这个成本为正值。当且仅当基本效用函数中 AP_R 是一个常数时，当结果规模的变化为正标量时，成本测量 C_R 保持不变（Chakravarty，2013）。

在一份风险资产和一份无风险资产的投资组合中，如果绝对风险厌恶度量下降，随着个人财富的增加，对风险资产的投资也会增加。也就是说，当一个人财富增加，风险厌恶程度降低时，他对风险资产的需求会上升。这就意味着，风险前景在一般情况下是好的（Arrow，1970）。同样，如果相对风险厌恶度量增加，随着财富的增加，对风险资产的投资会减少（参见 Demange 和 Laroque，2006）。

4.3　规范框架

在本节中，我们将研究脆弱性对贫困线的影响。一个处于贫困线 z_0 且不具脆弱性的人拥有特定效用 $U(z_0)$。另外，在脆弱环境中，个人收入容易不稳定。在接下来的两个小节中，我们分别讨论恒定绝对风险厌恶和恒定相对风险厌恶。

4.3.1　恒定绝对风险厌恶

在本小节中，我们假定加性干扰项 ε 决定个人收入的特征，ε 是一个均值为 0，方差为 σ^2 的随机变量。这种对消费误差处理的假设是由 Ligon 和 Schechter（2003）提出的。Rothschild 和 Stiglitz（1970）在他们定义递增风险的知名研究中采用了这类加性干扰项。而我们则用干扰项术语来表示脆弱性。因此，$z_1 + \varepsilon$ 为个人收入，相应的状态依赖效用为 $U(z_1 + \varepsilon)$。其中，z_1 是新的贫困线。我们将这个公式称为加性干扰项模型。

我们假定一个效用一致性条件，即由既有贫困线 z_0 得到的效用应该等于从贫困线 z_1 得到的带干扰项的效用。也就是说，处于贫困线 z_1 的个人效用值不等于脆弱性收入 $z_1 + \varepsilon$ 得到的预期效用与贫困线 z_0 的确定效用之间的差值。因此，$U(z_0) = E[U(z_1 + \varepsilon)]$，$E$ 表示期望算子。这种思路本质上类似于金融理论中的确定性等价概念和风险中性定价。根据风险中性定价，股票的当前价值是未来阶段股票价格期望值的贴现值，其中贴现使用的是无风险利率（Demange 和 Laroque，2006）。

将 Taylor 对 z_1 的扩展代入公式 $U(z_0) = E[U(z_1 + \varepsilon)]$ 的右边，可得：

$$U(z_0) = E\left[U(z_1) + \varepsilon U'(z_1) + \left(\frac{\varepsilon^2}{2}\right) U''(z_1) + \cdots \right]$$

忽略 2 阶项以上的部分，可得：

$$U(z_0) = U(z_1) + \left(\frac{\sigma^2}{2}\right) U''(z_1) \tag{4.5}$$

因为 $U'' < 0$，得出

$$U(z_0) - U(z_1) = \left(\frac{\sigma^2}{2}\right) U''(z_1) < 0$$

上述公式说明 $z_1 > z_0$。直观来看，这个结果相当合理。因为 z_1 是脆弱性贫困线，所以它的值应该大于 z_0。这样，个体才有额外的收入来应对受脆弱性影响的收入变化，从而与 z_0 时的福利相等。

我们可以把等式（4.5）改写作 $F(z_0, z_1) = 0$，F 是一个定义在二维欧式空间的正空间上的实值函数。根据隐函数定理，我们用 z_0 的函数表示 z_1 来求解 $F(z_0, z_1) = 0$（Apostol，1971）。

找到非凡解是我们的兴趣所在，我们也尝试了一些能得到的非凡解的特殊案例。作为一个简单的试验，我们假设 $U(\cdot)$ 满足常数恒定绝对风险厌恶，即 $U(z) = A - Be^{-\alpha z}$，其中 $\alpha > 0$，$B > 0$，A 为常数，α 实际上是恒定绝对风险厌恶度量的常数值。

一阶导数为 $U'(z) = -B(-\alpha)e^{-\alpha z} = B\alpha e^{-\alpha z}$

二阶导数为 $U''(z) = \alpha B(-\alpha)e^{-\alpha z} = -B\alpha^2 e^{-\alpha z}$

因此，等式（4.5）意味着：

$$A - Be^{-\alpha z_0} = A - Be^{-\alpha z_1} + \left(\frac{\sigma_A^2}{2}\right)(-B\alpha^2)e^{-\alpha z_1}$$

在此情况下，其中 σ_A^2 表示方差。

于是就有了如下等式：

$$z_1 = z_0 + \left(\frac{1}{\alpha}\right)\ln\left[1 + \left(\frac{\sigma_A^2}{2}\right)\alpha^2\right] \tag{4.6}$$

于是，以下面数据为基础，可以容易估计[1]出调整贫困线 z_1：

原有贫困线 z_0；

误差 ε 的方差 σ_A^2；

绝对风险厌恶系数 α。

在等式（4.6）中，$z_1 = z_0 + \beta$，其中 $\beta > 0$，是一个常数，仅受 α 和 σ 的影响。也就是说，z_1 是 z_0 的正平移。因此，我们通过恒定绝对风险厌恶所得的新贫困线，是现存贫困线的绝对正向移动。β 可被看作脆弱性的补偿因子。比如，假设一个贫困的国家的贫困线仅能满足基本需求，如果考虑到脆弱性，只需将原有贫困线（忽略脆弱性时的贫困线）提高一个常量。这里的绝对正向移动不依赖于现存的贫困线。它所依赖的是表示脆弱性的干扰项和效用函数呈现的风险厌恶程度。

---

① 根据等式（4.1）的定义，我们可以清楚地知道，在此模型中，$AP_A(z) = \alpha$。

4.3.2 恒定相对风险厌恶

我们再假设一个处于贫困线 z_0 但没有脆弱性的人具有一定效用 $U(z_0)$。现在，这个人的收入因为上述定义中的干扰项 ε 变得不确定。此时，这个人的收入为 $z_2(1+\varepsilon)$，相对应的状态依存效用为 $U[z_2(1+\varepsilon)]$。由于两种情形下并没有差别，$U(z_0) = E\{U[z_2(1+\varepsilon)]\}$。将 Taylor 的扩展代入等式的右边，可得：

$$U(z_0) = E\{U(z_2) + \varepsilon z_2 U'(z_2) + \frac{\varepsilon^2}{2}z_2^2 U''(z_2) + \cdots\}$$

同理可得：

$$U(z_0) = U(z_2) + \frac{\sigma_R^2}{2}z_2^2 U''(z_2) \tag{4.7}$$

此时此处，σ_A^2 是的 ε 的方差。
于是我们得到：

$$U(z_0) - U(z_2) = \frac{\sigma_R^2}{2}z_2^2 U''(z_2) < 0$$

因为 $U'' < 0$，所以 $z_2 > z_0$。再次，按照隐函数定理，我们可以通过 z_0 求解 z_2。

效用函数可定义如下：

$$U(z) = A_1 + B_1 \frac{z^{1-\delta}}{1-\delta}$$

其中 $B_1 > 0$，A_1 和 $C < \delta \neq 1$，且均为常数。
一阶和二阶导数如下：

$$U'(z) = B_1 \frac{1}{1-\delta}(1-\delta)z^{-\delta} = B_1 z^{-\delta}; U''(z) = B_1(-\delta)z^{-\delta-1}$$

以上述定义下的效用函数为基础，通过等式（4.7），可得：

$$A_1 + B_1 \frac{(z_0)^{1-\delta}}{1-\delta} = A_1 + B_1 \frac{(z_2)^{1-\delta}}{1-\delta} + \frac{\sigma_R^2}{2}(z_2)^2 B_1(-\delta)(z_2)^{-\delta-1}$$

通过简单但冗长的代数，可得：

$$z_2 = z_0\left[1 - \delta(1-\delta)\frac{\sigma_R^2}{2}\right]^{-1/(1-\delta)} \tag{4.8}$$

在以下数据的基础上，同样可以容易计算[1]出调整贫困线 z_2：

原有贫困线 z_0；

误差 ε 的方差 σ_R^2；

恒定绝对风险厌恶系数 δ。

在 $\delta = 1$ 的特殊情况下，等式可写作：

$$U(z) = A_1 + B_1 \ln z$$

然后得到：

$$U'(z) = B_1 \left(\frac{1}{z} \right); U''(z) = - B_1 \frac{1}{z^2}$$

再次通过等式（4.7），得出：

$$A_1 + B_1 \ln z_0 = A_1 + B_1 \ln z_2 + \frac{\sigma_R^2}{2} (z_2)^2 (- B_1) \frac{1}{(z_2)^2}$$

然后得出：

$$\ln z_2 = \ln z_0 + \frac{\sigma_R^2}{2}; z_2 = z_0 \beta = z_0 e^{(\sigma_R^2/2)} \qquad (4.9)$$

其中，β 定义为 $\ln \beta = \frac{\sigma_R^2}{2}$。

我们只需要知道 σ_R^2 和原有的贫困线 z_0，便可计算出 z_2。

根据等式（4.9）可清楚知道，贫困线发生加性位移时，恒定相对风险厌恶效用并非是连续的。

总而言之，我们特别指出，在贫困脆弱性积性模型下，可通过假定恒定相对风险厌恶效用，证明按比例调整的贫困线。比方说，假设在一个制定贫困线考虑到"社会包容性成本"（相对贫困）的国家，如果一个人想要同时考虑到脆弱性，必须要对原有贫困线（即忽略脆弱性的）进行比例换算。

我们根据先前观察总结出如下两个观点。

观点 1：在加性干扰项模型中，受恒定绝对风险厌恶影响，脆弱性—调整贫困线是现存贫困线的正平移。在此模型中，恒定相对风险厌恶效用函数不支持平移移位。

---

① 通过等式（4.2），在此模型中，可以得到 $AP_R(q) = \delta$。

观点 2：在积性干扰项模型中，受恒定绝对风险厌恶影响，脆弱性—调整贫困线是现存贫困线相对扩张的转换。在此模型中，恒定绝对风险厌恶效用函数不支持比例换算。

4.4　积性模型下方差的估算[①]

考虑到收入分布易受脆弱性影响，我们需要在积性模型下得出方差 $V(\varepsilon)$（以上用 σ_R^2 表示）。

如果没有脆弱性，用 X 表示可被观察到的收入，z_0 是时间 0 时的贫困线。假设在某个时间 t，当考虑到干扰项 ε_t 的存在与在时间 0 时的当前分布，假定受脆弱性影响的收入变量合理表达式为 Y_t。在此假设下，我们得到一个积性模型：

$$Y_t = X(1 + \varepsilon_t) \tag{4.10}$$

其中，X 和 ε_t 不相关。

因此：

$$\ln Y_t = \ln X + \ln(1 + \varepsilon_t) \tag{4.11}$$

假设我们有收入分布 T 的信息，Y_t，$t = 1, 2, \cdots, T$。

可得：

$$\left(\frac{1}{T}\right) \sum_{t=1}^{T} \ln Y_t = \ln X + \left(\frac{1}{T}\right) \sum_{t=1}^{T} \ln(1 + \varepsilon_t)$$

通过 $\ln(1 + \varepsilon_t)$ 的一阶近似，得到 $\ln(1 + \varepsilon_t) \approx \varepsilon_t$，所以：

$$\left(\frac{1}{T}\right) \sum_{t=1}^{T} \ln Y_t = \ln X + \left(\frac{1}{T}\right) \sum_{t=1}^{T} \varepsilon_t \tag{4.12}$$

等式（4.12）可重写成：

$$\left(\frac{1}{T}\right) \sum_{t=1}^{T} \ln Y_t \approx \ln X + \overline{\varepsilon}$$

[①]　正如在后面的 4.5 开始部分所强调的，在加性模型下，系数值取决于收入、消费或其他福利变量的计量单位，所以采取该方法相当麻烦。因此，我们将注意力投入积性模型中。

其中，$\overline{\varepsilon}$ 是所有 ε_t 的平均值。假设对所有的 t 来说，ε_t 的方差 σ^2_{Rt} 是一样的，可得：

$$\sigma^2_{Rt} = \sigma^2_R$$

然后，$\overline{\varepsilon}$ 的方差 $Var(\overline{\varepsilon})$ 可以如下表达：

$$Var(\overline{\varepsilon}) = \frac{\sigma^2_R}{T}$$

当 σ 很小时或 $T \to \infty$ 时，$Var(\overline{\varepsilon}) \to 0$。

于是得到：

$$\left(\frac{1}{T}\right) \sum_{t=1}^{T} \ln Y_t \approx \ln X \tag{4.13}$$

根据等式（4.13），我们得到：

$$V(\ln X) \cong V\left[\left(\frac{1}{T}\right) \sum_{t=1}^{T} \ln Y_t\right] = \left(\frac{1}{T^2}\right) \sum_{t=1}^{T} V(\ln Y_t) \tag{4.14}$$

假设我们有每个时间段 t 的数据，Y_t 的观测值中有一个典型元素收入 Y_{it}，i 从 1 到 n（例如，$n = 100000$）不等。因此，在每个时间段 t，$\ln Y_t$ 的观测值中也有一个典型元素 $\ln Y_{it}$。最后，利用等式（4.10），通过这些 $\ln Y_{it}$ 求出方差 $V(\ln Y_t)$ 的近似值。有了每个时间段 t 的方差估值，就可以估算出我们需要的方差，即 $V(\ln X)$。

以上面概述中对 $\ln Y_t$ 的观测值为基础，我们还可以估算出在每个时间段 t 时的期望值 $E(\ln Y_t)$。

根据等式（4.13），又可得：

$$E(\ln X) = E\left(\frac{1}{T} \sum_{t=1}^{T} \ln Y_t\right) = \frac{1}{T} \sum_{t=1}^{T} E(\ln Y_t) \tag{4.15}$$

通过 $\left[\left(\sum_{i=1}^{n} \ln Y_{it}\right)\right]$，我们估算出在第 t 时间段时，观测值对数的样本均值 $E(\ln Y_t)$。这些样本均值的平均值就是 $E(\ln X)$ 的估值。也就是说，我们可以同时估算出 $V(\ln X)$ 和 $E(\ln X)$。

现在我们可以用 Taylor 对 $\ln X$ 的扩展得到：

$$E(\ln X) \approx \ln E(X) - \frac{1}{2[E(X)]^2} V(x) \tag{4.16}$$

和

$$V(\ln X) \approx \frac{1}{[E(X)]^2} V(X) \tag{4.17}$$

综合等式（4.16）和（4.17），得到：

$$\frac{1}{2}V(\ln X) + E(\ln X) \approx \frac{1}{2[E(X)]^2}V(X) + E(\ln X) \approx \ln E(X) \tag{4.18}$$

之前，我们已经估算出 $V(\ln X)$ 和 $E(\ln X)$，所以现在得到 $\ln E(X)$ 的估值。

然后，我们得到如下等式：

$$E(X) = e^{\ln E(X)} \tag{4.19}$$

根据等式（4.19），我们又得出 $[E(X)]^2$。

利用等式（4.20），上述等式可总结如下：

$$V(X) \approx V(\ln X)[E(X)]^2 \tag{4.20}$$

使得我们可以得出 $V(X)$ 的近似值。

根据等式（4.10），利用那条关于两个不相关随机变量乘积的方差的著名公式，可得：

$$V(Y_t) = V(X) + V(X\varepsilon_t) = V(X) + [V(X)V(\varepsilon_t)] + \{V(X)[E(\varepsilon_t)]^2\} + \{V(\varepsilon_t)[E(X)]^2\}$$

因为 $E(\varepsilon_t) = 0$，所以等式右边的第三项值为零，得到：

$$V(\varepsilon_t) = \frac{V(Y_t) - V(X)}{V(X) + [E(X)]^2} \tag{4.21}$$

先前，我们估算出了 $V(Y_t)$、$V(X)$ 和 $[E(X)]^2$ 的值，利用等式（4.21），可估算 $V(\varepsilon_t) = \sigma_R^2$。

这使得我们利用等式（4.9），就可估算出在脆弱性和恒定风险厌恶情况下的调整贫困线。

4.5　实证分析

无论采取加性还是积性模型，都需要恒定风险厌恶系数值的估值（近似值）。在加性模型中，系数值的估算依赖于收入、消费和其他福利变量的度量单位。据我们所知，之前没有人利用 2005 年购买力平价（PPPs）的收入和消费数据来估算此系数值。在本章中，我们采用积性模型来计算恒定相对风险厌恶情形下的估值。

之前已经有许多估算恒定相对风险厌恶系数的尝试了。Hartley 等（2013）开始研究时，先回顾了有关这一主题的文献，并在他们引用的许多论文中，提到以下结果。Szpiro（1986）通过保险费的时间序列数据，得出他对恒定相对风险厌恶系数（CRRA）的估值，这个估值接近 2。Barsky 等（1997）与美国健康与退休调查局合作，估算出 CRRA 的平均值约为 12。Hersch 和 McDougall（1997）根据电视游戏节目《伊利诺伊州一夜暴富》（*Illinois Instant Riches*）的数据，证明 CRRA 高达 15。Jianakoplos 和 Bernasek（1998）分析了美国家庭对风险资产的投资数据，总结出单身女士的风险厌恶系数高于单身男士，因为前者的 CRRA 为 9，而后者的 CRRA 为 6。Beetsma 和 Schotman（2001）根据荷兰电视游戏节目 *Lingo* 的数据，得出 CRRA 的值为 3 ~ 7。Attanasio 等（2002）根据英国抽样调查的大数据，得出 CRRA 的估值为 1.44。Chetty（2003）以劳动力供给弹性为基础，求得 CRRA 估值为 1。Fullenkamp（2003）等根据电视游戏节目《印第安纳百万富翁》（*Hoosier Millionaire*）的数据，计算出 CRRA 从 0.64 到 1.76 不等。Chiappori 和 Paiella（2011）偏好使用合成数据，因为这类数据便于人们分清个人喜好以及其与财富相互关系的影响。他们发现 CRRA 的中位数约为 2，但是其中 1/4 人口的 CRRA 在 3 以上。Gandelman 和 Hernández-Murillo（2011）根据盖洛普世界民意调查、欧洲社会调查和世界价值观调查中关于个人主观幸福感的自陈报告信息，总结出 CRRA 在 0.79 ~ 1.44。Hartley 等（2013）分析了来自知名游戏节目《百万富翁》（*Who Wants to Be a Millionaire*）的数据，得出 CRRA 接近 1。

上述对 CRRA 的简短调查清楚地显示了，该系数的可能取值从 0.5 到 15，变化范围很大。以下实证分析主要涵盖亚洲的许多贫困国家制定合理的贫困线需要用到 CRRA 中值。因此，我们假设 CRRA = 3。更确切地说，以原有贫困线 1.25 美元（世界银行贫困线标准）为测量基准，我们估算出每个被调查国家的脆弱性—调整贫困线。表 4-1 到表 4-3，以及附录 4A-2 中表 4A-2 的计算结果，是基于由 Shorrocks 和 Wan（2009）最先提出的方法而得到的。这种方法扩大了观测量，即使指定的国家和年份（如收入十分位数）只有 10 个样本。这种方法名为"收入分布分组"方法，在附录 4A－2 的表 4A－1 中有所描述。

在附录的表 4A－2 中，我们展示了 CRRA 等于 1.8、5 和 10 的额外数据。假定 CRRA＝3，表 4－1 显示，2005 年，不少脆弱性—调整贫困线的数值很高：中国（1.88 美元）、泰国（1.56 美元）、土库曼斯坦（1.56 美元）、格鲁吉亚（1.51 美元）、马来西亚（1.51 美元），以及越南（1.50 美元）。2010 年的排序变化不大，贫困线标准高的国家有：中国（2.26 美元）、马来西亚（1.82 美元）、阿塞拜疆（1.66 美元）、越南（1.60 美元）、泰国（1.59 美元）、塔吉克斯坦（1.58 美元）和土库曼斯坦（1.56 美元）。

根据上面的脆弱性—调整贫困线，我们计算出贫困率和贫困人口数量（见表 4－2）。例如，我们发现在中国，如果考虑到脆弱性，其 2005 年和 2010 年贫困率分别为 31.8％ 和 28.7％。相应地，巴基斯坦 2005 年和 2010 年的贫困率分别为 30.6％ 和 24.5％；孟加拉国 2005 年和 2010 年的贫困率分别为 56.4％ 和 50.9％；印度 2005 年和 2010 年的贫困率分别为 48.1％ 和 41.6％；尼泊尔 2005 年和 2010 年的贫困率分别为 54.4％ 和 39.6％；印度尼西亚 2005 年和 2010 年的贫困率分别为 29.6％ 和 27.1％；菲律宾 2005 年和 2010 年的贫困率分别为 30.0％ 和 26.4％；越南 2005 年和 2010 年的贫困率分别为 35.1％ 和 25.4％。

在表 4－3 中，我们总结了以发展中亚洲国家为整体，在不同的恒定相对风险厌恶系数假定下，其 2005 年、2008 年和 2010 年的贫困率和贫困人口数量。我们也提供了贫困线为 1.25 美元（我们的衡量基准）时，不考虑脆弱性时贫困率和贫困人口数量的数据。我们观察到，将脆弱性纳入考虑时，贫困率会显著上升，即使当 CRRA＝1.2。同样值得注意的有，只有当 CRRA 小于 5 时，贫困率（和数量）才会随着 CRRA 的升高而增加。在 CRRA＝10 时的贫困率（和数量）小于 CRRA＝5 时的值。假设恒定相对风险厌恶系数为 3，我们可以看到，2005 年的贫困人口比衡量基准（贫困线＝1.25 美元）增加了 35 万。2010 年，差距甚至更大（增加了 40 万贫困人口）。

表 4-1　亚洲和太平洋地区国家的脆弱性—调整贫困线（CRRA=3）

次区域/国家	2005 年	2008 年	2010 年
中亚和西亚			
亚美尼亚	1.39	1.45	1.39
阿塞拜疆	1.46	1.60	1.66
格鲁吉亚	1.51	1.53	1.51
哈萨克斯坦	1.38	1.41	1.42
吉尔吉斯斯坦	1.36	1.56	1.49
巴基斯坦	1.40	1.39	1.47
塔吉克斯坦	1.46	1.57	1.58
土库曼斯坦	1.56	1.56	1.56
东亚(中国)	1.88	2.15	2.26
南亚			
孟加拉国	1.35	1.37	1.38
不丹	1.36	1.44	1.50
印度	1.37	1.39	1.40
马尔代夫	1.47	1.38	1.46
尼泊尔	1.43	1.50	1.56
斯里兰卡	1.42	1.45	1.45
东南亚			
柬埔寨	1.37	1.43	1.46
印度尼西亚	1.44	1.43	1.49
老挝	1.38	1.41	1.47
马来西亚	1.51	1.81	1.82
菲律宾	1.48	1.48	1.49
泰国	1.56	1.55	1.59
越南	1.50	1.56	1.60
太平洋地区			
斐济	1.41	1.46	1.48
密克罗尼西亚联邦(城镇)	1.38	1.40	1.41
巴布新几内亚	1.38	1.40	1.41
东帝汶	1.35	1.35	1.34

注：CRRA=恒定相对风险厌恶系数。

表 4－2　在脆弱性—调整贫困线以下的亚洲和太平洋地区国家的贫困状况（CRRA ＝3）

单位：％，百万人

次区域/国家	贫困率			贫困人口数量		
	2005 年	2008 年	2010 年	2005 年	2008 年	2010 年
中亚和西亚	25.8	23.9	20.4	53.12	51.57	45.59
亚美尼亚	6.6	2.8	4.1	0.20	0.09	0.13
阿塞拜疆	2.8	1.0	0.6	0.23	0.09	0.06
格鲁吉亚	21.7	21.1	23.7	0.95	0.93	1.05
哈萨克斯坦	1.4	0.1	0.5	0.21	0.02	0.07
吉尔吉斯斯坦	26.5	12.2	12.1	1.36	0.64	0.65
巴基斯坦	30.6	29.0	24.5	48.48	48.57	42.48
塔吉克斯坦	25.0	18.3	16.4	1.61	1.22	1.13
土库曼斯坦	1.6	0.4	0.2	0.08	0.02	0.01
东亚（中国）	31.8	30.3	28.7	414.39	401.53	384.05
南亚	48.6	46.0	42.0	646.82	637.38	599.28
孟加拉国	56.4	53.6	50.9	79.24	77.92	75.62
不丹	22.8	15.2	9.1	0.15	0.11	0.07
印度	48.1	45.6	41.6	549.20	543.56	509.96
马尔代夫	4.2	0.6	0.9	0.01	0.00	0.00
尼泊尔	54.4	46.5	39.6	14.83	13.43	11.87
斯里兰卡	17.0	11.6	8.5	3.38	2.37	1.77
东南亚	26.0	24.4	22.0	131.93	128.36	118.54
柬埔寨	39.4	30.8	23.3	5.27	4.25	3.29
印度尼西亚	29.6	30.9	27.1	67.18	72.49	64.94
老挝	47.2	42.0	36.5	2.71	2.53	2.26
马来西亚	0.9	1.2	1.2	0.23	0.32	0.35
菲律宾	30.0	27.0	26.4	25.68	24.30	24.63
泰国	2.9	1.4	1.5	1.91	0.96	1.01
越南	35.1	27.6	25.4	28.95	23.51	22.06
太平洋地区	47.6	43.0	40.5	3.79	3.65	3.59
斐济	21.6	9.2	12.3	0.18	0.08	0.11
密克罗尼西亚联邦（城镇）	33.2	35.1	35.2	0.01	0.01	0.01
巴布新几内亚	51.1	47.8	44.1	3.12	3.13	3.02
东帝汶	47.9	40.5	40.3	0.48	0.44	0.45
发展中亚洲国家	**37.3**	**35.3**	**32.6**	**1250.04**	**1222.50**	**1151.05**

注：第 2 栏到第 4 栏的数据显示了，在考虑到脆弱性之后，当恒定相对风险厌恶系数（CRRA）等于 3 时，调整原有贫困线 1.25 美元之后，贫困率数值的大小。第 5 栏到第 7 栏的数据是相应的贫困人口数量。"发展中亚洲国家"涵盖了表中所有的国家。

表 4 – 3　发展中亚洲国家脆弱性—调整贫困率和数量：结果总结

	贫困率 （2005 年）	贫困率 （2008 年）	贫困率 （2010 年）	贫困人口数 量（2005 年）	贫困人口数 量（2008 年）	贫困人口数 量（2010 年）
衡量基准 （贫困线＝1.25 美元）	26.9	23.9	20.7	901.96	827.57	733.06
CRRA＝1.2	32.1	30.2	27.5	1077.82	1046.17	973.39
CRRA＝1.5	33.3	31.6	28.9	1118.57	1093.67	1021.42
CRRA＝1.8	34.4	32.7	30.0	1154.45	1132.99	1061.90
CRRA＝2	35.0	33.4	30.7	1175.12	1154.82	1084.06
CRRA＝3	**37.3**	**35.3**	**32.6**	**1250.04**	**1222.50**	**1151.05**
CRRA＝5	38.9	36.5	33.6	1306.34	1262.14	1186.69
CRRA＝10	38.5	35.5	32.4	1293.27	1229.06	1146.67

　　首先，如果我们现在考察某一特定国家（见表 4A – 1），比方说，在 2010 年，我们可以看到，在衡量基准贫困线 1.25 美元时，中国贫困率为 11.6%，印度贫困率为 32.7%，印度尼西亚贫困率为 18.2%，巴基斯坦贫困率为 13.5%，菲律宾贫困率为 18.4%。其次，在脆弱性—调整贫困线下，当 CRRA＝1.8，各国相应的比例则是 23.2%（中国）、36.7%（印度）、21.8%（印度尼西亚）、18.8%（巴基斯坦）和 21.8%（菲律宾）。最后，当 CRRA＝10 时，中国贫困率为 22.0%，印度贫困率为 46.6%，印度尼西亚贫困率为 29.7%，巴基斯坦贫困率为 28.4%，菲律宾贫困率为 28.6%。

　　因此，我们可以观察到，在原有贫困线 1.25 美元下，和在 CRRA＝5 时的脆弱性—调整贫困线下，巴基斯坦和中国的贫困率增加了一倍以上，而印度贫困率增加了 35%，菲律宾贫困率增加了 50%，印度尼西亚贫困率增加了 60%。因此，当脆弱性被纳入考虑范围后，亚洲人口最多的国家以及亚洲作为一个整体的贫困程度显著加深。

4.6　结论

　　在本章中，我们尝试解决当收入分布受脆弱性影响时，贫困线调整的问题。本章的正式框架的基础是 Ligon 和 Schechter（2003）关于脆弱性为预期效用损失的定义。在有关代表脆弱性的不确定性（干扰项）的替代性假设下，对于恒定绝对或相对阿罗 – 普拉特风险厌恶而言，调整后的贫困线是现有贫困线的绝对或相对平移。以来自亚洲和太平洋地区不同国家的数据为基础的实证分析，运用恒定相对风险厌恶系数，显示了脆弱性对不同亚洲国家贫困人口数量的显著影响。

我们也观察到，当考虑脆弱性时，贫困率普遍显著上升。例如，假设恒定相对风险厌恶系数为 3．在 2005 年，贫困人口数量比衡量基准（贫困线为 1. 25 美元）多了 35 万以上。在 2010 年，这个差距甚至更大（多了 40 万以上）。考察一些特定的国家，我们可以观察到，巴基斯坦和中国在 CRRA = 5 时根据脆弱性调整的贫困线下的贫困率，在 1. 25 美元贫困线下的贫困率，增加了一倍以上。印度、菲律宾和印度尼西亚分别相应增加了 35%、50% 和 60%。显然，当考虑到脆弱性时，亚洲人口最多的国家的贫困程度乃至整个亚洲的贫困程度都显著地加深。

参考文献 *

Amin, S., A.S. Rai and G. Topa (2003), 'Does microcredit reach the poor and vulnerable? Evidence from northern Bangladesh', *Journal of Development Economics*, **70** (1), 59–82.

Apostol, T. (1971), *Mathematical Analysis*, London: Addison Wesley.

Arrow, K.J. (1965), *Aspects of the Theory of Risk Bearing*, Helsinki: Yrjo Jahnssonin Saatio.

Arrow, K.J. (1970), *Essays in the Theory of Risk Bearing*, Amsterdam: North Holland.

Attanasio, O., J. Banks and S. Tanner (2002), 'Asset holding and consumption volatility', *Journal of Political Economy*, **110** (4), 771–92.

Barsky, R.B., F.T. Juster, M.S. Kimball and M.D. Shapiro (1997), 'Preference parameters and behavioral heterogeneity: an experimental approach in the health and retirement study', *Quarterly Journal of Economics*, **112** (2), 537–79.

Beetsma, R.M. and P.C. Schotman (2001), 'Measuring risk attitudes in a natural experiment: data from the television game show *Lingo*', *Economic Journal*, **111** (474), 821–48.

Binswanger, H.P. (1981), 'Attitudes toward risk: theoretical implications of an experiment in rural India', *Economic Journal*, **91** (364), 867–90.

Blackorby, C., D. Donaldson and J.A. Weymark (1984), 'Social choice theory with interpersonal utility comparisons: a diagrammatic introduction', *International Economic Review*, **25** (2), 327–56.

Boadway, R. and N. Bruce (1984), *Welfare Economics*, London: Blackwell.

Calvo, C. and S. Dercon (2013), 'Vulnerability of individual and aggregate poverty', *Social Choice and Welfare*, **41** (4), 721–40.

---

* 亚洲开发银行确认越南为越南社会主义共和国。

Chakravarty, S.R. (1983), 'A new index of poverty', *Mathematical Social Sciences*, **6** (3), 307–13.

Chakravarty, S.R. (2013), *An Outline of Financial Economics*, New York: Anthem Press.

Chakravarty, S.R., N. Chattopadhyay and L. Qingbin (2015), 'Vulnerability orderings for expected poverty indices', *Japanese Economic Review*, **66** (3), 300–310.

Chaudhuri, S., J. Jalan and A. Suryahadi (2002), 'Assessing household vulnerability to poverty from cross-section data: a methodology and estimates from Indonesia,' Discussion Paper Series 0102-52, Department of Economics, Columbia University.

Chetty, R. (2003), 'A new method of estimating risk aversion', NBER Working Paper 9988, National Bureau of Economic Research, Cambridge. MA.

Chiappori, P.-A. and M. Paiella (2011), 'Relative risk aversion is constant: evidence from panel data', *Journal of the European Economic Association*, **9** (6), 1021–52.

Christiaensen, L. and K. Subbarao (2005), 'Towards an understanding of household vulnerability in rural Kenya', *Journal of African Economies*, **14** (4), 520–58.

Coudouel, A. and J. Hentschel (2000), 'Poverty data and measurement', draft for the Sourcebook on Poverty Reduction Strategies, World Bank, Washington, DC.

Dang, H.H. and P.F. Lanjouw (2014), 'Two definitions of a vulnerability line and their empirical application', Policy Research Working Paper No. 6944, World Bank, Washington, DC.

Demange, G. and G. Laroque (2006), *Finance and the Economics of Uncertainty*, London: Blackwell.

Dercon, S. (2002), 'Income risk, coping strategies and safety nets', *World Bank Research Observer*, **17** (2), 141–66.

Dutta, I., J. Foster and A. Mishra (2011), 'On measuring vulnerability to poverty', *Social Choice and Welfare*, **37** (4), 743–61.

Elbers, C. and J. W. Gunning (2003), 'Vulnerability in a stochastic dynamic model', mimeo., Tinbergen Institute, Amsterdam.

Foster, J., J. Greer and E. Thorbecke (1984), 'A class of decomposable poverty measures', *Econometrica*, **52** (3), 761–6.

Fujii, T. (2013), 'Vulnerability: a review of literature', paper presented at the Workshop on Poverty Reduction in Asia: Drivers, Best Practices and Policy Initiatives, organized by the Asian Development Bank and Chongqing University.

Fullenkamp, C., R. Tenorio and R. Battalio (2003), 'Assessing individual risk attitudes using field data from lottery games', *Review of Economics and Statistics*, **85** (1), 218–26.

Gaiha, R. and K. Imai (2009), 'Measuring vulnerability and poverty: estimates for rural India', in W. Naude, A. Santos-Paulino and M. McGillivray (eds), *Vulnerability in Developing Countries*, Helsinki: United Nations University Press, pp. 13–54.

Gándelman, N. and R. Hernández-Murillo (2011), 'What do happiness and health satisfaction data tell us about relative risk aversion', Working Paper 2011-039, Federal Reserve Bank of St. Louis.

Glewwe, P. and G. Hall (1998), 'Are some groups more vulnerable to macroeconomic shocks than others? Hypothesis tests based on panel data from Peru', *Journal of Development Economics*, **56** (1), 181–206.

Gravelle, H. and R. Rees (2004), *Microeconomics*, Upper Saddle River, NJ: Prentice Hall.

Günther, I. and K. Harttgen (2009), Estimating Households Vulnerability to Idiosyncratic and Covariate Shocks: A Novel Method Applied in Madagascar. *World Development* **37** (7), 1222–1234.

Hardeweg, B., A. Wagner and H. Waibel (2013), 'A distributional approach to comparing vulnerability, applied to rural provinces in Thailand and Vietnam', *Journal of Asian Economics*, **25** (April), 53–65.

Hartley, R., G. Lanot and I. Walker (2013), 'Who really wants to be a millionaire: estimates of risk aversion from game show data', *Journal of Applied Econometrics*, online version, 18 September, DOI: 10.1002/jae.2353.

Hersch, P.L. and G.S. McDougall (1997), 'Decision making under uncertainty when the stakes are high: evidence from a lottery game show', *Southern Economic Journal*, **64** (1), 75–84.

Hoddinott, J. and A. Quisumbing (2003), 'Methods for micro-econometric risk and vulnerability assessments', Social Protection Discussion Paper 0324, World Bank, Washington, DC.

Holzmann R. and S. Jorgensen (1999), 'Social protection as social risk management: conceptual underpinnings for social protection sector strategy paper', Social Protection Discussion Paper 9904, World Bank, Washington, DC.

Hoogeveen, J., E. Tesliuc, R. Vakis and S. Dercon (2004), 'A guide to analysis of risk, vulnerability and vulnerable groups', Policy Research Working Paper, World Bank, Washington, DC.

Jianakoplos, N.A. and A. Bernasek (1998), 'Are women more risk averse?', *Economic Inquiry*, **36** (4), 620–30.

Kamanou, G. and J. Morduch (2004), 'Measuring vulnerability to poverty', in S. Dercon (ed.), *Insurance against Poverty*, New York: Oxford University Press, pp. 155–75.

Klasen, S. and F. Povel (2013), 'Defining and measuring vulnerability: state of the art and new proposals', in S. Klasen and H. Waibel (eds), *Vulnerability to Poverty: Theory, Measurement and Determinants*, New York: Palgrave-Macmillan.

Ligon, E. and L. Schechter (2003), 'Measuring vulnerability', *Economic Journal*, **113** (486), C95–C102.

Ligon, E. and L. Schechter (2004), 'Evaluating different approaches to estimating vulnerability', Social Protection Discussion Paper 0410, World Bank, Washington, DC.

Pratt, J.W. (1964), 'Risk aversion in the small and the large', *Econometrica*, **32** (1/2), 122–36.

Pritchett, L., A. Suryahadi and S. Sumarto (2000), 'Quantifying vulnerability to poverty: a proposed measure, with application to Indonesia', Social Monitoring and Early Response Unit Working Paper, World Bank, Washington, DC.

Ravallion, M. (1988), 'Expected poverty under risk-induced welfare variability', *Economic Journal*, **98** (393), 1171–82.

Rothschild, M. and J.E. Stiglitz (1970), 'Increasing risk: I. A definition', *Journal of Economic Theory*, **2** (3), 225–43.

Ryu, H.K. and D.J. Slottje (1999), 'Parametric approximations to the Lorenz curve', in J. Silber (ed.), *Handbook of Income Inequality Measurement*, Dordrecht: Kluwer Academic, pp. 291–314.

Sen, A.K. (1977), 'Social choice theory: a re-examination', *Econometrica*, **45** (1), 53–88.

Sen, A.K. (1999), 'A Plan for Asia's growth: build on much that is good in the "Eastern Strategy"', *Asia Week*, **25** (40), accessed 1 April 2016 at http://edition.cnn.com/ASIANOW/asiaweek/magazine/99/1008/viewpoint.html.

Shorrocks, A. and G. Wan (2009), 'Ungrouping Income Distributions: Synthesizing Samples for Inequality and Poverty Analysis', in K. Basu and R. Kanbur (eds), *Arguments for a Better World. Essays in Honor of Amartya Sen*, vol. 1, *Ethics, Welfare and Measurement*, Oxford: Oxford University Press, pp. 414–34.

Skoufias, E. and A.R. Quisumbing (2005), 'Consumption insurance and vulnerability to poverty: a synthesis of evidence from Bangladesh, Ethiopia, Mali, Mexico and Russia', *European Journal of Development Research*, **17** (1), 24–58.

Suryahadi, A. and S. Sumarto (2003), 'Poverty and vulnerability in Indonesia before and after the economic crisis', *Asian Economic Journal*, **17** (1), 45–64.

Szpiro, G.G. (1986), 'Measuring risk aversion: an alternative approach', *Review of Economics and Statistics*, **68** (1), 156–9.

Townsend, R. (1994), 'Risk and insurance in village India', *Econometrica*, **62** (3), 539–91.

Watts, H.W. (1968), 'An economic definition of poverty', in D.P. Moynihan (ed.), *On Understanding of Poverty*, New York: Basic Books, pp. 316–19.

World Bank (1997), 'Identifying the vulnerable: new evidence from Peru', *Poverty Lines*, A Joint Publication by the Policy Research and Social Policy Departments, World Bank, No. 6, accessed 1 April 2016 at http://web.worldbank.org/archive/website00002/WEB/PDF/PL_N06.PDF.

World Bank (2000), *The World Development Report 2000/2001: Attacking Poverty*, New York: Oxford University Press.

附录 4A –1　关于 SHORROCKS 和 WAN（2009）的 "收入分布分组"

假设一条洛伦兹曲线，$(m+1)$ 在曲线上的坐标为 $(p_k^*,\ L_k^*)$，其中，p_k^* 和 L_k^*（$k=1,\cdots,m$）分别是总人口累积比例和收入组 $1-k$ 总收入的累积比例，且 $p_0^*=L_0^*=0$。这些洛伦兹坐标能够表示特定国家的等分比例，因为缺少相应的收入平均值，所以假设这个值为 1，因此收入组 k 的收入均值 μ_k^* 的表达如下：

$$\mu_k^* = \frac{L_k^* - L_{k-1}^*}{p_k^* - p_{k-1}^*},\ k=1,\cdots,m \tag{4A.1}$$

最终目标是得到 n 个权重相等的观测量的合成样本。这些观测量的均值为 1，并符合原始数据。因此，n 个观测量可被划分成 m 个不重叠的、有序的小组，每个小组有 $m_k = n\ (p_k^* - p_{k-1}^*)$ 个观测量。记 x_{ki} 为收入组 k 的第 i 个观测量，μ_k 为该组的样本均值。

Shorrocks 和 Wan（2009）提出的算法有两个步骤。第一步，从适用于分组数据的参数形式中，构造一个有单位平均值的初始样本（如关于洛伦兹曲线[①]的各种参数化调查，参见 Ryu 和 Slottje，1999）。

第二步，对初始样本中得到的观测量进行调整，令其与分组数据的真实值相符合。更确切地说，收入组 k 的初始样本值 x_j 可通过下列规则转化为介值 $\hat{x}_j$：

$$\frac{\hat{x}_j - \mu_k^*}{\mu_{k+1}^* - \mu_k^*} = \frac{x_j - \mu_k}{\mu_{k+1} - \mu_k} \tag{4A.2}$$

第一个收入组的公式如下：

$$\frac{\hat{x}_j}{\mu_1^*} = \frac{x_j}{\mu_1},\ 当\ x_j \leqslant \mu_1\ 时 \tag{4A.3}$$

最后一个收入组的公式如下：

$$\frac{\hat{x}_j}{\mu_m^*} = \frac{x_j}{\mu_m},\ 当\ x_j \geqslant \mu_m\ 时 \tag{4A.4}$$

在下一次循环中，介值 $\hat{x}_j$ 本身转化为新值，直到算法得出一个与原始分组数据属性一致的有序样本。实际上，可以很快找到一致性的样本。

---

① 　Shorrocks 和 Wan 以对数正态分布为基础来获得初始样本，更多详情请参见 Shorrocks 和 Wan（2009）。

附录4A-2 脆弱性—调整贫困率和贫困人口数量：各国详细结果

表4A-1 衡量基准状况（未经脆弱性调整）：贫困线为1.25美元时的贫困率和贫困人口数量

单位：%，百万人

次区域/国家	贫困率（2005年）	贫困率（2008年）	贫困率（2010年）	贫困人口数量(2005年)	贫困人口数量(2008年)	贫困人口数量(2010年)
中亚和西亚	18.8	17.1	11.2	38.79	37.05	25.14
亚美尼亚	4.0	1.3	2.5	0.12	0.04	0.08
阿塞拜疆	1.5	0.4	0.3	0.13	0.04	0.03
格鲁吉亚	16.0	15.3	18.0	0.70	0.67	0.80
哈萨克斯坦	0.8	0.1	0.3	0.12	0.02	0.04
吉尔吉斯斯坦	22.9	6.4	6.7	1.18	0.34	0.36
巴基斯坦	22.3	21.0	13.5	35.38	35.23	23.38
塔吉克斯坦	17.7	10.7	6.6	1.14	0.72	0.45
土库曼斯坦	0.5	0.1	0.1	0.02	0.01	0.00
东亚（中国）	16.3	13.1	11.6	211.85	173.00	155.51
南亚	41.5	37.8	33.2	552.03	523.85	472.72
孟加拉国	50.5	46.6	43.3	70.96	67.82	64.31
不丹	18.9	9.3	4.4	0.12	0.07	0.03
印度	40.8	37.4	32.7	466.30	445.02	400.08
马尔代夫	2.3	0.2	0.2	0.01	0.00	0.00
尼泊尔	46.3	33.9	24.8	12.64	9.80	7.44
斯里兰卡	10.1	5.6	4.1	2.00	1.14	0.86
东南亚	18.9	17.2	14.2	95.87	90.47	76.59
柬埔寨	33.8	22.8	14.7	4.51	3.14	2.08
印度尼西亚	21.4	22.6	18.2	48.73	53.19	43.32
老挝	39.5	33.9	26.0	2.27	2.04	1.61
马来西亚	0.4	—		0.11	—	
菲律宾	22.2	19.4	18.4	19.02	17.49	17.18
泰国	1.0	0.4	0.4	0.68	0.25	0.26
越南	24.9	16.9	14.0	20.55	14.34	12.14

次区域/国家	贫困率 (2005 年)	贫困率 (2008 年)	贫困率 (2010 年)	贫困人口数 量(2005 年)	贫困人口数 量(2008 年)	贫困人口数 量(2010 年)
太平洋地区	43.0	37.8	34.9	3.42	3.21	3.10
密克罗尼西亚联邦(城镇)	30.6	32.1	32.0	0.01	0.01	0.01
斐济	17.9	5.0	6.1	0.15	0.04	0.05
巴布新几内亚	46.6	42.5	38.6	2.84	2.78	2.65
东帝汶	42.0	34.7	34.7	0.42	0.37	0.39
发展中亚洲国家	**26.9**	**23.9**	**20.7**	**901.96**	**827.57**	**733.06**

注："发展中亚洲国家"涵盖了表中所有的国家。

表 4A – 2　相对风险厌恶系数（CRRA）=1.8

单位：% ，百万人

次区域/国家	贫困率 (2005 年)	贫困率 (2008 年)	贫困率 (2010 年)	贫困人口数 量(2005 年)	贫困人口数 量(2008 年)	贫困人口数 量(2010 年)
中亚和西亚	21.8	20.0	15.6	44.98	43.29	35.01
亚美尼亚	5.0	1.9	3.1	0.15	0.06	0.10
阿塞拜疆	2.0	0.6	0.4	0.17	0.05	0.04
格鲁吉亚	18.8	18.2	20.4	0.82	0.80	0.91
哈萨克斯坦	1.0	0.1	0.3	0.15	0.02	0.05
吉尔吉斯斯坦	24.5	8.9	9.0	1.26	0.47	0.48
巴基斯坦	25.9	24.5	18.8	41.05	40.97	32.67
塔吉克斯坦	20.6	13.7	10.9	1.33	0.92	0.75
土库曼斯坦	0.9	0.2	0.1	0.04	0.01	0.01
东亚(中国)	24.9	24.1	23.2	324.12	318.93	310.71
南亚	44.6	41.3	37.1	593.72	573.33	529.30
孟加拉国	53.0	49.7	46.6	74.56	72.25	69.31
不丹	20.6	11.9	5.9	0.14	0.08	0.04
印度	44.0	41.0	36.7	502.74	487.99	449.30
马尔代夫	3.1	0.4	0.5	0.01	0.00	0.00
尼泊尔	50.1	39.8	31.9	13.66	11.50	9.55
斯里兰卡	13.2	7.3	5.3	2.62	1.50	1.10
东南亚	22.0	20.4	17.7	111.43	107.23	95.05
柬埔寨	36.3	26.4	18.8	4.84	3.64	2.66
印度尼西亚	24.7	26.4	21.8	56.24	61.92	52.34
老挝	42.9	37.5	30.8	2.47	2.26	1.91
马来西亚	0.6	0.5	0.5	0.15	0.13	0.15
菲律宾	25.9	22.5	21.8	22.15	20.33	20.33

续表·

次区域/国家	贫困率(2005年)	贫困率(2008年)	贫困率(2010年)	贫困人口数量(2005年)	贫困人口数量(2008年)	贫困人口数量(2010年)
泰国	1.8	0.8	0.8	1.19	0.53	0.55
越南	29.6	21.6	19.7	24.39	18.42	17.09
太平洋地区	45.0	40.0	37.4	3.58	3.40	3.32
密克罗尼西亚联邦(城镇)	31.8	33.4	33.4	0.01	0.01	0.01
斐济	19.5	6.2	8.6	0.16	0.05	0.07
巴布新几内亚	48.6	44.9	41.1	2.96	2.94	2.82
东帝汶	44.5	37.2	37.1	0.45	0.40	0.42
发展中亚洲国家	**32.1**	**30.2**	**27.5**	**1077.82**	**1046.17**	**973.39**

注："发展中亚洲国家"该词包括表中所有的国家。

表 4A－3　相对风险厌恶系数（CRRA）＝5

单位：%，百万人

次区域/国家	贫困率(2005年)	贫困率(2008年)	贫困率(2010年)	贫困人口数量(2005年)	贫困人口数量(2008年)	贫困人口数量(2010年)
中亚和西亚	28.4	26.4	23.2	58.57	57.14	51.87
亚美尼亚	7.8	3.5	5.0	0.24	0.11	0.16
阿塞拜疆	3.3	1.1	0.7	0.27	0.10	0.06
格鲁吉亚	23.3	22.6	25.3	1.02	0.99	1.13
哈萨克斯坦	1.7	0.1	0.6	0.26	0.02	0.09
吉尔吉斯斯坦	28.1	13.6	13.8	1.44	0.72	0.74
巴基斯坦	33.7	32.2	27.9	53.48	53.84	48.42
塔吉克斯坦	27.5	20.1	18.2	1.77	1.34	1.25
土库曼斯坦	1.9	0.5	0.3	0.09	0.03	0.01
东亚(中国)	32.0	28.9	26.7	417.13	382.31	357.09
南亚	51.4	49.0	45.3	683.74	679.25	644.90
孟加拉国	58.8	56.4	53.8	82.72	81.98	79.98
不丹	24.4	17.0	10.9	0.16	0.12	0.08
印度	50.9	48.7	44.9	581.57	579.98	549.84
马尔代夫	4.9	0.8	1.2	0.01	0.00	0.00
尼泊尔	56.8	49.6	42.5	15.49	14.33	12.73
斯里兰卡	19.1	13.9	10.8	3.80	2.84	2.26
东南亚	28.2	26.6	24.0	142.97	139.62	129.08
柬埔寨	41.6	33.5	26.0	5.56	4.63	3.68
印度尼西亚	32.4	33.6	29.5	73.57	79.06	70.85

续表

次区域/国家	贫困率 (2005 年)	贫困率 (2008 年)	贫困率 (2010 年)	贫困人口数 量(2005 年)	贫困人口数 量(2008 年)	贫困人口数 量(2010 年)
老挝	50.2	44.8	39.4	2.88	2.70	2.44
马来西亚	1.1	1.2	1.3	0.27	0.34	0.37
菲律宾	32.0	29.1	28.6	27.35	26.25	26.64
泰国	3.4	1.7	1.7	2.24	1.18	1.20
越南	37.7	29.9	27.5	31.10	25.46	23.89
太平洋地区	49.4	44.9	42.3	3.93	3.81	3.76
密克罗尼西亚联邦(城镇)	34.2	36.3	36.3	0.01	0.01	0.01
斐济	23.2	11.1	14.1	0.19	0.09	0.12
巴布新几内亚	52.8	49.5	45.8	3.22	3.25	3.14
东帝汶	50.6	43.1	42.3	0.51	0.47	0.48
发展中亚洲国家	**38.9**	**36.5**	**33.6**	**1306.34**	**1262.14**	**1186.69**

注："发展中亚洲国家"涵盖表中所有的国家。

表 4A－4　相对风险厌恶系数 （CRRA） ＝10

单位：%，百万人

次区域/国家	贫困率 (2005 年)	贫困率 (2008 年)	贫困率 (2010 年)	贫困人口数 量(2005 年)	贫困人口数 量(2008 年)	贫困人口数 量(2010 年)
中亚和西亚	29.8	27.9	23.5	61.34	60.41	52.68
亚美尼亚	8.6	3.6	5.8	0.26	0.11	0.18
阿塞拜疆	3.4	1.0	0.6	0.28	0.09	0.06
格鲁吉亚	23.2	22.4	25.2	1.01	0.98	1.12
哈萨克斯坦	1.9	0.2	0.6	0.29	0.02	0.10
吉尔吉斯斯坦	29.3	13.1	13.8	1.51	0.69	0.74
巴基斯坦	35.4	34.2	28.4	56.09	57.18	49.28
塔吉克斯坦	28.0	19.5	17.3	1.81	1.31	1.19
土库曼斯坦	1.8	0.5	0.3	0.08	0.02	0.01
东亚(中国)	28.5	24.1	22.0	371.61	319.71	294.00
南亚	53.4	50.7	46.9	710.77	703.43	667.90
孟加拉国	60.9	58.4	55.7	85.62	84.95	82.87
不丹	25.6	17.5	10.9	0.17	0.12	0.08
印度	53.0	50.5	46.6	605.26	601.07	570.17
马尔代夫	5.1	1.0	1.3	0.02	0.00	0.00
尼泊尔	57.6	49.5	41.4	15.72	14.32	12.41
斯里兰卡	20.1	14.5	11.4	3.98	2.97	2.37

续表

次区域/国家	贫困率 (2005 年)	贫困率 (2008 年)	贫困率 (2010 年)	贫困人口数 量(2005 年)	贫困人口数 量(2008 年)	贫困人口数 量(2010 年)
东南亚	28.7	26.9	23.8	145.53	141.61	128.25
柬埔寨	43.3	34.5	26.5	5.78	4.77	3.75
印度尼西亚	33.3	34.7	29.7	75.74	81.50	71.22
老挝	52.0	46.1	39.7	2.99	2.78	2.46
马来西亚	1.0	0.9	1.0	0.27	0.25	0.27
菲律宾	32.2	29.3	28.6	27.53	26.43	26.68
泰国	3.2	1.6	1.6	2.12	1.12	1.09
越南	37.7	29.1	26.2	31.10	24.77	22.78
太平洋地区	50.6	45.9	43.3	4.03	3.90	3.84
密克罗尼西亚联邦(城镇)	34.9	36.8	36.8	0.01	0.01	0.01
斐济	23.6	11.6	14.4	0.19	0.10	0.12
巴布新几内亚	53.9	50.4	46.6	3.29	3.30	3.20
东帝汶	53.0	45.5	45.2	0.53	0.49	0.51
发展中亚洲国家	**38.5**	**35.5**	**32.4**	**1293.27**	**1229.06**	**1146.67**

注："发展中亚洲国家"涵盖表中所有的国家。

第五章

气候变化与贫困脆弱性：印度尼西亚农村的实证分析

藤井智纪 （Tomoki Fujii）*

5.1　引言

气候变化在全球范围内所带来的影响繁杂多样。现如今，科学家们普遍认为气候变化影响着地球表面平均温度的同时，也影响着其他很多方面，这其中包括了农业、水资源、生态系统，以及疾病流行。据科学家们预计，气候变化也将影响极端天气和气候事件发生的频率和强度，从而，洪水、干旱等灾害发生的模式也会随之改变。

即使在一个很小的区域内，由于人们的复原能力和适应能力不同，灾难对人们的影响也会不同。受到灾难所带来的负面冲击之后，那些复原能力和适应能力较弱的人就可能陷入贫困之中。因此，了解易受极端天气和气候事件伤害的人群是非常重要的，这将有利于人们后续采取合理的措施，将这些事件所带来的负面冲击最小化。尽管认识到这些事件潜在的重要性，人们对于气候变化驱动脆弱性贫困的研究还存在不足。

有如下理由可以说明这一点。首先，在区域内甚至全球范围内，有些迹

---

* 作者与 Madhac Aney、Indranil Dutta、Carlos Gradin、Christine Ho、A. Q. M. Golam Mawla、Jacques Silber、Kala Sridhar、Anthony Tay 和 Guanghua Wan 进行了有益的讨论。Orlee Velarde 给予了作者研究协助。

象表明一些极端气候事件发生模式改变（包括大气中温室气体浓度的增加）是受人类活动的影响，但是始终缺乏明确的科学证据表明极端事件的质量和数量上的改变是因为某些特定事件。比如说，受到空间和时间限制，观测站内洪水的记录数据不足以完整评估气候变化所带来的区域内洪水发生频率和强度的变化（IPCC，2012）。

这在印度尼西亚也是一个重要的问题。虽然国家灾害管理局（Badan Nasional Penanggulangan Bencana）收集和维护印度尼西亚的灾难信息，但是随着时间的推移，这些数据失去了直接可比性。例如，据记录，1985～1997年，每年洪水灾害发生的次数少于15次，但是2003～2013年，每年洪水灾害发生次数超过了100次①。所记录的洪水发生次数大规模增加的一部分原因可能的确是洪水灾害多了，但是更可能是近年来数据收集更全了。

其次，极端气候事件的物理影响可能表现为对不同家庭，甚至对一个城镇或村庄造成经济冲击，这种经济冲击可表现为方方面面，包括一家之主的工作、家庭资产、获得信贷和保险的渠道，以及地方基础设施建设的发展。社会经济调查发现，贫困统计数据通常是通过推断得来的，通常没有关于灾难和极端事件的信息，或者只是有限的相关信息。因此，直接把贫困和极端事件联系在一起很困难。

最后，除了这些困难以外，考虑到极端事件在全球范围内以可见的速度增长，这个话题比以往任何时候都要更加重要。从政府间气候变化专门委员会（IPCC）第二工作小组的第五次评估报告中也可以看出"气候驱动贫困脆弱性"这一话题研究的及时性和重要性。过去，政府间气候变化专门委员会第二小组着眼于适应性和脆弱性的研究，未来，它将会就"生计和贫困"翻开新的篇章。（IPCC，2014）

考虑到数据的可用性和相关性，我们将关注印度尼西亚两种常见的灾害类型——洪水和干旱。我们将评估这两种灾害如何影响家庭的脆弱性和贫困。并且在可行条件下模拟气候变化对贫困脆弱性的影响。

本章的结构安排如下：在5.2中，我们简要地概述印度尼西亚洪水和干旱的情况；在5.3中描述所用到的数据；紧接着在5.4中讨论方法；5.5介绍结果；最后5.6提供一些讨论。

———————————

① 另请参阅，http：//dibi. bnpb. go. id/DesInventar/simple_ data. jsp（访问于2015年9月5日）。

5.2　印度尼西亚的气候变化和灾害

在印度尼西亚，气候变化带来的各种影响已为人们所察觉，预计未来还会有各种影响。例如，温度正在缓慢地升高，并且还将持续下去。雨季将会缩短并且伴随着强降雨，从而可能导致发生洪水的风险显著增加①。海平面上升将会淹没多产的沿海地区，海水变暖将会影响海洋生物多样性。气候变化还会加剧水生疾病和虫媒病，威胁粮食安全（PEACE，2007）。

印度尼西亚是最早经历"气候偏离"的国家之一，在这个时期，平均温度极度受到气候变化的影响，旧的气候转瞬即逝。这将被视为一个临界点，从这个点开始平均温度最低的一年比 1960 ~ 2005 年平均温度最高的一年还要高。据 Mora 等人（2013）估计，印度尼西亚的马诺夸里（Manokwari）将在 2020 年前经历气候偏离，而雅加达将在 2029 年经历气候偏离，这远远早于世界平均时间。而据相同研究报告，世界平均经历气候偏离将会在 2047 年。

印度尼西亚还有相当一部分人处于贫困线以下或者略高于贫困线，气候偏离将对人们尤其是穷人的生活产生巨大影响。对这些人来说，贫困的威胁远未结束。如果受到气候变化所带来的负面冲击，他们将会进一步跌落到贫困线以下。因此，对于气候驱动脆弱性贫困的研究来说，印度尼西亚是一个尤为值得关注的国家。

正如前面所提到的，我们选择了关注洪水和干旱，这一选择有以下两方面原因。第一，洪水和干旱是印度尼西亚最重要的两个气候变化的影响因素。未来，气候变化很可能增加洪水和干旱发生的频率和强度。第二，洪水和干旱是最常见的灾害，因此，我们有大量的数据积累。从而，我们能根据数据更好地预测气候变化是否会改变它们发生的频率或发生率。

相比而言，预测之前从未发生过的事件的影响通常是更为困难的。为了更好地比较，我们来看看气候变化带来的海岸侵蚀。印度尼西亚有一大部分人住在沿海地区，他们势必会受到海平面上升的危害，他们的生命、房屋、土地以及其他资产可能由于气候变化变得更加脆弱。但是，由于缺少关于人们如何应对海岸侵蚀的信息，我们很难预测海岸侵蚀带来的影响。

---

① 表 5 - 1 中日降雨量标准差的上升趋势也意味着未来洪水和干旱的危险性将更大。

5.2.1　干旱

干旱是印度尼西亚一种常见的灾害，每年都影响着印度尼西亚的一部分地区，它减少农产品产量，影响水源供应，同时它还增加森林火灾的发生率。尤其在厄尔尼诺—南方涛动（ENSO）期间，干旱发生的频率变高，而且来势凶猛。厄尔尼诺—南方涛动指的是东太平洋热带地表温度波动和西太平洋热带表面气压的变动。

在印度尼西亚受厄尔尼诺现象影响年间，信风携带着暖湿空气从西边吹来，风势逐渐减弱，随之干冷空气便从东向西吹，因而造成了地表温度和表面气压的变动。这些变动同时也推迟了雨季的到来，有时推迟多达两个月。因此，厄尔尼诺—南方涛动往往会在旱季季末导致干旱的发生，而在雨季由于雨量集中，会导致洪水泛滥[①]。

Naylor 等（2002）通过一个模型将基于厄尔尼诺—南方涛动的气候变异和印度尼西亚谷物产量联系起来发现，在 8 月，以月平均海洋表面温度偏差来算，海洋表面温度每发生 1 摄氏度的异常变化，印度尼西亚的稻谷产量会随之浮动平均 140 万吨。

在印度尼西亚，水的灌溉对于农产品的产出是非常重要的，包括主要粮食作物——大米，因此干旱影响着当地的农产品输出。在受厄尔尼诺现象影响年间，大规模干旱使得水田耕作受旱面积达 1000 万～3000 万公顷。甚至在受拉尼娜现象影响的年间，降雨量高于平均水平，局部地区水田耕作的受旱面积也达到了 30000～80000 公顷。据估计，每年平均 280000 公顷的水田耕作面积受到不同程度的干旱影响，这个面积占水稻总面积的 2% 以上，这也就意味着将近 160000 户农户会受到这种周期性干旱的危害（Kishore 等，2000）。

干旱也影响着那些靠农田维持生计的农民们。Skoufias 等（2012）通过截面数据进行回归分析，结果显示降雨量明显不足将对农户们的福利造成负面影响。Korkeala 等（2009）发现，季风季节延迟会造成贫困家庭人均消费量下降 13%，但是在前两年，季风季节延迟促进了消费。这意味着贫困家庭遭受着更加剧烈的变动，但是随着季风季节的推迟，消费量减少也不会一直延续下去。

---

① 例如，Garrison（2010）对厄尔尼诺事件的介绍性讨论。

这些研究发现表明缓和干旱的措施可能是有用的。例如，通过条件评估法，Pattanayak 和 Kramer（2001a）在印度尼西亚鲁藤公园调查发现，农民们愿意每年为水域保护以缓解干旱支付 2~3 美元，这相当于每年 10% 的农业成本，75% 的年灌溉费用，或者是 10% 的食物支出。Pattanayak 和 Kramer（2001b）以单个家庭模型为基础，得出的结果认为缓解干旱所带来的好处相当可观。

5.2.2　洪水

在印度尼西亚，洪水也很常见。例如，由于地貌特征和强烈的季节性降雨，雅加达长期以来受洪水影响。随着人口快速增长、土地利用变化，以及家庭垃圾和上游沉积物堵塞了水道，这个问题愈演愈烈。据记录，2002 年 1 月和 2007 年 2 月发生两次大洪水，分别造成了 57 人和 70 人死亡，365000 和 150000 人流离失所。据雅加达省区域减灾机构（Badan Penanggulangan Bencana Daerah Provinsi DKI Jakarta）报告，在 2014 年 1 月，雅加达的 89 个区域中，17.4% 的区域遭受洪水侵害，23 人死亡，超过 65000 人背井离乡[①]。

洪水同时也影响农业产出，其影响程度可以与干旱相比拟。例如，Pasaribu（2010）引用 Hadi 等（2000）估计的数据显示，1980~1998 年，洪水和干旱分别影响了 0.21% 和 0.5% 的水稻种植面积的收获量。Pasaribu（2010）引用农业部作物保护总局的估计数据称，在 2008 年，实际大米种植受洪面积为 333000 公顷，受旱面积为 319000 公顷。

5.3　数据和汇总统计

这项研究的数据主要来源于印度尼西亚家庭生活调查（IFLS）。这是一项持续的固定样本调查，在 1993 年，最初的样本框架覆盖了印度尼西亚 27 个省份中的 13 个，然后在这 13 个省份中，从印度尼西亚中央统计局（BPS）设计的社会经济调查（SUSENAS）中的全国代表性样本架构中随机列举每个省份中的几个区域。该样本代表了 1993 年印度尼西亚 83% 的人口。

---

① 《你的信：洪水在雅加达——实情》，《雅加达邮报》，2014 年 1 月 20 日。

兰德公司与印度尼西亚大学 Lembaga Demografi 合作，于 1993～1994 年开展第一轮印度尼西亚家庭生活调查（IFLS1）。接着，兰德公司、加利福尼亚大学洛杉矶分校和印度尼西亚大学合作于 1997 年开展了第二轮调查（IFLS2）[1]。兰德公司和加札马达大学的人口研究中心合作于 2000 年完成了第三轮调查（IFLS3）。兰德公司、加札马达大学人口和政策研究中心与 METRE 调查公司合作于 2007～2008 年进行了第四轮调查（IFLS4）。

第一轮调查中，总计采访了 7224 户家庭，超过 22000 人次。之后，在第二轮调查中，重新采访了 94% 的第一轮采访家庭，总人数为第一轮目标个体人数的 91%。紧接着，在第三轮中，与第一轮中 95.3% 的家庭再次取得联系。第四轮调查中，再一次采访了其中的 93.6%。（第一轮调查中，最初的家庭中有 90.3% 接受了四次调查的所有采访或者去世了，其中实际有 87.6% 接受了四次调查的所有采访）。这些重新取得联系率可以说和美国和欧洲的大多数固定样本调查一样高，甚至更高。取得高回访率的一部分原因是数据收集团队致力于追踪采访那些已经脱离最初接受第一轮调查家庭的人员。高回访率减少了非随机人员减少所带来的误差风险，为提高纵向调查的数据质量做出了巨大贡献[2]。

在每一轮印度尼西亚家庭生活调查中也有社区层面的调查，在调查中我们询问了一些关于社区特点方面的问题。我们使用了这些数据中的气候元素。因为多轮调查中，调查形式发生了改变，一些家庭经历极端气候事件的完整历史也不可用，于是我们只能在主要分析中使用指标变量来表示社区在过去 5 年中是否经历了每一次洪水和干旱。

在本研究中，每一轮的调查我们都只选择了农村家庭，而且没有覆盖很多村庄[3]。在所有四轮调查中，去掉那些关键变量上失去价值的数据，总共只剩下 4680 份观察结果，即 1170 个家庭可用于我们的主要分析。我们将在后面说明我们的样本和整个样本的差别。

表 5-1 提供了样本汇总统计信息，表中所有统计数据都考虑了样本量的损耗，然后取加权平均值。

表 5-1 的第 1 行表明户主的平均年龄如预期一样逐渐增加。然而，尽

---

① 此外，第二轮调查于 1998 年进行，这次调查覆盖了 IFLS 家庭子样本中的 25%。

② 详情参见 IFLS 网页，details：http：//www.rand.org/labor/FLS/ IFLS.html（访问于 2015 年 9 月 5 日）。

③ 我们保留了一小部分在村庄内迁移的家庭。

管我们追踪调查了相同的家庭，由于最初的户主去世了或者因为某些原因离开了这个家庭，户主的年龄的增加值与两次调查之间相隔的年份不完全一样。同样地，随着时间的推移，家庭规模变得越来越小。

表5-1　各轮印度尼西亚家庭生活调查关键变量的样本均值

单位：%

类型	IFLS1	IFLS2	IFLS3	IFLS4
户主年龄	46.5	49.2	50.9	53.3
住户人数	4.5	4.4	4.4	3.9
房屋中有厕所	12.9	23.3	26.2	50.7
单人家庭	92.3	80.3	81.0	86.4
屋顶为瓦片	80.8	81.2	80.1	80.3
屋顶为叶子	3.3	2.3	1.2	0.6
砌石墙	36.9	47.7	54.3	63.6
过去5年遭受到洪水	14.0	3.9	10.8	18.8
过去5年遭受过干旱	3.0	8.6	16.7	13.9

表5-1还说明随着时间的推移，住房条件总体提高了。例如，四轮调查中，这些家庭中家里有厕所的比例从12.9%上升到了50.7%。表5-1中，最后两行说明在调查前的过去5年中经历了洪水和干旱的家庭比例，在四轮调查中，洪水和干旱的发生率有巨大的波动性。

表5-2表明了在四轮调查中经历了洪水和干旱的家庭分布情况。正如先前所说，受到数据的限制，我们使用了社区过去5年遭受到洪水、过去5年遭受过干旱情况这个指标。因此，在解释表5-2时，我们需要小心谨慎。例如，表5-2表明，在三轮调查中，样本中18户家庭在每轮调查前5年期间至少经历了一次干旱，但是他们没有经历洪水。需要注意的是，这些家庭可能在我们调查期间经历了3次以上的干旱，因为他们在每一次调查前的5年里可能经历了多次干旱。

表5-2　在印度尼西亚家庭生活调查中经历了洪水和干旱的家庭数量

洪水	干旱				
	0	1	2	3	总计
0	486	127	67	18	698
1	241	25	71	0	337
2	38	74	23	0	135
总计	765	226	161	18	1170

由于洪水和干旱是由调查对象报告的，而且报告洪水和干旱的方式在社区没有经过严格对比，需要有另一套测试气候变化的替代方法。为此，我们汇集了省级层面日降雨量的数据①，然后计算省内每户家庭日降雨量的标准差，这些家庭在过去 365 天的第一次家庭消费模块调查中接受了采访。这个测量方法为测量气候变化提供了便利，同时这个方法还有一个优势，与 IFLS 数据中的洪水干旱指标所需要的参考期限相比，它所需要的参考期限要短。但是，降雨量的数据只有从 1997 年开始才有，过去 365 天的标准差也就只能从 1998 年算起。

在图 5－1 中，我们拟出了所有省份 1997～2013 年每年日均降雨量标准差。虚线代表着日降雨量标准差的线性趋势。我们可以从图中看出，1997～2013 年，日降雨量标准差有上升趋势。

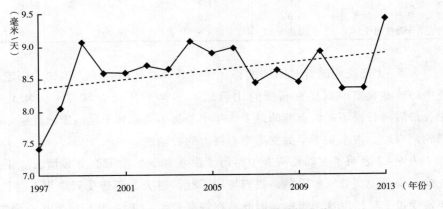

图 5－1　1997～2013 年日降雨量的标准差

在本章中，遵循以标准消费为基础的贫困定义，因此，我们首先定义贫困线，考虑以下三种选择：（1）官方贫困线，其定义以每年城乡地区水平为基准②；（2）每天 1.25 美元的国际贫困线；（3）每天 2 美元的国际贫困线。对于（2）和（3），我们使用了 2005 年出版的《世界发展指标》中的

① 我们第一次从 MyGeoPosition 上获得省级地理坐标，http：//mygeoposition.com/；使用这些坐标，从世界能源预测（国家航天航空局）的农业气象学数据网页获得日降雨量的数据，http：//power.larc.nasa.gov/cgibin/ cgiwrap/solar/agro.cgi? email = agroclim @ larc.nasa.gov（两个网页都访问于 2015 年 9 月 5 日）。

② 可以从以下网页获取，http：//www.bps.go.id/eng/tab_ sub/view.php? kat = 1&tabel = 1&daftar = 1&id_ subyek = 23notab = 7（访问于 2015 年 9 月）。

购买力平价转换因子（1 美元 = 4192.8 印尼卢比）来表示个人消费，并且使用了从 BPS 网页上获取的消费者物价指数（CPI）来调整空间物价差异和通货膨胀[1]。由于只有一些大城市才能获得 CPI 数据，我们把 CPI 应用于位于省会城市的家庭。

为了测量家庭层面的贫困，我们把每月人均消费总支出，即家庭每月消费总支出除以家庭人数，与贫困线进行比较，如果家庭人均消费支出低于贫困线，那么这个人就被视为贫困。

5.4　方法

5.4.1　脆弱性测量

和其他大多数文献中的研究一样，我们定义贫困脆弱性 V 为预期贫困，用 c 表示人均消费，z 表示贫困线，$\tilde{q} \equiv c/z$ 表示它们的比率，$q = \min(1, \tilde{q})$ 表示审查过的比率。我们考虑以下四种脆弱性测量：

$$V^{\infty} = E[\text{Ind}(q < 1)]$$
$$V^{1} = E[1 - q]$$
$$V^{1/2} = E[1 - q^{1/2}]$$
$$V^{0} = -E[\ln q]$$

其中 Ind（·）是指示函数，当论点为真时相当于 1，否则为 0。

第一种测量方法仅仅只是预期贫困率指数，是文献中使用最广泛的测量方法，其中包括 Chaudhuri 等（2002）。第二种测量方法是预期贫富差距指数。第三种测量方法是 Chakravarty 指数，系数为 1/2。第四种测量方法是预期 Watts 测量。以上四种测量方法都可以看作 Calvo 和 Dercon（2013）提出的方法的不完全版本[2]。尽管参数限制会排除 V^{∞} 和 V^{1}，但是我们把它们包括了进来，因为它们有直观的解释（分别为预期贫困率和预期贫富差距）。前者与其他脆弱性测量密切相关（另请参阅 Klasen 和 Povel，2013 和 Fujii，2015a 中各种脆弱性测试评论）。为了运算上述的期望值，我们假定每个个

---

[1]　参见，http://www.bps.go.id/eng/aboutus.php? inflasi = 1（访问于 2015 年 9 月 5 日）。由于每年消费物价指数都在改变，我们在研究中将消费物价指数用于连续的两个月，并且使用了网页上发布的通货膨胀率。

[2]　他们的测量是对于 $r < 1$ 和 $r \neq 0$，$V_{CD} = E[(1 - q^r)/r]$，$V_{CD}^0 = -E[\ln q]$。

体 i 在时间 t 的贫困率为如下模式：

$$\ln \tilde{q}_{it} = X_{it}^T \beta + \varepsilon_{it} \qquad (5.1)$$

其中，X_{it} 是 $\ln\tilde{q}_{it}$ 协变量值的列向量，特异性误差项 ε_{it} 假定满足均值为 0 的正太分布，但是时间或个体之间存在相关性。误差项 ε_{it} 具有异方差性，其标准差公式如下：

$$s_{it} \equiv \sqrt{\mathrm{var}[\varepsilon_{it}]} = \sqrt{\exp(Z_{it}^T \theta)}$$

其中，s_{it} 是特异性误差项协变量的列向量。尽管同各类其他文献中的实证研究一样，我们在实证分析中设定 $Z_{it} = X_{it}$，但总体上，Z_{it} 和 X_{it} 可能存在差异，在本节中这种差异被保留。值得注意的是，因为有 1170 个个体，4 个时期，因此我们只能关注特定时期的特定个体，为了简便，本节中保留下来的观察量以下标 i、t 标记。

给定以上假设，脆弱性测量可以改写正态分布的概率密度分布函数和累积分布函数，如以下命题所示：

命题 1：已知以上假设，V^∞、V^1、$V^{1/2}$ 和 V^0 可以写成：

$$V^\infty = \Phi\left(\frac{-X^T\beta}{s}\right) \qquad (5.2)$$

$$V^1 = \Phi\left(\frac{-X^T\beta}{s}\right) - \exp\left(X^T\beta + \frac{s^2}{2}\right)\Phi\left(\frac{-X^T\beta}{s} - s\right) \qquad (5.3)$$

$$V^{1/2} = \Phi\left(\frac{-X^T\beta}{s}\right) - \exp\left(\frac{X^T\beta}{2} + \frac{s^2}{8}\right)\Phi\left(\frac{-X^T\beta}{s} - \frac{s}{2}\right) \qquad (5.4)$$

$$V^0 = -X^T\beta\,\Phi\left(\frac{-X^T\beta}{s}\right) + s\Phi\left(\frac{-X^T\beta}{s}\right) \qquad (5.5)$$

证明：为方便起见，用来定义标准误差项。于是，方程（5.2）N 方程（5.5）如下式：

$$V^\infty = \Pr(\varepsilon < -X^T\beta) = \Pr\left(v < \frac{-X^T\beta}{s}\right)$$

$$V^1 = E[\max(0, 1 - \exp(X^T\beta + sv)]$$

$$= \Phi\left(\frac{-X^T\beta}{s}\right) - \exp(X^T\beta)\int_{-\infty}^{\frac{-x^T\beta}{s}} \exp(sv)\,v\Phi(v)\,dv$$

$$= \Phi\left(\frac{-X^T\beta}{s}\right) - \exp\left(X^T\beta + \frac{s^2}{2}\right)\int_{-\infty}^{\frac{-x^T\beta}{s}} \frac{\exp\left(-\frac{(v-s)^2}{2}\right)}{\sqrt{2\pi}}\,dv$$

$$V^{1/2} = E\left[\max\left(0, 1 - \sqrt{\exp(X^T\beta + sv)}\right]\right.$$

$$= \Phi\left(\frac{-X^T\beta}{s}\right) - \exp\left(\frac{X^T\beta}{2}\right)\int_{-\infty}^{\frac{-X^T\beta}{s}} \exp\left(\frac{sv}{2}\right)\Phi(v)\,dv$$

$$= \Phi\left(\frac{-X^T\beta}{s}\right) - \exp\left(\frac{X^T\beta}{2} + \frac{s^2}{8}\right)\int_{-\infty}^{\frac{-X^T\beta}{s}} \frac{\exp\left(-\frac{(v-s)^2}{2}\right)}{\sqrt{2\pi}}\,dv$$

$$V^0 = E\{\max[0, -(X^T\beta + sv)]\}$$

$$= -X^T\beta\,\Phi\left(\frac{-X^T\beta}{s}\right) - s\int_{-\infty}^{-X^T\beta} v\Phi(v)\,dv$$

其中，我们使用 $\Phi'(v) = -v\Phi(v)$ 得到方程（5.5）。

从命题 1 中可以看出，V^1 和 $V^{1/2}$ 的形式类似。它们的第一部分相同，代表边际深度（即个人是否低于贫困线）的预期改变。第二部分的差异由从根本上对消费分布左边部分的两种测量方法不同所造成的。

为了评估这些测量，我们首先通过最小二乘法（OLS）回归得到相关系数 β 的评估值 $\hat{\beta}$，然而残差平方的对数 $u \equiv \ln[(\ln\tilde{q} - X^T\hat{\beta})^2]$。通过 u 对于 Z 的最小二乘法回归，我们得到评估值 $\hat{\theta}$，于是，对于每一个组合（i，t）可以得到 s_{it} 的评估值 $\hat{s}_{it}$，如下：

$$\hat{s}_{it} = \sqrt{\exp(Z_{it}^T\hat{\theta})}$$

在方程（5.2）到（5.5）中分别以 $\hat{\beta}$ 和 $\hat{s}$ 代替 β 和 s，就能评估每个个体和每个时期的脆弱性测量。在实证分析中，假设家庭中的每个个体的脆弱性都相同，则可以通过将人口扩展因子作为权重对家庭之间进行平均，或者通过家庭规模与家庭权重的乘积，从而可以得到家庭层面脆弱性的加总。

这里要强调的是，我们对贫困线之上的家庭人均消费对数与其协变量做了线性回归。这点与其他许多方法不同，包括 Chaudhuri 等（2002）的方法，它经常对贫困状态与其协变量做二元回归。我们之所以选择线性模式，是因为能够在一贯性的分析中得到各种脆弱性测量。这因而增加了一个优势，即我们能够判定我们的结果对脆弱性测量的选择具有怎样的敏感度（或者非敏感度）。

5.4.2　未来气候情景和模拟

运用上述方法，我们通过改变协变量的值模拟气候变化对贫困脆弱性的影响。为了实施这个想法，我们需要一些未来的气候情景。现在所面临的挑战是，我们不知道气候变化将如何通过洪水和干旱来影响人们的生活。尤其是科学家们还没有足够的证据在气候变化和洪水之间建立一个明确的因果关系，即使他们普遍认为人类引起的气候变化已经提高了干旱的发生率，改变了厄尔尼诺事件发生的频率和形式，并且这一改变还将持续下去。因此，我们选择采用一些简单情景来呈现未来气候变化可能带来的影响程度。

我们的第一个情景是把洪水和干旱发生率在 2007 年（IFLS 4）水平的基础上提高一倍。这一个情景是由 Cai 等（2014）提议的，他们预测厄尔尼诺重大事件的发生频率可能在 21 世纪增加一倍。因为厄尔尼诺事件与洪水和干旱相关，洪水和干旱的发生率增加一倍不是完全没有可能。但是发生率加倍可能会比较极端，而且时间跨度很长，我们也考虑了洪水和（或）干旱的发生率可能增加 50% 的情形。

在这一情景下，我们考虑了两种情况，这将在 5.5 详细讨论。在第一个情况中［情景 1（a）］，我们把所有在 IFLS 数据中观测到的洪水和干旱情况同等对待。在第二个情况中［情景 1（b）］，我们假设 1997 年的洪水和干旱是不一样的，因为 1997 年的厄尔尼诺事件被认为是有史以来观测到的最大的一次。正如我们所示，有证据证明 1997 年的厄尔尼诺事件是不一样的。

第二个情景（情景 2）是，省级层面的日降雨量在一年内的标准差随时间呈线性变化。在这个检验中，我们基本上使用线性趋势线来预测未来标准差，这个趋势线除了针对每个省之外，与图 5-1 中的线类似。通过对 2030年每个省份的情况进行线性推断，我们获得了日降雨量的预测标准差。然后，我们使用这个预测值来计算在气候变化中的贫困脆弱性。即使这些情景被认为很幼稚，但在 5.5 中呈现的气候变化对贫困脆弱性的影响程度结果具有说服力。

5.5 实证结果

5.5.1 基准结果

为了计算脆弱性程度，我们首先运用回归分析来估计 β 和 θ。因为方程式（5.1）中的因变量是 $\ln \hat{q}$，即经贫困线正态化后的人均消费对数，这种预估同时依赖于人均消费和贫困线。

表 5-3 报告了利用国际贫困线的基准回归结果。在这些回归中，我

们用家庭层面固定效应项来捕捉家庭中未观察到的异质性。同时我们使用某轮调查的固定效应来对每轮调查中印度尼西亚乡村受到的冲击进行加总，以便合理地控制宏观经济环境的改变。此外，我们还控制了家庭人口特征和过去 5 年社区居民经历洪水和干旱的指标变量，后者是我们感兴趣的主要变量。

需要注意的是，是采用 1.25 美元的贫困线还是 2 美元的贫困线并不影响表 5 - 3 中所呈现的结果，因为常数项会吸收这一差别。但在使用国内贫困线时，回归结果会有细微差别。这是因为国内贫困线每年在农村地区是统一的，而我们需要根据国际贫困线来调整空间价格差异。在本节中，我们列出只根据国际贫困线所做的回归结果。相应的根据国内贫困线做的回归结果被放在 Fuiji（2015b）的附录表 A - 1 中。

表 5 - 3　情景 1（a）中变量 β 和 θ 的回归估计值

变量	β		θ	
	估计值	标准误差	估计值	标准误差
户主年龄	0.018 ***	(0.0046)	0.00026	(0.022)
户主年龄²/100	− 0.020 ***	(0.0043)	− 0.0063	(0.021)
家庭规模	− 0.15 ***	(0.0066)	− 0.011	(0.031)
过去 5 年经历了洪水	− 0.025	(0.024)	0.25 **	(0.12)
过去 5 年经历了干旱	0.0067	(0.026)	0.14	(0.12)
R^2	0.6643		0.2893	
N	4680		4680	

注：模型中包括了具体家庭和 IFLS 调查具体轮次的固定影响；国际贫困线用于计算 $\bar{q}$ ；* 、** 和 *** 分别代表了 10% 、5% 和 1% 水平上的统计显著性。

如表 5 - 3 所示，洪水变量的 β 系数为负数，这意味着洪水往往会减少预期消费对数，尽管这个系数并不显著。洪水和干旱的 θ 系数皆为正数，表明洪水和干旱往往会增加消费方差，尽管这是对洪水唯一显著的系数。

表 5 - 4 中显示了印度尼西亚家庭生活调查中每轮贫困和脆弱性的测量。所有结果都被赋予人口扩张因子权重。第 1、第 2、第 3 行报告的是在每轮印度尼西亚家庭生活调查中，参数 $\alpha = 0$ 、$\alpha = 1$ 、$\alpha = 2$ 时的 Foster - Greer - Thorbecke 贫困测量（FGT）（Foster 等，1984），其中带参数的 FGT 测量定义如下：

$$FGT_\alpha = \frac{1}{N} \sum_i \mathrm{Ind}(q_i < 1)(1 - q_i)^\alpha$$

FGT_0 所代表的是处在贫困线以下的人口比例，常称作贫困率或贫困指数。例如，表 5 – 4 中显示，第四轮调查样本中有 53.8% 的人生活在每天人均消费低于 2 美元的家庭中。FGT_1 也叫作贫富差距，用来测量人均消费与贫困线之间的平均差额。FGT_2 表示贫困密度或是贫富差距的方差，赋予最贫困人口更高的权重。

表 5 – 4 的第 4 排和第 5 排各自报告了参数 $\omega = 1/2$ 时的 Watts 贫困测量（Watts，1968）和 Chakravarty 贫困测量（Chakravarty，1983），定义如下：

$$W = -\frac{1}{N}\sum \ln q_i, C^\omega = \frac{1}{N}\sum_i (1 - q_i^\omega)$$

Watts 贫困测量是取与贫困线差额的平均对数。相对于 FGT_2，Watts 贫困测量和 Chakravarty 贫困测量对最贫困人口赋予更高的权重。

在所有这些测量中，除了利用国家贫困线计算的贫困率在第二轮调查和第三轮调查期间内有小幅上涨之外，四轮调查中的贫困率都普遍下降。不管使用什么贫困测量，从第三轮调查到第四轮调查之间的时期内贫困率都有明显的下降，在这段时期内，印度尼西亚的经济以人均收入每年 4% 的增长率健康发展。

表 5 – 4 中从第 5 行至第 9 行是脆弱性测量。为了计算脆弱性，我们将表 5 – 3 或者 Fuiji（2015b）的附录表 A – 1 中的参数值以及 V 估值代入方程（5.2）至方程（5.6）。因为根据定义，$V^\infty = E[FGT^0]$，$V^1 = E[FGT^1]$，$V^{1/2} = E[C^{1/2}]$，$V^0 = E[W]$，我们期望能得到 $V^\infty FGT^0$、$V^1 FGT^1$、$V^{1/2} C^{1/2}$ 和 $V^0 W$，结果如表 5 – 4 所示。如预期的一样，脆弱性测量的变化和贫困测量的变化很相似。

表 5 – 4　Fujii（2015b）附录中表 5 – 3 和附录表 A – 1 的基于回归
分析的贫困测量和脆弱性测量

贫困线	国内贫困线				国际贫困线 1.25 美元				国际贫困线 2 美元			
轮次	IFLS1	IFLS2	IFLS3	IFLS4	IFLS1	IFLS2	IFLS3	IFLS4	IFLS1	IFLS2	IFLS3	IFLS4
FGT_0	0.182	0.170	0.192	0.095	0.606	0.423	0.349	0.214	0.838	0.699	0.693	0.538
FGT_1	0.056	0.050	0.046	0.019	0.234	0.138	0.103	0.051	0.424	0.302	0.267	0.178
FGT_2	0.026	0.022	0.017	0.006	0.121	0.066	0.042	0.018	0.256	0.165	0.133	0.079
W	0.079	0.068	0.058	0.024	0.351	0.198	0.136	0.065	0.694	0.463	0.384	0.242
$C^{1/2}$	0.033	0.029	0.026	0.011	0.141	0.082	0.059	0.029	0.265	0.184	0.158	0.103

续表

贫困线	国内贫困线				国际贫困线 1.25 美元				国际贫困线 2 美元			
轮次	IFLS1	IFLS2	IFLS3	IFLS4	IFLS1	IFLS2	IFLS3	IFLS4	IFLS1	IFLS2	IFLS3	IFLS4
V^∞	0.145	0.135	0.173	0.097	0.619	0.397	0.354	0.218	0.857	0.718	0.686	0.537
V^1	0.038	0.034	0.044	0.022	0.218	0.117	0.099	0.055	0.422	0.289	0.264	0.178
$V^{1/2}$	0.021	0.019	0.025	0.013	0.128	0.067	0.057	0.031	0.260	0.172	0.157	0.104
V^0	0.049	0.044	0.058	0.028	0.308	0.158	0.133	0.072	0.661	0.423	0.380	0.247

注：使用了人口扩张因子。

5.5.2　情景 1（a）：第四轮 IFLS 调查中洪水和干旱发生率增加一倍

现在我们模拟未来气候的变化如何导致脆弱性测量的变化。如 5.4 所讨论，在第一种情景中，洪水和干旱的发生率比从第四轮调查观测到的 2007 年水平提高了一倍。更确切地说，从第四轮调查起的 5 年内，17.7% 和 14.5% 的样本家庭分别经历洪水和干旱。我们考察这些比例翻倍的影响。由于翻倍可能是极端情况，而且时间跨度长，我们也考虑比例在中间阶段上升 50% 这样一个合理的变化。

在检验中遇到了这样一个问题：应该由哪一个家庭来承担未来洪水和干旱的影响。虽然可以估计出洪水和干旱对于每一个家庭的风险，但是我们选择了用等概率随机设定洪水和干旱，在洪水和干旱是独立的假设前提下，进行循环操作[①]。在每次模拟中，随机选择预先决定受洪水和干旱影响的家庭数量。针对这些家庭，我们改变 X 和 Z 的值，对应于计算脆弱性的洪水和干旱，同时保持其他协变量和固定影响常数处于 2007 年的基准水平。这样重复 1000 次，取所有轮次模拟的平均值。

以这种方式进行随机设定并非没有问题。出于讨论的需要，我们假设在某种情况下，只有那些远高于贫困线的家庭受到洪水和干旱的影响，那么洪水和干旱不会使脆弱性增加很多，因为这些家庭在经历了灾难后很可能还保持在贫困线以上。如果我们在随机设定中没有考虑到这种情况，脆弱性无疑会增加，因为那些接近或低于贫困线家庭（假设有这些家庭）的脆弱性程

---

① 　还可以共同设定洪水和干旱。然而，我们选择保持独立的假设是因为在我们的样本中洪水发生率和干旱发生率之间的相关性很小。

度会增加。换句话来说，随机设定会增加脆弱性程度，因此随机设定总体上并不是一个无害的检验方法。

事实证明，在我们的数据中随机设定的纯粹效应很小。表 5 - 5 的第 2 列（IFLS4）是第四轮印度尼西亚家庭生活调查的脆弱性测量（和表 5 - 4 中一样），也就是基准测量。在第 3 列中（随机），我们随机独立设定洪水和干旱，不改变每次受灾家庭的数量，来计算脆弱性程度。由于这两列有微小差别，随机设定对于脆弱性测量结果的影响很小。

表 5 - 5 第 4 列（1.5 × F1）显示洪水发生率提高 50% 的影响。与第 3 列相比，当使用国内贫困线时，脆弱性程度提高 2% ~ 3% [例如，V∞ = (0.100 - 0.098) / 0.098.2%]，当使用国际贫困线，尤其是每天 2 美元的贫困线时，脆弱性增加得更少了。第 5 列（1.5 × Dr）显示了干旱发生率增加 50% 的影响，这列中脆弱性的改变普遍比洪水对脆弱性的改变要小。第 6 列（1.5 × F1&Dr）给出了洪水和干旱发生率都增加 50% 的影响。

表 5 - 5　在情景 1（a）中模拟不同贫困线下洪水和干旱增加
0.5 倍（1.5 ×）和增加 1 倍（2 ×）的影响

情景	IFLS4	随机	1.5 × F1	1.5 × Dr	1.5 × F1&Dr	2 × F1	2 × Dr	2 × F1&Dr
国内贫困线								
V^{∞}	0.097	0.098	0.100	0.099	0.100	0.102	0.099	0.102
V^{1}	0.022	0.023	0.023	0.023	0.023	0.023	0.023	0.024
$V^{1/2}$	0.013	0.013	0.013	0.013	0.013	0.013	0.013	0.013
V^{0}	0.028	0.029	0.029	0.029	0.030	0.030	0.029	0.030
国际贫困线 1.25 美元								
V^{∞}	0.218	0.217	0.219	0.217	0.219	0.221	0.217	0.221
V^{1}	0.055	0.056	0.056	0.056	0.056	0.057	0.056	0.057
$V^{1/2}$	0.031	0.032	0.032	0.032	0.032	0.033	0.032	0.033
V^{0}	0.072	0.073	0.074	0.073	0.074	0.075	0.073	0.075
国际贫困线 2 美元								
V^{∞}	0.537	0.537	0.538	0.536	0.538	0.540	0.536	0.540
V^{1}	0.178	0.178	0.179	0.178	0.179	0.181	0.178	0.181
$V^{1/2}$	0.104	0.104	0.105	0.104	0.105	0.105	0.104	0.105
V^{0}	0.247	0.247	0.249	0.247	0.249	0.251	0.247	0.251

注：使用了人口扩张因子。

表 5 - 5 的第 7 列、第 8 列、第 9 列分别给出了洪水发生率加倍、干旱发生率加倍，以及二者发生率都加倍时的脆弱性测量。从表 5 - 5 可以看出，发生率加倍的影响也很小；可以看到国内贫困线下的 V^0 相对变化最大，但是即使在这种情况下，影响也只增加了 6% 左右。因此，表 5 - 5 表明，洪水和干旱发生率增加的综合影响较小。就像本研究中使用的洪水和干旱的指标是基于过去 5 年的发生率，模拟的影响应当被视为长期的平均值而不是一次性的。

5.5.3　情景 1（b）：主要厄尔尼诺事件的特殊处理

虽然脆弱性增加 7% 不可忽略，但是它可能会使人对洪水和干旱影响的重要性产生一个误导性的印象，即洪水和干旱在短期内影响可能会更严重。因此，为了模拟主要厄尔尼诺事件短期可能影响的程度，我们利用了第二轮调查的数据收集之前有一次厄尔尼诺事件这个事实。因为这显然是一次重大事件，它能合理地把这次和以往的洪水和干旱分开。

表 5 - 6 中报告了在假设第二轮调查中洪水和干旱的影响与其他几轮调查中不同的情况下，国际贫困线[①]下的回归结果。表 5 - 6 中清楚地表明了第二轮调查中洪水和干旱的影响程度与其他几轮不同。与表 5 - 3 不同的是，β 系数对于第二轮调查的洪水和干旱具有统计显著性，而对其他几轮调查的洪水和干旱则不具备统计显著性。而且，我们发现重大旱情显著提高了消费的方差。

这里需要注意的是，脆弱性程度普遍取决于模型。因此，表 5 - 4 中的脆弱性程度普遍不同于表 5 - 6 中使用回归分析结果计算的脆弱性程度。但是，由于模型相似，脆弱性程度通常相近[②]。与表 5 - 5 中一样，我们在表 5 - 7 中报告了模拟在第四轮调查结果基础上洪水和干旱发生率增加 50% 或者 100% 的影响。但是，与情景 1（a）不同，情景 1（b）中洪水和干旱的影响与重大厄尔尼诺事件相关。因此，在没有改变第四轮调查记录中洪水和干旱的情形下，我们首先使用了 1997 年（IFLS2）洪水和干旱的影响代替了第四轮调查中洪水和干旱的影响。

---

① 国内贫困线下的回归分析结果见于 Fuiji（2015b）附录表 A - 2。如表 5 - 3 所示，2 美元和 1.25 美元的国际贫困线除了常数项之外是相同的。

② 情景 1（b）的多轮脆弱性测试见于 Fuiji（2015b）的附录表 A - 4 中。

表 5 – 6 情景 1（b）中 β 和 θ 的回归估计值

变量	β		θ	
	估计值	标准误差	估计值	标准误差
户主年龄	0.019 ***	(0.005)	0.0082	(0.022)
户主年龄²/100	– 0.020 ***	(0.004)	– 0.015	(0.021)
家庭规模	– 0.15 ***	(0.007)	– 0.0050	(0.031)
过去 5 年经历了洪水（除去第二轮调查）	– 0.0015	(0.026)	0.32 **	(0.13)
过去 5 年经历了干旱（除去第二轮调查）	0.041	(0.030)	0.14	(0.14)
过去 5 年经历了洪水（IFLS2）	– 0.21 ***	(0.071)	– 0.46	(0.34)
过去 5 年经历了干旱（IFLS2）	– 0.073 *	(0.044)	0.36 *	(0.21)
R^2	0.6386		0.3014	
N	4680		5584	

注：模型中包括了具体家庭和 IFLS 调查具体轮次的固定影响；国际贫困线用于计算 $\hat{q}$；*、** 和 *** 分别代表了 10%、5% 和 1% 水平上的统计显著性。

通过比较第 2 列（IFLS4）中与第 3 列中（1997 年影响）的基准脆弱性，我们可以看出仅仅用 1997 年（IFLS2）洪水和干旱的影响来代替 2007 年洪水和干旱的影响对脆弱性有很大的影响。当使用国内贫困线时，脆弱性提高大约 40%，然而使用每天 1.25 美元和每天 2 美元的国际贫困线时，脆弱性分别提高了大约 20% 和 10%。

第 4 列（随机）报告了随机设定洪水和干旱时的脆弱性程度。和表 5 – 5 一样，随机化对脆弱性程度的结果影响甚微。

第 5 列（1.5 × F1）报告了模拟洪水上升 50% 时的脆弱性测量，这时洪水的影响与第二轮调查中相同。与脆弱性基准相比，在这种情况中，使用国内贫困线使得脆弱性上升了 50%。在国际贫困线下，相对变化为 11% ~ 28%，具体取决于用哪一种贫困线和脆弱性测量。第 6 列中（1.5 × Dr）干旱比洪水的影响小，但影响还是很大。如第 7 列（1.5 × F1&Dr）所示，综合影响还要更大。

很明显，发生率上升 100% 时比增加 50% 时影响要大。第 8 列到第 10 列记录了发生率翻倍时的脆弱性程度。当洪水和干旱的发生率都增加一倍时综合影响尤其显著，脆弱性从第四轮基准上升到 91%。

表 5-7　在情景 1（b）下模拟不同贫困线下洪水和干旱上升 0.5 倍（1.5×）和上升 1 倍（2×）的影响

情景	IFLS4	1977 年影响	随机	1.5×Fl	1.5×Dr	1.5×Fl&Dr	2×Fl	2×Dr	2×Fl&Dr
国内贫困线									
V^∞	0.098	0.131	0.133	0.148	0.138	0.152	0.163	0.142	0.172
V^1	0.022	0.031	0.032	0.036	0.033	0.037	0.040	0.034	0.042
$V^{1/2}$	0.013	0.017	0.018	0.020	0.019	0.021	0.022	0.019	0.024
V^0	0.029	0.040	0.041	0.046	0.043	0.048	0.051	0.044	0.055
国际贫困线 1.25 美元									
V^∞	0.219	0.258	0.254	0.268	0.258	0.272	0.282	0.261	0.290
V^1	0.055	0.065	0.066	0.070	0.067	0.072	0.075	0.069	0.078
$V^{1/2}$	0.031	0.037	0.038	0.040	0.038	0.041	0.042	0.039	0.044
V^0	0.072	0.086	0.087	0.092	0.089	0.094	0.098	0.091	0.102
国际贫困线 2 美元									
V^∞	0.538	0.579	0.581	0.597	0.584	0.600	0.612	0.588	0.619
V^1	0.179	0.201	0.201	0.210	0.204	0.212	0.219	0.206	0.223
$V^{1/2}$	0.104	0.118	0.118	0.123	0.119	0.124	0.128	0.121	0.131
V^0	0.247	0.281	0.281	0.294	0.285	0.298	0.308	0.289	0.315

注：应用了人口扩张因子。

5.5.4　情景 2：用线性推断日降雨量的标准差

在第二种情景中，我们使用了在过去 365 天省级层面的日降雨量标准差，取代了过去 5 年洪水和干旱的发生率。这 365 天是从第一次访问调查每户家庭的消费构成那天开始算起。表 5-8 记录了国际贫困线下的回归分析结果[1]。需要注意的是，这张表中的观测次数较少，因为我们仅用第三轮和第四轮的调查记录就可以算出日降雨量的标准差。

---

[1] 国内贫困线下的回归分析结果见于 Fuiji（2015b）的附录表 A-3。

表 5-8 情景 2 下 β 和 θ 的回归估计值

变量	β		θ	
	估计值	标准误差	估计值	标准误差
户主年龄	0.017**	(0.0074)	-0.044*	(0.024)
户主年龄²/100	-0.017**	(0.0070)	0.041*	(0.022)
家庭规模	-0.17***	(0.011)	-0.0025	(0.028)
过去365天日降雨量标准差	-0.032*	(0.017)	-0.064	(0.044)
R^2	0.7675		0.0023	
N	2340		2340	

注：模型中包括了具体家庭和 IFLS 调查具体轮次的固定影响；国际贫困线用于计算 $\hat{q}$；*、** 和 *** 分别代表了 10%、5% 和 1% 水平上的统计显著性。

表 5-8 表明过去 365 天内日降雨量的标准差 β 系数是负的，而且具有显著性，θ 系数也是负的，但是不显著。

为了模拟气候变化的影响，我们通过省内日降雨量的标准差的线性趋势推断了 2030 年的降雨量，为了预测 2030 年的脆弱性，我们将当前第四轮调查的标准差替换成推断的标准差。通过这种方式我们得到了表 5-9。对于每一条贫困线，我们分别报告了第四轮调查中的脆弱性基准，并且预计了 2030 年的脆弱性。我们发现，当分别使用国内贫困线、每天 1.25 美元和每天 2 美元的国际贫困线时，脆弱性程度大约分别上升了 2%、5% 以及 10%。

表 5-9 情景 2 下的脆弱性程度

贫困线	国内贫困线		国际 1.25 美元		国际 2 美元	
情景	IFLS4	2030 年	IFLS4	2030 年	IFLS4	2030 年
V^∞	0.105	0.107	0.247	0.285	0.579	0.623
V^1	0.020	0.021	0.057	0.068	0.194	0.218
$V^{1/2}$	0.011	0.011	0.032	0.038	0.112	0.126
V^0	0.025	0.025	0.071	0.086	0.263	0.299

注：应用了人口扩张因子。

5.6 讨论

本研究中考察了气候变化对印度尼西亚乡村地区贫困脆弱性的影响，脆弱性被定义为预期贫困。我们考察了两种情景，在第一个情景中，我们设想未来气候变化使洪水和干旱发生率加倍，同时还设想了发生率增加 50% 的中间情况，在这两种情况下来计算脆弱性。在这种情景下，我们用两种方案来计算脆弱性变化，一种是根据四轮调查的洪水和干旱记录估计，一种是从发生了重大厄尔尼诺事件的 1997 年的截面变化来推断。

在前面一种情况中，脆弱性会适度增加，在任何贫困线标准下以及所有脆弱性测量中都不会超过 7%。但是在后面一种情况中，洪水和干旱发生率加倍对脆弱性有很大的影响，脆弱性至少上升 15%，最高可以达到 91%，这取决于所使用的脆弱性测量和贫困线。

由于洪水和干旱的测量没有经过严格对比，于是我们又使用了降雨量的数据。通过线性推断 2030 年过去 365 天里日降雨量的标准差，我们预测了2030 年的脆弱性。我们发现当使用每天 1.25 美元的国际贫困线时，脆弱性显著增加，相当于厄尔尼诺事件影响下洪水和干旱发生率增加了 50% ［情景 1（b）］。

本研究还受到很多重要的限制。

第一，我们的气候情景和模拟方法都还处于初期。例如，为了简单易处理，我们选择了随机设定。由于那样对我们的样本影响很小，我们没有任何证据可以说明预测因为随机设定而产生了严重误差。但是，这并不能排除未来气候变化可能会对某一特定群体造成巨大影响。

第二，我们只考虑了洪水和干旱的影响，忽略了很多其他重大变化，比如海平面上升。因此，我们很可能低估了气候变化对贫困脆弱性的全面影响。

第三，我们测量的脆弱性是样本中所有个体脆弱性的平均值，即我们测量的脆弱性是所有个体的累加。但是，一旦一个负面冲击同时可以影响每一个人时，毫无疑问这个社会会更加脆弱。考虑到这一点，如我们可能会利用 Calvo 和 Dercon（2013）提出的社会脆弱性测量方法。但是我们需要知道现在和未来家庭相关的洪水和干旱情况，这个在实践中很难。由于通过洪水和干旱来理解气候变化的影响，尤其是对事物的影响是有限的，我们选择在未来研究中再进行检验。

第四，当前的分析忽略了一般均衡影响。针对这一点，假设印度尼西亚各个部分或者世界的各个部分，包括印度尼西亚，同时受到相关气候剧变的冲击（不一定要受到相同洪水和干旱的冲击），对家庭的影响就会与没有遭遇到这种剧变的家庭不同。这是因为相关联的剧变会影响相对价格，然而对某个家庭或者社区的特殊冲击在相对价格上的影响可以忽略不计。

第五，即使非线性变化很重要，我们还是没有考虑影响的非线性概率。例如，一旦发生气候偏离，厄尔尼诺事件的影响可能会造成自然环境发生系统性的、非线性的改变。同样，当我们用日降雨量的标准差来推断影响时，我们假设影响会随着标准差呈线性增加，但这可能连近似值都不是。未来还需要更多的科学研究来解决这些问题。

第六，我们的评估都是以观测期间同一村庄内家庭状况为基础的。尽管这是一个苛刻的限定，尤其有些家庭可能无法继续在同一个村庄里生存下去，必须搬离。然而，我们还是选择限制我们的样本来控制某些不可知因素，这些因素与住户的位置相关，而住户位置具有固定影响。

虽然我们不能得出一个明确的结论，但是借助表 5 - 1 和表 5 - 2，对比 Fuiji（2015b）的附录表 A - 5 和附录表 A - 6 中汇总数据，可以发现家庭的性质。通过对比表明，在调查之初，样本中普通住房条件要比样本的平均水平略微好一些，这可能是因为住房条件差的家庭在遭受灾难袭击的时候大多数会搬离。从另一方面来说，洪水和干旱的发生率并没有相当大的差异。

考虑到上面所说的限制，我们的估计似乎只是触碰到了未来气候变化对脆弱性影响的边缘。尽管洪水和干旱不会有什么长期影响，但是短期影响还是相当大的。

除了提供了一个对未来气候变化对贫困脆弱性影响看似合理的估计之外，本研究还为目前的文献贡献良多。

第一，据我们所知，本研究首次利用面板数据将气候变化和贫困脆弱性直接联系起来。这是很重要的第一步，因为目前大多数研究很大程度上依赖于全球气候模型，没有把家庭调查中观测到的生活水平考虑进去。尽管有少数例外，比如 Adger（1999）以横截面数据为基础，因而其所需的假设要比我们更严格。进一步来说，他们没有对未来气候变化的可能影响进行任何评估。

第二，我们在方法论方面也做出了贡献，提出了一种预期贫困方法的变体，融合了 Chaudhuri 等（2002）提出的预期贫困率的普遍测量方法以及 Calvo 和 Dercon（2013）提出的公理性测量脆弱性方法。我们提供了一种可以在统一方式下计算各种脆弱性测量的检验方法。如果有可用的相关面板数据，本研究中的方法论也可轻易地适用于其他国家。

本研究也强调了监测发展中国家家庭经济状况的重要性。当前的全球气候模型不会告诉我们气候变化将如何影响贫困的脆弱性，气候变化将很可能会影响家庭经济情况。把全球气候模式和家庭观测结果联系起来后，我们可以做出更多关于未来气候变化对家庭影响的有意义的预测，这其中包括了对贫困脆弱性的影响。

参考文献 *

Adger, N. (1999), 'Social vulnerability to climate change and extremes in coastal Vietnam', *World Development*, **27** (2), 249–69.

Cai, W., S. Borlace, M. Lengaigne, P. van Rensch, M. Collins, G. Vecchi, et al. (2014), 'Increasing frequency of extreme El Niño events due to greenhouse warming', *Nature Climate Change*, **4** (February), 111–16.

Calvo, C. and S. Dercon (2013), 'Vulnerability of individual and aggregate poverty', *Social Choice and Welfare*, **41** (4), 721–40.

Chakravarty, S.R. (1983), 'A new index of poverty', *Mathematical Social Sciences*, **6** (3), 307–13.

Chaudhuri, S., J. Jyotsna and A. Suryahadi (2002), 'Assessing household vulnerability to poverty from cross-sectional data: a methodology and estimates from Indonesia', Discussion Paper Series 0102-52, Department of Economics, Columbia University.

Foster, J., J. Greer and E. Thorbecke (1984), 'A class of decomposable poverty measures', *Econometrica*, **52** (3), 761–6.

Fujii, T. (2015a), 'Concepts and measurement of vulnerability to poverty and other issues: a review of literature', *ADBI Working Papers* (to appear).

Fujii, T. (2015b), 'Climate change and vulnerability to poverty: an empirical investigation in rural Indonesia', *ADBI Working Papers* (to appear).

Garrison, T.S. (2010), *Oceanography: An Invitation to Marine Science*, 7th edn, Belmont, CA: Cengage Learning.

Hadi, P.U., C. Saleh, A.S. Bagyo, Hendayana R., Y. Marisa and I. Sadikin (2000), 'Studi kebutuhan asuransi pertanian pada pertanian rakyat', research report, Indonesian Center for Agricultural Socio-economic Research, Bogor, Indonesia.

Intergovernmental Panel on Climate Change (IPCC) (2012), *Managing the Risks of Extreme Events and Disasters to Advance Climate Change Adaption: A Special Report of Working Groups I and II of the Intergovernmental Panel on Climate Change*, eds CB. Field, V. Barros, T.F. Stocker, D. Qin, D.J. Dokken, K.L. Ebi, et al., Cambridge and New York: Cambridge University Press.

Intergovernmental Panel on Climate Change (IPCC) (2014), *Climate Change 2014: Impacts, Adaptation, and Vulnerability. Part A: Global and Sectoral Aspects. Contribution of Working Group* II *to the Fifth Assessment Report of the Intergovernmental Panel on Climate Change*, eds C.B. Field, V.R. Barros, D.J.

---

* 亚洲开发银行确认越南为越南社会主义共和国。

Dokken, K.J. Mach, M.D. Mastrandrea, T.E. Bilir, et al., Cambridge and New York: Cambridge University Press.

Kishore, K., A.R. Subbiah, T. Sribimawati, I.S. Dihart, S. Alimoeso, P. Rogers and D. Setiana (2000), 'Indonesia country study', in M.H. Glantz (2001), 'Executive summary: reducing the impact of environmental emergencies through early warning and preparedness: the case of the 1997-98 El Niño', a UNEP/NCAR/UNU/WMO/ISDR Assessment, United Nations Environment Programme, National Center for Atmospheric Research, World Meteorological Organization, United Nations University, and International Strategy for Disaster Reduction, Asian Disaster Preparedness Center, January, pp. 103–9.

Klasen, S. and F. Povel (2013), 'Defining and measuring vulnerability: state of the art and new proposals', in S. Klasen and H. Waibel (eds), *Vulnerability to Poverty: Theory, Measurement and Determinants*, New York: Palgrave Macmillan.

Korkeala, O., D. Newhouse and M. Duarte (2009), 'Distributional impact analysis of past climate variability in rural Indonesia', World Bank Policy Research Working Paper 5070, World Bank, Washington, DC.

Mora, C., A.G. Frazier, R.J. Longman, R.S. Dacks, M.M. Walton, E.J. Tong, et al. (2013), 'The projected timing of climate departure from recent variability', *Nature*, **502** (7470), 183–7.

Naylor, R., W. Falcon, N. Wada and D. Rochberg (2002), 'Using El Niño-Southern Oscillation climate data to improve food policy planning in Indonesia', *Bulletin of Indonesian Economic Studies*, **38** (1), 75–91.

Pasaribu, S.M. (2010), 'Developing rice farm insurance in Indonesia', *Agriculture and Agricultural Science Procedia*, **1** (1), 33–41.

Pattanayak, S.K. and R.A. Kramer (2001a), 'Pricing ecological services: willingness to pay for drought mitigation from watershed protection in eastern Indonesia', *Water Resources Research*, **37** (3), 771–8.

Pattanayak, S.K. and R.A. Kramer (2001b), 'Worth of watersheds: a producer surplus approach for valuing drought mitigation in eastern Indonesia', *Environmental and Development Economics* **6** (1), 123–46.

PT Pelangi Energi Abadi Citra Enviro (PEACE) (2007), *Indonesia and Climate Change: Current Status and Policies*, Jakarta: World Bank, Department for International Development, and PT Pelangi Energi Abadi Citra Enviro.

Skoufias, E., R.S. Katayama and B. Essama-Nssah (2012), 'Too little too late: welfare impacts of rainfall shocks in rural Indonesia', *Bulletin of Indonesian Economic Studies*, **48** (3), 351–68.

Watts, H.W. (1968), 'An economic definition of poverty', in D.P. Moynihan (ed.), *On Understanding Poverty*, New York: Basic Books, pp. 316–29.

第三部分

亚洲的多维贫困

第六章

运用定序变量测量三个东南亚国家的多维贫困

瓦莱丽叶·贝伦赫尔（Valérie Bérenger）

6.1 引言

学界和政界之间在贫困的定义上有着广泛的共识，即认为贫困不仅是指缺乏货币性资源，还反映在限制个人能力、成就以及影响其福祉的诸多因素上。拓展贫困和福祉的传统分析框架，其方法论的立足点旨在抓住贫困的多维本质。

最近，联合国开发计划署（United Nations Development Programme，UNDP）使用多维贫困指数（Multidimensional Poverty Index，MPI）就体现了以多维视角思考和解决贫困的重要性。多维贫困指数借鉴了 Alkire 和 Foster（2008）提出的计量方法，使用与人类发展指数（Human Development Index，HDI）相同的维度来评估贫困。它包含 10 个影响人口福利的指标，不但计算受到多维剥夺达 30% 以上的人口比重，而且通过评估贫困维度总数占贫困人口（经过多维贫困验证为真实贫困）福利的比例来映射贫困广度。

与 1990 年创立的人类发展指数（HDI）一样，多维贫困指数也引起了学者们对采用多维方法研究贫困问题的重新讨论。事实上，最近的文献指出了多维贫困指数的一些弱点。

其中一个观点关注指数中的维度选择问题，而其他观点则强调在各维度之间用来确定多维贫困的临界值随意性较大。另外也有人质疑多维贫困指数在反映人际间贫困不均上的敏感度。特别是，由于多维贫困指数方法的计量类型，以连续变量为基础的传统贫困指标体系无法使用。的确，多维贫困指数所包含的大多数指标，或者更为普遍的是在调查数据中用以抓取个人减贫直接成果的大多数指标，都具有定序变量的性质。近来一些研究建议，使用连续变量的公理性多维指标体系来替代多维贫困指标体系的定义（Bossert等，2013）。最近，Silber 和 Yalonetzky（2013）提出了一种利用定序变量来测量多维贫困的一般框架。他们采用的识别和聚合步骤可以适用于所有的贫困测量。他们特地区分了个人贫困函数和社会贫困函数。在个人层面上，他们在回顾个人贫困函数的属性时加入了贫困识别和贫困广度。在加总步骤中，他们归纳了几种构建社会贫困指标体系的方法，用以处理贫困分布不均问题。他们特别建议将 Aaberge 和 Peluso（2012）提出的方法加以拓展，使之可以解决贫困分布不均问题，获取多维贫困指数无法有效反映的有关贫困的额外信息。

本章的主要目标是，在利用定序变量对东南亚三个国家柬埔寨、印度尼西亚和菲律宾的多维贫困进行计量分析的基础上，归纳这种贫困测量在方法论改进方面的贡献。更确切地说，就是比较不同的个人贫困函数所得出的结果，这些方法如多维贫困指数［Alkire 和 Foster（2011）提出的方法中的一类指数］与 Chakravarty 和 D'Ambrosio（2006）、Rippin（2010）等人提出的贫困测量方法以及 Silber 和 Yalonetzky（2013）根据 Aaberge 和 Peluso（2012）的基础上扩展的方法。

采用这种方法在这些国家的背景下显得特别有意义。事实上，过去20年，东南亚地区经历了快速的社会经济变迁，进入高速增长和贫困减少的时期。尽管20世纪90年代末的亚洲金融危机严重影响了人口福利，但人类发展依然取得持续的进步。不过，这些成就各有差异。印度尼西亚是20世纪90年代末危机爆发前增长最快的经济体之一，人均收入大幅度提高，为本国人民的发展带来机遇（Sumner 等，2012）。随着经济缓慢复苏和福利收益稳定化，印度尼西亚有望实现千年发展目标（MDG）。相比之下，在过去的几十年里，菲律宾的经济增长低于东南亚国家的平均水平，评估显示，进入21世纪后，该国贫困发生率上升，且缺乏应对之策（Habito，2009；Balicasan，2011）。最后，柬埔寨是该地区最不发达国家之一。然而，自1998年以来，由于经济和政治稳定，柬埔寨经济持续高速增长。因而，它

在 1990 ~ 2012 年取得的人类发展成就高于基于之前的表现的预测结果
（UNDP，2013）。尽管如此，柬埔寨的人类发展成就还是相对滞后于其
邻国。

尽管贫困的多维性特征现在已经得到了广泛认可，然而在对这些国家贫
困的研究中占据统治地位的依然是绝对货币法。除了联合国开发计划署出版
的多维贫困指数中公布的最新统计数据之外，好像还没有太多研究运用多维
方法来研究这些国家的贫困问题。据我们所知，唯一的例外是 Casimiro 等
（2013）和 Balicasan（2011）关于菲律宾的研究，以及联合国儿童基金会
（United Nations Children's Fund，UNICEF，2011）关于东亚和太平洋地区七
个国家儿童贫困和多维贫困的报告。

本章的结构如下：6.2 回顾最近的文献中运用定序指标进行多维贫困测
量的计量方法在方法论改进上的贡献。6.3 呈现运用 6.2 中提到的某些多维
贫困指标体系，对柬埔寨（2000 年、2005 年和 2010 年），印度尼西亚
（1997 年、2003 年和 2007）和菲律宾（1997 年、2003 年和 2008 年）的人
口健康调查中的数据进行分析得出的结果，还对每个国家的多维贫困进行了
时间趋势分析。

考虑到数据的可用性以及比较的需要，我们的多维测量包括与多维贫困
指数维度相同的三个指标，即生活水平、健康和教育。6.4 是结论。

6.2　多维贫困计量方法的回顾

在过去的 30 年里，对贫困的研究已经从依靠收入或者消费等单一福利
指标的传统方法，转变到增加一系列可用于测量生活条件的属性的方法。一
个更加宽泛的贫困概念的主要优点在于允许研究人员在获取家庭生活环境的
基本面时，可以超越单一的物质条件内涵。

以收入和消费数据为基础的传统定义为人诟病的主要方面，现在已是人
尽皆知。要么是其关注点局限于收入代表福利（或者加上贫困的双重方
面），要么在以整个人口收入的平均值或者中位值，抑或预期的消费组合的
基础上所定义的贫困线来确定贫困个体上存在着内在的随意性。

在 Townsend（1979）和 Sen（1985）等开创性的著作中，出现了贫困
的新定义，他们思想的共同之处在于都认为收入仅能作为评价福利的一个间
接指标。然而，选择多维贫困法就意味着要处理在使用单维方法时不会出现

的问题。因此，已有文献探讨过贫困多维性可操作化的多种方法。同时，已有文献在有关多维贫困测量的最佳方法上还难以达成共识。Thorbecke（2007）认为，第一种方法利用复杂的聚类技术将福利的多个属性整合到一个指数中，在此基础上得到一个贫困测量方法。而这种方法事实上可以看作贫困的单维视角。一些研究沿用了这条思路，并借鉴了有效性分析（Lovell等，1994）、信息论（Maasoumi，1986，1999）以及惯性法（Klasen，2000；Sahn and Stifel，2000；Booysen等，2008）等方法论。

这种尝试整体上遭到批评。例如，Sen（1985：33）认为"聚类的想法在许多情形下很有意义，但在其他情形下也可能是徒劳无功或毫无意义的……如多样性就根本没法形成聚类"。另一个可能就是对贫困的每个维度进行单独的分析。这种方法的优点是分析会很简单，但同时也会缺乏综合性，很难全面、清晰地描述出多维贫困。

最后，介于这两个极端之间存在另一种策略，可以保留贫困的多面性本质。这个策略首先将贫困定义为个体福利的每个维度差距的综合体，然后再进行多维测量。这正是多维贫困公理化方法的正确路径。这种方法不是一事一议，而是通过揭示各种维度与样本总体的相关部分之间复杂的、模糊不清的互动关系来综合描述贫困。多维贫困指数的推出，并经 Alkire 和 Foster（2011）的研究加以推广，就是提供这样一种方法。通常情况下，如果获得的数据集仅包括纯粹的二元福利指标，只能说明是否存在贫困而无法反映其程度，那么研究者的选择会受到严重的限制。

多维贫困指数最突出的缺点之一就是对贫困分布不均缺乏敏感性。Alkire 和 Seth（2014）最近也考虑到了这一点。多维贫困指数方法的计量特点使之无法使用以连续变量为基础的传统贫困指标系列。最近的研究贡献实际上建议替代的贫困指标体系以计量为基础，同时具有与使用连续变量的多维贫困相同的属性（Bossert 等，2013）。这些研究的主要思路是提供多维贫困的测量方法，而不只是评估某些贫困率。

尽管公理化方法主要为单维案例而开发，还是有一些研究尝试推动多维贫困指标体系的公理化[①]。自从 Chakravarty 等（1998）的开创性研究以来，Bourguignon 和 Chakravarty（2003）、Alkire 和 Foster（2011）、Chakravarty 和

---

① 我们注意到 Tsui（1995，1999，2002）在多维不平等和贫困指标体系的公理推导方面的贡献。

Silber（2008）发展了贫因的外延和多维贫困层级。考虑定序变量案例的研究非常有限，Silber 和 Yalonetzky（2012）对此进行了回顾，其研究贡献我们已经简要总结过了。

假设相关人群由 n 个个体组成。设 $z = （z_1，\cdots，z_m）$ 是贫困线的 m 向量，$x^1 = （x_{i1}，\cdots，x_{im}）$ 是减贫成效（定序指标）的向量。令 X 是减贫成效的 $n \times m$ 矩阵，因此 x_{ij} 代表个人 i 的第 j 个属性的水平。更确切地说，在定序变量的情况下，该水平可能与赠予的商品、获得的基本服务、健康状况以及教育程度等密切相关。由于某些属性的重要性可能要胜过其他的，因此，我们定义特定指数权重的向量为：$w = （w_1，\cdots，w_m）$，如下：

$$w_j > 0，且 \sum_{j=1}^{m} w_j = 1$$

在识别的步骤中，一些以定序变量为基础的多维问题更为尖锐。正如 Rippin（2012）、Silber 和 Yalonetzky（2013）的建议，这些步骤远比单维贫困方法中的单步识别要复杂得多。

6.2.1　个人贫困函数

在计量方法中，第一步是以一个二元函数定义每个维度，如果个人在这一维度中处于被剥夺状态，则取值为 1，否则为 0。

当属性 $\xi（x_{ij}，z_j）$ 的值 x_{ij} 低于贫困线 z_j 时，令二元函数 $\xi（x_{ij}，Z_j）$ 的值等于 1，否则为 0。即：

$$\xi(x_{ij}, Z_j) = \begin{cases} 1, x_{ij} \leq Z_j \\ 0, x_{ij} > Z_j \end{cases} \tag{6.1}$$

第二步，使用这个简单的二元函数，可以定义每个人的计量函数，用以生成个人贫困函数，反映贫困识别的不同方法。

设 c_i 是个人 i 的贫困向量，每个属性都包括公式（6.1）中 0 或者 1 的赋值。那么，计量函数定义如下：

$$c_i(x_i, z, w) = \sum_{i=1}^{m} \xi(x_{ij}, Z_j) w_j \tag{6.2}$$

它提供了二次函数加权总和的个人剥夺分数，其中，属性 j 的权重为 w_j，如公式（6.1）中所示。

这个阶段的问题是何时决定一个选定的个体被划定为贫困人口。文献中已经提出了三种主要的方法：联合、交集与中间定义。

在交集法中，当且仅当个人在每一个维度上都处于被剥夺状态时才被定义为贫困人口。在这种情况下，贫困属性或维度只是充当替代，因为个人在某一个维度上不处于被剥夺状态，足以定义其不属于贫困人口。这种方法在考察贫困时被认为是非常保守的，但是它的有趣之处在于有助于把关注点放在"极度贫困"上。

相反，联合法认为，个人至少在一个属性上处于被剥夺状态，那么他就处于贫困。因为每个维度或者被剥夺分数都是必不可少的，这种方法拓展了识别贫困的方式。在文献中，它被广泛应用于以公理化方法为基本原理对社会排斥的测量。

介于这两个极端之间，Alkire 和 Foster（2011）创建了一种新方法，称为"中间方法"。与多维剥夺或者社会排斥的测量方法不同，它是利用一个跨维度的临界值来定义贫困。令 k 是个人被剥夺因而被认定为贫困的最小数量的维度。由于 k 对应维度的权重数量，因而其值介于 0 到 1 之间。

概括来讲，这种方法就是利用如下识别函数，如果个人因为与贫困线 z 和阈值 k 的相对关系而被认定为贫困，该函数值为 1：

$$\Psi^{AF}(x_i,z,w,k) = \begin{cases} 1,\text{如果} \sum_{j=1}^{m} \xi(x_{ij},z_j)w_j \geq k \\ 0,\text{如果} \sum_{j=1}^{m} \xi(x_{ij},z_j)w_j < k \end{cases} \tag{6.3}$$

这种方法灵活性非常强，将两个传统的识别函数作为特殊情形容纳在内，即交集法（对应 $k=1$）和联合法 $[k = \min(w_1, \cdots, wm)]$。

正如 Alkire 和 Foster（2011）所讨论的那样，这种方法比联合法更为实用的地方体现在关注反映贫困的被剥夺状态，以及区别和瞄准最广泛的贫困。不过，由于使用单维贫困测量来选择贫困线，那么选择维度的临界值就会比较随意（Ray 和 Kompal，2011）。事实上，它相当于忽略了那些被剥夺维度低于 k 的人群。此外，跨维度的临界值在特定社会是理性的，而在其他情形下却未必。Datt（2013）指出，k 的运用本身并不能为确定目标人群提供适当的解决方案。

为了避免像联合法那样产生高贫困率，Rippin（2012）建议另一种识别函数采取以下特别的函数形式：

$$\Psi^{RI}(x_i, z, w) = \begin{cases} c_i^\gamma, \text{如果 } c_i \neq 0 \\ 0, \text{如果 } c_i = 0 \end{cases} \quad (6.4)$$

其中，$\gamma \geq 0$，根据公式（6.2），c_i 是指个人 i 被剥夺属性的权重数。

这个函数一方面区分了贫困人群和非贫困人群，另一方面也考虑到了贫困的严重程度。正如 Silber 和 Yalonetzky（2013）提到的，贫困的模糊识别函数取决于 γ 的值。γ 是个人之间不平等厌恶参数，它考虑了不同属性之间的联系。因此，只要 γ 值小于 1，Ψ^{RI} 是凹函数。在这种情况下，属性之间不能完全互补。而只有在 $\gamma = 0$ 时，属性之间才是完全互补的，这也符合联合法中的识别程序观点。相反，当 γ 的值大于 1 时，Ψ^{RI} 是凸函数，意味着属性之间可以替代。在 $\gamma \rightarrow \infty$ 的极端情况下，交集法的重点将放在那些在每个维度上都遭受剥夺的人们。正如 Rippin（2010）指出，在 Alkire 和 Foster（2011）所创立的中间法里，当属性低于阈值 k 时，它们是替代的；当属性高于阈值 k 时，它们是互补的。

Silber 和 Yalonetzky（2013）提到，任何模糊识别函数都有可能转化成二元识别函数。由于 Ψ^{RI} 随 c_i 单调递增，因而临界值的取值 $d \in [0, 1]$ 隐含定义了个人 c_i 在隐函数 $\Psi^{RI}(k) = d$ 中的解值——阈值 k。因此，新的二元函数应该是 Ψ^{AF}。

虽然识别步骤解答了谁是穷人、有多少穷人的问题，但是在测量阶段会相当严格，可能要考察被划入穷人的贫困程度有多大。一种操作方法是划分贫困差距，即界定在每一个维度临界值和贫困人口在这个维度被剥夺的程度之间的差距。然而，与使用连续指标的情况不同，定序变量的编制存在随意性，因而要描述贫困的深度并不容易。在这种情况下，唯一可行的是使个人贫困函数对贫困广度具有敏感性。而贫困广度则由个人被剥夺的维度个数来确定。

因此，个体贫困函数计量方法的形式如下：

$$p_i(x_i, z, w, k) = \Psi(x_i, z, w, k)g(x_i, z, w) \quad (6.5)$$

个体贫困函数是识别函数和测量贫困广度的函数 g 作用的结果，也可以看作剥夺得分值 c_i 的函数。更一般地，g 是一个映射在区间 [0, 1] 的实值函数，当任何一个维度的贫困增长时，g 保持非减。

例如，在调整后的贫困率或者 Alkire 和 Foster 提出的多维贫困指数计算的家庭贫困率的情况中，$g^{AF} = c_i$。在 Chakravarty 和 D'Ambrosio（2006）提出的测量受社会排斥的家庭中，$g^{CD} = h(c_i)$，其中 h 随贫困率递增。换句话说，在任何一个维度中的额外剥夺如果还伴随着其他维度的贫困，那么其影响对于个人的影响会更加深重。函数 h 考虑了多重贫困对于个人的整体福利的复合负效应。我们注意到，研究文献中从来没有探讨过贫困广度凹函数，否则当贫困不均增加时，任何贫困测量的贫困将不会如预期的那样下降（Sen，1976）[1]。

很明显，在 Alkire 和 Foster（2011）所提到的一系列更广泛的属性中，p_i 满足如下属性：

（1）正态性：当且仅当个人处于非贫困状态时，p_i 达到最小值 0，即 $\Psi = 0$。而当个人在各个维度都处于被剥夺状态时，p_i 达到最大值 1，即 $g = 1$。

（2）规模不变性：定序属性和阈值的转化不会影响到 p_i。

（3）个人贫困聚焦性：个人 i 在维度 j 中并非贫困，其接收到转移支付时，p_i 不会随之上升。

（4）个人弱单调性：个人 i 接受转移支付，p_i 不会上升。

（5）个人维度单调性：个人 i 接受转移支付，从而摆脱在那个维度的被剥夺状态，p_i 会下降。

定义了个人贫困函数后，下一步就是考虑通过不同的途径将个人贫困的特征加总，从而得到贫困测量。根据 Silber 和 Yalonetzky（2013）的研究，加总过程会产生他们所谓的社会贫困函数。

6.2.2　社会贫困函数

将个人贫困函数加总，通过计量方法获得贫困测量，有两种不同的途径。第一种已在文献中广泛使用，就是取个人贫困函数的平均值，得到一个贫困测量。第二种是 Aaberge 和 Peluso（2012）提出的直接将贫困人口的剥夺分布函数定义为社会贫困函数。

个体贫困函数平均和附加公理化属性

于是，社会贫困函数 P 定义为：

$$P(X,z,w,k) = \frac{1}{n}\sum_{i=1}^{n} p_i(x_i,z,w,k) \tag{6.6}$$

---

① 在这种情形下，额外维度中的贫困的额外福利成本将会最小化，很容易找到例证来说明从凹函数 g 中得到的贫困测量将对应人际间的不平等偏好（Rippin，2012）。

记 P 具备 $p_i s$ 的所有属性，而且还满足以下属性。

（1）匿名性或对称性：如果两个人切换剥夺向量，贫困测量 P 仍然不受影响。这意味着同样的人受到平等对待。

（2）人口原理：如果每个个人都在重复 $\pi > 0$ 次数，那么 P 不会发生变化；这一属性允许不同规模的群体之间的比较。

（3）贫困聚焦：非贫困人口的福利变化不会改变贫困人群的状态，因而不会影响到 P。

（4）分解性相加：意味着整体贫困是亚群体贫困水平占比的加权平均。这个公理能够识别那些遭受贫困折磨最为深重的亚群体。

（5）亚群体的一致性：如果人口分成若干个不迭代的群体 G，且一个群体的贫困上升或下降不会影响到其他群体，那么整体贫困也相应地上升或下降。这一属性是分解忙相加的应有之义。

（6）因子分解性：这个特性允许贫困指数可以分解成各个维度，使得每个维度贡献的演变形成总体贫困（Chakravarty 等，1998；Alkire 和 Foster，2011）。这一属性特别适合贫困瞄准。不过，它要求个人贫困指数可以跨维度相加，也可能会阻碍满足某些合理的转移支付公理。

此外，最近一些有关利用定序变量测量多维贫困的文献关注了贫困不均现象。Alkire 和 Seth（2014）建议使用一种独立的、可分解的不平等测量方法——正向多元方差——来分析贫困人口的不平等分值和人口亚群体的贫富差距。不过，梳理单维度贫困和使用连续属性的多维度贫困的研究文献可以发现，计算贫困人口之间不平等的常用方法，已经调整为使用不平等厌恶参数的贫困函数。因为，与使用连续性指标不同的是，我们不可能掌握每个维度的不平等，发现不平等的唯一方法就是考察贫困人口被剥夺分数的分布。

事实上，根据 Sen（1976）的研究，尽管可以从考察贫困的发生率和强度来分析贫困的变化，但是分析这些变化对于贫困人口是否公平也非常重要。

在 Silber 和 Yalonetzky（2013）的研究中，已经指出了降低贫困不均的三种定义。在所有三种定义中，当不平等上升时，又或者至少不会出现下降（以较弱的形式）时，需要增加社会贫困的指标体系。

贫困人口中的被剥夺不均改变的第一种定义，类似于庇古－道尔顿转移，是贫困状况从较为贫困向较为不贫困的保秩转移，其中贫困程度对应被剥夺的加权数量。在这一转移中，假定贫富不均测量的敏感性是下降的。

Rippin（2010）使用了这一定义，界定了一个所谓的"不平等递增转换下的非递减性"（non-decreasingness under inequality- increasing switch，NDS）公理。在这个公理下，个人从较不贫困向比较贫困的转化并不能降低贫困。正如 Rippin（2010）所示，利用这个公理，使得考察那些不在庇古－道尔顿转移原理覆盖之下的状态具备了可能性。

Chakravarty 和 D'Ambrosio（2006）提出了一个类似的公理，称为"边际社会排斥的非递减性"（non- decreasingness of marginal social exclusion，NMS）。这个公理指出在遭受同样的被剥夺情况下，给较为贫困的个人带来比那些较不贫困的个人更高的贫困，或者至少持平。满足这一属性要求个人贫困函数是拟凸的。

Silber 和 Yalonetzky（2013）的研究证明，社会贫困函数当且仅当满足"不平等递增转换下的非递减性"的条件时，才能满足"边际社会排斥的非递减性"。这一属性的增强版本，被 Datt（2013）称为"跨维度凸性"，因为考察了个人福利弱势的乘数效应不能简化成总和效应的事实而备受关注。换句话说，在一个给定维度中贫困上升产生的影响会提高其他维度贫困的水平。

第二种定义常见于多维背景下，沿袭了 Kolm（1977）关于多维背景下不平等的研究。多维转换原理（The multidimensional transfer principle，MTP）指出，如果个人之间通过双随机转换①形成属性再分配，那么贫困不会上升。换句话说，多维转换原理要求转换后的属性分布应该比初始分布②更加均匀。Alkire 和 Foster（2011）、Bossert 等（2013）研究中都使用过这一定义，它更适用于连续变量。Bossert 等（2013）提出了一个所谓的"S－凸性"属性，也被 Alkire 和 Foster（2011）称为"弱转换"，因为 Alkire 和 Foster（2011）使用了一个更加普遍化的方法来识别贫困。他们修正了双随机矩阵，只在贫困人口之中计算剥夺平均得分。

第三种定义是由 Alkire 和 Foster（2011）提出来的，称为"协同递减的贫困人口重组"。在这一属性下，任何两个穷人 i 和 i' 之间的属性重组会打破 i 和 i' 之间的被剥夺数量的初始分布（初始状态下个人 i 要比 i' 更贫困），意味着贫困并不会减少。满足这个属性要求个人贫困函数是拟凸的。不过，

① 双随机矩阵就是每个列和行的和等于 1 的方矩阵。
② PDP 和 MTP 都要求个人贫困函数都是凸函数。

Alkire 和 Foster（2011）提出了这个公理的弱版本。

在这些属性的基础上，可以在文献中找出贫困的 5 种计算方法，其中一些是明确的多维贫困计量方法，如 Alkire 和 Foster（2011）、Rippin（2010）等所提出来的。其他是贫困测量的隐含方法，如 Chakravarty 和 D'Ambrosio（2006）、Bossert 等（2013）提出的社会排斥法或是分支方法（Jayaraj 和 Subramanian，2010）。

我们认为 Alkire 和 Foster（2011）提出的那一类贫困计量方法，是以传统的 Foster – Greer – Thorbecke 贫困测量方法为基础的"维度调整的"多维贫困测量法。

Alkire 和 Foster"维度调整的"多维贫困测量

这类测量方法满足一系列的合理化公理，包括分解性和维度单调性，其定义为：

$$P_\alpha^{AF}(X,z) = \frac{1}{n}\sum_{i=1}^{n}\Psi^{AF}(x_i,z,c)\sum_{j=1}^{m}\xi(x_{ij},z_j)w_j\left(1-\frac{X_{ij}}{Z_j}\right)^{a_j}$$

在贫困属性由二分变量代表的情况下，这类方法受限于 $\alpha=0$ 的情形。于是，社会贫困函数为：

$$P_0^{AF} = \frac{1}{n}\sum_{i=1}^{n}\Psi^{AF}(x_i,z,k)c_i \tag{6.7}$$

其中 c_i 由第 2 条公式给出。

这项方法就是用于多维贫困指数中的调整贫困率，Alkire 和 Foster（2011）记其为 M_0。众所周知，M_0 可以表达为 $M_0 = P_0^{AF} = H \times A$，即多维贫困的百分比（$H$）与贫困人口之间的被剥夺平均比例（$A$）的乘积。

很容易发现，P_0^{AF} 违背了 NDS 公理。事实上，在最好的情况下，充其量当转换并不能改变所涉及的人群的贫困状态时，P_0^{AF} 保持不受影响。这是一个渐进的贫困转换的情形。然而，经常出现的例子是，单一维度下的倒退转换意味着贫困的某些 k 值下降。出现这种情况是因为转换到较不贫困不但减少了个人特定的贫困，也能够造就富裕的个人。还有可能显示，P_0^{AF} 在贫困人口中的 k 值属性进行递增协同转换的情况下，不能满足重组公理。在这个意义上，P_0^{AF} 对于给定的贫困如何在人际间分配是不敏感的。

Rippin（2010）定序多维贫困测量

$$P_r^{RI} = \frac{1}{n} \sum_{i=1}^{n} \Psi^{RI}(x_i, z, w) \sum_{j=1}^{m} w_j \xi(x_{ij}, z_j) \tag{6.8}$$

如果代入公式（6.4）中的 Ψ^{RI} 表达式，并重新求和，显而易见，P_γ^{RI} 可以等价地表达为：

$$P_\gamma^{RI} = \frac{1}{n} \sum_{i=1}^{n} c_i^{\gamma+1} \tag{6.9}$$

因为 $\gamma \geq 0$，满足 NDS 和 NMS，这类贫困测量对贫困集中度很敏感。即在 NDS 和 NMS 的增强版本中，$\gamma > 0$，即便采用以跨维度的临界值为基础的识别方法。而且，该识别方法还考虑了（6.8）式附加结构中所保留的属性之间的关联，因而这类贫困测量不仅能满足子群分解，也能满足因子分解。

Chakravarty 和 D' Ambrosio 多维贫困测量

$$P^{CD} = \frac{1}{n} \sum_{i=1}^{n} \Psi[x_i, z, w, k = \min(w_1, \cdots, w_m)] h(c_i)$$

其中，h 以一个非递减的比率递增，而 k 对应识别方法中的联合法。我们得出下列 $h(c_i)$ 的特别函数形式：

$$P_\alpha^{CD} = \frac{1}{n} \sum_{i=1}^{n} c_i^\alpha \tag{6.10}$$

这类方法采用了隐含的联合法，在 $\alpha \geq 1$ 时符合 NDS 和 NMS。这些公理的增强版本要求 $\alpha > 1$，甚至能满足更普遍的识别方法。我们注意到被剥夺分数从 2 到无穷大上升得越高，P_α^{CD} 会变得越敏感。当 $\alpha = 1$，P_α^{CD} 变成社会平均被剥夺得分（Chakravarty 和 D'Ambrosio 如此指定），这对应联合法中的 $P_0^{AFunion}$。很容易显示，当 $\alpha = 2$，P_α^{CD} 将会改写成社会被剥夺得分平均值的平方 $(P_0^{AFunion})^2$ 与社会被剥夺得分方差之和：

$$P_2^{CD} = (P_0^{AFunion})^2 + \sigma^2 \tag{6.11}$$

于是，在给定的 $P_0^{AFunion}$ 中，σ^2 的减少会降低（6.11）的贫困测量。然而，与 Rippin 测量法不同的是，P_α^{CD} 并不能满足因子分解。

这类测量的家庭中的亚群已经被 Jayaraj 和 Subramanian（2010）[1] 得到。

如前所述，Aaberge 和 Peluso（2012）提出个人贫困函数的一种替代性的加总方法，Silber 和 Yalonetzky（2013）对此进行了扩展。对于这个问题我们接下来会讨论。

Aaberge 和 Peluso（2012）法

在 Sen（1974）和 Yaari（1988）构建的等级依赖框架的基础上，Aaberge 和 Peluso（2012）借鉴了替代性的集合法，建立了被剥夺的综合测量法。事实上，社会贫困函数就是被剥夺数量分布的直接函数，因为它考虑了个人被剥夺 j 的比重，$j=1,\cdots,m$。更确切地说，对于一系列的剥夺 h，令 $F(h)=\Pr(c_i \leqslant h)$ 为个人被剥夺 h 的累计函数。然后，运用 Yaari（1987）提出的风险选择对偶理论中的公理及其他类似于 Yaari（1988）、Aaberge 和 Peluso（2012）所定义的公理，可以得出结果，当且仅当以下条件成立时，累计分布 F_1 要优于 F_2。

$$\sum_{j=0}^{m-1} \Gamma[F_1(j)] \geqslant \sum_{j=0}^{m-1} \Gamma[F_2(j)]$$

其中 Γ 是一个连续的和非递减的实函数，用来定义下标分别为 1 和 2 的分布 F_1 和 F_2 的单位间隔。函数 Γ 还充当了等级依赖框架中扭曲概率的权重函数，必须予以强调。Γ 的形状反映了社会评估者的偏好是否转向了那些在各个维度或者至少在一个维度里都深受剥夺的人们。

接着，Aaberge 和 Peluso（2012）定义社会剥夺测量 D_Γ 如下：

$$D_\Gamma(F) = m - \sum_{j=0}^{m-1} \Gamma[F(j)] \tag{6.12}$$

很容易理解，如果人口中无人受到任何剥夺，那么 $D_\Gamma(F)$ 等于 0。于是 $F(j)=1 \ \forall \ j=1,\cdots,m-1$，因此：

$$\sum_{j=0}^{m-1} \Gamma[F(j)] = m$$

---

① 特别是每个属性都赋予相等的权重（每个属性的权重都等于 $\frac{1}{m}$），作者定义相应的总贫困测量：$P_\beta^{JR} = \sum_{j=1}^{n}(\frac{j}{m})^\beta F_j$。其中，$H_j$ 是在确切的维度中贫困个人的比重。这个体系满足之前提到的属性。特别是范围的敏感性，类似于庇古 - 道尔顿转移原理，满足所有的 $\beta > 1$，而强的范围敏感性会满足所有的 $\beta > 2$。Jayaraj 和 Subramanian（2010）显示当每一个维度都被赋予相等的权重时，F_β^{JR} 等于 P_α^{CD}。

如果相反，每个人都遭受了最大数量的剥夺，于是 $F(j) = 0.5 j = 1, \cdots,$ $m-1$，$F(m) = 1$。于是，$D_\Gamma(F)$ 等于 m。

正如 Aaberge 和 Peluso（2012）所证明，$D_\Gamma(F)$ 可以分解成剥夺的程度和分散度。此外，$D_\Gamma(F)$ 满足之前提到的除亚群体一致性外的所有属性。满足不平等公理，需要 Γ 形状为凸。Aaberge 和 Peluso（2012）方法经 Silber 和 Yalonetzky（2013）得到扩展。

Silber 和 Yalonetzky（2013）提出的扩展方法

基于 Aaberge 和 Peluso（2012）相同的框架，Silber 和 Yalonetzky（2013）发展了一种社会贫困函数，能够用于不同的贫困识别方法。与 Aaberge 和 Peluso（2012）不同的是，Silber 和 Yalonetzky（2013）等方法中使用了"生存函数"或者"累计分布函数"[1]。更确切地说，对于一系列的剥夺 h，他们令 $S(h) = Pr(c_i \geq h)$。于是，他们建议下列社会贫困函数：

$$P^{SY}(x,z) = \frac{1}{m-k+1} \sum_{h=k}^{m} \Gamma[S(h)] \qquad (6.13)$$

其中 Γ 是一个非负的、非递减的实值函数映射形式，介于实值区间 $[0, 1]$，取值 $\Gamma(0) = 0$，$\Gamma(1) = 1$。一阶和二阶导数满足 $\Gamma' > 0$，$\Gamma'' \leq 0$。

只要 $k = 1$，那么公式（6.13）定义的这类测量方法就对应于联合法。然后，通过选择 k，也有可能产生交叉法或者其他中间法来识别贫困，如 Alkire 和 Foster（2011）方法。

出于实证需要，这一类的测量方法不得不进行总加权的调整，因为底层聚合过程事关给定的人口比例与相应的被剥夺数量加权平均之间的相互关系，在特定的加权选择中，被剥夺得分可能值只存在单一向量。

假定 m 维度的权重由向量 $w = (w_1, \cdots, w_m)$ 给定，且 $\sum_{i=1}^{m} w_j = 1$，这种情况下，非零的被剥夺数量 m' 的最大值大于给定的维度 m。

假设被剥夺分数按照被剥夺的升序排列，定义 $c = (c_0, c_1, \cdots, c_h, \cdots, c'_m)$，于是令 $c_h \in [0, 1]$，$h = 0, 1, \cdots, m'$。$c'_m = 1$ 表示个人在每一个维度的被剥夺得分。应该指出的是，被剥夺得分 c_h 并没有给出一系列的维度，而是给出占个人被剥夺的全部维度的比重。

因此，由于被剥夺分数按升序排列，临界值 k 意味着我们考虑到那些个

---

[1] 更多的细节可参见 Silber 和 Yalonetzky（2013）。

人被剥夺分数至少等于 c_k 的多维贫困。现在，贫困的识别和计量是以所有可能的非零值 c 的价值 $(m'-k+1)$ 为基础的。

在这种情形下，P^{SY} 类的表达式如下：

$$P^{SY} = \frac{m'}{m'-k+1} \sum_{h=k}^{m'} \omega_h \Gamma[S(h)] \tag{6.14}$$

其中，$\omega_h = c_h - c_{h-1}$ 是与 Γ 相关的权重，Γ 是至少有一个被剥夺分数为 c_h 的个人占比的函数。如果所有维度的权重都相同，那么 $w_j = \dfrac{1}{m}$，$j = 1, \cdots, m$。在这种情形下，$m = m'$，$c = (\dfrac{1}{m}, \cdots, \dfrac{h}{m}, \cdots, 1)$，同时，所有的 h 都满足，$c_h - c_{h-1} = \dfrac{1}{m}$，（6.13）就很容易实现。

此外，对于 Aaberge 和 Peluso（2012）的测量方法，我们可以证明（6.14）中所定义的指数序列可以分解为反映被剥夺分数的分布均值和分散性的影响要素。

令被剥夺分数的平均值，定义式如下：

$$\mu = \sum_{h=1}^{m'} c_h q_h$$

其中，q_h 是被剥夺分数等于 c_h 的个人所占的比重。为了补充 P^{SY} 和 μ 所提供的信息，引入一个离差测量是非常有用的：

$$\Delta_r(S) = \sum_{h=1}^{m'} \left\{ \Gamma[S(h)] - \sum_{j=h}^{m'} qj \right\}$$

我们注意到，在联合方法中，分布平均值相当于 Chakarvarty 和 D'Ambrosio（2006）方法中的 A 指数，以及 Alkire 和 Foster（2011）方法中的 M_0。利用（6.14），于是可能确定被剥夺的平均数 μ 对 P^{SY} 的意义，以及人际间的被剥夺离差[①]。

6.3　亚洲三个国家的实证应用

尽管学术界和国际发展机构都很好地认识到了多维贫困的事实，然而对

---

① 更多使用交叉方法来甄别穷人的有关 Aaberge 和 Peluso（2012）方法扩展的分解，参见 Bérenger（2015）。

这些国家的贫困研究仍然以绝对货币法为主。因此，比较这三个国家货币性贫困率数据以及国内生产总值（GDP）所捕捉到的经济表现，具有指导意义。表 6-1 反映了以世界银行每天 1.25 美元所测量的收入贫困下降数据，以及选定时期内的收入增长表现，选定这些日期，是为了尽可能获得可用于研究多维贫困趋势的数据。结果显示了这三个国家的减贫经验具有多样性变化。在第一阶段，印度尼西亚表现最好，贫困率从 2006 年的 43.4% 下降至 2002 年的 29.2%，而同期的年均增长率只有 0.68%。

相比之下，1997～2003 年，菲律宾尽管经济增长，贫困率反而上升。1994～2004 年，柬埔寨的 GDP 高速增长伴随货币性贫困略微下降。不过，在第二阶段，柬埔寨经济增长带来的减贫最为有效，相比之下，印度尼西亚和菲律宾的 GDP 增长带来的减贫效果却非常一般。

然而，在这一阶段，有必要利用多维贫困方法来补充分析这些国家的人口福利的趋势。在接下来的小节中，跨期比较多维贫困能够提供有用的信息来评估收入增长是否转化成社会收益。

表 6-1　亚洲三国的 GDP 增长率和贫困变化

单位：%

国家	时期	该时期的 GDP 增长	每天 1.25 美元标准下的贫困率	贫困变化
柬埔寨	1994～2004 年	109.5(7.7)	44.5	-15.3(-1.4)
	2004～2009 年	47.6(8.1)	37.7	-50.7(-8.5)
印度尼西亚	1996～2002 年	4.2(0.7)	43.4	-32.5(-4.8)
	2002～2008 年	38.3(5.6)	29.3	-22.9(-3.5)
菲律宾	1997～2003 年	19.8(3.1)	21.6	1.9(0.3)
	2003～2009 年	32.2(7.5)	22.0	-16.4(-2.6)

注：栏中的数字表示年均增长（或贫困下降）率。

资料来源：贫困和 GDP 增长率数据来源于世界银行（世界发展指数）和亚洲开发银行（亚洲开发银行发展关键指数，亚洲和太平洋国家）。

6.3.1　数据描述

使用由美国国际发展总署（US Agency for International Development，USAID）发起的人口与健康调查（DHS），可以替代性地补充贫困分析可用数据上的缺陷。这也是联合国开发计划署（2010）测量许多国家多位贫困指数的主要数据来源之一。虽然这些调查没有包含收入和支出数据，但它们收集了包括柬埔寨（2000 年、2005 年和 2010 年）、印度尼西亚（1997 年、2003 年和 2007 年）和菲律宾（1997 年、2003 年和 2008 年）的人口生活状况等重要信息。在这些数据库中，两个主要的信息来源是很有用的：家庭特征列表和针对育龄妇女（15～49 岁）的调查问卷。两者可以合并提取出我们所关切的维度。沿用联合国开发计划署 2010 年报告中的方法，评估贫困使用的维度与人类发展指数（也就是教育、健康和生活水平）一致，都以每个国家每一年度可用的八项属性为基础。这些指标的清单如表 6-2 所示。

表 6-2　用于计算贫困测量的维度和变量

维度	指标	临界值	相关权重
教育	儿童入学率	有学龄（6～14 岁）儿童没有入学	1/6
	入学年限	没有家庭成员完成 5 年学校教育	1/6
健康	死亡率	家庭中有儿童死亡	1/3
生活水平	水	根据千年发展目标标准线,无法获得纯净饮用水的家庭	1/15
	电	用不上电的家庭	1/15
	卫生设备	卫生设备没有改进的家庭	1/15
	地板	拥有基本地板的家庭	1/15
	资产	拥有收音机、电视、自行车、摩托车数量在一台及以下且不拥有汽车的家庭	1/15

此外，由于我们的目标之一是使贫困能够在跨期、跨国之间进行比较，因而我们选取了每个国家的三个不同的年份进行贫困评估：2000 年、2005 年和 2010 年的柬埔寨；1997 年、2003 年和 2007 年的印度尼西亚；1997 年、2003 年和 2008 年的菲律宾。沿用联合国开发计划署 2010 年报告中的方法，我们采用了一个嵌套权重分析框架，即之前提到的三个维度中的每一个都具有相同的权重，每个给定的维度中的每一项指标也都具有相同的权重[①]。

---

① 因为我们的主要目标是实证性归纳贫困测量的计量方法的方法论贡献，这里就不阐述贫困测量对权重选择方案的敏感性问题。值得注意的是，文献中并没有对该使用的权重达成一致。更多的细节可以参见 Decancq 和 Lugo（2013），它确定了三种设置权重的方法。因此，我们采用了一种规范化的方法，假设每一个维度在福利中都是同等重要，这种好处在于权重保持恒定，并且可以在跨时、跨国间进行相关的比较。

6.3.2 基于 Alkire 和 Foster（2011）计量方法的实证结果

这一小节的开始是基于 Alkire 和 Foster（2011）计量方法的多维贫困测量而得到的分析结果。贫困测量根据不同的临界值 k 计算得出，k 值对应着被甄别为贫困家庭的指标最小加权总和。

表 6 – 3a、表 6 – 3b 和表 6 – 3c 显示的结果分别是运用 Alkire 和 Foster（2011）方法，选取不同的跨维度临界值 k 对柬埔寨、印度尼西亚和菲律宾分析得到的结果。特别是，我们在联合法和交叉法中沿用了联合国开发计划署（2010）选择的 k = 33% 的阈值，并使用 k = 50% 的值来捕捉受到严重贫困影响的家庭。正如预期的那样，贫困率（H）随 k 的维度临界值而减小，表明较高的贫困门槛会产生较低水平的贫困，H 值也高于调整后的总贫困率（M_0），这是因为贫困人口几乎在所有维度都存在被剥夺[1]。

各国之间的比较表明，菲律宾（2008 年是 13.8%）和印度尼西亚（2007 年是 18.9%）的多维贫困率要低于柬埔寨（2010 年至少在 33% 的维度上的多维贫困率为 33%）。这一排序在时间序列上不会受到 k 值的选择而发生变化。图 6 – 1、图 6 – 2 和图 6 – 3 中的结果显示，当 2010 年柬埔寨的 k = 93%、2007 年印度尼西亚 k = 82%、2008 年菲律宾 k = 77% 时，贫困发生率（H）和调整后的总贫困率（M_0）都趋近于 0。这表明，柬埔寨和印度尼西亚（程度较小一些）的贫困维度的相关性比菲律宾更高。

不论采用何种甄别贫困的方法，随着时间的推移，所有国家层面上的多维贫困都出现了下降。特别是，取 k = 33% 时，柬埔寨的贫困率从 2000 年的 64.5% 下降到 2010 年的 33%；印度尼西亚从 1997 年的 30.0% 下降到 2007 年的 18.9%；菲律宾从 1997 年的 22.0% 下降到 2008 年的 13.8%。一旦总贫困率（H）根据贫困人口（A）的被剥夺比重进行调整，得到调整后的总贫困率（M_0）结果更加有趣。特别是，k 取值越小（见表 6 – 3a、表 6 – 3b 和表 6 – 3c），M_0 下降的幅度比相应的 H 要快。这要归因于被剥夺的人口更少，而在总体上经受被剥夺的程度要更低。不过，M_0 的构成比例会随着 k 值而发生变化。我们注意到，H 值的变动影响会随着 k 值而上升，意味着越是采用更广泛的甄别方法，被剥夺维度的比重对 M_0 的变动就越会产生显著的影响。

---

[1] 当然，在采用交叉法时，这两项测量是一样的，因为根据定义，贫困个体在所有属性上都处于系统性的贫困。

表6-3a Alkire 和 Foster 测量方法计算的柬埔寨的多维贫困测量

单位：%

柬埔寨	总贫困率			M_0			A 所占比重			H 的变动比例		H 每年变化的比例		M_0 的变动比例		M_0 每年变化的比例	
	2000 年	2005 年	2010 年	2000 年	2005 年	2010 年	2000 年	2005 年	2010 年	2000 ~ 2005 年	2005 ~ 2010 年	2000 ~ 2005 年	2005 ~ 2010 年	2000 ~ 2005 年	2005 ~ 2010 年	2000 ~ 2005 年	2005 ~ 2010 年
k = 联合法																	
国家	0.966	0.917	0.858	0.434	0.326	0.252	44.9	35.5	29.4	-5.1	-6.4	-1.0	-1.3	-25.0	-22.6	-5.6	-5.0
城镇	0.801	0.631	0.449	0.279	0.193	0.091	34.8	30.6	20.2	-21.2	-28.8	-4.6	-6.6	-30.7	-53.1	-7.1	-14.0
农村	0.997	0.967	0.947	0.463	0.349	0.287	46.4	36.1	30.3	-3.009	-2.066	-0.609	-0.417	-24.6	-17.7	-5.5	-3.8
贫困差距率	1.245	1.532	2.107	1.660	1.804	3.164	1.3	1.2	1.5								
k = 33%																	
国家	0.645	0.456	0.330	0.371	0.243	0.165	57.6	53.3	50.1	-29.3	-27.7	-6.7	-6.3	-34.5	-32.0	-8.1	-7.4
城镇	0.401	0.272	0.118	0.219	0.139	0.052	54.4	51.2	44.2	-32.23	-56.5	-7.5	-15.3	-36.2	-62.4	-8.6	-17.8
农村	0.690	0.488	0.375	0.399	0.261	0.190	57.9	53.5	50.5	-29.2	-23.1	-6.7	-5.1	-34.6	-27.4	-8.1	-6.2
贫困差距率	1.718	1.794	3.171	1.827	1.875	3.623	1.064	1.045	1.1								
k = 50%																	
国家	0.397	0.230	0.136	0.270	0.152	0.087	68.1	65.9	64.0	-41.9	-41.1	-10.3	-10.0	-43.8	-42.8	-10.9	-10.6
城镇	0.220	0.122	0.031	0.146	0.081	0.020	66.5	66.4	63.7	-44.3	-74.7	-11.0	-24.0	-44.3	-75.8	-11.0	-24.7
农村	0.429	0.249	0.158	0.293	0.164	0.101	68.2	65.9	64.0	-41.9	-36.5	-10.3	-8.7	-43.9	-38.3	-10.9	-9.2
贫困差距率	1.953	2.035	5.117	2.004	2.018	5.141	1.026	0.992	1.005								

表 6-3b　Alkire 和 Foster 测量方法计算的印度尼西亚的多维贫困测量

单位：%

印度尼西亚	总贫困率			M₀			A 所占比重			H 的变动比例		H 每年变化的比例		M₀ 的变动比例		M₀ 每年变化的比例	
	1997年	2003年	2007年	1997年	2003年	2007年	1997年	2003年	2007年	1997~2003年	2003~2007年	1997~2003年	2003~2007年	1997~2003年	2003~2007年	1997~2003年	2003~2007年
k=联合法																	
国家	0.838	0.774	0.755	0.230	0.189	0.160	27.4	24.5	21.2	-7.6	-2.6	-1.3	-0.6	-17.6	-15.5	-3.2	-4.1
城镇	0.647	0.633	0.639	0.126	0.129	0.109	19.4	20.4	17.0	-2.2	0.9	-0.4	0.2	2.8	-15.8	0.5	-4.2
农村	0.918	0.900	0.840	0.274	0.243	0.198	29.8	27.0	23.6	-1.9	-6.682	-0.3	-1.7	-11.1	-18.5	-1.9	-5.0
贫困差距率	1.419	1.423	1.316	2.179	1.886	1.826	1.536	1.325	1.388								
k=33%																	
国家	0.300	0.238	0.189	0.148	0.113	0.087	49.2	47.4	45.9	-20.7	-20.6	-3.8	-5.6	-23.6	-23.1	-4.4	-6.4
城镇	0.155	0.169	0.127	0.067	0.074	0.054	43.3	43.8	42.7	8.9	-24.5	1.4	-6.8	9.9	-26.3	1.6	-7.3
农村	0.361	0.300	0.235	0.181	0.148	0.111	50.2	49.2	47.2	-16.9	-21.8	-3.0	-6.0	-18.7	-25.0	-3.4	-6.9
贫困差距率	2.329	1.778	1.841	2.701	1.998	2.034	1.159	1.124	1.105								
k=50%																	
国家	0.120	0.082	0.056	0.076	0.051	0.034	62.9	62.2	60.9	-32.0	-31.0	-6.2	-8.9	-32.8	-32.5	-6.4	-9.4
城镇	0.030	0.040	0.024	0.018	0.024	0.014	59.5	60.6	59.0	31.6	-38.5	4.7	-11.4	34.3	-40.1	5.0	-12.0
农村	0.158	0.119	0.080	0.100	0.075	0.049	63.2	62.7	61.4	-24.5	-32.9	-4.6	-9.5	-25.2	-34.3	-4.7	-10.0
贫困差距率	5.238	3.003	3.271	5.569	3.103	3.401	1.063	1.033	1.040								

表6-3c　Alkire 和 Foster 测量方法计算的菲律宾的多位贫困测量

单位：%

菲律宾	总贫困率			M_0			A 所占比重			H 的变动比例		H 每年变化的比例		M_0 的变动比例		M_0 每年变化的比例	
	1997年	2003年	2008年	1997年	2003年	2008年	1997年	2003年	2008年	1997~2003年	2003~2008年	1997~2003年	2003~2008年	1997~2003年	2003~2008年	1997~2003年	2003~2008年
k=联合法																	
国家	0.629	0.617	0.650	0.166	0.145	0.120	26.4	23.5	18.5	-1.9	5.3	-0.3	1.0	-12.6	-17.0	-2.2	3.7
城镇	0.481	0.507	0.632	0.101	0.093	0.091	21.1	18.3	14.3	5.3	24.7	0.9	4.5	-8.8	-2.0	-1.5	-0.4
农村	0.776	0.735	0.668	0.231	0.201	0.150	29.7	27.4	22.5	-5.3	-9.1	-0.9	-1.9	-12.7	-25.3	-2.2	-5.7
贫困差距率	1.613	1.450	1.057	2.276	2.177	1.660											
k=33%																	
国家	0.220	0.181	0.138	0.106	0.085	0.061	48.0	47.2	44.1	-18.0	-23.3	-3.3	-5.2	-19.4	-28.4	-3.5	-6.5
城镇	0.140	0.112	0.096	0.059	0.047	0.040	42.5	42.2	41.5	-20.0	-13.8	-3.7	-2.9	-20.7	-15.3	-3.8	-3.3
农村	0.300	0.254	0.181	0.152	0.126	0.082	50.6	49.6	45.5	-15.5	-28.9	-2.8	-6.6	-17.1	-34.7	-3.1	-8.2
贫困差距率	2.148	2.271	1.874	2.557	2.671	2.057											
k=50%																	
国家	0.089	0.063	0.036	0.055	0.040	0.022	62.4	62.8	60.9	-28.9	-43.4	-5.5	-10.8	-28.4	-45.1	-5.4	-11.3
城镇	0.037	0.022	0.017	0.022	0.013	0.010	58.3	60.3	60.5	-40.89	-22.5	-8.4	-5.0	-39.0	-22.2	-7.9	-5.0
农村	0.141	0.107	0.055	0.089	0.068	0.033	63.5	63.4	61.0	-23.7	-49.1	-4.4	-12.6	-23.8	-51.0	-4.4	-13.3
贫困差距率	3.762	4.854	3.188	4.093	5.106	3.217	1.088	1.052	1.009								

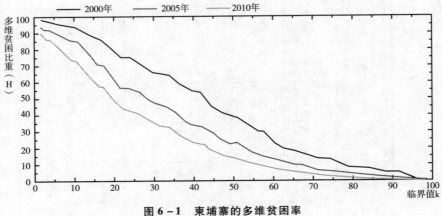

图6-1　柬埔寨的多维贫困率

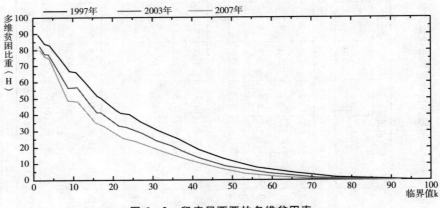

图6-2　印度尼西亚的多维贫困率

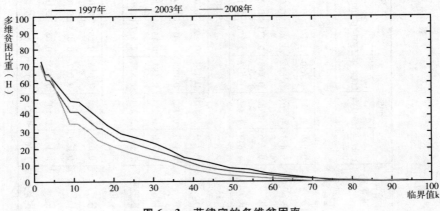

图6-3　菲律宾的多维贫困率

根据居住区域分析每个跨期贫困趋势得出的结果会更加有趣。

对于柬埔寨，不管 k 取值如何，2000～2005 年的贫困下降幅度要高于 2005～2010 年。正如表 6－3a 中的数据显示，农村地区（该地区的人口比重在 2000 年、2005 年和 2010 年分别为 84.48%、85.10% 和 82.20%）的多维贫困要高于城镇地区。在每一个分析年度，农村地区的贫困率（H）和贫困强度（A）都要高于城镇地区，即意味着农村地区的 M_0 值更高。但是，整个阶段的农村和城镇的贫困都下降了。更确切地说，在 2000～2005 年第一个细分阶段，城镇地区的多维贫困下降程度要高于农村地区，即使不管 k 取值如何，农村地区的贫困强度（A）的下降程度要高于城镇地区。举例来说，当考虑到最严重的被剥夺程度（k＝50%）时，2005 年的农村贫困强度要低于城镇。在 2005～2010 年的第二个细分阶段，城镇贫困率下降的速度比农村更快，得益于贫困发生率较快下降与贫困人口（A）的被剥夺维度比重的复合效应。尽管在 2000～2005 年城乡差距显著缩小，但是在 2005～2010 年这一差距上升或者保持非常稳定（取决于 k 值的选择）。然而，检验农村和城镇的比值的结果显示，不管 k 取值如何，H 和 M_0 的差距率在整个时期都上升了，在 2005～2010 年上升得尤为显著，这意味着农村人口从福利维度改善上得到的收益要弱于城镇人口。此外，我们也注意到，如果使用更加严格的贫困视角，城乡之间的贫困差距率会进一步扩大。

对居住区域的分析能提供有趣的分析视角。本章附录中的表 6A－1 和表 6A－2 显示了利用 Alkire 和 Foster 的方法，按照居住地区评估贫困的结果。首先，我们注意到平原和洞里萨地区（Tonle Sap）集中了最多的人口（净占整个时期总人口的 70%；2010 年平原地区和洞里萨地区的人口所占总人口的比重分别为 39.8% 和 30.5%），其次是山区（13%）。相比之下，金边和沿海地区占总人口的比重分别是 9.3% 和 7%。结果显示，当 k＝33% 时，金边地区的多维贫困率相比其他地区水平最低，平原地区多维贫困率是 65.3%，山区多维贫困率是 76.5%。我们还注意到不管 k 取值如何，每个地区的所有贫困指标（H 和 M_0）随着时间的推移都出现了下降。当采用一个严格的贫困视角（非根据联合法）时，平原地区的减贫速度最快。实际上，在这种情形下，金边的调整总贫困率下降（M_0）最多，主要是因为 H 下降的比率很高，而贫困强度（A）则出现上升。而且，如果重点放在严重贫困（k＝50%）上，那么金边的贫困强度是上升的。纵观第二个细分时期（2005～2010 年），不管 k 的取值如何，生活在金边的人口所享受到的社会干预要优于其他地区。不过，尽管被剥夺维度比重累计超过 50% 的那些人改善的程度最高，但比起 2005 年，他们被剥夺的维度的数量仍然较高，在 2010 年比那些生活在平原和沿海地区的人们还要高。除了有数据记录的山区之外，其他地区的贫困率下降程度大体相同，仅次于金边，2005～2010 年，金边地区下降得最快，尽管在第一个细分时期，金边地区的贫困率已经处于最低水平。然而，结果显示金边地区的减贫出现了减速。相比之下，尽管山区地区的人口状况要比其他地区恶劣，但是正在追赶过程中，这是因为其 2005～2010 年的减贫速度已经进入最快的行列之中。

总体而言，结果证明城乡之间的差距在扩大，金边和其他地区也一样。这反映出居住区域和地区之间的发展不平衡。

在印度尼西亚，两个细分时期的贫困率在国家层面上也下降了。不过，这一趋势掩盖了在居住区域和贫困甄别方法选择上造成的贫困非单调演变。实际上，根据贫困的联合法观点，1997～2003 年，城镇的贫困率下降了，与 1997 年相比，贫困人口的状况在 2003 年却更加恶化了，因为他们所遭受的被剥夺数量增多了，也就是 M_0 上升了。相比之下，在第二个细分时期（2003～2007 年），贫困人口比例上升了，但贫困强度（A）下降得较快。与此类似，当采取更为严格的甄别方法时，农村地区的贫困出现了非单调的演变。结果显示，1997～2003 年，贫困率出现上升，而第二个细分时期 2003～2007 年，贫困率出现下降。相比之下，农村地区的多维贫困率出现了明显的、持续的下降，这一地区在 2007 年的人口比重达到 57%。此外，如果不是使用联合法，那么评估趋于显示，2003～2007 年，减贫加速进行，尽管要低于这一时期的城镇地区。因此，正如表 6-3b 所示，无论选择什么样的维度临界值，城乡贫困率的差距率随时间推移而持续下降。然而，城乡差距率在第二个细分时期内却呈现另一种完全不同的画面。

尽管 1997～2003 年，由于城镇贫困上升，城乡差距明显缩小，但是第二个细分时期的趋势似乎更加高度依赖于临界值 k 的取值选择。根据联合法，当 k = 50% 时，城乡差距率出现略微下降，相比之下，当 k = 33% 时，城乡差距率则略微升高。

对居住地区的分析表明，聚集了约 60% 人口的爪哇岛要好于其他地区（见附录中的表 6A-3 和表 6A-4）。相比之下，只占总人口不到 6% 的巴厘岛，多维贫困率最高。我们注意到其他地区在贫困率的排名上取决于 k 的取值。当我们要确定在两个细分时期的减贫中获益最多的地区时，情况也一样。实际上，根据联合法，在第一个细分时期，多维贫困率（H）下降最多的是加里曼丹（Kalimantan）地区，而爪哇岛的调整贫困率（M_0）的表现更好，其次是苏拉威西（Sulawesi）岛，这是因为贫困强度（A）下降得更快，尤其是在爪哇岛。然而，运用更为严格的贫困视角来观察第一个细分时期，爪哇岛的贫困率下降得最快，而加里曼丹岛下降得最慢。相比之下，在第二个细分时期，巴厘岛的追赶速度最快。而且，在非联合法下，1997年苏拉威西岛和加里曼丹岛的贫困率非常相似，但是随着时间的变化，贫困率趋势迥然不同。实际上，在第一个细分时期，苏门答腊岛的表现要优于苏拉威西岛，在第二个细分时期贫困率下降的速度进一步加快，拉大了与苏拉威西岛的差距，而后者在 k = 33% 的情形下，贫困率略微下降，也是一个特别的案例。

转到菲律宾的情况，在两个细分阶段，国家层面上的贫穷率都出现了下降，但是当采用一个更为广泛的贫困视角时，这一趋势就会变得更加模糊（见表 6 – 3c）。事实上，2003 ~ 2008 年，多维贫困率上升被贫困人口中被剥夺比重下降较快所补偿。此外，在第二个细分时期，贫困下降加速进行，当然这是在不采用贫困的联合法视角之下。

对于柬埔寨和印度尼西亚，贫困仍然是一个农村现象，那里生活了约50%的人口。在印度尼西亚非常显著，比较两个细分时期的城乡之间的贫困变化率，得出的结论严重取决于所采用的甄别方法。联合法显示，从长期来看，农村人口贫困下降的速度要快于城镇人口，这意味着城乡差距在缩小，如表 6 – 3c 所示。这很大程度上归因于城镇地区总贫困率上升，尽管贫困强度的下降似乎对城镇人口更为有利。相比之下，当采用更为严格的贫困视角时，更容易观测到其中的冲突。于是，当 k = 33%，可以看到 1997 ~ 2003 年，城镇人口在社会进步上的获益要多于农村人口，而在第二个阶段的情况则相反，因为农村地区的贫困下降率要高于城镇地区。不过，如果强调更为严重的被剥夺（k = 50%），结果显示城乡差距率在两个细分时期内出现先上升后下降的颠倒趋势。值得一提的是，农村地区的贫困强度随着时间而上升，会抵消总贫困率改变产生的改善效应。

因此，研究整个阶段的城乡差距的变化并不容易得到确凿的结果。根据居住区域来考察整个阶段的贫困变化也会是同样的情况（见附录中的表 6A – 5和表 6A – 6）。我们看到，不论采用何种甄别方法，以 H 和 M_0 来看，居住人口比重占 56% 以上的吕宋岛是被剥夺最少的地区。此外，不管 k 取何值，1997 年，棉兰老岛（Mindanao）比米沙鄢（Visayas）的情况要更坏（以 H

和 M_0 来看）。1997～2003 年，棉兰老岛的减贫效果最为突出，导致这两个地区在 2003 年的贫困率接近。然后，这一状况在第二个细分时期并没有保持下去，因为米沙鄢的贫困变化率要高于棉兰老岛，除非 k = 50% 。要甄别出哪个地区在 2003～2008 年贫困率下降得最快，可并不是一件容易的事情，因为这个结果会根据 k 的维度临界值而有所区别。

之前的讨论主要是基于个人对总贫困的影响进行的贫困测量，这取决于自己的成就向量。正如 6.2 中强调的那样，Alkire 和 Foster 方法的隐含假设在于多重剥夺的整体效果是所有个人影响的叠加。于是，这些测量对于给定系列的被剥夺分布完全不敏感。

6.3.3　贫困测量对不公平的敏感性的实证结果

现在，我们进一步考察贫困测量，将更多的重点放在多重剥夺的复合效应，进而对不同个人的被剥夺传播效应具有的敏感性上。

表 6 –4a、表 6 –4b 和表 6 –4c 分别代表了使用 Rippin 指标体系在 $\gamma = 1.5$ 和 $\gamma = 2$ 时对三个国家的测量。这些表也显示了使用 Chakravarty 和 D'Ambrosio 方法中的社会排斥指数体系（$\alpha = 2$）的部分指标和 Silber 和 Yalonetzky 提出的 Aaberge 和 Peluso 方法扩展所得到的贫困测量。所有这些测量方法都直接或者间接地使用联合法。乍一看，这些测量并没有直接比较 M_0，因为他们考察的是整个人口的被剥夺，而不仅限于穷人 [即 $k \neq \min (w_1, \cdots, w_m)$]。即使在联合法中，这种比较也具有误导性，因为这些测量包含了选择不平等厌恶参数。测量不平等厌恶程度的参数值越大，更高的被剥夺得分的权重就越大。

在这种情况下，社会评价者的关切更加趋向于使用交叉法。特别是，正如 6.2 中所提到的，很容易观察到当 $\alpha = \gamma + 1$ 时，P^{CD} 与 P^{RI} 之间具有等价性。于是，考察 Chakravarty 和 D'Ambrosio 测量方法和 Rippin 测量方法（见表6 – 4a、表 6 – 4c），我们看到贫困评估随着 α（γ）的上升而下降。

这些测量方法似乎比那些沿用 Alkire 和 Foster 方法采用更严格的贫困视角得到的结果相关度更高。相比之下，Aaberge 和 Peluso 方法的扩展所做出的评估完全不同，它们变量的范围在某种程度上更加接近于联合法使用过程中的 M_0。有趣的是，对于这三个国家而言，城乡差距率随着 α 或者 γ 值的增大而变得更加重要。这意味着当赋予农村地区最贫困人口更高的权重时，他们越容易比城镇贫困人口遭受累计多维损害。换句话说，对于最贫困人口来说，农村比城镇更容易遭遇被剥夺。

表 6 - 4a　贫困测量对人际间被剥夺离差的敏感性：柬埔寨

单位：%

柬埔寨	测量			变动百分比		每年变动比例	
	2000 年	2005 年	2010 年	2000 ~ 2005 年	2005 ~ 2010 年	2000 ~ 2005 年	2005 ~ 2010 年
Rippin 法 $\gamma = 1.5$							
国家	0.197	0.119	0.076	- 39.5	- 36.45	- 9.6	- 8.7
城镇	0.109	0.067	0.021	- 39.1	- 68.8	- 9.4	- 20.8
农村	0.213	0.129	0.088	- 39.7	- 31.7	- 9.6	- 7.3
贫困差距率	1.949	1.927	4.216				
Rippin 法 $\gamma = 2$							
国家	0.162	0.093	0.056	- 42.4	- 39.6	- 10.4	- 9.6
城镇	0.087	0.052	0.015	- 40.6	- 71.8	- 9.9	- 22.3
农村	0.176	0.100	0.065	- 42.8	- 35.0	- 10.6	- 8.3
贫困差距率	2.010	1.936	4.456				
Chakravarty 和 D'Ambrosio 法 $\alpha = 2$							
国家	0.247	0.158	0.107	- 35.9	- 32.7	- 8.5	- 7.6
城镇	0.142	0.089	0.031	- 37.0	- 65.0	- 8.8	- 19.0
农村	0.266	0.170	0.123	- 36.0	- 27.9	- 8.5	- 6.3
贫困差距率	1.876	1.907	3.934				
Aaberge 和 Peluso 方法扩展							
国家	0.572	0.454	0.366	- 20.6	- 19.3	- 4.5	- 4.2
城镇	0.419	0.312	0.158	- 25.5	- 49.4	- 5.7	- 12.7
农村	0.593	0.472	0.398	- 20.3	- 15.7	- 4.4	- 3.4
贫困差距率	1.413	1.512	2.518				

表 6 - 4b　贫困测量对人际间被剥夺离差的敏感性：印度尼西亚

单位：%

印度尼西亚	测量			变动百分比		每年变动比例	
	1997 年	2003 年	2007 年	1997 ~ 2003 年	2003 ~ 2007 年	1997 ~ 2003 年	2003 ~ 2007 年
Rippin 法 $\gamma = 1.5$							
国家	0.066	0.049	0.036	- 26.4	- 25.7	- 5.0	- 7.2
城镇	0.025	0.028	0.020	11.9	- 29.2	1.9	- 8.3
农村	0.083	0.067	0.048	- 19.6	- 28.1	- 3.6	- 7.9
贫困差距率	3.324	2.389	2.427				

续表

印度尼西亚	测量			变动百分比		每年变动比例	
	1997 年	2003 年	2007 年	1997～2003 年	2003～2007 年	1997～2003 年	2003～2007 年
Rippin 法 $\gamma = 2$							
国家	0.049	0.035	0.025	-28.5	-28.0	-5.4	-7.9
城镇	0.017	0.019	0.013	15.5	-32.2	2.4	-9.2
农村	0.062	0.049	0.034	-21.6	-30.3	-4.0	-8.6
贫困差距率	3.742	2.539	2.610				
Chakravarty 和 D'Ambrosio 法 $\alpha = 2$							
国家	0.094	0.072	0.055	-24.0	-23.1	-4.5	-6.4
城镇	0.040	0.043	0.032	8.6	-25.9	1.4	-7.2
农村	0.117	0.097	0.072	-17.3	-25.6	-3.1	-7.1
贫困差距率	2.938	2.237	2.247				
Aaberge 和 Peluso 方法扩展							
国家	0.341	0.290	0.249	-14.8	-14.2	-2.6	-3.7
城镇	0.203	0.210	0.177	3.5	-15.9	0.6	-4.2
农村	0.387	0.349	0.295	-9.8	-15.5	-1.7	-4.1
贫困差距率	1.904	1.660	1.668				

表 6 – 4c　贫困测量对人际间被剥夺离差的敏感性：菲律宾

单位：%

菲律宾	测量			变动百分比		每年变动比例	
	1997 年	2003 年	2008 年	1997～2003 年	2003～2008 年	1997～2003 年	2003～2008 年
Rippin 法 $\gamma = 1.5$							
国家	0.046	0.037	0.024	-19.9	-34.3	-3.6	-8.0
城镇	0.022	0.018	0.015	-18.89	-17.0	-3.4	-3.7
农村	0.071	0.058	0.034	-18.3	-40.9	-3.3	-10.0
贫困差距率	3.279	3.300	2.349				
Rippin 法 $\gamma = 2$							
国家	0.034	0.027	0.017	-21.1	-38.0	-3.9	-9.1
城镇	0.015	0.012	0.010	-20.2	-18.1	-3.7	-3.9
农村	0.053	0.043	0.024	-19.4	-44.8	-3.5	-11.2
贫困差距率	3.649	3.685	2.484				

续表

菲律宾	测量			变动百分比		每年变动比例	
	1997 年	2003 年	2008 年	1997 ~ 2003 年	2003 ~ 2008 年	1997 ~ 2003 年	2003 ~ 2008 年
Chakravarty 和 D'Ambrosio 法 $\alpha = 2$							
国家	0.066	0.054	0.038	-18.2	-29.9	-3.3	-6.9
城镇	0.034	0.028	0.024	-16.7	-14.7	-3.0	-3.1
农村	0.099	0.082	0.052	-16.9	-36.5	-3.0	-8.7
贫困差距率	2.934	2.927	2.178				
Aaberge 和 Peluso 方法扩展							
国家	0.268	0.237	0.196	-11.6	-17.5	-2.0	-3.8
城镇	0.174	0.158	0.147	-9.3	-6.4	-1.6	-1.3
农村	0.348	0.311	0.240	-10.6	-22.9	-1.8	-5.1
贫困差距率	2.003	1.975	1.627				

　　对于柬埔寨，总体而言，计算被剥夺分数离差似乎并不会改变 Alkire 和 Foster 贫困测量方法得到的整体情况。整个阶段的贫困下降了，但是我们也观察到这些贫困测量在城乡差距趋势上给出了模棱两可的结论。尽管 Rippin 测量方法指出，2000 ~ 2005 年，农村的贫困率下降速度要快于城镇，意味着城乡差距率略微下降，但是 Chakravarty 和 D'Ambrosio 法以及 Aaberge 和 Peluso 方法扩展得到的结果恰恰相反。并且，正如附录中的表 6A - 7a 所示，Alkire 和 Foster 测量方法中 k 分别等于 33% 和 50%，从居住地区角度观察到的趋势与采用更严格的贫困甄别方法得到的结果一致。总的来说，计算人际间被剥夺分数的集中度，可能初步发现，2005 ~ 2010 年，金边的表现比其他地区更强劲。与此类似，在第一个细分时期表现恶劣的山区在第二个细分时期实现了追赶的过程，从而贫困率在 2005 ~ 2010 年出现了下降，相当于金边贫困率的一半。这一结果也证实了之前指出的平原地区减贫进程延缓的说法。

　　对于印度尼西亚，与 Alkire 和 Foster 测量方法在农村贫困趋势上得出模棱两可的结论不同的是，表 6 - 4b 强调了城镇贫困在 1997 ~ 2003 年出现明显上升，接着在 2003 ~ 2007 年又出现明显下降，已与农村地区水平非常接近。此外，有趣的是，除了爪哇岛居民的福利出现改善而巴厘岛居民的福利出现恶化之外，其他地区在 1997 年的贫困水平都大致相同。不过，社会进步并没有平等地惠及每一个地区，尤其是根据 Alkire 和 Foster

测量方法得到的加里曼丹岛和苏拉威西岛的例证证实了这一趋势（见附录中的表 6A-7b）。

最后，对于菲律宾，表 6-4c 显示贫困测量的结果支撑了严格的贫困甄别方法得出的研究结果。整个阶段贫困率都出现下降，特别是在第二个细分时期（2003~2008 年），农村人口在社会进步中的获益多于城镇人口。使用 Alkire 和 Foster 测量方法，采用除联合法以外的方法来甄别贫困，所观察到的趋势与附录中的表 6A-7c 的结果一致。

6.3.4 被剥夺得分的均值和离差的分解

那些以 Chakravarty 和 D'Ambrosio 测量方法为基础的，以及从 Aaberge 和 Peluso 方法扩展出来的测量的一大优势就是可以分解出被剥夺得分的均值和离差。表 6-5a 和表 6-5b 显示了每个国家的分解结果。必须提醒的是，在 Chakravarty 和 D'Ambrosio 测量方法中 $\alpha=2$，其含义是被剥夺得分的均值和方差的平方和。同样，Aaberge 和 Peluso 方法扩展的测量也可以定义为 M_0 与剥夺数分布的离散度之和。这就是为什么在后者测量中得到的值和那些与 M_0 相关的值是相同量级的。

首先，我们可以观察到，贫困水平和被剥夺不平等之间存在正相关。不过，反过来也成立，因为不公平要素是以贫困测量的比重来表达的。同样有趣的是，在整个时期，印度尼西亚和菲律宾农村地区的被剥夺分数离差都要高于城镇地区。我们现在进一步分析每个国家不平等要素的跨期趋势，看看测量的分解是否能够带来对贫困的新理解。

表 6-5a　根据被剥夺分数分布的均值和离差对贫困测量的分解

	Chakravarty 和 D'Ambrosio 法的 贫困测量, $\alpha=2$					不平等要素				
柬埔寨	2000 年	2005 年	2010 年	2000~ 2005 年	2005~ 2010 年	2000 年	2005 年	2010 年	2000~ 2005 年	2005~ 2010 年
国家	0.247	0.158	0.107	-35.9	-32.7	0.058	0.052	0.043	-2.5	-5.9
城镇	0.142	0.089	0.031	-37.0	-65.0	0.064	0.052	0.023	-8.6	-32.4
农村	0.266	0.170	0.123	-36.0	-27.9	0.052	0.049	0.041	-1.2	-4.9
金边	0.074	0.052	0.014	-29.4	-73.4	0.039	0.037	0.011	-2.5	-49.8
平原	0.243	0.134	0.103	-44.7	-23.3	0.050	0.041	0.038	-3.8	-2.2

续表

Chakravarty 和 D'Ambrosio 法的贫困测量, $\alpha=2$					不平等要素				
柬埔寨	2000 年	2005 年	2010 年	2000 ~ 2005 年	2005 ~ 2010 年	2000 年	2005 年	2010 年	2000 ~ 2005 年	2005 ~ 2010 年
洞里萨地区	0.279	0.186	0.120	-33.4	-35.5	0.057	0.053	0.043	-1.3	-5.7
沿海	0.259	0.170	0.110	-34.4	-35.3	0.057	0.049	0.039	-3.0	-5.8
山区	0.304	0.239	0.150	-21.5	-37.2	0.055	0.058	0.050	*1.1*	-3.7
印度尼西亚	1997 年	2003 年	2007 年	1997 ~ 2003 年	2003 ~ 2007 年	1997 年	2003 年	2007 年	1997 ~ 2003 年	2003 ~ 2007 年
国家	0.094	0.072	0.055	-24.0	-23.1	0.041	0.036	0.029	-6.0	-8.8
城镇	0.040	0.043	0.032	8.6	-25.9	0.024	0.027	0.020	*6.4*	-14.7
农村	0.117	0.097	0.072	-17.3	-25.6	0.042	0.038	0.033	-3.9	-5.0
苏门答腊岛	0.100	0.077	0.058	-23.0	-24.2	0.044	0.038	0.031	-6.5	-9.0
爪哇岛	0.085	0.062	0.047	-26.7	-24.2	0.038	0.032	0.026	-8.1	-8.8
巴厘岛	0.146	0.122	0.081	-16.4	-33.9	0.054	0.049	0.038	-3.3	-9.7
加里曼丹岛	0.103	0.088	0.063	-14.6	-28.4	0.038	0.041	0.032	*3.2*	-10.9
苏拉威西岛	0.102	0.081	0.075	-20.3	-7.5	0.041	0.041	0.036	-0.4	-6.2
菲律宾	1997 年	2003 年	2008 年	1997 ~ 2003 年	2003 ~ 2008 年	1997 年	2003 年	2008 年	1997 ~ 2003 年	2003 ~ 2008 年
国家	0.066	0.054	0.038	-18.2	-29.9	0.039	0.033	0.024	-8.4	-17.8
城镇	0.034	0.028	0.024	-16.7	-14.7	0.023	0.020	0.016	-11.6	-13.5
农村	0.099	0.082	0.052	-16.9	-36.5	0.046	0.042	0.030	-4.1	-14.8
吕宋岛	0.045	0.037	0.028	-18.3	-25.5	0.029	0.025	0.018	-10.2	-18.1
米沙	0.086	0.075	0.048	-12.3	-35.8	0.043	0.040	0.027	-3.5	-17.1
棉兰老岛	0.101	0.078	0.056	-23.1	-28.6	0.048	0.041	0.030	-7.8	-13.0

注：2000 ~ 2005 年和 2005 ~ 2010 年（1997 ~ 2003 年、2003 ~ 2007 年、1997 ~ 2003 年、2003 ~ 2008 年）等栏显示的是要素的变化，即该时期的起始年份的数值的百分比。

表 6 -5b　根据被剥夺分数分布的均值和离差对贫困测量的分解

Aaberge 和 Peluso 方法扩展的贫困测量					不平等要素				
柬埔寨	2000 年	2005 年	2010 年	2000 ~ 2005 年	2005 ~ 2010 年	2000 年	2005 年	2010 年	2000 ~ 2005 年	2005 ~ 2010 年
国家	0.572	0.454	0.366	-20.6	-19.3	0.138	0.128	0.114	-1.6	-3.1
城镇	0.419	0.312	0.158	-25.5	-49.4	0.141	0.119	0.067	-5.2	-16.5
农村	0.593	0.472	0.398	-20.3	-15.7	0.130	0.124	0.111	-1.0	-2.7
金边	0.291	0.211	0.090	-27.5	-57.5	0.105	0.090	0.041	-5.4	-23.3

续表

Aaberge 和 Peluso 方法扩展的 贫困测量						不平等要素				
柬埔寨	2000 年	2005 年	2010 年	2000 ~ 2005 年	2005 ~ 2010 年	2000 年	2005 年	2010 年	2000 ~ 2005 年	2005 ~ 2010 年
平原	0.566	0.418	0.363	− 26.2	− 13.2	0.127	0.111	0.107	− 2.7	− 1.1
洞里萨地区	0.607	0.494	0.392	− 18.6	− 20.6	0.136	0.130	0.115	− 0.96	− 3.2
沿海	0.585	0.472	0.375	− 19.3	− 20.6	0.136	0.125	0.109	− 1.9	− 3.3
山区	0.632	0.562	0.440	− 11.1	− 21.6	0.133	0.137	0.124	0.7	− 2.40
印度尼西亚	1997 年	2003 年	2007 年	1997 ~ 2003 年	2003 ~ 2007 年	1997 年	2003 年	2007 年	1997 ~ 2003 年	2003 ~ 2007 年
国家	0.341	0.290	0.249	− 14.8	− 14.2	0.111	0.101	0.089	− 3.0	− 4.1
城镇	0.203	0.210	0.177	3.5	− 15.9	0.078	0.081	0.068	1.8	− 6.2
农村	0.387	0.349	0.295	− 9.8	− 15.5	0.113	0.106	0.097	− 1.9	− 2.6
苏门答腊岛	0.352	0.303	0.258	− 14.0	− 14.8	0.115	0.104	0.092	− 3.2	− 4.2
爪哇岛	0.322	0.270	0.228	− 16.2	− 15.4	0.106	0.094	0.083	− 3.7	− 4.4
巴厘岛	0.435	0.394	0.313	− 9.4	− 20.6	0.131	0.124	0.105	− 1.7	− 4.8
加里曼丹岛	0.360	0.324	0.270	− 9.9	− 16.7	0.105	0.108	0.090	0.9	− 5.6
苏拉威西岛	0.357	0.308	0.299	− 13.7	− 2.9	0.112	0.109	0.102	− 1.0	− 2.0
菲律宾	1997 年	2003 年	2007 年	1997 ~ 2003 年	2003 ~ 2007 年	1997 年	2003 年	2007 年	1997 ~ 2003 年	2003 ~ 2007 年
国家	0.268	0.237	0.196	− 11.6	− 17.5	0.102	0.092	0.075	− 3.8	− 7.1
城镇	0.174	0.158	0.147	− 9.3	− 6.4	0.072	0.065	0.057	− 4.2	− 5.2
农村	0.348	0.311	0.240	− 10.6	− 22.9	0.117	0.110	0.089	− 2.1	− 6.6
吕宋岛	0.210	0.185	0.160	− 12.0	− 13.8	0.085	0.075	0.063	− 4.6	− 6.7
米沙鄢	0.319	0.294	0.228	− 7.7	− 22.4	0.112	0.107	0.084	− 1.6	− 7.7
棉兰老岛	0.350	0.300	0.250	− 14.2	− 16.7	0.120	0.107	0.091	− 3.8	− 5.3

注：2000 ~ 2005 年和 2005 ~ 2010 年（1997 ~ 2003 年、2003 ~ 2007 年、1997 ~ 2003 年、2003 ~ 2008 年）等栏显示的是要素的变化，即该时期的起始年份的数值的百分比。

表 6 – 5a 和表 6 – 5b 显示城镇和农村的不平等程度都随着时间而降低。特别是不平等要素对于减贫的贡献与日俱增。根据 Chakravarty 和 D'Ambrosio（CDA）法和 Aaberge 和 Peluso 方法扩展（Ext. AP）分别计算的结果显示，2005 ~ 2010 年被剥夺离差的下降比率分别占贫困的下降比率的 50% 和 34%。在地区层面上，金边在第二阶段的减贫很大一部分受到不平等要素的驱动（用 CDA 法和 Ext. AP 分别计算的结果为 68% 和 41%）。此外，我们看到第一阶段（2000 ~ 2005 年）山区的不平等上升了，这是减贫下降的比率相比其他地区较慢所致。

在印度尼西亚，1997～2003 年，城镇贫困率上升似乎很大程度上受到不平等因素增加的驱动。贫困上升率中有 74%（表 6－5b 中是 51%）要归咎于它。相比之下，农村地区的不平等程度降低，但是它对贫困的变动的贡献在第二个细分时期有所放缓。在地区层面上，我们看到加拉曼丹岛在第一阶段的不平等要素出现了略微上升，大约妨碍了 21%（表 6－5b 中大约是 33%）的减贫。相比之下，尽管苏拉威西岛 2003～2007 年的减贫表现非常低迷，但是 80% 以上来自被剥夺离差的下降。最后，在整个阶段，不平等程度降低与菲律宾的减贫是齐头并进的。特别是吕宋岛要明显好于其他地区，不平等对于贫困变化的贡献度也是最高的。

6.3.5　维度分解

正如在 6.2 中提到的，Alkire 和 Foster 测量方法体系的一个显著优势在于，一旦多维贫困能够识别，总贫困测量就能够分解成不同维度的贡献之和。它所提供的有益信息特别适合于政策的目标。但是，除了 Rippin 测量方法体系之外，大多数对被剥夺分数比较敏感的测量都不允许进行维度分解。因此，比较 Alkire 和 Foster 测量方法、Rippin 测量方法分解得出的结果，具有一定的指导意义。

表 6－6a、表 6－6b 和表 6－6c 报告了使用 Alkire 和 Foster 测量方法（临界值 k ＝33%）、Rippin 测量方法（γ＝1.5）测算的三个维度①对总体贫困的贡献率。这些表中的最后一栏也列出了不同维度的被剥夺情况。此外，Alkire 和 Foster 测量方法利用贫困人口的比率来解释受审查的贫困率，表 6－7 展示了贫困人口中每一个维度上的贫困强度。

表 6－6a、表 6－6b 和表 6－6c 首先考虑了使用 Alkire 和 Foster 方法进行的分解。我们从中可以看到，对于每一个国家，总体贫困的主要因素是在健康维度上的被剥夺，即指儿童死亡率。值得注意的是，在农村地区，健康与其他维度相比，其影响不成比例的畸高。我们还发现，健康维度的影响在所有三个国家中与日俱增，且不论居住地区。实际上，随着时间的推移，健康维度上的被剥夺的变化已经低于教育和生活水平。

如表 6－7 所示，我们还发现，每个国家贫困人口中的健康被剥夺出现了上升。相比之下，除了 1997～2003 年的印度尼西亚农村地区之外，国家

---

① 在一个较早的报告中，贫困 8 个指标的贡献被分为三个维度：教育、健康和生活水平。

层面上的教育维度进步最快，且不论居住地区。印度尼西亚农村地区在1997~2003年贫困率出现上升，这主要归咎于教育和健康维度上的被剥夺上升。

最后，回到考虑到被剥夺分数分布离差的 Rippin 测量方法分解中，结果显示区别并不明显。与健康和生活水平相关的指标仍然是影响总贫困最重要的因素。然而，之前分解中的一些差异还是值得一提的。对于柬埔寨而言，Rippin 测量方法得出的结果显示出健康被剥夺的影响在2000~2005年略微下降，这意味着农村中的长期贫困人口从健康维度的巨大进步中获益，这个进步比 Alkire 和 Foster 测量方法的研究结果要大。尽管居住区域的分解在这里并没有报告，但在2000~2005年山区的表现最弱，主要是因为健康影响的上升并不与此相称。在印度尼西亚，每一个维度的被剥夺都上升了，根据 Rippin 测量方法分解，农村地区的生活水平在1997~2003年略微提高。对于柬埔寨，结果显示农村地区在1997~2003年健康维度的进步要好于生活水平的提高，这说明了这些维度贡献度的百分比变化会与使用 Alkire 和 Foster 测量方法得到的结果呈现相反的迹象的原因。尽管结果没有报告出来，但是利用 Alkire 和 Foster 测量方法对贫困人口的贫困强度进行分解，发现2003~2007年苏拉威西岛的健康贫困上升了。值得一提的是，1997~2003年，苏拉威西岛所报告的贫困人口中的被剥夺，与使用 Rippin 测量方法分解得出的结果恰恰相反。

表 6-6a　各个维度对柬埔寨总体贫困的贡献度

单位：%

柬埔寨	贡献度			贡献度变动		贫困			贫困变动	
	2000 年	2005 年	2010 年	2000~2005 年	2005~2010 年	2000 年	2005 年	2010 年	2000~2005 年	2005~2010 年
Alkire 和 Foster 法（k=33%）										
国家										
教育	32.5	28.7	25.6	-11.7	-10.6	36.2	20.9	12.7	-42.2	-39.3
死亡率	28.2	34.2	36.1	21.5	5.7	31.4	24.9	17.9	-20.5	-28.2
生活水平	39.4	37.1	38.2	-5.7	3.0	43.9	27.1	19.0	-38.2	-30.0
城镇										
教育	28.9	26.7	17.7	-7.6	-33.5	18.9	11.2	2.8	-41.1	-75.0
死亡率	37.2	41.9	60.3	12.8	43.8	24.4	17.5	9.5	-28.0	-46.0
生活水平	33.9	31.4	21.9	-7.6	-30.1	22.3	13.1	3.4	-41.1	-73.7

续表

柬埔寨	贡献度			贡献度变动		贫困			贫困变动	
	2000 年	2005 年	2010 年	2000 ~ 2005 年	2005 ~ 2010 年	2000 年	2005 年	2010 年	2000 ~ 2005 年	2005 ~ 2010 年
Alkire 和 Foster 法（k = 33%）										
农村										
教育	32.8	28.8	26.1	-12.1	-9.6	39.3	22.6	14.8	-42.5	-34.4
死亡率	27.2	33.5	34.7	22.8	3.6	32.6	26.2	19.7	-19.6	-24.8
生活水平	39.9	37.7	39.2	-5.6	4.1	47.8	29.5	22.3	-38.3	-24.4
Rippin 法（γ = 1.5）										
国家										
教育	31.6	28.4	25.3	-10.3	-10.6	0.187	0.102	0.058	-45.7	-43.3
死亡率	31.1	34.6	34.5	11.5	-0.4	0.184	0.124	0.079	-32.5	-36.7
生活水平	37.3	37.0	40.2	-0.9	8.6	0.221	0.132	0.091	-40.0	-30.9
城镇										
教育	30.1	29.0	23.7	-3.7	-18.2	0.099	0.058	0.015	-41.3	-74.5
死亡率	35.0	37.9	47.5	8.1	25.6	0.115	0.076	0.030	-34.1	-60.8
生活水平	34.9	33.2	28.7	-4.9	-13.4	0.115	0.066	0.018	-42.1	-72.9
农村										
教育	31.8	28.3	25.4	-10.9	-10.3	0.203	0.109	0.067	-46.3	-38.7
死亡率	30.7	34.4	33.8	11.9	-1.5	0.196	0.132	0.089	-32.552	-32.7
生活水平	37.5	37.3	40.8	-0.6	9.2	0.240	0.144	0.107	-40.1	-25.4

表 6 - 6b　各个维度对印度尼西亚总体贫困的贡献度

单位：%

印度尼西亚	贡献度			贡献度变动		贫困			贫困变动	
	1997 年	2003 年	2007 年	1997 ~ 2003 年	2003 ~ 2007 年	1997 年	2003 年	2007 年	1997 ~ 2003 年	2003 ~ 2007 年
Alkire 和 Foster 法（k = 33%）										
国家										
教育	22.2	20.7	17.7	-6.7	-14.7	9.8	7.0	4.6	-28.7	-34.4
死亡率	41.1	46.8	51.5	13.9	10.0	18.2	15.8	13.4	-12.9	-15.4
生活水平	36.7	32.5	30.9	-11.5	-5.0	16.3	11.0	8.0	-32.4	-26.9
城镇										
教育	11.8	14.3	12.1	20.8	-15.2	2.4	3.2	2.0	32.8	-37.5
死亡率	65.6	65.9	67.1	0.5	1.8	13.2	14.6	11.0	10.4	-25.0
生活水平	22.5	19.8	20.7	-12.3	4.9	4.5	4.4	3.4	-3.6	-22.7
农村										
教育	23.8	23.6	19.7	-1.0	-16.5	13.0	10.5	6.5	-19.4	-37.4

续表

印度尼西亚	贡献度			贡献度变动		贫困			贫困变动	
	1997 年	2003 年	2007 年	1997 ~ 2003 年	2003 年 2007 年	1997 年	2003 年	2007 年	1997 ~ 2003 年	2003 ~ 2007 年
Alkire 和 Foster 法（k = 33%）										
农村										
死亡率	37.2	38.2	45.7	2.7	19.6	20.3	16.9	15.2	-16.5	-10.3
生活水平	38.9	38.1	34.5	-2.0	-9.5	21.2	16.9	11.5	-20.2	-32.1
Rippin 法（γ = 1.5）										
国家										
教育	23.6	22.8	20.5	-3.4	-9.9	0.047	0.033	0.022	-28.9	-33.1
死亡率	37.1	39.7	41.8	7.0	5.3	0.074	0.058	0.045	-21.3	-21.8
生活水平	39.3	37.5	37.6	-4.5	0.3	0.078	0.055	0.041	-29.7	-25.5
城镇										
教育	17.6	20.3	17.7	15.3	-12.6	0.013	0.017	0.011	29.0	-38.2
死亡率	52.1	52.4	53.0	0.6	1.1	0.039	0.044	0.032	12.5	-28.4
生活水平	30.3	27.3	29.3	-9.9	7.2	0.023	0.023	0.017	0.8	-24.1
农村										
教育	24.3	23.7	21.4	-2.6	-9.8	0.061	0.048	0.031	-21.7	-35.2
死亡率	35.2	35.0	38.4	-0.7	9.9	0.088	0.070	0.056	-20.2	-21.0
生活水平	40.4	41.302	40.175	2.2	-2.7	0.102	0.083	0.058	-17.8	-30.1

表 6 - 6c   各个维度对菲律宾总体贫困的贡献度

单位：%

菲律宾	贡献度			贡献度变动		贫困			贫困变动	
	1997 年	2003 年	2008 年	1997 ~ 2003 年	2005 ~ 2008 年	1997 年	2003 年	2008 年	1997 ~ 2003 年	2003 ~ 2008 年
Alkire 和 Foster 法（k = 33%）										
国家										
教育	20.3	18.9	14.7	-7.1	-21.9	6.4	4.8	2.7	-25.1	-44.1
死亡率	49.3	50.1	58.9	1.6	17.5	15.6	12.8	10.8	-18.1	-15.9
生活水平	30.4	31.0	26.4	2.1	-15.0	9.6	7.9	4.8	-17.7	-39.1
城镇										
教育	12.8	11.2	8.7	-12.4	-22.6	2.3	1.6	1.0	-30.5	-34.4
死亡率	69.6	67.9	73.7	-2.5	8.5	12.4	9.6	8.8	-22.6	-8.0
生活水平	17.6	20.9	17.7	18.8	-15.6	3.1	3.0	2.1	-5.8	-28.5

续表

菲律宾	贡献变			贡献度变动		贫困			贫困变动	
	1997 年	2003 年	2008 年	1997 ~ 2003 年	2005 ~ 2008 年	1997 年	2003 年	2008 年	1997 ~ 2003 年	2003 ~ 2008 年
Alkire 和 Foster 法（k = 33%）										
农村										
教育	23.3	22.0	17.7	- 5.7	- 19.4	10.6	8.3	4.4	- 21.8	- 47.4
死亡率	41.4	43.0	51.7	3.9	20.2	18.9	16.2	12.7	- 13.9	- 21.6
生活水平	35.4	35.1	30.6	- 0.9	- 12.6	16.1	13.3	7.6	- 17.9	- 43.0
Rippin 法（γ = 1.5）										
国家										
教育	23.0	21.8	18.1	- 5.2	- 17.2	0.032	0.024	0.013	- 24.1	- 45.5
死亡率	41.6	41.0	45.9	- 1.4	11.9	0.058	0.046	0.034	- 21.0	- 26.4
生活水平	35.4	37.2	36.0	5.0	- 3.1	0.049	0.041	0.026	- 15.8	- 36.3
城镇										
教育	19.6	17.5	15.1	- 10.5	- 13.5	0.013	0.009	0.007	- 27.4	- 28.2
死亡率	54.8	51.8	55.5	- 5.6	7.2	0.036	0.027	0.024	- 23.3	- 11.1
生活水平	25.6	30.7	29.3	20.0	- 4.5	0.017	0.016	0.013	- 2.6	- 20.7
农村										
教育	24.1	23.2	19.3	- 3.6	- 16.8	0.051	0.040	0.020	- 21.2	- 50.8
死亡率	37.5	37.5	41.8	- 0.0	11.3	0.080	0.065	0.043	- 18.3	- 34.2
生活水平	38.4	39.3	38.9	2.3	- 0.9	0.082	0.068	0.040	- 16.4	- 41.5

表 6 - 7 根据 Alkire 和 Foster 测量方法 （k = 33%） 计算的分维度的贫困强度

单位：%

柬埔寨	贫困人口的多维贫困指数			变化	
	2000 年	2005 年	2010 年	2000 ~ 2005 年	2005 ~ 2010 年
国家					
教育	56.1	45.8	38.5	- 18.3	16.0
死亡率	48.6	54.7	54.3	12.4	- 0.6
生活水平	68.0	59.4	57.5	- 12.7	- 3.2
城镇					
教育	47.2	41.0	23.5	- 13.1	- 42.6
死亡率	60.7	64.4	80.0	6.1	24.2
生活水平	55.4	48.2	29.1	- 13.1	- 39.6
农村					
教育	57.0	46.3	39.5	- 18.8	- 14.6
死亡率	47.3	53.7	52.6	13.5	- 2.2
生活水平	69.4	60.5	59.4	- 12.8	- 1.7

续表

印度尼西亚	贫困人口的多维贫困指数			变化	
	1997 年	2003 年	2007 年	1997～2003 年	2003～2007 年
国家					
教育	32.8	29.5	24.4	-10.1	17.4
死亡率	60.6	66.5	70.9	9.7	6.6
生活水平	54.2	46.2	42.5	-14.8	-8.0
城镇					
教育	15.4	18.8	15.5	22.0	-17.2
死亡率	85.3	86.559	86.025	1.457	-0.6
生活水平	29.3	25.945	26.559	-11.412	2.4
农村					
教育	35.9	34.9	27.9	-3.0	-19.9
死亡率	56.1	56.4	64.8	0.5	14.8
生活水平	58.6	56.3	48.9	-4.0	-13.1

菲律宾	贫困人口的多维贫困指数			变化	
	1997 年	2003 年	2008 年	1997～2003 年	2003～2008 年
国家					
教育	29.3	26.7	19.5	-8.7	27.1
死亡率	71.1	71.0	77.9	-0.1	9.7
生活水平	43.8	44.0	34.9	0.4	-20.6
城镇					
教育	16.3	14.148	10.8	-13.1	-23.9
死亡率	88.8	85.948	91.7	-3.3	6.7
生活水平	22.5	26.485	22.0	17.8	-17.1
农村					
教育	35.3	32.7	24.2	-7.552	-26.0
死亡率	62.8	64.0	70.5	1.877	10.3
生活水平	53.7	52.2	41.8	-2.839	-19.8

6.4　结论

本章使用 Silber 和 Yalonetzky（2013）提出的一般分析框架，对以 Alkire 和 Foster（2011）测量方法为基础，被联合国计划开发署用于构建多维贫困指数的贫困测量方法和那些对于被剥夺分数分布敏感的测量方法进行了比较。后者包括 Chakravarty 和 D'Ambrosio（2006）测量方法、Rippin（2010）测量方法，由 Silber 和 Yalonetzky（2013）对 Aaberge 和 Peluso

（2012）测量方法做出的扩展方法。

　　利用亚洲三个国家在三个不同年份的人口和健康调查，对这三个国家进行了贫困评估：柬埔寨（2000 年、2005 年和 2010 年）；印度尼西亚（1997 年、2003 年和 2007 年）；菲律宾（1997 年、2003 年和 2008 年）。

　　我们的研究结果表明，不管采用 Alkire 和 Foster 测量方法中的哪种贫困测量和甄别手段，柬埔寨的贫困水平都最高，其次是印度尼西亚和菲律宾。研究利用以 Alkire 和 Foster 测量方法为基础的贫困的测量方法以及那些对人际间的贫困集中度敏感的测量方法，发现在国家层面上，所有国家的多维贫困都随着时间的推移出现下降。正如在亚洲大多数的发展中国家，贫困是一个很大的农村现象一样。然而，当使用不同的贫困测量方法检验每个国家的贫困随着时间的演变时，得出有关贫困的跨期趋势的结论会因为居住区域和居住地区不同而有所区别。

　　从广义上讲，我们的研究结果突出显示了，当采用 Alkire 和 Foster 测量方法时，贫困趋势（特别是菲律宾和印度尼西亚的城市地区）可能高度依赖于所选择的甄别方法。值得注意的是，对于贫困不平等敏感度的贫困测量，得出的结果与那些使用严格的贫困甄别方法一致。此外，这项研究还说明了各种测量方法的一些具有吸引力的特征，即 Alkire 和 Foster 测量方法、Rippin 测量的维度分解，Chakravarty 和 D'Ambrosio 测量方法、Aaberge 和 Peluso 方法扩展对被剥夺分数的均值和离差的分解。

　　每个国家的结论都特别有意思，列举如下。

　　对于柬埔寨，两个细分时期（2000～2005 年和 2005～2010 年）的多维贫困率都下降了，不管以何种贫困测量方法来看，第一个细分时期的贫困下降率更快。减贫更多地偏重于城镇地区，2005～2010 年，贫困率加速下降令人印象深刻。对居住地区的分析也清晰地显示各地区社会进步的上升趋势参差不齐。在所有地区中，起初金边地区的贫困最低，表现也最好。尽管平原地区（2000 年贫困率仅高于金边地区）的贫困在 2000～2005 年出现显著的下降，但是贫困率下降逐渐放缓。相比之下，山区的人口状况比其他地区要恶劣，不过似乎也经历了一个追赶过程，因而在 2005～2010 年的贫困率下降得最快。有趣的是，金边地区贫困率下降似乎很大程度上受到贫困集中度下降所驱动。相比之下，山区在第一阶段的不平等上升，这可能是造成它比其他地区相比，减贫的下降更慢的原因。此外，维度分解强调健康贫困随时间的变化百分比要低于教育和生活水平维度的变化。最后，这些结果显示该国最繁荣地区的减贫进展较快。此外，2000~2005年和2005~2010年两个阶段的GDP增长率分别为56.25%和38.24%，这些发现也许能够质疑增长进程中的包容性。

至于柬埔寨，1997~2003年和2003~2007年两个细分阶段，印度尼西亚国家层面的贫困率也在下降，其中后一个细分阶段年均下降率要高于前一个细分阶段。值得注意的是，1997~2003年，GDP年均增长率只有1.2%，这归因于亚洲金融危机的影响，以及城镇人口比重的上升。我们的结果显示，从居住地区来看，贫困随时间呈非单调的变化。与Alkire和Foster测量得到的模棱两可的结论不同的是，被剥夺离差的贫困敏感性强调了城市贫困在1997~2003年出现显著的上升，继而2003~2007年，城镇贫困出现了显著的下降，与农村贫困下降率非常接近。特别是，贫困测量的维度分解显示，每个维度的被剥夺都在上升，即使根据Rippin测量方法得出的分解结果显示在1997~2003年城镇的生活水平略微上升。另外，城镇贫困在1997~2003年出现上升，很大程度上似乎是受到不平等要素增加所驱动。

因此，尽管城乡差距在1997~2003年减弱，根据对被剥夺分数的离差敏感的贫困测量方法得出的结果，在2003~2007年趋势也模糊不清。此外，除了爪哇岛和巴厘岛的人口状况分别发生改善或者恶化之外，其他地区的贫困在1997年非常相似。社会进步并没有在整个阶段平等地惠及每个地区。在第一个细分阶段，爪哇地区的贫困下降得最快，加里曼丹岛最慢。而巴厘岛经历了一个追赶的过程，进步最快。

与柬埔寨和印度尼西亚相比，菲律宾在第一个细分阶段的贫困下降最慢，而在2003~2008年的贫困下降速度比印度尼西亚要快。对于印度尼西亚，根据居住地区考察的跨期贫困趋势取决于所采用的甄别方法。研究结果揭示，如果重点关注最广大的贫困人口，尽管1997~2003年的城乡差距相对稳定，但是2003~2007年差距缩小的趋势非常明显。此外，贫困下降和贫困集中度下降是齐头并进的。值得注意的是，健康维度应该处于优先地位，因为它的贡献度保持着畸高，并且随时间而上升。这些研究平息了那些基于货币方法得出的结论，那种方法无法解释2000年以来的增长收入提高时的贫困发生率。1.25美元标准下的贫困发生率在2003~2006年经济增长时甚至还上升。

参考文献 *

Aaberge, R. and E. Peluso (2012), 'A counting approach for measuring multi-dimensional deprivation', Discussion Paper No. 700, Research Department, Statistics Norway.

Alkire, S. and J. Foster (2011), 'Counting and multidimensional poverty measurement', *Journal of Public Economics*, **95** (7–8), 476–87.

Alkire, S. and S. Seth (2014), 'Analysis of inequality across multidimensionally poor and population subgroups for counting approaches', Working Paper 68, Oxford Poverty & Human Development Initiative, University of Oxford.

Balicasan, A. (2011), 'What has really happened to poverty in the Philippines? New measures, evidence and policy implications', UP School of Economics Discussion Papers, Discussion Paper No. 2011-14, University of the Philippines School of Economics, Quezon City.

Bérenger, V. (2015), 'Using ordinal variables to measure multidimensional poverty in two south Mediterranean countries', GREDEG Working Paper, Group for Research in Law, Economics and Management, University of Nice Sophia Antipolis, Valbonne.

Bossert, W., S. Chakravarty and C. D'Ambrosio (2013), 'Multidimensional poverty and material deprivation with discrete data', *Review of Income and Wealth*, **59** (1), 29–43.

Booysen, F., S. Van Der Berg, R. Burger, M. Von Maltitz and G. Durand (2008), 'Using an asset index to assess trends in poverty in seven sub-Saharan African countries', *World Development*, **36** (6), 1113–30.

Bourguignon, F. and S. Chakravarty (2003), 'The Measurement of Multidimensional Poverty', *Journal of Economic Inequality*, **1** (1), 25–49.

Casimiro, G.G., R.E. Ballester and M.N. Garingalao (2013), 'A multidimensional approach to child poverty in the Philippines', paper presented at the Twelfth National Convention on Statistics, EDSA Shangri-La Hotel, Mandaluyong City, 1–2 October.

Chakravarty, S. and C. D'Ambrosio (2006), 'The measurement of social exclusion', *Review of Income and Wealth*, **52** (3), 377–98.

Chakravarty, S. and J. Silber (2008), 'Measuring multidimensional poverty: the axiomatic approach', in N. Kakwani and J. Silber (eds), *Quantitative Approaches to Multidimensional Poverty Measurement*, New York: Palgrave Macmillan, pp. 192–209.

Chakravarty, S., D. Mukherjee and R. Ranade (1998), 'On the Family of Subgroup and Factor Decomposable Measures of Multidimensional Poverty', in D. Slottje (ed.), *Research on Economic Inequality*, Vol. 8, Stanford, CT and London: JAI Press, pp. 175–94.

Datt, G. (2013), 'Making every dimension count: multidimensional without the dual cut-off', Discussion Paper 32/13, Monash University, Melbourne.

Decancq, K. and M.A. Lugo (2013), 'Weights in multidimensional indices of well-being: an overview', *Econometric Reviews*, **32**(1), 7–34.

Habito, C. (2009), 'Patterns of inclusive growth in developing Asia: insights from

---

* 亚洲开发银行确认中国代表中华人民共和国，越南代表越南社会主义共和国。

enhanced growth poverty elasticity analysis', ADBI Working Paper Series, No. 145, Tokyo.

Jayaraj, D. and S. Subramanian (2010), 'A Chakravarty-D'Ambrosio view of multidimensional deprivations: some estimates for India', *Economic and Political Weekly*, **45** (6), 53–65.

Klasen, S. (2000), 'Measuring poverty and deprivation in South Africa', *Review of Income and Wealth*, **46** (1), 33–58.

Kolm, S.C. (1977), 'Multidimensional egalitarianisms', *Quarterly Journal of Economics*, **91** (1), 1–13.

Lovell, C.A.K, S. Richardson, P. Travers and L. Wood (1994), 'Resources and functionings: a new view of inequality in Australia', in W. Eichhorn (ed.), *Models and Measurement of Welfare and Inequality*, Heidelberg: Springer-Verlag.

Maasoumi, E. (1986), 'The measurement and decomposition of multi-dimensional inequality', *Econometrica*, **54** (4), 991–7.

Maasoumi, E. (1999), 'Multidimensioned approaches to welfare analysis', in J. Silber (ed.), *Handbook of Income Inequality Measurement*, Boston, MA: Kluwer Academic.

Ray, R. and S. Kompal (2011), 'Multidimensional deprivation in China, India and Vietnam: a comparative study on micro data', Discussion Paper 06/11, Monash University, Melbourne.

Rippin, N. (2010), 'Poverty severity in a multidimensional framework: the issue of inequality between dimensions', Courant Research Center, Discussion Paper No. 47, University of Göttingen.

Rippin, N. (2012), 'Integrating inter- and intra-personal inequality in additive poverty indices', paper presented at the Thirty-second International Association for Research in Income and Wealth (IARIW) Conference, Boston, MA.

Sahn, D. and D. Stifel (2000), 'Poverty comparisons over time and across countries in Africa', *World Development*, **28** (12), 2123–55.

Sen, A.K. (1974), 'Informational bases of alternative welfare approaches: aggregation and income distribution', *Journal of Public Economics*, **3** (4), 387–403.

Sen, A.K. (1976), 'Poverty: an ordinal approach to measurement', *Econometrica*, **44** (2), 219–32.

Sen, A.K. (1985), *Commodities and Capabilities*, Amsterdam: North Holland.

Silber, J. and G. Yalonetzky (2013), 'Measuring Multidimensional Deprivation with Dichotomized and Ordinal Variables', in G. Betti and A. Lemmi (eds), *Poverty and Social Exclusion: New Methods of Analysis*, Routledge Frontiers of Political Economy, London and New York: Routledge.

Sumner, A., A. Suryahadi and N. Thang (2012), 'Poverty and inequalities in middle-income Southeast Asia', Working Paper, Institute of Development Studies, University of Sussex, Brighton.

Thorbecke, E. (2007), 'Multidimensional poverty: conceptual and measurement issues', in N. Kakwani and J. Silber (eds), *The Many Dimensions of Poverty*, New York: Palgrave Macmillan.

Townsend, P. (1979), *Poverty in the United Kingdom*, Hardsmonsworth: Penguin Books.

Tsui, K.-Y. (1995), 'Multidimensional generalizations of the relative and absolute inequality indices: the Atkinson-Kolm-Sen Approach', *Journal of Economic Theory*, **67** (1), 251–65.

Tsui, K.-Y. (1999), 'Multidimensional inequality and multidimensional generalized entropy measures: an axiomatic derivation', *Social Choice and Welfare*, **16** (1), 145–57.

Tsui, K.-Y. (2002), 'Multidimensional poverty indices', *Social Choice and Welfare*, **19** (1), 69–93.

United Nations Children's Fund (UNICEF) (2011), *Child Poverty in East Asia and the Pacific: Deprivation and Disparities. A Study on Seven Countries*, Bangkok: UNICEF East Asia and Pacific.

United Nations Development Programme (UNDP) (2010), *Human Development Report 2010. The Real Wealth of Nations: Pathways to Human Development*, New York: Palgrave Macmillan.

United Nations Development Programme (UNDP) (2013), *Human Development Report 2013: The Rise of the South: Analysis on Cambodia*, Phnom Penh: United Nations Development Programme.

Yaari, M.E. (1987), 'The dual theory of choice under risk', *Econometrica*, **55** (1), 95–115.

Yaari, M.E. (1988), 'A controversial proposal concerning inequality measurement', *Journal of Economic Theory*, **44** (2), 381–97.

附录 6A－1

表 6A－1　使用 Alkire 和 Foster 测量方法的多维贫困测量：柬埔寨的不同地区

柬埔寨	总贫困率			M₀			A 所占比重		
	2000 年	2005 年	2010 年	2000 年	2005 年	2010 年	2000 年	2005 年	2010 年
k = 联合法									
金边	0.711	0.436	0.296	0.186	0.121	0.049	26.2	27.8	16.6
平原	0.993	0.962	0.911	0.440	0.306	0.256	44.3	31.9	28.1
洞里萨地区	0.988	0.957	0.916	0.471	0.364	0.278	47.7	38.0	30.3
沿海地区	0.986	0.940	0.904	0.449	0.348	0.266	45.6	37.0	29.4
山区	0.994	0.981	0.937	0.499	0.424	0.317	50.2	43.3	33.8
k = 33%									
金边	0.250	0.199	0.064	0.119	0.093	0.025	47.8	46.6	39.1
平原	0.653	0.409	0.325	0.370	0.208	0.160	56.6	50.9	49.2
洞里萨地区	0.700	0.519	0.369	0.414	0.283	0.186	59.1	54.6	50.4
沿海地区	0.654	0.492	0.345	0.383	0.262	0.171	58.6	53.2	49.5
山区	0.765	0.617	0.430	0.453	0.355	0.228	59.1	57.6	53.0
k = 50%									
金边	0.092	0.068	0.008	0.057	0.043	0.005	61.4	63.9	64.9
平原	0.393	0.182	0.124	0.264	0.116	0.078	67.1	63.8	62.6
洞里萨地区	0.450	0.278	0.154	0.310	0.185	0.099	69.0	66.7	64.5
沿海地区	0.426	0.254	0.141	0.290	0.166	0.089	68.0	65.4	63.0
山区	0.484	0.374	0.213	0.337	0.257	0.141	69.7	68.7	66.1

表 6A－2　使用 Alkire 和 Foster 测量方法的多维贫困变化百分比：柬埔寨的不同地区

单位：%

柬埔寨	贫困率变动		贫困率每年变动率		M₀ 变动		M₀ 每年变动率	
	2000 ~ 2005 年	2005 ~ 2010 年	2000 ~ 2005 年	2005 ~ 2010 年	2000 ~ 2005 年	2005 ~ 2010 年	2000 ~ 2005 年	2005 ~ 2010 年
k = 联合法								
金边	− 38.7	− 32.1	− 9.3	− 7.5	− 34.7	− 59.5	− 8.2	− 16.5
平原	− 3.2	− 5.3	− 0.6	− 1.1	− 30.3	− 16.5	− 7.0	− 3.5
洞里萨地区	− 3.1	− 4.3	− 0.6	− 0.9	− 22.8	− 23.7	− 5.0	− 5.3
沿海地区	− 4.7	− 3.9	− 1.0	− 0.8	− 22.7	− 23.5	− 5.0	− 5.2
山区	− 1.3	− 4.5	− 0.3	− 0.9	− 14.9	− 25.4	− 3.2	− 5.7

续表

柬埔寨	贫困率变动		贫困率每年变动率		M_0 变动		M_0 每年变动率	
	2000 ~ 2005 年	2005 ~ 2010 年	2000 ~ 2005 年	2005 ~ 2010 年	2000 ~ 2005 年	2005 ~ 2010 年	2000 ~ 2005 年	2005 ~ 2010 年
k = 33%								
金边	-20.3	-67.8	-4.4	-20.3	-22.3	-73.0	-4.9	-23.0
平原	-37.4	-20.5	-8.9	-4.5	-43.7	-23.2	-10.8	-5.1
洞里萨地区	-25.9	-28.9	-5.8	-6.6	-31.5	-34.3	-7.3	-8.1
沿海地区	-24.8	-29.9	-5.5	-6.9	-31.6	-34.9	-7.3	-8.2
山区	-19.4	-30.3	-4.2	-7.0	-21.5	-35.8	-4.7	-8.5
k = 50%								
金边	-26.4	-88.8	-6.0	-35.4	-23.4	-88.6	-5.2	-35.2
平原	-53.7	-31.7	-14.3	-7.3	-56.0	-32.9	-15.2	-7.7
洞里萨地区	-38.2	-44.6	-9.2	-11.2	-40.3	-46.5	-9.8	-11.8
沿海地区	-40.3	-44.6	-9.8	-11.1	-42.7	-46.6	-10.5	-11.8
山区	-22.7	-42.9	-5.0	-10.6	-23.9	-45.1	-5.3	-11.3

表 6A - 3　使用 Alkire 和 Foster 法的多维贫困测量：印度尼西亚的不同地区

单位：%

印度尼西亚	总贫困率			M_0			A 所占比重		
	1997 年	2003 年	2007 年	1997 年	2003 年	2007 年	1997 年	2003 年	2007
k = 联合法									
苏门答腊岛	0.822	0.780	0.760	0.237	0.199	0.166	28.8	25.4	21.9
爪哇岛	0.825	0.764	0.737	0.216	0.175	0.146	26.1	23.0	19.8
巴厘岛	0.872	0.842	0.813	0.303	0.270	0.208	34.8	32.1	25.6
加里曼丹岛	0.975	0.828	0.797	0.255	0.216	0.177	26.1	26.1	22.2
苏拉威西岛	0.857	0.751	0.792	0.245	0.200	0.197	28.6	26.6	24.8
k = 33%									
苏门答腊岛	0.313	0.249	0.201	0.157	0.121	0.093	50.1	48.5	46.3
爪哇岛	0.277	0.218	0.167	0.133	0.100	0.075	48.2	45.8	44.8
巴厘岛	0.453	0.383	0.268	0.234	0.193	0.128	51.7	50.5	47.9
加里曼丹岛	0.317	0.261	0.197	0.159	0.132	0.094	50.3	50.6	47.6
苏拉威西岛	0.316	0.252	0.248	0.157	0.125	0.118	49.6	49.6	47.6
k = 50%									
苏门答腊岛	0.135	0.097	0.065	0.085	0.060	0.039	63.1	62.0	60.3
爪哇岛	0.103	0.062	0.042	0.064	0.038	0.025	62.4	61.5	60.8
巴厘岛	0.221	0.177	0.102	0.143	0.113	0.062	64.5	63.7	61.4
加里曼丹岛	0.122	0.105	0.064	0.078	0.068	0.040	63.4	65.0	63.0
苏拉威西岛	0.131	0.113	0.094	0.083	0.070	0.057	63.3	62.2	61.0

表 6A－4　使用 Alkire 和 Foster 测量方法的多维贫困变化百分比：印度尼西亚的不同地区

单位：%

印度尼西亚	贫困率变动		贫困率每年变动率		M₀ 变动		M₀ 每年变动率	
	1997 ~ 2003 年	2003 ~ 2007 年	1997 ~ 2003 年	2003 ~ 2007 年	1997 ~ 2003 年	2003 ~ 2007 年	1997 ~ 2003 年	2003 ~ 2007 年
k = 联合法								
苏门答腊岛	－ 5.1	－ 2.7	－ 0.9	－ 0.7	－ 16.1	－ 16.2	－ 2.9	－ 4.3
爪哇岛	－ 7.4	－ 3.6	－ 1.3	－ 0.9	－ 18.7	－ 16.9	－ 3.4	－ 4.5
巴厘岛	－ 3.4	－ 3.4	－ 0.6	－ 0.9	－ 11.0	－ 23.0	－ 1.9	－ 6.3
加里曼丹岛	－ 15.1	－ 3.8	－ 2.7	－ 1.0	－ 15.2	－ 18.1	－ 2.7	－ 4.9
苏拉威西岛	－ 12.3	5.5	－ 2.2	1.3	－ 18.6	－ 1.4	－ 3.4	－ 0.3
k = 33%								
苏门答腊岛	－ 20.5	－ 19.4	－ 3.6	－ 5.2	－ 23.1	－ 23.0	－ 4.3	－ 6.3
爪哇岛	－ 21.3	－ 23.4	－ 3.9	－ 6.4	－ 25.4	－ 25.0	－ 4.8	－ 6.9
巴厘岛	－ 15.6	－ 30.0	－ 2.8	－ 8.5	－ 17.5	－ 33.7	－ 3.2	－ 9.8
加里曼丹岛	－ 17.5	－ 24.4	－ 3.2	－ 6.8	－ 16.9	－ 28.8	－ 3.0	－ 8.1
苏拉威西岛	－ 20.1	－ 1.7	－ 3.7	－ 0.4	－ 20.1	－ 5.6	－ 3.7	－ 1.4
k = 50%								
苏门答腊岛	－ 28.1	－ 32.5	－ 5.3	－ 9.4	－ 29.3	－ 34.3	－ 5.6	－ 10.0
爪哇岛	－ 40.2	－ 32.2	－ 8.2	－ 9.3	－ 41.1	－ 33.0	－ 8.4	－ 9.5
巴厘岛	－ 19.9	－ 42.7	－ 3.6	－ 13.0	－ 20.9	－ 44.7	－ 3.8	－ 13.8
加里曼丹岛	－ 13.9	－ 39.2	－ 2.5	－ 11.7	－ 11.7	－ 41.1	－ 2.0	－ 12.4
苏拉威西岛	－ 13.9	－ 16.8	－ 2.5	－ 4.5	－ 15.4	－ 18.3	－ 2.7	－ 4.9

表 6A－5　使用 Alkire 和 Foster 测量方法的多维贫困测量：菲律宾的不同地区

单位：%

菲律宾	总贫困率			M₀			A 所占比重		
	1997 年	2003 年	2008 年	1997 年	2003 年	2008 年	1997 年	2003 年	2008
k = 联合法									
吕宋岛	0.535	0.543	0.603	0.126	0.110	0.097	23.5	20.2	16.0
米沙鄢	0.734	0.699	0.728	0.207	0.187	0.145	28.2	26.8	19.9
棉兰老岛	0.763	0.722	0.699	0.229	0.193	0.159	30.1	26.7	22.7
k = 33%									
吕宋岛	0.167	0.134	0.108	0.075	0.060	0.045	44.8	44.5	42.0
米沙鄢	0.264	0.244	0.159	0.131	0.119	0.074	49.9	48.7	46.3
棉兰老岛	0.311	0.237	0.195	0.159	0.118	0.089	51.0	49.7	45.5
k = 50%									
吕宋岛	0.053	0.036	0.022	0.032	0.022	0.013	60.7	62.0	60.5
米沙鄢	0.117	0.098	0.055	0.075	0.062	0.033	63.6	62.7	60.9
棉兰老岛	0.152	0.098	0.055	0.096	0.062	0.034	63.1	63.6	61.3

表 6A – 6 使用 Alkire 和 Foster 测量方法的多维贫困变化百分比：菲律宾的不同地区

单位：%

菲律宾	贫困率变动		贫困率每年变动		M_0 变动		M_0 每年变动率	
	1997 ~ 2003 年	2003 ~ 2008 年	1997 ~ 2003 年	2003 ~ 2008 年	1997 ~ 2003 年	2003 ~ 2008 年	1997 ~ 2003 年	2003 ~ 2008 年
k = 联合法								
吕宋岛	1.5	11.0	0.2	2.1	− 12.5	− 12.0	− 2.2	− 2.5
米沙鄢	− 4.7	4.2	− 0.8	0.8	− 9.4	− 22.8	− 1.6	− 5.0
棉兰老岛	− 5.4	− 3.2	− 0.9	− 0.6	− 15.9	− 17.8	− 2.8	− 3.8
k = 33%								
吕宋岛	− 19.9	− 19.4	− 3.6	− 4.2	− 20.5	− 23.9	− 3.7	− 5.3
米沙鄢	− 7.3	− 34.8	− 1.3	− 8.2	− 9.5	− 38.1	− 1.7	− 9.1
棉兰老岛	− 23.9	− 17.4	− 4.4	− 3.8	− 25.9	− 24.3	− 4.9	− 5.4
k = 50%								
吕宋岛	− 31.9	− 40.1	− 6.2	− 9.8	− 30.4	− 41.6	− 5.9	− 10.2
米沙鄢	− 16.3	− 44.2	− 2.9	− 11.0	− 17.4	− 45.8	− 3.1	− 11.5
棉兰老岛	− 35.5	− 44.1	− 7.1	− 11.0	− 35.0	− 46.1	− 6.9	− 11.6

表 6A – 7a 贫困测量对于人际间被剥夺离差的敏感度：柬埔寨不同地区

单位：%

柬埔寨	测量			变动比例		每年变动率	
	2000 年	2005 年	2010 年	2000 ~ 2005 年	2005 ~ 2010 年	2000 ~ 2005 年	2005 ~ 2010 年
Rippin 法 $\gamma = 1.5$							
金边	0.051	0.037	0.008	− 27.0	− 77.3	− 6.1	− 25.7
平原	0.191	0.097	0.072	− 49.5	− 26.0	− 12.8	− 5.9
洞里萨地区	0.226	0.142	0.086	− 36.9	− 39.7	− 8.8	− 9.6
沿海地区	0.208	0.128	0.077	− 38.6	− 39.5	− 9.3	− 9.5
山区	0.249	0.191	0.112	− 23.6	− 41.2	− 5.2	− 10.1
Rippin 法 $\gamma = 2$							
金边	0.037	0.028	0.005	− 24.7	− 80.2	− 5.5	− 27.7
平原	0.155	0.072	0.052	− 53.3	− 28.4	− 14.1	− 6.5
洞里萨地区	0.188	0.113	0.064	− 39.8	− 43.3	− 9.7	− 10.7
沿海地区	0.172	0.099	0.057	− 42.1	− 42.9	− 10.4	− 10.6
山区	0.210	0.157	0.087	− 25.2	− 44.4	− 5.7	− 11.1

续表

柬埔寨	测量			变动比例		每年变动率	
	2000 年	2005 年	2010 年	2000 ~ 2005 年	2005 ~ 2010 年	2000 ~ 2005 年	2005 ~ 2010 年
Chakravarty 和 D'Ambrosio 法 $\alpha = 2$							
金边	0.074	0.052	0.014	-29.4	-73.4	-6.7	-23.3
平原	0.243	0.134	0.103	-44.7	-23.4	-11.2	-5.2
洞里萨地区	0.279	0.186	0.120	-33.4	-35.5	-7.8	-8.4
沿海地区	0.259	0.170	0.110	-34.4	-35.3	-8.1	-8.3
山区	0.304	0.239	0.150	-21.5	-37.2	-4.7	-8.9
Aaberge 和 Peluso 方法扩展							
金边	0.291	0.211	0.090	-27.5	-57.5	-6.2	-15.7
平原	0.566	0.418	0.363	-26.2	-13.2	-5.9	-2.8
洞里萨地区	0.607	0.494	0.392	-18.6	-20.6	-4.0	-4.5
沿海地区	0.585	0.472	0.375	-19.3	-20.6	-4.2	-4.5
山区	0.632	0.562	0.440	-11.1	-21.6	-2.3	-4.8

表 6A -7b 贫困测量对于人际间被剥夺离差的敏感性：印度尼西亚不同地区

单位：%

印度尼西亚	测量			变动比例		每年变动率	
	1997 年	2003 年	2007 年	1997 ~ 2003 年	2003 ~ 2007 年	1997 ~ 2003 年	2003 ~ 2007 年
Rippin 法 $\gamma = 1.5$							
苏门答腊岛	0.071	0.053	0.039	-25.5	-27.2	-4.8	-7.6
爪哇岛	0.059	0.041	0.030	-29.9	-26.3	-5.7	-7.3
巴厘岛	0.109	0.089	0.055	-18.3	-37.8	-3.3	-11.2
加里曼丹岛	0.072	0.062	0.042	-13.6	-32.6	-2.4	-9.4
苏拉威西岛	0.072	0.057	0.051	-20.6	-10.3	-3.8	-2.7
Rippin 法 $\gamma = 2$							
苏门答腊岛	0.053	0.038	0.027	-27.7	-29.7	-5.3	-8.4
爪哇岛	0.042	0.029	0.021	-32.8	-28.0	-6.4	-7.9
巴厘岛	0.084	0.068	0.040	-19.8	-41.1	-3.6	-12.4
加里曼丹岛	0.053	0.046	0.029	-12.1	-36.4	-2.1	-10.7
苏拉威西岛	0.053	0.042	0.036	-20.8	-13.0	-3.8	-3.4
Chakravarty 和 D'Ambrosio 法 $\alpha = 2$							
苏门答腊岛	0.100	0.077	0.058	-23.0	-24.2	-4.3	-6.7
爪哇岛	0.085	0.062	0.047	-26.7	-24.2	-5.0	-6.7
巴厘岛	0.146	0.122	0.081	-16.4	-33.9	-2.9	-9.8
加里曼丹岛	0.103	0.088	0.063	-14.6	-28.4	-2.6	-8.0
苏拉威西岛	0.102	0.081	0.075	-20.3	-7.5	-3.7	-1.9

续表

印度尼西亚	测量			变动比例		每年变动率	
	1997 年	2003 年	2007 年	1997 ~ 2003 年	2003 ~ 2007 年	1997 ~ 2003 年	2003 ~ 2007 年
Aaberge 和 Peluso 方法扩展							
苏门答腊岛	0.352	0.303	0.258	− 14.0	− 14.8	− 2.5	− 3.9
爪哇岛	0.322	0.270	0.228	− 16.2	− 15.4	− 2.9	− 4.1
巴厘岛	0.435	0.394	0.313	− 9.4	− 20.6	− 1.6	− 5.6
加里曼丹岛	0.360	0.324	0.270	− 9.9	− 16.7	− 1.7	− 4.5
苏拉威西岛	0.357	0.308	0.299	− 13.7	− 2.9	− 2.4	− 0.7

表 6A - 7c　贫困测量对于人际间被剥夺离差的敏感性：菲律宾不同地区

单位：%

菲律宾	测量			变动比例		每年变动率	
	1997 年	2003 年	2008 年	1997 ~ 2003 年	2003 ~ 2008 年	1997 ~ 2003 年	2003 ~ 2008 年
Rippin 法 $\gamma = 1.5$							
吕宋岛	0.030	0.024	0.017	− 19.5	− 29.9	− 3.5	− 6.9
米沙鄢	0.061	0.053	0.032	− 13.8	− 39.6	− 2.4	− 9.6
棉兰老岛	0.073	0.055	0.037	− 25.4	− 33.2	− 4.8	− 7.7
Rippin 法 $\gamma = 2$							
吕宋岛	0.021	0.017	0.011	− 19.9	− 33.7	− 3.6	− 7.9
米沙鄢	0.045	0.038	0.022	− 15.2	− 42.4	− 2.7	− 10.4
棉兰老岛	0.055	0.040	0.025	− 27.1	− 37.4	− 5.1	− 8.9
Chakravarty 和 D'Ambrosio 法 $\alpha = 2$							
吕宋岛	0.045	0.037	0.028	− 18.3	− 25.5	− 3.3	− 5.7
米沙鄢	0.086	0.075	0.048	− 12.3	− 35.8	− 2.2	− 8.5
棉兰老岛	0.101	0.078	0.056	− 23.1	− 28.6	− 4.3	− 6.5
Aaberge 和 Peluso 法扩展							
吕宋岛	0.210	0.185	0.160	− 12.0	− 13.8	− 2.1	− 2.9
米沙鄢	0.319	0.294	0.228	− 7.7	− 22.4	− 1.3	− 5.0
棉兰老岛	0.350	0.300	0.250	− 14.2	− 16.7	− 2.5	− 3.6

第七章

贫困与营养：泰国和越南农村家庭的案例研究

赫尔曼·瓦伊贝尔　勒娜·霍尔费德

（Hermann Waibel and Lena Hohfeld）

7.1　引言

　　过去 20 年里，亚洲国家在减贫上取得巨大进步，很大程度上归功于经济发展和减贫过程中的直接举措。乐观的看法认为亚洲的贫困将很快消除。但这一预测需要谨慎，至少有两点原因。第一，贫困率只是静态贫困评估，无法对人们重返贫困的风险（即其对贫困的脆弱性）做出任何结论（Klasen 和 Waibel，2013）。过去，经济、生态和政治动荡会导致很多人重回贫困。这其中有许多案例，比如 2008 年袭击亚洲国家的金融、经济和食品价格危机。第二，现在就宣布亚洲减贫战线取得胜利或许还为时尚早，因为货币性贫困只是多维贫困的其中一个方面。还有诸如教育、健康和营养等其他方面的维度也需要纳入考虑（Sen，2000；Tsui，2002；Carter 和 Barrett，2006；Clark 和 Hulme，2010）。一些研究已经证明货币贫困和非货币贫困之间的相关性很弱（Baulch 和 Masset，2003；Mckay 和 Lawson，2003；Günther 和 Klasen，2009）。

　　营养是其中很显著的一个维度。全球食品价格危机使得发展共同体认识到，食品安全仍是全球焦点。世界上营养不良的人口已经突破 10 亿大关，其中大部分都在亚洲。在本章中，我们将分析两个亚洲国家营养和贫困之间的关系，这两个国家基于货币政策的减贫非常成功，它们就是泰国和越南，两个新兴的市场经济体，它们的贫困率目前均低于 10% 并且还在不断下降。尽管取得了这样的成就，但在多大程度上转化成了人民营养状况类似的改善，尤其是儿童，十分模糊。本章的分析将集中在这两国的农村人口上。我们拥有包括食品消费的家庭生活各方面的面板数据，同时还有一系列包括母亲以及她们的孩子在内的所有家庭成员的人体测量数据。

我们还专门解决了以下问题。

（1）尽管泰国和越南的减贫工作取得了巨大进展，它们国内是否仍存在营养问题？

（2）有哪些因素影响了两国农村地区儿童及成年人的营养状况？

（3）当某些家庭脱离了货币性贫困线之后，哪些因素影响了营养结果？

（4）不同的收入增长情景下，结束营养不良的时间基点是什么？

本章将会按以下各节继续展开：7.2 中我们会引入一个概念框架，概述本章所使用的计量标准和经济模型；7.3 则是对数据的描述；7.4 将呈现实证结果以及对营养结果的预测；7.5 总结并得出结论。

7.2　概念框架

本节将为研究建立一个概念基础。我们构建三个必要方面来分析贫困和营养之间的关系。第一，我们定义最通用的营养测量，以确定营养结果变量。第二，通过回顾相关资料讨论在财富和营养之间的影响方向。第三，确定模型使用的主要变量，用于解释发展中国家人民的营养状况变化。

人口的营养状况通常通过人体测量指标进行评估，主要使用人群为五岁以下的儿童。例如，在联合国千年发展目标中，体重过轻的儿童是饥饿的一项参考指标。儿童生长迟缓和过瘦是世界卫生组织 2025 年全球目标的两大指标。同时，有关营养不良的科学出版物绝大多数集中在 5 岁以下儿童。选择这些指标是有原因的。第一，对于儿童而言，即使是短期的营养不良也会造成长期的、不可逆的伤害。儿童营养不良会导致他们认知能力低下，并进一步降低他们成年之后的生产力。第二，儿童的身体对食品供应变化的反应非常灵敏，相对于成年人，食物短缺更容易在儿童的体重和身高上体现出来。因此，5 岁以下儿童的健康状况是当前人口营养状况的一个可靠指标。不过，那些有 5 岁以下儿童的家庭所占的比例很小。为了完整描述人口营养状况，还应加入成年人的指标，即使成年人不易受短期的食物短缺的影响。

最常用于描述人口营养状况的人体测量就是身高和体重。对于儿童，这些参数与年龄有关［参见（a）～（d）］。而对于成年人，身体质量指数（e）是下列中的唯一测量：

（a）年龄别体重（WFA）；

（b）年龄别身高（HFA）；

（c）身高别体重（WFH）；

（d）年龄别身体质量指数（BMI）（儿童）；

（e）年龄别身体质量指数（成年人）。

年龄别体重是体重过轻的指标；HFA 代表生长迟缓；WFH 代表消瘦；BMI 是体重过轻的测量指标，通常适用于成年人，但也会用于儿童。这五项指标都是用作定义与阈值相关的营养不良状态。最常用的测量指标是年龄别体重（世界卫生组织工作组，1986），比如联合国千年发展目标中就使用过这一测量指标，因为它能反映急性和慢性营养不良（de Onis 和 Blössner，2003）。发育不良，也就是说相对年龄身高较矮（HFA），是长期营养不良以及早期儿童疾病的一项指标。身高别体重被视为严重营养不良的指标，因为体重会随着食物的严重短缺而迅速下降，而身高则不受食物供应短期变化的影响。对于成年人而言，BMI 是用以评估当前营养状况使用最普遍的指标；对于儿童来说，年龄别身体质量指数的参考标准和临界值直到最近才出现，因此还没被广泛使用（Cole 等，2007）。

从数据上来看，儿童营养不良是用发展数据来测量的，并根据世界卫生组织标准（de Onis 等，2009），与全球同龄的参考人口的健康标准进行对比。使用指标（a）到（d）定义的人口营养不良通常是通过计算 Z - 分数得到，Z - 分数的定义为，被观察值减去参考人口的中间值除以标准差后得到的差，（WHO，2015）。Z - 分数等于 -2，用于指标（a）到（d），也就是说，如果儿童比他们的参考群体的中位数（或平均值）两个标准差，就会被认为体重过轻。身体质量指数的计算为体重（kg）÷身高^2（m）。对儿童将使用年龄别身体质量指数的 Z - 分数，而对于成年人如果固定的身体质量指数临界值低于 18.5 即视为体重过轻。

在分析发展中国家营养不良问题时，第二个亟待解决的问题在于如何将营养整合进经济模型之中。将发展中国家目标人群的营养结果与其身体和社会经济条件之间建立因果关系的理论基础就是家庭理论（Becker，1965；

Strauss 和 Thomas，1995）。除收入以外，考虑到家庭的生产选择和资源限制，健康和营养也可以被视为家庭效用函数的组成部分。然而，Alderman（2012）指出，建立在收入基础上的指标解释力太弱，当谈到 Almond 和 Currie（2011）的时候，越来越多的人认识到孩子的健康和营养状况不仅受制于后天条件，先天条件对他们也有影响，这说明孩子出生前的母亲健康对于评估孩子的营养状况而言非常重要。因此构建营养结果模型（N），作为家庭收入、家庭和城镇的特征以及孩子和母亲的特征等组成的函数。借鉴 Kabubo-Mariara 等（2009），我们特别构建一个 5 岁以下儿童健康状况的模型，如下式：

$$N_{it} = f(Y_{jt}, C_{it}, M_{it}, X_{jt}, Z_{kt}, \varepsilon_{it}) \tag{7.1}$$

这个公式中，N_{it} 表示儿童 i 在时间 t 时的健康结果；Y 表示 j 家庭的收入；C 包括了个人 i 的孩子、母亲和成年人特征；X 描述了家庭特征；Z 是城镇 k 的特征向量；所有的变量都在时间范围 t 时进行测量；ε 是一个随机分配的误差项。在模型中，我们用营养结果的 Z - 分数，即年龄别体重是因变量。

解释变量的选择遵循联合国教科文组织开发的总体框架（Menon，2012）。该框架对营养不良直接的、潜在的和基本的原因进行了区分。其中直接原因为缺乏食物和营养摄入，以及健康状况堪忧。潜在的因素为家庭卫生条件以及基本医疗服务的供给。食物和营养摄入受制于食物获得，而食物获得又由市场基础设施和农业发展的总体情况所决定。营养不良的基本原因被认为是母亲及其照料的行为对儿童的健康与营养的影响。接下来，我们具体描述变量的选择。

大多数文献显示更高的收入以及减贫对营养和健康有积极影响（比如，Anand 和 Ravallion，1993；Strauss 和 Thomas，1995），但是这一关系在不同国家和家庭内部会有所不同（Haddad 等，2003）。这一差异是由于不公平以及公共物品直接面向营养的程度（Anand 和 Ravallion，1993）。

我们进一步加入了儿童特征的三个变量：年龄、性别以及反映儿童在参考期内是否生病的虚拟变量。因为我们已经知道营养不良的风险会随着儿童的年龄有所不同（Alderman 等，2006；Menon，2012），我们加入了年龄虚拟变量。如果家庭内部存在性别分配歧视的话，可能会出现女孩/男孩人数增长较慢（Belitz 等，2010）。儿童在生病时期的营养状况可能会变差，但如果有好的医疗保健，疾病的影响也会降低（Menon，2012）。对于母亲的特征，普遍认为母亲的身高预先决定了孩子的营养状况，这强调了营养不良通过基因和经济状况进行代际间传递（Belitz等，2010）。母亲所受的教育（Smith等，2003）是儿童照料实践的一个指标，迁徙的母亲可能有更多的儿童照料经验，赚取的汇款有利于改善孩子的营养状况。成人特征包括一些类似的变量：性别、受教育程度、年龄以及疾病虚拟变量。家庭成员特征包括家庭规模和抚养比，将影响家庭的资源状况和儿童照料的程度（Belitz等，2010）。其他家庭成员的迁移状况，用每年不在家的月数计算，可以作为寄回农村家庭的汇款金额中一个指标。为了测算家庭卫生设施带来的影响，加入了拥有自来水和家用抽水马桶两个虚拟变量。农村特征，包括了卫生基础设施，以带有卫生设备的家庭占比和公共用水的可利用性作为指标（Haddad等，2003）。还通过增加农村居民的平均收入来限定他们的相对财富。在越南，我们还增加了一个少数民族虚拟变量，并对不同农业区进行控制，即通过这个家庭是否位于山区来判断。

大部分关于儿童营养不良的研究都使用了人口统计和健康调查的数据（比如，Kabubo-Mariara等，2009），这些数据从有关孩子和母亲的健康信息角度来说非常丰富，但是无法一直提供收入和消费的数据。7.3节我们会具体讲面板数据集，我们有很多可用的直接测量，因此，我们把（对数）人均收入作为Y；把年龄别体重作为营养结果指标（N），并作为5岁以下儿童Z-分数的连续变量。首先对整个样本用普通最小二乘法（OLS）回归，对等式（7.1）的模型进行评估。我们的目标是要探索泰国和越南两国农村人口的减贫和健康状况之间的关系，我们建立了四个实验组：（1）生活在人均收入每天2美元的贫困线以下家庭，并且根据年龄别体重的Z-分数临界值为-2测量出体重过轻的儿童；（2）生活在贫困家庭但体重正常的儿童；（3）来自非贫困家庭但体重过轻的儿童；（4）来自非贫困家庭但体重正常的儿童（可以预见）。

我们使用年龄别体重的Z-分数作为因变量。因变量在人均收入和年龄别体重各自的临界点被截断。利用这个方法，我们能够确定对这两个新兴经济体的农村儿童健康状况产生影响的因素，是否会随着家庭远离贫困线而改变。这一对比也显示出收入作为其中一个因素对于营养不良来说很重要，因为我们观察到这些家庭虽然收入并不可观，但是并没有体重过轻的孩子。因为在财力匮乏时，家人会把收入向食物方面倾斜，收入的改变对于贫困线以下的家庭，相比于贫困线以上的家庭会产生不同的影响。通过这种方法，就可以确定在收入和营养阈值上影响营养结果的不同因素了。为了确定阈值，我们使用带有隐含潜在变量的截断 Tobit 模型（Wooldridge，2010）。由于拥有混合面板数据，我们可以使用聚类鲁棒标准误差。

　　用两种模型对上述的四组儿童进行评估：一是，将两国的数据聚集在一起，以便掌握营养贫困的整体状况；二是，单独分析越南数据集的模型①。一些研究（比如，Alderman 等，2006；Haddad 等，2003）指出，收入标准可能受制于内生性，比如会存在测量误差。一种可行的办法是将资产值作为工具变量。我们利用 Durban – Wu – Hausman 模型，使用普通最小二乘法测试内生性，对 Tobit 模进行 Smith – Blundell 测试（Wooldridge，2010）。在大部分模型中，我们无法拒绝收入测量的外生性，因此在工具变量方法中，更倾向于使用普通最小二乘法和 Tobit 变量。在检测外生性（越南的数据，所有群体的完整模型）中，我们还使用二阶最小二乘法回归报告工具变量。

7.3　描述性分析

　　本节将对数据的背景展开描述，这些数据是在 2007 年、2008 年和 2010 年从两个国家 4000 个农村家庭收集来的。数据来自一个贫困脆弱性的研究计划的背景下的家庭和农村调查②。在这一计划下，我们对两国六个省开展了带有四个面板波动的全面调查。这些省份都是根据一系列标准有目的地挑选出来的，这些标准包括人均收入低、农业重要性、由于地处偏远和基础设施薄弱导致的一般风险条件。泰国的三个省分别为那空拍侬府（Nakhon Phanom）、乌汶府（Ubon Ratchathani）和武里南府（Buri Ram），均处于该国东北部的长期贫困和欠发达地区。越南相关的三个省包括两个位于中央高地的高平省（Hat Tinh）和大叻省（Dak Lak），以及南部地区的内陆省份顺化省。抽样过程也因两国之间的生态条件不同而有所区别（Hardeweg 等，

---

①　我们也对另一个泰国的模型进行了评估，但结果还没有定论。有可能是因为泰国的食品安全环境更好，而且贫困和营养不良的程度并不是很严重。因此，对于有营养不良的孩子的贫困家庭的组别而言，案例的数量对于评估有意义的营养状况来说太少了。不过，我们通过完整的样本评估了普通最小二乘法和工具变量模型（并且横跨不同的收入间隔），这样我们就有了一些可信的结果。这些结果可以在附录中看到。

②　参见 http：//www. vulnerability- asia. uni- hannover. de/overview. html（最后访问日期：2016 年 4 月 1 日）。

2012）。泰国主要的取样区为所选省的次级地区，因此采用系统随机抽样。第二阶段，对每个次级地区的两个农村按人口规模比例概率抽样。第三阶段，按照家庭规模排名，从每个农村系统抽取 10 户人家。由于这三个省份的自然条件多样性很强，越南的取样过程在第一阶段就有所不同。此处省级农业生态地区的定义是每个阶层最少要有 160 户家庭。在这些阶层中，将根据人口密度，对两个行政区（和泰国的次级地区相对应）抽样，过程和泰国一样。对于越南的分析，必须使用体重样本，而在泰国则使用设计好的自加权样本。

表 7-1 中列出的是这一模型中所有变量的汇总统计，呈现了两国整体样本的均值和标准差。

表 7-2 则显示每天人均收入 1.25 美元和 2 美元的贫困线下，涉及每个省份 2007 年、2008 年和 2010 年的贫困率。数据显示，尽管绝对贫困相对较低（使用人均 1.25 美元这一贫困线时），但两国农村有很大一部分人口也只是刚刚越过贫困线。2007 年，一旦将阈值提高到每天 2 美元，处于贫困线以下的泰国家庭为 36% ~45%，处于贫困线以下的越南家庭达到 70%。当贫困线从每天 1.25 美元上升到 2 美元时，两国的贫困率都会出现 10% 到 20% 的上升。在食品价格和经济危机之后的 2010 年，各省之间的变动很小，但也出现上升趋势，这意味着这些省份在应对危机时各有千秋。另一个有趣而值得注意的是 2010 年泰国的贫困率下降速度快于越南，说明泰国从危机中更快地恢复，社保措施在保护穷人方面起了作用。

表 7-1　泰国和越南 5 岁以下儿童面板数据的定义和汇总统计

营养结果		泰国		越南	
		平均值	样本标准差	平均值	样本标准差
年龄别 Z-分数	标准分数/年龄别体重	0.33	2.49	-0.62	2.34
收入					
人均收入	每月人均收入，购买力平价美元	121.70	177.97	88.68	123.71
儿童					
生病	儿童是否生病（是 = 1，否 = 0）	0.04	0.20	0.05	0.22
女童	是否为女生（是 = 1，否 = 0）	0.45	0.50	0.50	0.50
母亲					
母亲身高	母亲身高（cm）	156.96	6.60	153.98	7.87

续表

营养结果		泰国		越南	
		平均值	样本标准差	平均值	样本标准差
母亲受教育年限	母亲受教育年数(年)	8.47	3.56	6.62	3.98
母亲－迁徙	虚拟的母亲是否为迁徙(是=1,否=0)	0.20	0.40	0.01	0.10
家庭					
家庭规模	核心家庭成员规模	5.38	1.98	5.28	1.80
抚养比	抚养比家庭规模除以被抚养人员)	?	0.77	2.14	0.74
其他迁徙数	其他家庭成员迁徙数	3.21	7.28	1.11	1.44
少数民族	家庭成员为少数民族的(是=1,否=0)			0.31	0.46
私人厕所	是否具备家用冲水马桶(是=1,否=0)	0.96	0.19	0.18	0.39
自来水	家中是否通自来水(是=1,否=0)	0.28	0.45	0.11	0.31
农村					
卫生设施变量	家庭成员使用卫生设施的比例	76.51	40.03	14.30	28.79
公共用水变量	是否用徔上公共用水(是=1,否=0)	0.89	0.32	0.22	0.42
县城距离	距离县城的距离(分钟计)	53.56	30.44	46.47	53.74
农村线	农村人均月收入	164.93	152.99	106.02	74.08
山区变量	乡村是否位于山区(是=1,否=0)			0.39	0.49
N		1947		1960	

注：距离的测算使用最普遍的交通工具（比如巴士或摩托车）。

资料来源：2007 年、2008 年和 2010 年的家庭调查。

表 7－2　根据 2007 年、2008 年和 2010 年的人均收入的贫困率

地区	1.25 美元贫困线			2 美元贫困线		
	2007 年	2008 年	2010 年	2007 年	2008 年	2010 年
泰国						
武里南府	30.2	33.0	07.7	44.8	44.2	17.5
乌汶府	21.8	21.7	12.3	36.3	36.3	21.8
那空拍侬府	23.5	31.2	14.3	41.2	48.1	29.3

续表

地区	1.25 美元贫困线			2 美元贫困线		
	2007 年	2008 年	2010 年	2007 年	2008 年	2010 年
越南						
高平省	55.7	18.5	16.6	69.9	36.3	31.5
顺化省	38.1	27.5	16.6	57.4	46.9	31.7
大叻省	29.9	23.2	23.3	45.4	37.2	36.6

注：基于收入测量的贫困率，越南的体重调查有所调整。

资料来源：2007 年、2008 年和 2010 年的家庭调查。

图 7-1 中也进一步显示了泰国和越南两国 2010 年消费支出的累积实证分布函数。即使是每人每月 120 美元（人均每天 4 美元）这一水平，泰国农村家庭消费水平低于贫困线的概率还是非常低，大约 60% 的家庭在贫困线以上。在越南的省份中，消费贫困更高（见图 7-2 的面板数据），超过每天 4 美元这一水平的甚至低于 20%。每天 4 美元也被视作"中产阶级分界线"。越南的消费水平分布更为平均，而省份之间的差异更为明显。

图 7-2 将两国三省的数据分别汇集起来，显示了食品价格对食品消费份额分配的影响。可以发现在 2010 年，自经济危机以后，每次食品价格仍高于 2007 年的时候，两国的消费份额分配就会向右变动。这表明绝大部分农村家庭不得不将消费支出更多地分配在食物上。这一影响对越南更严重，出现了 80% 的变动，而泰国增长了 60%。将这些观察与有关贫困和消费数据联系起来可以看出，虽然贫困率有所下降，但必须调整食品消费，因此，两国营养结果也很相似。

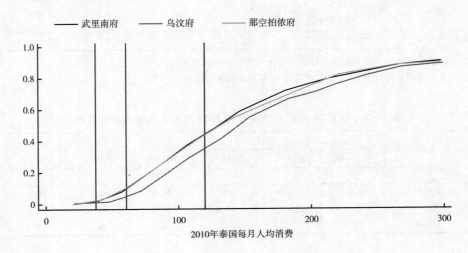

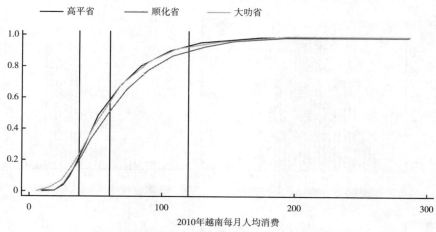

图 7 - 1　2010 年泰国和越南三个省份的消费支出分布

注：贫困线为每日 1.25 美元、每日 2 美元和每日 4 美元。

　　我们现在对样本中家庭的营养结果进行评估。图 7 - 3 显示了 2010 年 5 岁以下儿童的年龄别体重 Z - 分数分布。当 Z - 分数临界值为 - 2 时，泰国 19% 的学前儿童和越南 27% 的儿童在年龄别体重的标准下被认定为营养不良。只有 1/3 的家庭有 5 岁以下的儿童，而在儿童营养测量时只会考虑他们。还要注意的是，不论是采用 1.25 美元还是 2 美元的贫困线，儿童的营养不良率都接近于贫困率，甚至会高于贫困率。这也佐证了一个观点，即减少货币贫困不是消除营养不良的充分条件。

　　表 7 - 3 还包含了一项历时超过三年汇集而成的营养指标的全面阐述。我们利用三年平均汇集起来的数据集得出了营养结果的平均数，并分别覆盖泰国和越南不同间隔的人均收入。利用世界卫生组织（2014）定义的相关标准，我们观察到生长迟缓的数值远高于体重过轻和消瘦的数值。不出所料，越南营养不良率仍然非常高。收入群体的对比方面，我们从人均收入低于每天 2 美元开始，逐渐增加到以每天 10 美元以上作为上限。营养指标方面，我们根据面向儿童的年龄别体重、年龄别身体质量指数、年龄别身高以及身高别体重和针对成年人的年龄别身体质量指数计算了各自所占的比例。

　　下一步进行描述性分析。我们将根据贫困和营养这两大标准将儿童分成四个组别。第一组包括那些住在 2 美元以下贫困线家庭的孩子，他们同时也是根据年龄别体重指标定义的体重过轻儿童。第二组代表来自贫困家庭的儿

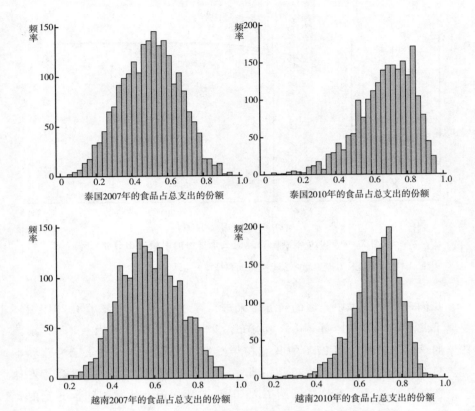

图 7 - 2　2007 年、2010 年泰国和越南食品占总支出的份额

资料来源：2007 年和 2010 年家庭调查。

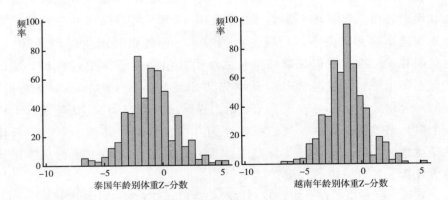

图 7 - 3　泰国和越南 2010 年 5 岁以下儿童的年龄别体重 Z - 分数分布

资料来源：2010 年家庭调查。

童，但他们的体重正常。第三组和第四组包括了来自非贫困家庭的儿童，他们中分别是体重过轻和体重正常儿童。

从表7-4中我们注意到泰国这四个组别的个人、家庭和农村层面的参数都存在差异。首先，那些有体重过轻儿童的贫困家庭，即便将他们与家中没有体重过轻孩子的贫困家庭收入水平一致，人均食品消费却更低。其次，前者农业收入占比也较低，相对更依赖纯天然的食物，也更容易受到食物供应的影响。这一差异在非贫困家庭身上基本没有。另一个不同则是孩子母亲的迁徙。贫困家庭中拥有正常体重孩子的母亲，离开小镇工作的概率高8个百分点。这也反映在母亲在家人以外花费的时间上，即来自贫困家庭、拥有正常体重孩子的母亲很多时间都没有陪在家人身边。在非贫困家庭这一差异则相对较小。

一个主要因素在于资产的多少。体重过轻儿童所在贫困家庭（见表7-4）拥有的资产价值只有正常贫困家庭的一半。而不管从绝对资产价值还是相对资产价值来看，这一差异在非贫困组中依然较小。

母亲的身高表明，儿童出生前的条件在贫困家庭组中有所差异。而在非贫困家庭组中，母亲受教育的程度非常高。

有趣的是，我们没有观察到四个组在食品消费支出份额中的差别，而这意味着在假定收入正弹性的条件下，食品支出的差异有可能会体现在食物的质量上，也就是说，当某个家庭条件改善后，他们在食品上的绝对支出也随之增加。同时，我们也没能观察到家庭和农村层面的卫生参数差异。

表7-3　泰国和越南2007年、2008年、2010年家庭营养结果平均差（合并）

收入（每天人均收入／购买力平价美元）	总计	0 - <2	2 - <3	3 - <5	5 - <7	7 - <10	10
泰国							
儿童体重过轻占比（年龄别体重）	0.12	0.12	0.13	0.13	0.10	0.07	0.11
儿童体重过轻占比（年龄别身体质量指数）	0.13	0.14	0.13	0.12	0.13	0.15	0.15
儿童生长迟缓占比（年龄别身高）	0.42	0.43	0.45	0.45	0.41	0.33	0.37
儿童出生体重过轻占比（身高别体重）	0.12	0.12	0.12	0.12	0.11	0.15	0.11

续表

收入（每天人均收入／购买力平价美元）	总计	0－＜2	2－＜3	3－＜5	5－＜7	7－＜10	10
泰国							
成年人体重过轻占比（年龄别身体质量指数）	0.12	0.13	0.13	0.12	0.12	0.12	0.11
越南							
儿童体重过轻占比（年龄别体重）	0.27	0.33	0.27	0.18	0.21	0.16	0.14
儿童体重过轻占比（年龄别身体质量指数）	0.14	0.14	0.14	0.15	0.14	0.09	0.13
儿童生长迟缓占比（年龄别身高）	0.50	0.52	0.50	0.49	0.45	0.50	0.53
儿童出生体重过轻占比（身高别体重）	0.13	0.14	0.13	0.15	0.16	0.08	0.12
成年人体重过轻占比（年龄别身体质量指数）	0.25	0.29	0.26	0.24	0.22	0.20	0.20

表 7－4　泰国 2007～2010 年儿童贫困（2 美元贫困线）和营养状况（年龄别体重）比较

组别	第一组：贫困且儿童体重过轻	第二组：贫困但儿童体重正常	第三组：非贫困但儿童体重过轻	第四组：非贫困且儿童体重正常
收入				
人均每月收入（购买力平价美元）	22.53	22.91	165.63	185.63
农业收入占比	0.41	0.53	0.21	0.22
自然资源收入占比	0.09	0.07	0.04	0.03
每月人均食品消费（购买力平价美元）	41.88	49.09	72.90	68.83
食品占总消费比例	0.60	0.62	0.63	0.60
家庭小生意占比	0.19	0.20	0.33	0.34
儿童				
儿童生病比例	0.05	0.05	0.01	0.04
女童比例	0.44	0.46	0.42	0.45
母亲				
母亲身高（cm）	153.89	156.07	156.76	157.82
母亲受教育年限（年）	7.02	7.30	8.60	9.31
母亲迁移占比	0.15	0.23	0.17	0.18

续表

组别	第一组:贫困且儿童体重过轻	第二组:贫困但儿童体重正常	第三组:非贫困但儿童体重过轻	第四组:非贫困且儿童体重正常
家庭				
家庭成员规模	5.28	5.32	5.11	5.27
抚养比	2.18	2.05	2.01	1.89
其他家庭成员的迁移	1.03	2.70	0.96	2.06
农业工作者占比	0.59	0.62	0.52	0.49
领薪工人占比	0.05	0.05	0.10	0.10
业务工人的占比	0.36	0.33	0.38	0.41
家庭厕所占比	0.91	0.95	0.97	0.97
自来水占比	0.25	0.27	0.23	0.30
人均资产值(购买力平价美元)	717.04	1364.20	1648.86	2014.91
人均牲畜值(购买力平价美元)	195.47	179.28	201.43	241.39
人均土地面积(公顷)	0.67	0.57	0.73	0.76
乡村				
家庭成员使用卫生设施的比例	75.69	75.2	80.34	77.25
是否用得上公共用水	0.88	0.88	0.91	0.90
距离市场的距离	17.73	19.96	18.27	16.79
距离医院的距离	23.43	23.70	21.05	21.54
营养结果	97	586	132	831

　　对越南的相关比较也显示出四个组别之间的差异（见表7-5）。关于贫困家庭间的对比，有体重过轻儿童的家庭与有正常体重儿童的家庭之间在食品支出方面的差距，比二者在人均收入之间差异更高，尽管绝对差很小。与泰国的情况不同，越南的两个非贫困家庭组之间的差异更大。有营养不良孩子的家庭很少能拥有家庭小生意，因此必须依靠自己家的农耕、自然资源的食物和工薪收入。我们还观察到健康方面存在明显差异，儿童在报告中生病的比例较高。而且营养不良孩子的母亲通常受教育年限也不长。我们还观察到民族方面的一个明显不同。贫困家庭，而且有营养不良的孩子的家庭中，少数民族所占比重最高。

表 7 – 5　越南 2007 ~ 2010 年通过贫困（2 美元贫困线）和儿童
健康状况（年龄比体重）的家庭对比

组别	第一组：贫困且儿童体重过轻	第二组：贫困但儿童体重正常	第三组：非贫困但儿童体重过轻	第四组：非贫困且儿童体重正常
收入				
人均收入（购买力平价美元）	24.55	26.93	147.67	162.50
农业收入占比	0.51	0.65	0.36	0.33
自然资源占比	0.07	0.07	0.02	0.03
人均每月食品消费（购买力平价美元）	33.01	34.93	47.5	52.92
食品占总消费比例	0.70	0.69	0.68	0.66
家庭小生意的比例			0.36	0.41
儿童				
生病儿童占比	0.09	0.04	0.04	0.02
女童占比	0.56	0.49	0.49	0.50
母亲				
母亲身高（cm）	154.69	154.62	155.12	154.99
母亲受教育年限（年）	5.43	6.12	6.80	8.27
母亲是迁徙占比	0.00	0.01	0.02	0.01
家庭				
家庭规模	5.50	5.56	5.15	5.03
抚养比	2.27	2.26	1.97	2.03
迁徙月数其他人	0.04	0.08	0.15	0.14
少数民族占比	0.39	0.30	0.21	0.10
农业劳动力占比	0.82	0.78	0.66	0.54
领薪劳动力占比	0.04	0.05	0.16	0.18
商业劳动力占比	0.15	0.17	0.19	0.28
有家用厕所的占比	0.09	0.12	0.23	0.31
有自来水的占比	0.05	0.07	0.10	0.15
人均资产值（购买力平价美元）	379.06	382.59	791.10	1049.20
人均占有牲畜值（购买力平价美元）	160.50	140.28	332.96	223.60
人均土地面积（公顷）	0.13	0.14	0.22	0.17
无土地百分比	8.10	6.53	4.36	12.56

续表

组别	第一组：贫困且儿童体重过轻	第二组：贫困但儿童体重正常	第三组：非贫困但儿童体重过轻	第四组：非贫困且儿童体重正常
乡村				
家庭成员拥有卫生设备的比例	11.37	12.00	22.69	18.96
是否用得上公共用水	0.13	0.17	0.13	0.19
距离市场的距离	20.06	18.38	17.97	15.69
距离医院的距离	37.07	35.90	30.65	31.58
家在山区占比	0.31	0.29	0.24	0.16
营养结果	297	658	144	632

资料来源：2007~2010 年家庭调查。

贫困与非贫困家庭间也存在明显差异，比如，在劳动力分配上，贫困家庭更依靠农业，而非贫困家庭具有更高比例的就业工资或者家庭小生意。卫生条件上的差异更大，比如，非贫困家庭拥有更好的水源和卫生条件。此外，贫困家庭的人通常住在山区。然而，在同一收入组（贫困和非贫困）中，体重过轻儿童的家庭和正常体重儿童的家庭之间的差距很小，贫困家庭中的营养不良儿童比例差不多都是 1∶2，而在非贫困家庭中，这个比例为 1∶5。

归纳起来，我们对 4000 多个农村家庭，包括超 22000 个个体，其中包括儿童和成年人，做出的描述性和探索性分析，能够得出一些经验，对本章7.1 的问题给出初步答案。这些发现也为建立一些假设提供了基础，而我们也将在下面的计量经济学的分析中对这些假设做进一步的讨论。

首先，我们观察到两国的减贫虽然都取得一定成功，但也受制于贫困线的选择。显然，如今两国已经基本消除了极度贫困，但是当贫困线从每天 2美元提到每天 4 美元时，贫困率也会随之上升。这说明了即使家庭超越了官方贫困线标准，贫困仍然存在，贫困脆弱性影响这一问题仍未解决。

其次，我们注意到，即使两国在减贫上取得成功，但仍存在营养问题。而且越南的问题比泰国严重。泰国儿童的年龄别身高和年龄别体重低于关键水平的比例分别达到了 42% 和 12%，而越南，则是 50% 和 27%，这特别说明了体重过轻问题仍未解决，尤其是在越南。后者与 Haddad 等（2003）的预测相一致，根据他们的跨国营养模型，2015 年越南体重过轻（年龄别体重）学龄前儿童大概占了儿童总数的 28%。

再次，如资料显示，收入在预测削减营养不良方面并不适用。将贫困线从人均收入 2 美元提升到 10 美元以上，泰国营养不良儿童的人数只是略有下降，而在越南，这一人数则从一个高水平开始快速下降，但很显然，是从每天 5 美元以上的水平开始下降的。这意味着非收入因素对那些想要提升其人民营养状况的政府起到了作用。

探讨消费水平和营养之间的关系，显示出贫困线对消除营养问题并不是一个很强的指标，因为那些在营养结果标准值以外的个体比例只是随着高收入而逐渐减少。这在一定程度上支持了减少乃至于消除货币性贫困并不能自然而然带来其他形式的贫困相同程度的下降的假说。虽然贫困和非贫困家庭在比较营养指标中存在一定的差异，但不可否认，贫困线以上的营养问题仍然存在。这说明与收入贫困有关的因素，并不一定就与营养及其他形式的贫困有关，因此使用上述的计量经济学模型进行扩展研究就显得非常必要。

最后，根据贫困和营养两大标准，通过建立四个不同的家庭类别，可以观察到有营养不良儿童的家庭在金钱财富以外，存在一些共同的特点。营养不良的儿童所居住的地方通常卫生条件不及其他农村。家庭类型的对比也体现了非货币因素在减少儿童营养不良方面的重要性。

7.4　计量经济学分析

为了进一步探讨由文献和上述描述性和探索性分析的研究而得出的假说，我们将运用 7.2 概述过的计量经济学模型，并运用不同的营养变量。该模型的第一个因变量即为年龄别体重 Z - 分数，这样一来任何解释变量显著正相关的信号都表明了儿童营养状况得以改善。运用普通最小二乘法回归对 2007 年、2008 年和 2010 年的合并数据集进行评估，其中数据集包括两国的数据，并运用虚拟变量对两国的影响加以采集。同时，对于这四个家庭组，我们还基于贫困和营养状况，对模型进行了独立评估。我们首先评估了泰国和越南的合并模型，并用一个仅包括越南数据的版本加以补充，因为越南营养问题更为严重。

从表 7 - 6 的第一栏可以看出普通最小二乘法回归的结果。收入对数肯定影响到了营养结果，但其系数相对较低，仅为 0.162，这与之前的文献中的评估结果非常接近（例如，Haddad 等，2003；Alderman 等，2006）。儿童特征也有显著的影响，即如果一个孩子前一阵子生病了，生病就对他的营养结果产生了消极影响。总体来讲，疾病会使得 Z - 分数下降 0.3 个点。性别变量也很显著，但出现了与预期相反的迹象。总体而言，人们会给予女孩更好的抚养，而这与通常情况下针对女生的性别歧视有出入，但是也有一些学者（Svedberg，1990；Belitz 等，2010）报告了这一发现。不过，一方面，母亲身高变量为正，是与文献中的发现相一致，其产前状况对孩子的营养状况有一定的影响。另一方面，我们没有发现母亲受教育程度和其迁徙状况具有显著影响。同样地，对于一系列家庭特征，包括家庭规模和抚养比，也没有显著的影响。然而其他家庭和农村的特征却很显著。家庭卫生条件以及农村层面的卫生基础设施拥有情况极大地提高了营养结果。如果孩子出生于少数民族，他的营养结果可能会相应下降，这很有道理，因为在越南，许多少数民族在经济上处于弱势，通常会被边缘化。描述性分析的观察结果显示，泰国人口的营养状况比越南好，反映在国家的虚拟变量很显著。

表 7 - 6　基于四个家庭组的贫困和营养状况的年龄别体重标准分数的合并普通最小二乘法和 Tobit 模型的评估

变量	所有的（普通最小二乘法）	第一组:贫困且儿童体重过轻	第二组:贫困但儿童体重正常	第三组:非贫困但儿童体重过轻	第四组:非贫困且儿童体重正常
收入					
人均收入	0.162 ***	0.038	0.206 ***	− 0.037	0.105
	(0.036)	(0.036)	(0.061)	(0.092)	(0.091)
儿童					
生病	− 0.312 *	− 0.292 *	− 0.142	− 0.190	− 0.235
	(0.163)	(0.161)	(0.210)	(0.252)	(0.242)
女童	0.170 *	0.257 ***	0.220 *	0.459 ***	0.232 **
	(0.088)	(0.093)	(0.118)	(0.125)	(0.106)
母亲					
母亲身高	0.018 ***	− 0.003	0.012	− 0.016	0.020 **
	(0.007)	(0.007)	(0.010)	(0.014)	(0.008)
母亲受教育年限(年)	0.012	0.030 **	− 0.032 *	− 0.001	0.026 *
	(0.012)	(0.014)	(0.018)	(0.020)	(0.015)
母亲是否为迁徙	0.270	0.459 **	0.598 **	− 0.431	0.354
	(0.221)	(0.213)	(0.274)	(0.470)	(0.257)
家庭					
家庭规模	0.024	0.003	0.039	0.060 *	0.003
	(0.024)	(0.023)	(0.027)	(0.032)	(0.035)
抚养比	0.051	0.023	0.064	0.162	0.071
	(0.059)	(0.052)	(0.079)	(0.104)	(0.070)
迁徙月数 - 其他家庭成员	0.017	− 0.010	− 0.007	0.040	0.007
	(0.012)	(0.009)	(0.017)	(0.040)	(0.013)

续表

变量	所有的 （普通最小二乘法）	第一组:贫困且 儿童体重过轻	第二组:贫困但 儿童体重正常	第三组:非贫困 但儿童体重过轻	第四组:非贫困 且儿童体重正常
家庭					
少数民族	-0.295 ** (0.126)	0.039 (0.113)	-0.348 ** (0.155)	-0.009 (0.204)	0.356 * (0.206)
家用抽水马桶	0.339 *** (0.123)	-0.259 (0.263)	0.430 ** (0.193)	0.086 (0.184)	0.186 (0.132)
自来水	0.003 (0.093)	0.045 (0.110)	-0.116 (0.141)	0.011 (0.134)	0.168 (0.115)
乡村					
乡村公共卫生	0.003 ** (0.001)	0.003 (0.002)	0.005 *** (0.002)	-0.000 (0.002)	0.002 (0.002)
和县城的距离	-0.001 (0.001)	-0.001 (0.001)	-0.000 (0.001)	0.001 ** (0.001)	-0.001 (0.001)
平均收入	-0.000 (0.000)	-0.000 (0.001)	-0.001 (0.001)	-0.001 (0.000)	0.000 (0.000)
泰国	0.256 * (0.146)	-0.112 (0.263)	-0.109 (0.222)	-0.170 (0.203)	0.411 ** (0.161)
估计值	-0.743 (1.107)	-2.539 ** (1.145)	0.877 (1.524)	-0.709 (2.023)	-0.988 (1.339)
营养结果	2873	365	959	264	1285

注：* 指 $p<0.1$，** 指 $p<0.05$，*** 指 $p<0.01$；标准误差集中于个人层面；收入负增长的家庭已经被排除；年份和年龄为控制变量而且显著，迁徙月份正态化（+1）。

资料来源：2007~2010 年家庭调查。

可以看到在表 7-6 第 2~5 栏中有许多受限 Tobit 回归的回归结果，这些结果以四个不同的分组的年龄别体重的 Z-分数为依据。收入变量只是在其中一个分组中显著，即没有体重过轻儿童的贫困家庭（第 3 栏）。收入更高，即收入非常接近 2 美元这一阈值，与儿童在体重过轻临界点以上能够有更好的营养结果有着正相关的关系。

在儿童疾病方面也有类似的观察结果。总的来讲，生病会导致营养 Z-分数不断下降；而且如果没有良好的医疗保障或有而不用，其影响还会更大。虽然在完整数据集的回归中，疾病与低营养 Z-分数相关，但是我们只在贫困和营养不良的孩子身上观察到这种影响，比起他们，生病对营养良好的孩子的影响会更小，因为富裕家庭能够获得更好的医疗保障以抵消疾病的影响。在所有组别中，有女孩的家庭其 Z-分数更高。母亲的特征则与各组的 Z - 分数之间的相关性各有不同。母亲的身高与那些非贫困家庭营养良好的儿童的营养存在正相关。对于贫困线以上的分组，家庭长期的经济和营养福利改善了儿童的营养状况。正如所预计的那样，教育作为儿童照料的一个标准，应该与贫困和营养不良的儿童的营养存在正相关，与非贫困和营养良好的儿童的营养依然。有趣的是，营养良好的贫困儿童，其母亲受教育年龄却也更少。一个合理的解释可能是超重使这些儿童被认为是营养良好，但这些儿童可能会受到超重的困扰，一定程度上是由于缺乏营养方面知识。而如果想要更有力的解释，就需要对这个问题进行更多的研究。母亲的迁徙身份的影响也很明显，因为它与那些在贫困线以下的儿童的营养状况正相关。虽然影响非常明显，但是影响渠道则不然。一方面，迁徙的母亲花在孩子身上的时间更少了，从母乳哺育而言，这对年纪非常小的孩子非常不利。对于年纪稍大的儿童，尤其是在泰国，通常是由爷爷奶奶们来接手照顾的，因为他们育儿经验多。除此之外，母亲们可能从工作的城市中学到育儿知识，并且寄回一些汇款，可以直接保证孩子的健康。那些在贫困线以下的儿童，积极影响占主导。

　　因为模型里用了完整的样本，家庭成员规模、抚养比以及其他家庭成员的迁徙对儿童的营养状况影响并不显著，不过家庭成员规模与那些贫困线以上但是体重过轻的儿童的营养状况是正相关的。儿童的民族状况的影响取决于他所在的分组。对于贫困和营养良好的儿童，来自少数民族通常与较低的营养 Z - 分数相关。其解释原因可能是在贫困线以下，同时也是少数民族的儿童更加接近 Z 分数分布的上端。对于非贫困和体重正常的儿童，可以观察到与少数民族特征的正相关，这也暗指了少数民族儿童可能存在营养过剩的情况。

　　对于家庭和农村层面的影响，研究结果显示卫生设施非常重要。拥有家用抽水马桶以及家庭成员能够拥有卫生设备的家庭在农村中的比例对于那些在贫困线以下、营养良好的儿童的营养状况有着积极影响。良好的卫生设备和卫生习惯，对于贫困人口改善营养状况和解决营养不良而言是个方法。到县城的距离（例外：有体重过轻儿童的非贫困家庭）以及乡村平均收入水平并没有很明显地影响到营养状况。泰国的虚拟变量对于完整的样本和有正常体重儿童的非贫困家庭而言是正值而且显著。这证明了泰国的总体营养条件更好。然而，在其他的情况下，系数就不显著了。因此，还需要单独对泰国的数据集进行额外的模型评估，其结果将在这一章附录中体现。

年份的控制变量没有披露，因为年份对 2010 年的影响为负值且显著，同时儿童的年龄也没有披露，正如文献中预计的，年龄较大的孩子的营养值明显更差。

表 7 - 7 呈现了只对越南数据运用回归模型的实证结果。因为无法拒绝越南的完整模型案例的外生性，我们将资产价值作为工具，对一个工具变量（IV）模型进行了评估（参见 Haddad 等，2003）。由普通最小二乘法和工具变量得来的结果非常可靠。收入变量的系数大于工具变量回归，但两者都是正相关。在两国的工具变量回归中，儿童生病对儿童营养状况产生消极的影响，但在一般模型中，性别歧视并不显著。在两项评估中，家庭特征的影响稍微有点差距。在使用工具变量时，营养和抚养比对营养的影响为正，但是，在普通最小二乘法中，家用抽水马桶有正面影响。在两种情况下，来自少数民族都会使得营养状况下降，而其他家庭成员的迁徙提升了营养结果。泰国和越南的合并模型中迁徙的影响并不显著。乡村的特征对这个模型的影响也不大。

表 7 - 7　越南的儿童连续结果变量：合并普通最小二乘法/年龄别体重指标的 Tobit 变量测量，贫困线为 2 美元（购买力平价）

单位：美元

变量	所有的（普通最小二乘法）	所有的（工具变量）	第一组：贫困且儿童体重过轻	第二组：贫困但儿童体重正常	第三组：非贫困但儿童体重过轻	第四组：非贫困且儿童体重正常
收入						
人均收入	0.123*** (0.046)	0.420*** (2.75)	0.032 (0.039)	0.053 (0.074)	-0.071 (0.145)	0.022 (0.127)
儿童						
生病	-0.541** (0.239)	-0.441* (-1.84)	-0.356** (0.180)	-0.020 (0.272)	-0.303 (0.271)	0.334 (0.385)
女童	0.161 (0.101)	0.163 (1.62)	0.342*** (0.104)	0.312** (0.132)	0.611*** (0.161)	0.202 (0.127)
母亲						
母亲身高	0.014 (0.009)	0.013 (1.38)	-0.008 (0.008)	0.010 (0.010)	-0.027 (0.017)	0.028** (0.012)
母亲受教育年限（年）	-0.005 (0.015)	-0.015 (-0.99)	0.043*** (0.015)	-0.069*** (0.022)	0.041* (0.023)	-0.004 (0.018)

续表

变量	所有的（普通最小二乘法）	所有的（工具变量）	第一组：贫困且儿童体重过轻	第二组：贫困但儿童体重正常	第三组:非贫困但儿童体重过轻	第四组:非贫困且儿童体重正常
家庭						
家庭规模	0.034 (0.032)	0.056 * (1.67)	-0.003 (0.024)	0.041 (0.040)	0.066 ** (0.032)	0.058 (0.045)
营养和抚养比	0.106 (0.069)	0.143 ** (2.04)	0.054 (0.052)	0.034 (0.092)	0.485 *** (0.129)	0.064 (0.095)
其他家庭成员的迁徙	0.028 * (0.017)	0.027 * (1.69)	0.067 *** (0.025)	0.017 (0.022)	0.057 * (0.029)	0.032 *** (0.012)
少数民族	-0.364 ** (0.147)	-0.282 * (-1.85)	-0.131 (0.130)	-0.451 ** (0.184)	-0.064 (0.195)	0.148 (0.218)
家用抽水马桶	0.290 ** (0.142)	0.170 (1.21)	-0.196 (0.344)	0.621 *** (0.212)	-0.199 (0.192)	0.108 (0.153)
自来水	-0.007 (0.139)	0.001 (0.01)	0.063 (0.153)	-0.055 (0.189)	-0.113 (0.176)	0.289 (0.180)
乡村						
乡村公共卫生	0.000 (0.002)	-0.000 (-0.20)	-0.000 (0.003)	0.004 (0.003)	-0.000 (0.003)	-0.001 (0.003)
和县城的距离	-0.001 (0.001)	-0.000 (-0.98)	-0.000 (0.002)	-0.001 (0.001)	0.001 *** (0.001)	0.001 (0.000)
乡村线	0.001 (0.001)	-0.000 (-0.58)	-0.001 (0.001)	0.001 (0.001)	0.000 (0.001)	-0.000 (0.001)
顺化省	0.050 (0.174)	0.013 (0.07)	0.139 (0.198)	-0.419 * (0.225)	0.653 ** (0.266)	-0.193 (0.215)
达克拉克	0.229 (0.169)	0.086 (0.47)	0.342 ** (0.149)	-0.096 (0.204)	0.642 ** (0.278)	-0.133 (0.207)
山区乡村	-0.206 (0.137)	-0.199 (-1.45)	0.024 (0.134)	0.007 (0.180)	-0.097 (0.147)	-0.166 (0.154)
估计值	0.322 (1.376)	-0.482 (-0.34)	-2.155 * (1.236)	2.076 (1.643)	0.355 (2.430)	-1.262 (2.001)
营养结果	1586	1586	292	547	151	596

注：* 指 $p < 0.1$，** 指 $p < 0.05$，*** 指 $p < 0.01$；标准误差聚集在个人层面，收入负增长的家庭已经被排除；年份控制变量显著，迁徙月份正常化（+1），工具变量为资产值。

资料来源：2007～2010 年家庭调查。

在截断模型中，可能是因为收入限制带来的较低差异的结果，我们没有明显发现收入的显著影响，而在普通最小二乘法和工具变量模型中，情况则不同。对于"贫困且儿童体重过轻"分组而言，疾病主要起消极影响。虽然在完整的模型中没有观察到性别歧视，除了在"非贫困且儿童体重正常"分组中母亲身高具有显著的正向关系之外，女孩在其他所有组别中都过得很好。虽然在两个体重过轻分组中，母亲的受教育情况提升了营养结果，但是对于"贫困但体重正常的"儿童而言是不利的。来自少数民族可能不利于营养结果；拥有一个家用抽水马桶则会提升"贫困但儿童体重正常"分组的营养结果。我们还发现了对于贫困和非贫困的体重过轻分组中，大叻省商业化程度更高，基础设施条件更好，其他地方正面影响都好于高平省（高平省是越南这三个省中最穷的）。同时，在顺化省，"贫困但儿童体重正常"分组的 Z-分数下降而"非贫困但儿童体重过轻"分组的标准分数则上升。

总体而言，我们发现不同的变量与营养结果有关，这取决于孩子是否营养良好，是否来自贫困家庭。这证实了我们的假设，即根据收入和营养状况，各种因素的非线性会影响营养结果。一般来说，收入会有影响，但也只是会对一部分人口有影响。儿童和母亲的特征有一定关系，而除了少数民族之外，家庭成员的特征相对不是很重要。然而一贯的是，卫生条件非常重要，尤其是对于"贫困但儿童体重正常"的分组。

为了进一步说明我们的调查结果的影响，我们对在 2030 年前的儿童营养结果建立了预测，也就是说，当我们把收入预测建立在 2030 年的基础上（ADB，UNDP 和 UN ESCAP，2013），当几乎所有的亚洲国家使用 1.25 美元贫困线时，收入贫困将不复存在。我们借鉴 Haddad 等（2003）的预测方法。这几位学者对包括越南在内的几个国家 2015 年的年龄别体重做出预测。基于平均年收入增长率为 2.5% 这一假设，他们预测年龄别体重会从 20 世纪 90 年代的 40% 下降到 2015 年的 27%。有趣的是，2015 年的值与我们在越南的三个省份中找到的农村儿童的数据非常接近。

表 7-8 分别报告了泰国和越南的体重过轻儿童比重，包括了年龄别体重和年龄别身高两个指标，以反映当前和长期以来的营养不良发展状况。使用 Z-分数回归的收入系数分别对两国做出预测。对于泰国，我们使用了普通最小二乘法，但是对于越南，我们则用工具变量回归法。越南的系数要高于泰国。每个国家的预测都是基于 2010 年的数据中收入分布和 Z-分数。该预测使用了不同的平均年收入增长率，从温和的 2% 到过度乐观的 8%，并假定其增长率平

均分布。作为一个基准点，预期所占比重可以与世界卫生组织的低密度状态阈值进行比较（WHO，2014）。世界卫生组织的低密度阈值的定义分别为少于10%的儿童体重过轻（年龄别体重）和20%以下的儿童发育迟缓（年龄别身高）。

表7-8　根据不同国家不同水平的收入增长得出的儿童营养结果的2030年预测值

	收入增长	泰国		越南	
		年龄别体重	年龄别身高	年龄别体重	年龄别身高
基准年(2010年)	—	18.9	47.0	29.8	59.3
	2%	17.2	46.7	21.9	47.4
	4%	15.8	45.1	18.1	45.4
	6%	14.5	39.5	13.4	35.7
	8%	11.2	36.4	6.5	17.9

注：表中收入增长为假定年收入增长；系数是对泰国的数据运用普通最小二乘法（WFA：0.144；HFA：0.123）和对越南的数据运用工具变量计算得来的（WFA：0.442；HFA：1.048）。
资料来源：2010年家庭调查。

表7-8的结果显示了到2030年这一目标年的体重过轻的儿童所占比重结果。泰国的数据下降不是很多；对于2%的收入增长情况，体重过轻的儿童所占比重出现少于2%的下降，即使是对于高收入情况（不现实），到2030年体重过轻的儿童所占比重仍高于10%（见表7-6）。在越南，收入的影响更强，这点也可预见，因为基点就已经达到较高的30%了。2%的收入增长会使得体重过轻的儿童所占比重下降到21%，而高收入情况，根据WHO的定义，则会导致低密度状态。年龄别身高指标的状况也很相似。泰国和越南两国的收入影响在这一指标上出现了更大差异。泰国2010年已有47%的儿童发育迟缓，即使在增长乐观的假设下，也不会达到低密度水平。而在我们的样本中，2010年越南几乎有60%的儿童发育迟缓，所以收入对于营养的影响使得发育迟缓率比泰国下降得更快。因此，在6%的收入增长下，越南的发育迟缓率会比泰国更低，如果收入增长达到8%，越南还能达到低密度水平。当然，必须要仔细处理这些结果，因为我们不清楚营养改善的潜在模式是否会继续。

7.5　总结与结论

在本章中，我们研究了泰国和越南这两个新兴亚洲市场经济体农村家庭的贫困与营养之间的关系。我们从提出四个问题开始。第一，即使两国在减贫问题上取得了巨大进步，营养不良的问题在多大程度上将继续存在？第二，我们试图确定那些有营养不良问题儿童的家庭特征。第三，我们通过分析影响脱贫的农村家庭儿童营养状况的因素来判定货币财富和营养之间的关系。第四，在第三个问题的基础上，我们将 2030 年设为目标年，对 2030 年前的营养不良前景做出预测，因为 2030 年被视为大部分亚洲国家摆脱贫困的时间点。

第一个问题的回答很明显是肯定的。正如所预计的，两国之间有许多差异。根据 2010 年数据的年龄别体重 Z - 分数，泰国的营养不良率明显更低，只有 19%，低于世界卫生组织定义的阈值，而越南，其营养不良率则高达 30%。后者的数据非常接近于 Haddad 等（2003）在 2015 年所做的预测结果。

关于家中有营养不良的儿童的类型问题，我们的结论跟预计的一样，这是一个社会经济条件问题。比如，那些营养不良的儿童，如果家庭成员迁徙人数不多的话，那么他们收到的汇款就会更少，进一步限制了他们获得更高品质食物的可能。他们的母亲通常受教育程度比那些处于营养临界值以上的儿童的母亲更低。然而，不仅仅只是财富地位很重要，营养不良似乎还涉及一些确定的环境，尤其与糟糕的卫生设施相关。家庭类型的对比显示非货币因素在减少儿童的营养不良方面也很重要，因此减少货币贫困是解决新兴市场经济体农村人口的营养问题的充分条件。

对于第三个问题，我们创造了一个将儿童营养状况与收入及其他一系列控制变量联系起来的模型。其结果与文献（比如，Alderman 等，2006）的研究结果类似。从建立在贫困和营养状况基础上的四种分类可以看出，那些影响儿童营养状况的因素会随着贫困状况而变化。正如所预计的，收入的增长有助于改善营养结果，但影响甚微，这也和文献中的结论相吻合。当然，孩子和母亲的特征也会有影响。例如，无论这个家庭是在贫困线以上还是以下，教育都很重要。除此之外，贯穿四个组别的还有很显著的儿童性别效应，女孩的营养 Z - 分数通常更高。迁徙和汇款对于贫困家庭来说很重要。同样，在越南，民族也很重要，因为没有营养问题的儿童所在贫困家庭往往来自主要民族。模型还揭示了两国之间的差异，可以从对泰国正面的国家效应看出。

就第四个问题，我们得出的结论是，我们的预测显示营养不良这一问题可能会在大部分的亚洲国家脱贫之后仍然存在。即使我们对使用收入增长这一变量持非常乐观的假定，预计营养不良仍会持续到 2030 年之后，这样一来越南就无法达到世界卫生组织的 10% 的临界值，因为越南是从基准年 2010 年开始，其儿童营养不良的状况就非常差，即使对于泰国，情况也是如此。

当我们解释结果时还需注意，虽然面板数据集非常适合于进行这样的分析，因为里面有 4000 多个农村家庭和 22000 多个个体，但是相比于其他营养研究，5 岁以下的儿童数量群体不够大。

总体而言，我们的结果证明了减少或消除货币性贫困并不能直接转化成减少非货币性贫困。不过，进一步推动计量经济分析有助于构建超越收入贫困的持续营养贫困的更为有力的证据。

参考文献 *

Alderman, H. (2012), 'The response of child nutrition to changes in income: linking biology with economics', *CESifo Economic Studies*, **58** (2), 256–73, DOI: 10.1093/cesifo/ifs012.

Alderman, H., H. Hoogeveen and M. Rossi (2006), 'Reducing child malnutrition in Tanzania: combined effects of income growth and program interventions', *Economics and Human Biology*, **4** (1), 1–23, DOI: 10.1016/j.ehb.2005.07.001.

Almond, D. and J. Currie (2011), 'Killing me softly: the fetal origins hypothesis', *Journal of Economic Perspectives*, **25** (3), 153–72, DOI: 10.1257/jep.25.3.153.

Anand, S. and M. Ravallion (1993), 'Human development in poor countries: on the role of private incomes and public services', *Journal of Economic Perspectives*, **7** (1), 133–50.

Asian Development Bank, United Nations Development Programme and United Nations Economic and Social Commission for Asia and the Pacific (ADB, UNDP and UN ESCAP) (2013), *Asia-Pacific Aspirations: Perspectives for a Post-2015 Development Agenda*, Bangkok: ADB.

Baulch, B. and E. Masset (2003), 'Do monetary and nonmonetary indicators tell the same story about chronic poverty? A study of Vietnam in the 1990s', *World Development*, **31** (3), 441–53, DOI: 10.1016/S0305-750X(02)00215-2.

Becker, G.S. (1965), 'Towards a theory of time allocation', *Economic Journal*, **76**, 493–517.

Belitz, C., J. Hübner and S. Klasen (2010), 'Determinants of the socioeconomic and spatial pattern of undernutrition by sex in India : a geoadditive semiparametric regression approach', in T. Kneib and G. Tutz (eds), *Statistical Modelling and Regression Structures: Festschrift in Honour of Ludwig Fahrmeir*, Physica-Verlag, pp. 155–79.

Carter, M.R. and C.B. Barrett (2006), 'The economics of poverty traps and persistent poverty: an asset-based approach', *Journal of Development Studies*, **42** (2), 178–99, DOI: 10.1080/00220380500405261.

Clark, D. and D. Hulme (2010), 'Poverty, time and vagueness: integrating the core poverty and chronic poverty frameworks', *Cambridge Journal of Economics*, **34** (2), 347–66, DOI: 10.1093/cje/ben046.

Cole, T.J., K.M. Flegal, D. Nicholls and A.A. Jackson (2007), 'Body Mass Index cut offs to define thinness in children and adolescents: international survey', *British Medical Journal*, **335** (7612), 194–7.

De Onis, M. and M. Blössner (2003), 'The World Health Organization global

---

* 亚洲开发银行确认越南为越南社会主义共和国。

database on child growth and malnutrition: methodology and applications', *International Journal of Epidemiology*, **32** (4), 518–26.

De Onis, M., C. Garza, A.W. Onyango, M.-F. Rolland-Cachera and le Comité de nutrition de la Société française de pédiatrie (2009), 'WHO growth standards for infants and young children', *Archives de pédiatrie: organe officiel de la Sociéte française de pédiatrie*, **16** (1), 47–53, DOI: 10.1016/j.arcped.2008.10.010.

Günther, I. and S. Klasen (2009), 'Measuring chronic non-income poverty', in T. Addison, D. Hulme and S.M.R. Kanbur (eds), *Poverty Dynamics: Interdisciplinary Perspectives*, Oxford: Oxford University Press, pp. 77–101.

Haddad, L., H. Alderman, S. Appleton, L. Song and Y. Yohannes (2003), 'Reducing child malnutrition: how far does income growth take us?', *World Bank Economic Review*, **17** (1), 107–31, DOI: 10.1093/wber/lhg012.

Hardeweg, B., S. Klasen and H. Waibel (2013), 'Establishing a database for vulnerability assessment', in S. Klasen and H. Waibel (eds), *Vulnerability to Poverty: Theory, Measurement and Determinants*, London: Palgrave Macmillan, pp. 50–79.

Kabubo-Mariara, J., G.K. Ndenge and D.K. Mwabu (2009), 'Determinants of children's nutritional status in Kenya: evidence from demographic and health surveys', *Journal of African Economies*, **18** (3), 363–87, DOI: 10.1093/jae/ejn024.

Klasen, S. and H. Waibel (eds) (2013), *Vulnerability to Poverty: Theory, Measurement, and Determinants*, London: Palgrave Macmillan.

Mckay, A. and D. Lawson (2003), 'Assessing the extent and nature of chronic poverty in low income countries: issues and evidence', *World Development*, **31** (3), 425–39, DOI: 10.1016/S0305-750X(02)00221-8.

Menon, P. (2012), 'Childhood undernutrition in South Asia: perspectives from the field of nutrition', *CESifo Economic Studies*, **58** (2), 274–95, DOI: 10.1093/cesifo/ifs015.

Sen, A. (2000), 'Social exclusion: concept, application and scrutiny', *Social Development Paper No. 1*, Manila: Asian Development Bank.

Smith, L.C., U. Ramakrishnan, A. Ndiaye, L. Haddad and R. Martorell (2003), 'The importance of women's status for child nutrition in developing countries', *IFPRI Research Report 131*, Washington, DC, accessed 10 April 2014 at http://www.ifpri.org/sites/default/files/publications/rr131.pdf.

Strauss, J. and D. Thomas (1995), 'Human resources: empirical modeling of household and family decisions', in J. Behrman and T. Srinivasan (eds), *Handbook of Development Economics*, Amsterdam: Elsevier, pp. 1883–2023.

Svedberg, P. (1990), 'Undernutrition in sub-Saharan Africa: is there a gender bias?', *Journal of Development Studies*, **26** (3), 469–86, DOI: 10.1080/00220389008422165.

Tsui, K. (2002), 'Multidimensional poverty indices', *Social Choice and Welfare*, **19** (1), 69–93, DOI: 10.1007/s355-002-8326-3.

Wooldridge, J.M. (2010), *Econometric Analysis of Cross Section and Panel Data*, 2nd edn, Cambridge, MA: MIT Press.

World Health Organization (WHO) (2014), 'Global database on child growth and malnutrition', accessed 24 September 2015 at http://www.who.int/nutgrowthdb/about/introduction/en/index5.html.

World Health Organization (WHO) (2015), 'Global database on child growth and malnutrition', accessed 14 October 2015 at http://www.who.int/nutgrowthdb/about/introduction/en/index4.html.

World Health Organization (WHO) Working Group (1986), 'Use and interpretation of anthropometric indicators of nutritional status', *Bulletin of the World Health Organization*, **64** (6), 929–41.

附录 7A－1

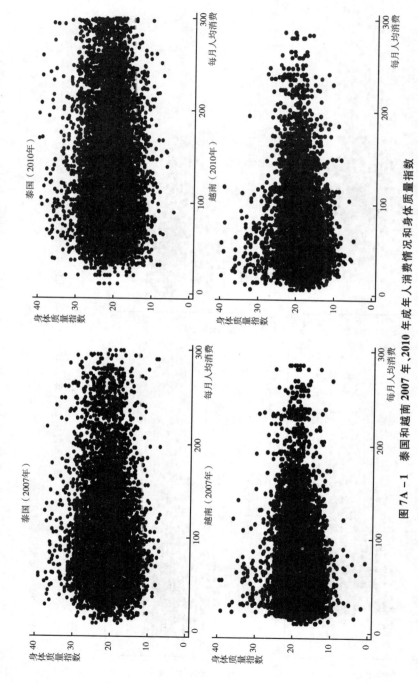

图 7A－1 泰国和越南 2007 年、2010 年成年人消费情况和身体质量指数

资料来源：2007 年和 2010 年家庭调查。

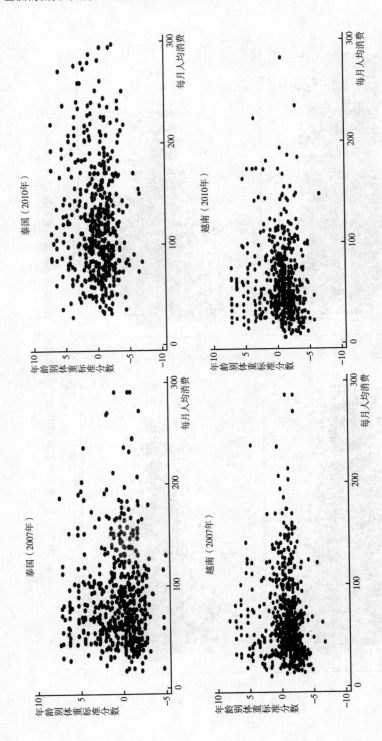

图 7A - 2 泰国和越南 2007 年、2010 年 5 岁以下儿童的消费情况以及年龄别体重

资料来源：2007 年和 2010 年家庭调查。

表7A-1 儿童营养模型（泰国）

因变量:年龄别体重标准分数	总数(普通最小二乘法)	总数(工具变量)	0~2美元	>2~4美元	>4美元
收入					
人均收入（对数）	0.503 (0.319)	2.968* (1.660)			
儿童					
生病	0.117 (0.227)	0.181 (0.252)	0.127 (0.360)	1.214** (0.476)	-0.746*** (0.285)
女童	0.156 (0.140)	0.210 (0.148)	0.033 (0.205)	0.142 (0.268)	0.533** (0.212)
母亲					
母亲身高	0.018* (0.010)	0.014 (0.010)	0.023* (0.013)	-0.002 (0.017)	0.017 (0.017)
母亲受教育年限（年）	0.039* (0.021)	0.001 (0.032)	0.022 (0.036)	0.048 (0.040)	0.040 (0.029)
母亲为移民	0.295 (0.213)	0.363 (0.223)	0.461* (0.272)	-0.228 (0.392)	0.501 (0.462)
家庭					
家庭规模	-0.006 (0.034)	0.028 (0.040)	0.040 (0.041)	0.076 (0.072)	-0.114** (0.056)
营养和抚养比	-0.066 (0.096)	-0.037 (0.098)	-0.037 (0.137)	-0.131 (0.150)	-0.033 (0.161)
家庭成员移民	0.010 (0.011)	0.012 (0.011)	0.001 (0.014)	0.035 (0.024)	-0.003 (0.021)
家用厕所	0.213 (0.251)	0.210 (0.254)	0.093 (0.387)	0.262 (0.314)	-0.097 (0.494)
家庭					
自来水	-0.005 (0.138)	-0.036 (0.141)	0.031 (0.228)	-0.440* (0.254)	0.225 (0.209)
乡村					
家庭成员使用卫生设施的比例	0.004** (0.002)	0.004** (0.002)	0.007** (0.003)	0.003 (0.003)	0.003 (0.003)
到县城距离	-0.003 (0.002)	-0.003 (0.002)	0.000 (0.004)	-0.002 (0.004)	-0.007* (0.004)
乡村平均收入（对数）	-0.386 (0.473)	-1.064 (0.655)	-0.105 (0.789)	-0.865 (0.755)	0.065 (0.558)

续表

因变量:年龄别体 重标准分数	总数(普通 最小二乘法)	总数(工具变量)	0～2 美元	>2～4 美元	>4 美元
乡村					
虚拟乌汶府	0.252 (0.168)	0.216 (0.173)	-0.064 (0.274)	0.582 * (0.312)	0.410 * (0.246)
虚拟那空拍侬府	0.140 (0.212)	0.132 (0.212)	0.100 (0.333)	0.515 (0.377)	0.245 (0.313)
虚拟 2008 年	-0.075 (0.126)	-0.085 (0.131)	-0.200 (0.213)	0.015 (0.282)	-0.068 (0.241)
虚拟 2010 年	-0.557 *** (0.164)	-0.664 *** (0.186)	-0.908 *** (0.293)	-0.724 ** (0.302)	-0.165 (0.252)
估计值	0.365 (3.579)	-10.929 (8.296)	-1.453 (5.288)	7.433 (5.645)	0.036 (4.710)
营养结果	1376	1376	567	363	446
R^2	0.20	0.16	0.18	0.25	0.27

注：* 指 $p<0.1$，** 指 $p<0.05$，*** 指 $p<0.01$；标准误差集中于个人层面；年龄变量是受控制的而且非常显著；工具变量为资产值。

资料来源：根据 2007～2010 年的家庭调查进行的独立估算。

第四部分

贫困和不平等

第八章

亚洲国家的贫困与族群

卡洛斯·哈拉丁（Carlos Gradín）

8.1 引言

　　最近，许多亚洲国家经济都取得了显著的增长，导致了贫困水平空前下降，生活条件普遍改善。然而，在这种情况下，考察这些福利的提高是否惠及整个人口群体至关重要。其中，一个重要方面就是要了解经济机遇是否取决于种族或者族群这样给定的特征，因为许多族群或者土著群体在社会中处于很长历史时期的经济和社会弱势地位，在亚洲国家的例证很多。这些群体在社会的有关阶层中不够有代表性，如果缺乏最必需的技能或者生活在人迹罕至的偏远地区，则无法受到经济增长的惠及。这也可能是其历史上被适当的教育和基本的基础设施等拒之门外的后果，而这些能够帮助他们利用更好的经济机遇；又或者归咎于劳动力市场分割与工资歧视。确定贫困中族群差异的程度，对于实施旨在减少这种差距的政策异常重要，了解其状态有助于评估何种类型的政策有望更加有效地弥补每个国家中的这一差距。

　　族群和种族长期存在不平等，很早就成为全球范围内关注的话题，但是在最近引起特别的关注。这是公众对于弱势的族群群体状况的关心和有关研究的可用信息增多、方法充足共同产生的结果。亚洲和太平洋地区对此问题的关注上升，其中一个突出的例子就是亚洲开发银行的一系列报告（ADB，2002），包括对柬埔寨、印度尼西亚、菲律宾、越南和太平洋地区的族群群体状况的分析，或者 Hall 和 Patrinos（2012）的编著——其中包含对中国、印度、老挝和越南等国的分析，以及 Bhalla 和 Luo（2013）的编著中对印度和中国的分析。许多已出版的论文分析特殊群体、地区和国家的状况或者关注劳动市场绩效或者教育差距等特定的维度。引言在对近年来劳动经济发展进行回归分析的基础上，对那些不平等问题的状态进行了更深入的考察。利用这些回归分析技术[1]，分析了一些亚洲国家的族群不平等。但是，迄今为止，对亚洲的族群不平等进行程度和状态两方面的比较研究屈指可数，因而难以确定共同点和国别具体模式[2]。这种分析经常只关注平均差距，忽视可能存在的分配模式会使弱势穷人有别于最富裕的人。

出于这个原因，本章的目的是考察选定的亚洲国家不同族群群体之间的贫困差距的状态和程度，将重点放在比较视角上，关注穷人是本章的一大贡献。数据来源于具有较大可比性的人口结构数据集，这些人口结构数据集被用于许多发展中国家间的相似调查。个人经济状况大致采用财富综合指数来测量，其定义为资产、效用和住房条件与设备等一系列指标的加权平均数。为了具有更大的可比性，我们使用相同的指标，采用多重对应分析[3]（MCA），对选定国家之间一系列相同的权重进行估测。我们分两步进行分析。

第一步，我们测算在绝对贫困率和相对贫困率上的族群差距的跨国间变量。为此，我们通过利用所有可能的贫困线计算每个国家两个族群群体（比较和参照）之间的贫困率差距来确定族群贫困差距。当贫困线在所有国家都是相同的财富水平，我们称为绝对族群贫困差距曲线。当贫困线在每个国家都是参照群体的财富百分比时，与分配内部不平等方法一致（Butler 和 McDonald，1987；Le Breton 等，2012），我们称为相对族群贫困差距曲线。

第二步，我们利用回归反事实，分析考察四个国家族群贫困差距上可能有解释力的主要决定因素。当被比较群体的分配特征与参照群体一致时，通过比较贫困的实际差距，我们测算族群贫困差距的特征和协同效应。特征效

---

[1] 例如，在中国（Hannum 和 Wang，2012；Gradín，2015）、印度（Borooah，2005；Gang 等，2008；Das 等，2012）、老挝（King 和 van de Walle，2012），尤其是在越南（van de Walle 和 Gunewardena，2001；Baulch 等，2004，2007，2008，2010；Swinkels 和 Turk，2006；Hoang 等，2007；Baulch，2008；Pham 等，2010；Imai 等，2011；Dang，2012）。

[2] 用于比较亚洲以外国家中的族群不平等（美国、巴西和南非等国的白人和黑人），参见 Gradín（2014）。

[3] 多重对应分析是对应分析的扩展，可以分析多个类型因变量的关系状态，也可以看作变量分析使用类别分析替代定量分析时的一种基本要素分析的总结。

应提供了一种思路，就是一个既定的贫困差距在多大程度上是由于弱势群体占有财富低是一种普遍情况，这主要是因为歧视、历史和文化因素，以及其他因素。例如，其成员通常受教育程度低，家庭往往有更多的子女，或者生活在极不发达的农村地区。协同效应确定哪些因素对某些群体的财富有关联程度。也就是说，一个族群可能在教育上的回报很低，要归咎于劳动力市场上的工资歧视大行其道，或者是因为他们进入的学校质量较低。同样，生活在农村的族群群体可能会因为他们更难获得生产性资产，而受到更多的伤害。这种分析采用了 Gradín（2013，2014）方法，其基础是 DiNardo 等（1996）在工资差异背景下[1]，提出的权重调整技术。

本章余下部分结构如下：8.2 描述数据；8.3 列出方法；8.4 和 8.5，我们报告测量族群贫困差距程度的实证结果，并相应解释贫困差距；8.6 总结主要观点，提出结论。

8.2 数据

为了进行实证分析，我们使用的数据来自人口和健康调查（Demographic and Health Survey，DHS），这是一种标准化的具有全国代表性的家庭调查，广泛收集世界许多不同发展中国家的人口、健康和营养信息。人口和健康调查是在"监测和评估以获得和使用人口和健康调查结果项目"（Monitoring and Evaluation to Assess and Use Results Demographic and Health Surveys，MEASURE DHS）下运行的，这个项目是由美国国际发展总署和其他国际机构联合资助的，从 1984 年以来，每 5 年执行一个迭代期（例如，DHS VI 就是 2008 ~ 2013 年）[2]。我们使用亚洲国家族群信息的最新数据，包括阿塞拜疆（2006，DHS V），印度（1998/1999，DHS IV 和 2005/2006，DHS V），尼泊尔（2011，DHS VI），巴基斯坦（2006/2007，DHS V），菲律宾（2003，DHS IV and 2008，DHS V）和越南（2005，DHS V）[3]。

---

① 最近，这些方法已经运用于分析巴西和南非的白人和黑人、中国的汉族与少数民族以及其他案例中的福利差异（如 Gradín，2009，2013，2015）。

② 更多有关可用数据集、设计、问卷和变量的信息在其网页上提供，http://www.measuredhs.com，最后访问日期：2015 年 12 月 20 日。

③ 越南的族群数据只能在标准的 AIDS 指数调查中获得，因而使用标准的 AIDS 指数调查，除此之外的其他所有案例都使用标准的 DHS。尼泊尔之前发布的 DHS 无法使用，因为它在匹配不同年份的族群上存在难度。

　　人口和健康调查通常代表整个人口中的人口基本信息和社会经济信息①。然而，其他方面的具体信息，包括族群和劳动力市场表现，通常只能通过合格的样本来获取。在分析中，所有数据集共同的合格样本是 15～49 岁的已婚妇女，但是也会采用其伴侣和其他家庭成员的信息。

　　本研究根据每个国家的 DHS 中可用的信息，来定义族群群体。参照群体是每个国家优秀人群中最富裕的那部分，比较群体是人口中除弱势少数族群外的剩余部分。由于在大多数分析中，每个群体的样本规模通常都比较小，我们将每个国家的弱势族群纳入一个群体中，但是在某些案例中，只要样本规模允许，我们将分析优秀群体的状态，并在本章附录中的表 8A-1 至表 8A-7 中对合格样本的规模进行报告。

　　在阿塞拜疆和越南，参照群体被界定为多数族群（阿塞拜疆人和越南人），比较群体是人口中的剩余部分（在阿塞拜疆要除去俄罗斯人，在越南要除去华人）。在印度和尼泊尔，族群指的是种姓或者部落。在印度，参照群体指的是那些认为自己并不属于印度宪法认定和扶持政策（表列种姓、表列部落以及其他落后阶层）保护范围内的传统弱势群体的人们，而表列种姓、表列部落以及其他落后阶层则构成了比较群体。在尼泊尔，参照群体是婆罗门，这是印度教中传统的精英种姓，而比较群体就是剩余的种姓：刹帝利、吠舍和首陀罗及其他。在巴基斯坦，族群根据母语来划分，说乌尔都语的划分为参照群体，说旁遮普、普什图、信德、西莱基以及其他语言的划分为比较群体。在菲律宾，参照群体是主要族群他加禄族，比较群体包括宿务、伊洛卡诺、希利盖农及其他主要族群。每个国家的族群都在表 8-1 中列出，显示了其在合格人群中的比例。弱势族群群体在合格人群中所占的比重在每个国家之间差异很大。弱势群体加起来占总人口的少数，这种情况只出现在阿塞拜疆（6%）和越南（16%），在其他国家都占多数，从印度和菲律宾的 70% 到巴基斯坦的 92%。

　　在研究贫困的文献中，界定个人福利有多种不同的途径。最常用的途径是利用收入或者支出，而近年来多维方法越来越流行。DHS 没有包括收入、支出或者资产市场价值的信息。通常用于抓取个人经济状况的主要变量是 DHS 财富指数。该指数是通过利用主要功能分析（PCA）测算出来的，其基础是每一个

----

① 主要的例外是阿塞拜疆，它没有包含两个与亚美尼亚接壤的地区（卡尔巴哈-拉钦和纳卡奇万）。印度 1998/1999 的调查数据意味着它的覆盖面超过 99%。

描述家庭资产和公共事业设施的样本中的所有可用变量，包括是否有家庭雇工，家庭是否拥有农业用地。也就是说，财富是根据一系列分类的加权平均计算出来的，其中权重使用 PCA 的第一个维度。这种方法有几大好处（Rutstein 和 Johnson，2004：4）："相比收入或者消费，它代表的状态更持久。在这种形式中，财富更易于测量（在大多数的案例中只需要一个单一的受访者），所需要调查的问题也比消费支出或者收入要少得多。"作者提供的一些证据显示，在解释教育普及或者健康产出方面的差距方面，财富指数实际上比传统的消费支出指数更好（Filmer 和 Pritchet，2001；Rutstein 和 Johnson，2004）。

表 8 - 1 不同国家的族群群体

单位：%

国家	参照群体	合格率	比较群体	合格率
阿塞拜疆（2006 年）	阿塞拜疆人	93.9	其他（俄罗斯人除外）：塔雷什族、列兹根族及其他	5.6
印度（2005 年、2006 年）	无	30.8	表列种姓 表列部落 其他落后阶层 所有比较群体	19.6 8.6 41.1 69.2
尼泊尔（2011 年）	婆罗门	14.1	刹帝利 吠舍 首陀罗 其他 所有比较群体	19.5 10.0 24.0 32.5 85.9
巴基斯坦（2006 年、2007 年）	乌尔都	8.0	旁遮普 信德 普什图 西莱基 其他 所有比较群体	41.3 10.5 13.7 15.6 10.9 92.0
菲律宾	他加禄	28.8	宿务 伊洛卡诺 希利盖农 其他主要族群 所有比较群体	22.4 8.4 9.7 30.7
越南（2005 年）	越南人	85.3	其他（除华人以外）	71.2 14.0

注：合格人群，已婚妇女（15～49 岁）。

在存在分类变量的情况下，MCA 更适合用于评估经济状况，因为 PCA 适合连续变量。此外，用于估计 DHS 财富的变量集是样本特定的，因而对每个样本分别进行权重评估。为了跨国家间的可比性，我们在评估指数时偏好使用一套相同的变量。这意味着构建指数所使用的信息必须仅限于所有数据集中的可用变量，尽管信息损失非常小。此外，我们认为，所有国家使用相同的权重，有利于对财富进行跨国比较，也更容易解释贫困。使用国家特定的权重，尽管增加了可比性，也是一个有吸引力的选择，但这种选择转而会缺少实证方面的相关性，因为整体的相关系数约为 0.94，国家内部的相关性很高①。因此，使用相同的权重，我们可以得到可比性，只用承担信息损失的微小代价，每个国家的权重也会变得非常有意义。

鉴于这些原因，我们在一个包括共同权重在内能够反映所有国家经济状况（使用最新的样本数据）的共同系列的变量的基础上，使用 MCA 评估一个新的财富指数。除了所有这些差异之外，新指数在各国内高度相关，DHS指数分别是：阿塞拜疆 0.80、印度 0.88，其他国家为 0.96 ~ 0.97。然而，在我们看来，新指数的数值更好地反映了跨国间的财富差异。除了指数正态化后的均值为 0，标准差为 1 之外（如在 DHS 指数中），我们将其正态化之后的值设置在 0 和 1 之间，反映每一个样本，以及分别反映财富可能的最低概况和最高概况。8.3 会更详细地解释我们如何构建这个新指数。

8.3 方法

8.3.1 财富综合指数

本小节将解释如何利用一系列与家庭经济状况有关的分类变量，来构建财富指数。要强调我们的目的并不是构建一个贫困多维指数，如果那样的话，将需要利用福利的额外维度，而是评估一个未观测的财富（或者经济状况）代表式。因此，权重不具备规范价值，而是仅仅反映各个分类与潜在的经济状况的相关程度。为此，我们使用 17 个变量计算住宿的条件（屋

---

① 所有国家使用同样的权重可能会招致批评，因为一个家庭分到的种类在每个国家可能有所不同。因此，我们还计算国别财富指数，分别评估每个国家的 MCA 得分。使用相同权重和国别权重的指数之间的线性系数在阿塞拜疆，高于 0.94，在其他国家高于 0.97。因此，不期望这个选择会对结果产生显著的影响。

顶、地板和墙所使用的材料、每个卧室住的家庭成员数量）、家庭拥有的基本财产（如汽车和家用电器）、烹饪燃料，以及获得用水和卫生设备的类型。所有这些都是分类变量。唯一的初始非分类变量（每个卧室住的家庭成员数量）已经分散在不同的时间段内。由于这一信息代表着基本的项目，我们期待该指数能够更好地区分穷人而非富人，这符合我们关注贫困的初衷。表8－2列出了这些分类变量，而附录中的表8A－1则报告了不同分类之间的国家和比较/参照群体的分布。

表8－2　用于构建财富指数的变量

饮用水来源	有电视	地板的主要材料
厕所设备的种类	有冰箱	墙的主要材料
和其他家庭共同厕所	有自行车	屋顶的主要材料
通电	有摩托车/滑板车	每个卧室住的家庭成员数量
有电话	有汽车/卡车	烹饪燃料的类型
有收音机	有畜力牵引车	

注：更多细节参见附录表8A－1。

我们利用所有六个国家的最新样本数据来评估指数，每个国家的权重相同（1/6）。这便于我们解释跨国间财富价值的差距，这也反映了在同一框架下（选定国家的平均）其经济状况的差距[1]。

令 c_1，…，c_Q 是与人口规模 N 的经济状况相关的一系列分组变量，其中 c_q 的编码是连续整数，1，…，n_q。令 Z^q 是与 c_q 相关的二元指数矩阵 $N \times n_q$，其中当且仅当分类变量 q^{th} 在第 i^{th} 个人 $c_{iq} = j$ 时，$Z_{ij}^q = 1$。令 $Z = (Z^1, …, Z^Q)$ 是系列变量 $N \times J$ 的指数矩阵，其中 $J = n_1 + … + n_Q$ 是分类的总数。

对于每一个变量 c_q，我们利用 MCA 的一次萃取维度，评估得分（坐标）s_1^q，…，s_{sq}^q。分别令 $\bar{s} = \bar{s}^1$，…，$\bar{s}^Q$ 和 $\underline{s} = \underline{s}^1$，…，$\underline{s}^Q$ 是与分类变量 Q 相关的最高得分和最低得分。由于得分越高，意味着财富越多，$\bar{s}$ 和 $\underline{s}$ 分别代表财富可能的最差和最好的状况。

[1] 此处并不是要得到一个代表亚洲整体或者一个特定地区的结果，只是想得到在每个国家之间可以进行有意义比较的财富指数。在每个国家根据其人口赋予权重的情况下，该指数将会受到印度调查的强烈影响。

定义 y_i 为财富综合指数，用以总结第 i 个人在其分类平均权重时的经济状况。该指数经过正态化后，范围在 0 和 1 之间，0 和 1 分别代表可能最差和最好的状况[①]。因此，权重代表着每一个分类与最差的分类相比较的相对边际贡献，即为最大可能贡献的比重：

$$y_i = \sum_{q=1}^{Q} \sum_{j=1}^{n_q} Z_{ij}^q w_j^q, i = 1,\cdots,N; \text{其中} \ w_j^q = \frac{s_j^q - \underline{s}^q}{\sum_{q=1}^{Q} (\bar{s}^q - \underline{s}^q)} \qquad (8.1)$$

特别是，这意味着权重对于每个变量的最差分类都是 0，对于最好分类的总和为 1。附录中的表 8A - 1 报告了评估得分和相应的正态化权重[②]。由于所有分类变量都是指向家庭，因此，一个家庭中的所有个人都会分享到相同的财富。

为了分析菲律宾和印度的族群贫困的演变，我们还根据每个国家两年的总量，构建了两个新的财富指标体系。之所以这么做，是因为更早时期的样本信息限制更多，无法得到用于其他样本的相同系列的变量。因此，鉴于我们只对时间趋势感兴趣，我们使用同样年份的相同信息，评估国别指标体系（见附录 8A - 2 中使用变量的列表）[③]。

8.3.2 族群贫困差距曲线

为了测量弱势族群群体往往比优势群体贫困程度更高，我们首先评估（非参数）其相应的累计分布函数（CDFs）。

设 $F_0(y)$ 和 $F_1(y)$ 分别是财富 $y \in [0, 1]$ 对于参考（优势）群体和比较（弱势）群体的累计分布函数[④]。定义绝对族群贫困差距曲线 $\gamma(y) = F_1(y) - F_0(y)$，即在每一个可能的财富水平（通常用于贫困

---

① 该指数只是对预测值的线性转换，通常在标准化后，均值为 0，标准差等于 1。

② 该指数由使用第一个维度估算，解释 58% 的总体变化性（惯性）。由于该指数与相似的国别指数（解释每个国家惯性的比例更高）的相关性较高，我们预计大多数的不可解释的惯性为国家之间的变化性。如预计的那样，该指数赋予最贫困家庭的权重为 0，这些家庭饮用水的主要来源是未受保护的水井，地板和屋顶的主要材料都取自自然物质，住所没有墙体，过度拥挤（每间卧室住 10 个家庭成员以上），烹饪燃料使用动物的粪便，缺乏任何厕所设施，也几乎没有资产（除了自行车和手推车之外）。

③ 变化性（惯性）用于构建财富系数的第一个维度解释，在印度为 86%，菲律宾为 90%。对于国内主要指数（六个国家都使用相同的权重）的相关系数，印度（2005，2006）是 0.93，菲律宾（2008）是 0.94。

④ 相应密度通过使用自适应最优带宽的高斯核来进行估算，由 P. Van Kerm 编写的 akdensity STATA 程序计算得出。

线）上比较群体和参照群体的累计分布（总体贫困率）差异。例如，γ（0.25）就是指财富贫困水平固定在 $y = 0.25$ 时，参照群体和比较群体之间的贫困率差距。γ（y）之所以作为绝对贫困水平的族群差异，是因为对所有样本（分国别或者跨时期）采用的贫困阈值都是同样的财富水平。这一曲线随财富尺度的变化而变化，继而样本间的比较将会受到财富平均值差异的影响。例如，财富水平较低时的贫困差距往往在最穷的国家会更大。

与此类似，我们定义相对族群贫困差距曲线 φ（t）$= F_1 \left[F_0^{-1}(t) \right] - t$，其中 $F_0^{-1}(t)$ 是第 t 分位的参照分布，$t \in [0, 1]$，F^{-1} 定义为 F 分布的分位（右逆）函数。换句话说，φ（t）是在贫困线下比较群体中的贫困人口占参照群体每一个分位的观测比重，与如果两大群体分布（即对应于分位的比重）相似时的期望值之间的差距。例如，φ（0.5）就是在参照群体中位数下比较群体中的人口比重和 50%（两大群体分布一致时的期望值）之间的差距。这提供了一种相对族群贫困差距的思路，因为用于贫困线的财富门槛在各国都是特定的。这意味着对各国的参照群体的百分比进行指数化。与此类似，跨期比较对于每个年份也是特定的[1]。这样就可以得到曲线、样本间的比较，以及在各个样本中所有个人财富尺度的变化中的不变量。

φ（t）的构建是根据 Butler 和 McDonald（1987）提出的第一种类型的分布洛伦茨曲线，也就是一阶区分曲线，是对 Le Breton 等（2012）方法的拓展。该曲线代表参照群体和比较群体的累计分布函数，$\Phi^1(t) = F_0 \left[F_1^{-1}(t) \right]$，其中 45°线与分布洛伦茨曲线之间的垂直距离 $t - \varphi^1(t)$，用于测量比较群体中成员的经济弱势[2]。我们偏好于将贫困线对参照群体进行指数化，因为如此一来，用于贫困线的财富阈值对于该国不同的族群都是相同的。

要强调的是，通过构建，φ（t）$= \gamma \left[F_0^{-1}(t) \right]$。例如，如果 p_0^{50} 是参照群体相应的中位数，φ（0.5）$= \gamma$（p_0^{50}）（见图 8 - 1）。曲线之间的差距是在样本间比较的差距，要么与共同的财富阈值（绝对比较）有关，要么

---

① 这种相对阈值偏离在文献中运用得最为普遍（比如，欧盟就使用一国收入中位数的 60%），它是对完全分布（不仅是某个特别的分位数）的指数化。而且，这里的参照是一个特殊的族群，即最为弱势的群体。我们也可以替代性地将参照定义为剩下的群体或者整个社会，但含义会有所不同。

② 如 Butler 和 McDonald（1987）指出，这种方法包含于 Vinod（1985）提出的一个群体相对于另一个群体的经济弱势的概念之中。

与特定样本的财富阈值（对应参照群体的比重，在相对比较中）有关。在加入 y 和 t 的若干值中的非参数评估点之后，可以构建曲线。

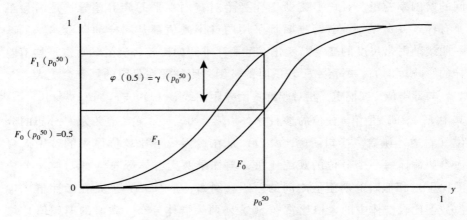

图 8−1 $\gamma(y)$ 和 $\omega(t)$ 的图解

族群贫困差距总是为非负，这意味着中一阶随机占优中 F_0 比 F_1 占优。这会产生强烈的影响，因为这意味着在更高阶上的占优（Foster 和 Shorrocks，1988a，1988b），也意味着无论贫困线和指数化如何，只要在 Foster-Greer-Thorbecke（FGT）维度中，参考群体的贫困比比较群体更高。在此背景下，FGT 维度的指标体系可用于任意群体，并且对于任何 $t \in [0, 1]$，有[①]：

$$FGT(t;a) = \frac{1}{N} \sum_{i=1}^{N} \left\{ \max\left[\frac{F_0^{-1}(t) - y_i}{F_0^{-1}(t)}, 0 \right] \right\}^{\alpha}, \alpha \geqslant 0 \qquad (8.2)$$

8.3.3 分解族群贫困差距

在评估了不同阈值下族群群体的贫困率之后，我们将这些差距聚合分解成可解释（特征效应）与不可解释（协同效应）部分。为此，我们评估一个反事实的分布，在其中，我们使用 Gradín（2014）改编过的倾向评分技术（DiNardo 等，1996），赋予比较群体的成员与比较群体有关特征相同的分布。这一过程同时通过确定前面阐述过的不同潜在解释因素（如地区、

---

① 强调一点，在构建中，$\varphi(t) = FGT_1(t; \alpha=0) - FGT_0(t; \alpha=0)$，其中 $FGT_0(t; \alpha=0) = t$。与此类似，我们可以构建更高阶的族群贫困差距曲线，它与 FGT 阶次的其他元素有关。

地域、人口结构、劳动力市场表现和教育）对差距的影响，对特征效应进行了具体的分解。

假定每个观测个体提取自联合密度函数 $f(y, x, g)$，其中 y 代表财富向量，x 是观察特征向量，g 代表个体属于参照群体（$g = 0$）或者比较群体（$g = 1$）。

群体 g 的财富边际分布由密度来给定：

$$f_g(y) \equiv f(y \mid g) = \int_x f \mid (y, x \mid g) \, dx = \int_x f(y \mid x, g) \cdot f(x \mid g) \, dx \tag{8.3}$$

这可以通过两个条件分布的乘积得到：

$$f(x \mid g) = \int_y f(y, x \mid g) \, dy \tag{8.4}$$

换句话说，每个财富密度是由具有每个特征组合（高水平的教育、生活在最贫困的地区等）的群体成员的边际财富密度乘以具有这个特征组合的群组成员的百分比所决定的。

于是，定义反事实财富分布 $f_c(y)$ 为当比较群体保持自己的条件财富分布（在给定的特征下拥有一份普通财富的概率）但又具有与参照群体一样的特征（边际分布为 x）的条件时，y 的占优分布。通过对比较群体的实际财富分布的适当调整权重，得到这一反事实分布：

$$f_c(y) = \int_x f(y \mid x, g = 1) \cdot f(x \mid g = 0) \, dx$$

$$= \int_x f(y \mid x, g = 1) \cdot \Psi \cdot f(x \mid g = 1) \, dx = \int_x \Psi_x f(y, x \mid g = 1) \, dx \tag{8.5}$$

其中，F_c 对应 CDF。根据贝叶斯定理，权重调整项目 Ψ_x 可以表达为两个比率的乘积：

$$\Psi_x = \frac{f(x \mid g = 0)}{f(x \mid g = 1)} = \frac{\text{Prob}(g = 1) \, \text{Prob}(g = 0 \mid x)}{\text{Prob}(g = 0) \, \text{Prob}(g = 1 \mid x)} \tag{8.6}$$

其中比率：

$$\frac{\text{Prob}(g = 1)}{\text{Prob}(g = 0)}$$

是恒定的，代表着属于每个群体的人数占从两个群体中抽取出来的个体样本的比例。我们可以利用逻辑模型预测在选取样本中条件 x 下的属于参照群体的概率，计算比率：

$$\frac{Prob(g = 0 \mid x)}{Prob(g = 1 \mid x)}$$

与广泛用于劳动经济学中评估工资歧视的传统 Oaxaca-Blinder 方法（Blinder，1973；Oaxaca，1973）一样，我们对反事实分布做加减法可以得到如下的相对族群贫困差距的分解：

$$\varphi(t) = F_1\big[F_0^{-1}(t)\big] - t = \big\{F_1\big[F_0^{-1}(t)\big] - F_c\big[F_0^{-1}(t)\big]\big\} + \big\{F_c\big[F_0^{-1}(t)\big] - t\big\}$$

$$(8.7)$$

最后一个表达式的第一段代表由特征引起的部分族群贫困差距（或者特征效应），因为它测算的是由于特征（比较群体权重调整之后）分布改变而引起的贫困变化。第二部分是不可解释部分（或协同效应），因为它是比较群体和参照群体有相同的特征分布但条件财富分布不同时保留的差距。鉴于上述 $\varphi(t)$ 和 $\gamma(y)$ 之间的一致性，后面还会用到相同的分解。

在具体的分解中，我们对单一协变量（或者一系列协变量）x_j 取代整个向量的变化对族群贫困差距造成的影响进行量化。为此，我们对所有可能序列的因素进行平均得到 Shapley 分解（Chantreuil 和 Trannoy，2013；Shorrocks，2013）。

例如，为了计算教育的贡献，我们不得不首先估算当教育是两个群体之间唯一公平的因素时的影响。也就是说，当我们在回归中只使用教育相关变量的系数对反事实进行估算（而剩余的系数都被 0 所代替）时，估测比较群体和反事实之间的差距。当教育为次要公平因素时，要估算其贡献，必须测算只使用教育和其他因素（如地区）的系数得到的反事实，与只使用其他因素的系数得到的反事实之间的差距。接着，我们用其他三个因素（地域、人口和劳动力变量）中的一个来代替地区，重复相同的操作。与之相似，当教育是两个群体之间公平的第三、第四、第五因素时，也如此测算教育的贡献。教育的总体贡献就是以上测算得到的贡献的平均数。使用这套相同的程序，我们可以计算五个因素中的每一个因素的贡献。结果得到的个体效应路径独立，加起来得到总体效应[①]。

---

① 参见 Sastre 和 Trannoy（2002）中得到 Shapley 分解的一般标准化程序。

8.4　族群贫困差距的测算

8.4.1　财富平均值中的族群差距

首先，表8-3报告了每个国家全部人口的财富指数（范围在0到1之间）的均值和中位数的评估值和标准差。表8-3还显示了合格的人口亚群（15～49岁的已婚妇女）的值非常接近人口的估值。阿塞拜疆这部分人口的平均值为0.76，与该国剩余人口之间存在着很大的差异。印度和尼泊尔这部分人口最为贫困，估值低于0.4，而越南和菲律宾这部分人口较为富裕，估值在0.56，巴基斯坦这部分人口处于中等水平，估值为0.49。表8-3还报告了合格的人口亚群中的比较群体和参照群体财富价值的平均值和中位数。在六个国家中，弱势群体财富估值的中位数低于相应的参照群体，尽管族群财富差距的级数在每个国家存在差异。阿塞拜疆为0.044，巴基斯坦和越南则分别上升到0.262和0.205，菲律宾、印度和尼泊尔的差距水平处于中等水平，分别为0.121、0.154和0.170。有趣的是，巴基斯坦讲乌尔都语的族群的财富中位数与阿塞拜疆非常相似，尽管这两个国家的财富中位数存在很大的差距。

表8-3　不同国家和群体划分的财富均值和中位数

国家	财富均值				财富中位数			
	全部	合格人口	比较群体	参照群体	全部	合格人口	比较群体	参照群体
阿塞拜疆 （2006年）	0.762 (0.001)	0.765 (0.002)	0.722 (0.006)	0.767 (0.002)	0.772 (0.001)	0.774 (0.003)	0.721 (0.007)	0.777 (0.003)
印度 （2005年、2006年）	0.3888 (0.0004)	0.394 (0.001)	0.346 (0.001)	0.501 (0.002)	0.342 (0.001)	0.350 (0.002)	0.296 (0.001)	0.517 (0.003)
尼泊尔 （2011年）	0.388 (0.001)	0.396 (0.002)	0.372 (0.003)	0.542 (0.005)	0.366 (0.001)	0.376 (0.003)	0.347 (0.004)	0.535 (0.008)
巴基斯坦 （2006年、2007年）	0.494 (0.001)	0.497 (0.003)	0.476 (0.003)	0.738 (0.005)	0.506 (0.002)	0.511 (0.005)	0.480 (0.005)	0.772 (0.005)
菲律宾 （2008年）	0.565 (0.001)	0.568 (0.002)	0.533 (0.002)	0.654 (0.003)	0.588 (0.001)	0.591 (0.003)	0.550 (0.003)	0.673 (0.004)
越南 （2005年）	0.561 (0.001)	0.565 (0.003)	0.388 (0.006)	0.593 (0.003)	0.553 (0.001)	0.556 (0.003)	0.377 (0.008)	0.583 (0.005)

续表

国家	财富均值				财富中位数			
	全部	合格人口	比较群体	参照群体	全部	合格人口	比较群体	参照群体
印度国别财富指数 (1998年、1999年)	0.2989	0.300	0.250	0.379	0.244	0.245	0.195	0.353
	(0.0003)	(0.001)	(0.001)	(0.001)	(0.001)	(0.001)	(0.001)	(0.002)
2005年、 2006年	0.3381	0.344	0.297	0.450	0.288	0.296	0.245	0.453
	(0.0004)	(0.001)	(0.001)	(0.002)	(0.001)	(0.001)	(0.001)	(0.003)
菲律宾国别财富指数(2003年)	0.440	0.443	0.390	0.568	0.438	0.443	0.366	0.580
	(0.001)	(0.003)	(0.003)	(0.004)	(0.001)	(0.004)	(0.004)	(0.007)
2008年	0.493	0.496	0.453	0.602	0.507	0.511	0.463	0.613
	(0.001)	(0.003)	(0.003)	(0.004)	(0.001)	(0.004)	(0.004)	(0.006)

注：合格人口为15～49岁已婚妇女；族群参见表8-1中的列表；括号中为标准差。

表8-3的下半部分面板报告了印度和巴基斯坦的国别财富指标体系的平均值和中位数值，用以分析跨期的趋势，显示了与之前调查中的水平相比，这两个国家人口的财富均值和中位数都有很大的提高。印度的参照群体和菲律宾的比较群体的平均财富增长较大。因此，印度平均财富的族群差距进一步扩大（从0.129到0.152），而菲律宾则进一步缩小（从0.178到0.150）。

8.4.2 不同群体的财富分布

族群间的平均财富差距是一个群体相对于另一个群体的经济弱势的概括性指标。但因为它没有考虑到财富如何集中到两大群体之中，因此提供的信息非常有限。在此背景下，如果考虑到比较群体和参照群体的完全分布，则能够提供更多的信息。这是本小节要解决的问题。

图8-2显示了每个国家的参照群体和比较群体分别测算的财富非参数密度。很显然，每个国家的族群线都有独特的财富分配，参照群体大多普遍处于财富指数的上端。在一些案例中，不同国家的分布差异非常明显。弱势族群往往大多处于财富的最低端。阿塞拜疆例外，其两大群体都集中在财富指数的上端。参照群体的分布基本上处于比较群体的左侧，而印度的族群内部则存在很大的差异性，大部分的参照群体（非ST/SC/OBC）的财富水平很低。

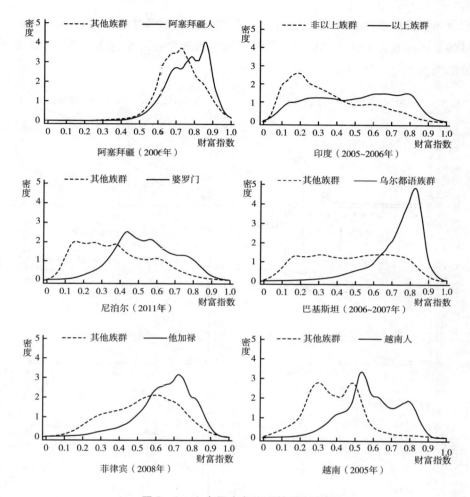

图 8-2 六个国家各族群的财富密度

注：合格人口为 15~49 岁已婚妇女；族群群体参见表 8-1 中的列表；非参数密度具有自适应最优带宽和高斯核。

图 8-3 显示了相应的累积分布函数。它显示了每一个可能的贫困线下的总体贫困率（每一个群体贫困人口的比例）。在每个国家，比较群体的累积分布往往在参照群体之上①。这意味着普遍存在着一阶随机占优，正如我

① 对于非常低的财富水平，贫困人口的预测比例在印度（财富低于 0.036，每个群体的人口比例为 0.5%）和尼泊尔（低于 0.025，每个群体占人口比例还达不到 0.2% 的水平）要略微高于参照群体。

们所知，同样意味着高阶随机占优。因此，对于大部分的贫困线和 FGT 阶段的贫困指数体系的全部成员，弱势族群的系统性贫困相当高，尽管各国变量的强度各异。我们将在 8.4.3 具体分析。

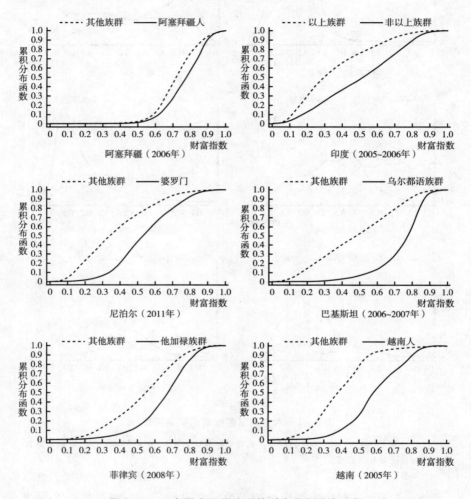

图 8-3　六个国家不同族群的财富累积分布函数

注：合格人口为 15～49 岁已婚妇女；族群群体参见表 8-1 中的列表；非参数密度具有自适应最优带宽和高斯核。

8.4.3　六个国家的绝对族群贫困差距曲线

图 8-4 更好地总结了国家之间族群内贫困的比较，显示出每个国家的绝

对贫困曲线 γ（y）和相对贫困曲线 φ（y）。上边的图是绝对群组贫困差距曲线 γ（y），展示了每一个可能的财富截面中的参照群体和比较群体的贫困率之间的差距。国家存在最大的族群贫困差距取决于所使用的特定阈值。尼泊尔在严峻的贫困中显示出最大的族群差距，其财富水平高达 0.370。其次是越南的差距也很大（财富水平在 0.545 左右），接下来是巴基斯坦的水平（高达0.849）。只有当阈值固定在财富分布的较高水平上，阿塞拜疆和巴基斯坦才显示出较大的贫困差距，这也显示出贫困线并不是那么理性。

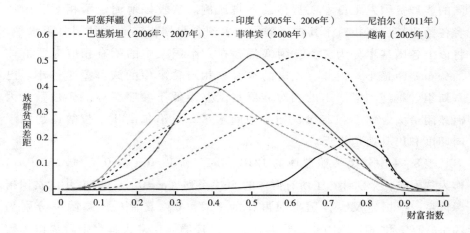

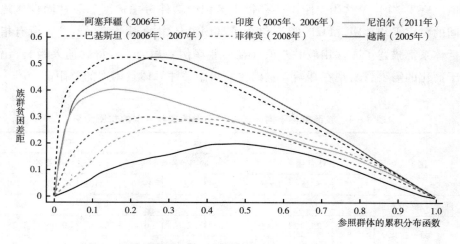

图 8 - 4　六个国家的族群贫困差距曲线 γ（y）和 φ（y）

注：合格人口为 15～49 岁已婚妇女；族群群体参见表 8 - 1 中的列表；非参数密度具有自适应最优带宽和高斯核。

越南和巴基斯坦存在最大的贫困率差距，达到 50%，尼泊尔为 40%，菲律宾和印度达到 30%。阿塞拜疆最低，为 20%，成就最为显著。

8.4.4 各国相对族群贫困差距曲线

之前，六个国家绝对贫困差距的比较显然受到其在平均财富差距上的影响。因此，图 8-4 中显示的相对族群贫困差距曲线 $\varphi(y)$，即为相同的族群贫困差距占参照群体的各自比例。这较好地测量了相对贫困或者各国比较群体相对于其参照群体的表现。根据相对族群贫困差距水平，将以上各国基本分为三类。阿塞拜疆在六个国家中的所有相应参照群体的分布差距最小，因此，该国的绝对和相对贫困中的族群差距最小。巴基斯坦、越南和尼泊尔的相对族群贫困差距低于参照群体的中位数，因而差距最大。印度和菲律宾处于中间水平。尼泊尔高于中位数，趋向于向印度和巴基斯坦靠近。

表 8-4 中使用参照群体的 1/10、1/25 和 1/50（$t=0.1$、0.25、0.5）作为贫困线，分别计算了所有群体的 FGT 系列（$\alpha=0$、1 和 2）中的贫困指标体系。根据定义，各国参照群体的 FGT（0）或者总体贫困率分别为 10%、25% 和 50%。因此，差距取决于比较群体在多大程度上背离以上数值。FGT（1）是贫困差距率，在每个案例中额外考虑贫困和非贫困群体之间的财富平均差距。FGT（2）包含了贫困群体中的不平等。不过，所有指标体系都描述了非常相似的差距（在一些案例中加大了族群内的差距）。出于简化的需要，从现在开始，我们主要集中关注总体贫困率的差距。

表 8-4　参照群体不同分位数下不同国家和族群的贫困测量

国家	FGT(0)			FGT(1)			FGT(2)		
	总体贫困率			贫困差距率			贫困严重性		
	1/10	1/25	1/50	1/10	1/25	1/50	1/10	1/25	1/50
阿塞拜疆(2006 年)									
参照:阿塞拜疆人	10.0	25.0	50.0	1.0	2.6	6.4	0.16	0.46	1.28
	(0.5)	(0.8)	(1.0)	(0.1)	(0.1)	(0.2)	(0.02)	(0.03)	(0.05)
比较:少数族群	16.4	38.7	69.9	1.6	4.3	9.9	0.3	0.8	2.1
	(2.0)	(3.0)	(2.9)	(0.3)	(0.4)	(0.6)	(0.1)	(0.1)	(0.2)

续表

国家	FGT(0) 总体贫困率			FGT(1) 贫困差距率			FGT(2) 贫困严重性		
	1/10	1/25	1/50	1/10	1/25	1/50	1/10	1/25	1/50
印度(2005～2006年)									
参照:不属于 以下群体	10.0	25.0	50.0	3.2	9.1	20.9	1.4	4.6	11.7
	(0.3)	(0.4)	(0.5)	(0.1)	(0.2)	(0.3)	(0.1)	(0.1)	(0.2)
比较	23.6	51.2	77.4	7.5	20.6	39.4	3.3	10.9	24.3
	(0.3)	(0.3)	(0.3)	(0.1)	(0.2)	(0.2)	(0.1)	(0.1)	(0.2)
表列种姓	25.8	53.4	80.4	8.8	22.3	41.5	4.0	12.1	26.0
	(0.6)	(0.6)	(0.4)	(0.2)	(0.3)	(0.3)	(0.1)	(0.2)	(0.3)
表列部落	39.3	74.9	90.6	11.3	32.1	53.9	4.7	16.9	35.5
	(0.8)	(0.6)	(0.4)	(0.3)	(0.4)	(0.4)	(0.2)	(0.3)	(0.3)
其他落后阶层	19.3	45.2	73.1	6.0	17.4	35.4	2.6	9.0	21.1
	(0.3)	(0.4)	(0.3)	(0.1)	(0.2)	(0.3)	(0.1)	(0.1)	(0.2)
尼泊尔(2011年)									
参照:婆罗门	10.0	25.0	50.0	2.1	5.0	12.0	0.7	1.7	4.2
	(1.0)	(1.6)	(1.7)	(0.3)	(0.4)	(0.6)	(0.1)	(0.2)	(0.3)
比较	48.6	63.9	77.5	18.7	26.2	35.6	9.5	14.2	20.6
	(0.7)	(0.7)	(0.6)	(0.4)	(0.4)	(0.4)	(0.3)	(0.3)	(0.3)
刹帝利	37.4	55.1	71.8	12.6	19.3	28.7	5.8	9.4	15.0
	(1.3)	(1.4)	(1.4)	(0.5)	(0.6)	(0.7)	(0.3)	(0.4)	(0.5)
山区达利特	55.5	74.7	87.3	20.0	29.0	40.1	9.8	15.1	22.6
	(1.9)	(1.3)	(1.3)	(0.9)	(1.0)	(1.0)	(0.6)	(0.7)	(0.8)
山区贾那贾提	42.6	59.4	74.8	15.1	22.2	31.8	7.3	11.4	17.4
	(1.4)	(1.4)	(1.3)	(0.6)	(0.7)	(0.8)	(0.4)	(0.5)	(0.6)
其他	57.7	69.3	79.9	24.6	32.4	41.2	13.2	18.8	25.7
	(1.4)	(1.2)	(1.0)	(0.8)	(0.8)	(0.8)	(0.6)	(0.6)	(0.7)
巴基斯坦(2006年)									
参照:乌尔都	10.0	25.0	50.0	1.9	4.4	8.4	0.6	1.5	2.6
	(1.3)	(2.1)	(2.7)	(0.3)	(0.5)	(0.6)	(0.1)	(0.2)	(0.3)

国家	FGT(0)			FGT(1)			FGT(2)		
	总体贫困率			贫困差距率			贫困严重性		
	1/10	1/25	1/50	1/10	1/25	1/50	1/10	1/25	1/50
比较	58.5	75.7	88.9	24.8	32.7	39.1	14.0	19.1	23.2
	(0.7)	(0.6)	(0.5)	(0.4)	(0.4)	(0.4)	(0.3)	(0.3)	(0.3)
旁遮普	47.6	69.2	85.9	16.0	23.9	30.8	7.9	12.0	15.7
	(1.1)	(1.1)	(1.0)	(0.5)	(0.5)	(0.5)	(0.3)	(0.4)	(0.4)
信德	68.8	83.1	92.7	34.4	42.3	48.2	21.3	27.1	31.5
	(1.8)	(1.5)	(1.2)	(1.2)	(1.2)	(1.1)	(0.9)	(1.0)	(1.0)
普什图	59.9	75.5	88.8	24.7	32.6	39.1	13.0	18.3	22.6
	(1.8)	(1.5)	(1.2)	(1.0)	(1.0)	(1.0)	(0.6)	(0.7)	(0.8)
西莱基	75.4	87.5	95.3	35.7	44.4	50.5	21.2	27.7	32.5
	(1.7)	(1.3)	(0.8)	(1.0)	(1.0)	(1.0)	(0.8)	(0.9)	(0.9)
其他	63.6	76.2	87.8	33.5	40.3	45.7	21.5	26.8	30.7
	(1.8)	(1.7)	(1.4)	(1.2)	(1.2)	(1.2)	(0.9)	(1.0)	(1.0)
菲律宾（2008 年）									
参照：他加禄	10.0	25.0	50.0	2.4	5.2	9.8	0.9	1.9	3.3
	(0.7)	(1.0)	(1.2)	(0.2)	(0.3)	(0.4)	(0.1)	(0.1)	(0.2)
比较	34.4	55.0	75.1	10.2	16.8	23.9	4.4	7.6	11.1
	(0.6)	(0.6)	(0.6)	(0.2)	(0.2)	(0.3)	(0.1)	(0.2)	(0.2)
宿务	34.1	54.3	75.5	9.6	16.2	23.4	3.9	7.1	10.5
	(1.0)	(1.1)	(1.0)	(0.4)	(0.4)	(0.5)	(0.2)	(0.3)	(0.3)
伊洛卡诺	23.0	49.4	70.1	5.7	11.4	18.5	2.2	4.3	7.2
	(1.3)	(1.9)	(1.7)	(0.4)	(0.6)	(0.7)	(0.2)	(0.3)	(0.4)
希利盖农	32.2	53.3	73.7	9.0	15.6	22.6	3.8	6.8	10.1
	(1.7)	(1.9)	(1.7)	(0.6)	(0.7)	(0.8)	(0.3)	(0.4)	(0.5)
其他	38.5	57.6	76.5	12.3	19.2	26.2	5.6	9.1	12.8
	(0.9)	(1.0)	(0.9)	(0.4)	(0.4)	(0.5)	(0.2)	(0.3)	(0.3)

续表

国家	FGT(0) 总体贫困率			FGT(1) 贫困差距率			FGT(2) 贫困严重性		
	1/10	1/25	1/50	1/10	1/25	1/50	1/10	1/25	1/50
越南(2005 年)									
参照:越南人	10.0	24 9	50.0	1.9	5.1	9.9	0.6	1.7	3.2
	(0.6)	(0.9)	(1.0)	(0.2)	(0.3)	(0.3)	(0.1)	(0.1)	(0.2)
少数民族	53.9	77 4	92.1	15.8	26.1	34.9	6.7	12.2	17.2
	(2.3)	(2.0)	(1.1)	(1.0)	(1.1)	(1.0)	(0.6)	(0.7)	(0.8)

注：合格人口为 15~49 岁的已婚妇女，FGT 数值乘以 100；族群列表参见表 8-1；括号中为 Bootstraps 标准差（重复 300 次）。

8.4.5 选定国家优秀群体的族群贫困差距曲线

对选定国家状况的上述描述掩盖了各国弱势族群中的高度异质性，这一点在图 8-5 中有所反映。图 8-5 显示了印度、尼泊尔、巴基斯坦和菲律宾优秀群体的累积分布函数和相应的族群贫困差距。在这四个国家中，一些族群贫困差距往往畸高。印度可能是族群差距最大的国家，表列部落的贫困倾向非常高，其差距达到参照群体的 50%，其次是表落种姓（差距最高值达到 30%），其他落后阶层的差距最小，这要归因于该群体在人口中划分的缘故。在尼泊尔，山区达利特（Hill Dalit）和其他群体在所有贫困线中的差距最大（也达到 50%），高于刹帝利（Hilt Chhetri）和山区贾那贾提（Hill Janajati）。在巴基斯坦，旁遮普语族群的贫困率普遍低于信德语、西莱基语和其他族群（它们的最大族群贫困差距达到 60%），普什图语族群处在中等水平。菲律宾的族群贫困差距异质性是这两个国家中最小的，伊洛卡诺族群的差距最小，而"其他"种类中的族群的差距最大。

图 8-6 总结了各国选定族群的状况（往往具有最大的族群贫困差距），揭示出由于大部分的贫困閾值较低，印度的表列部落在本研究考察的所有族群中绝对贫困差距最大，而由于穷人在参照群体中的比例较大，百分位数较低，相对贫困差距较小。在更高的财富水平上（在绝对低的水平亦然），巴基斯坦、西莱基族群的差距最大，相对族群贫困差距也最大。越南的少数民族和尼泊尔的山区达利特的族群贫困差距显然要比菲律宾和阿塞拜疆的绝大多数弱势族群大得多。

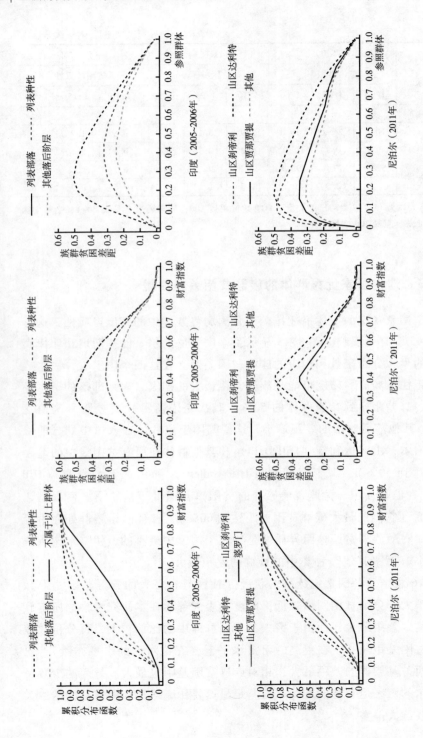

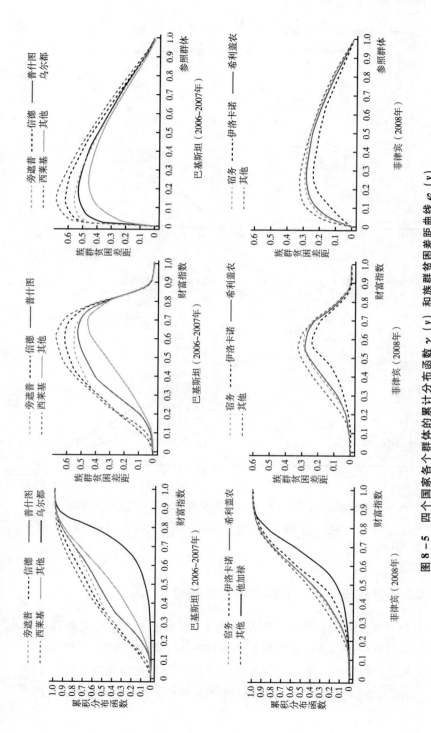

图 8 - 5　四个国家各个群体的累计分布函数 γ（y）和族群贫困差距曲线 φ（y）

注：合格人口为 15~49 岁已婚妇女；族群群体参见表 8 - 1 中的列表；非参数密度具有自适应最优带宽宽和高斯核。

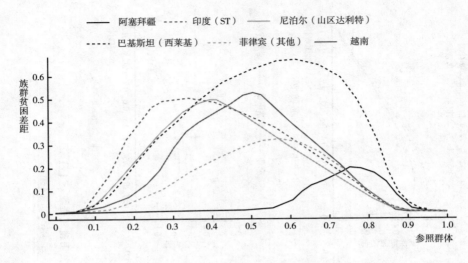

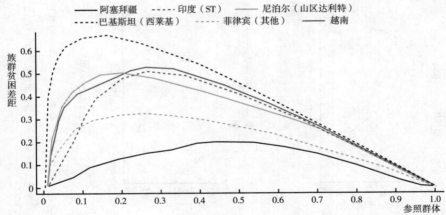

图 8 - 6 六个国家的族群贫困差距曲线 γ（y）和特殊群体贫困差距曲线 φ（t）

注：合格人口为 15～49 岁已婚妇女；族群群体参见表 8 - 1 中的列表；非参数密度具有自适应最优带宽和高斯核。

8.4.6 印度和菲律宾的族群贫困差距趋势

为了掌握族群贫困差距的跨期演变，图 8 - 7 重现了之前分析的印度和菲律宾两个不同年份的结果（分别是 1998～1999 年、2005～2006 年和 2003～2008 年）。在这段时间内，平均财富水平强劲增长，所有国家都出现了扩散的趋势。菲律宾的绝对和相对族群贫困差距普遍较低，尤其是严重贫困上的族

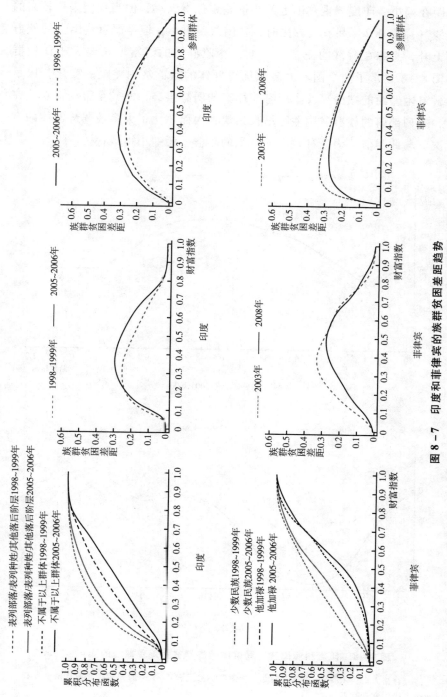

图 8-7 印度和菲律宾的族群贫困差距趋势

注：合格人口为 15～49 岁已婚妇女；族群群体参见表 8-1 中的列表；非参数密度具有自适应最优带宽和高斯核。

群差距在缩小。印度严重贫困上的族群差距也有缩小，但当我们采用较高的贫困线（高于0.2）和有关方法时，贫困差距更小，但是严重贫困上的族群差距上升，意味在财富的完全分布上，参照群体的财富增长要大于比较群体。图8-8显示了两个国家大多数优秀群体的族群贫困差距的变化，揭示出族群贫困差距的减少惠及了所有菲律宾的弱势族群，尤其是希利盖农。在印度，表列部落的族群贫困差距增长最快，因而恶化了大多数弱势群体的有关状况。与此类似，表列种姓在赤贫上的族群差距缩小得最快。

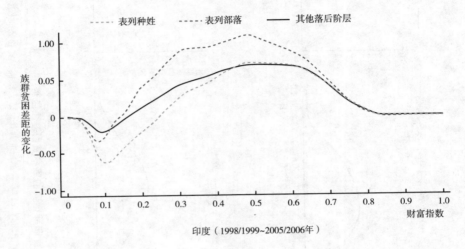

印度（1998/1999~2005/2006年）

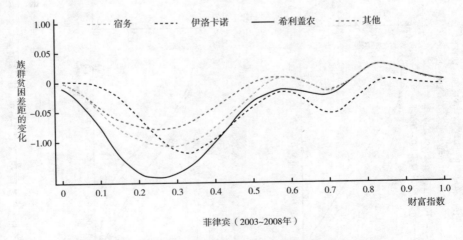

菲律宾（2003~2008年）

图8-8　印度和菲律宾不同群体的族群贫困差距曲线的变化

注：合格人口为15~49岁已婚妇女；族群群体参见表8-1中的列表；非参数密度具有自适应最优带宽和高斯核。

8.5　解释族群贫困差距

8.5.1　竞争性解释

前面的小节中显示了亚洲国家各族群存在着显著的贫困差距。考察这些差距在四个国家中可能的决定因素，存在着几种可能的解释。

第一种可能的地理解释是，一些族群生活在这些国家的欠发达地区、农村或者山区，人们的财富普遍较少。第二种可能的解释来自弱势族群可能有不同的人口结构，如较高的生育率或者移民流动会导致家庭中有更多的孩子或者老人。需求的增长会削弱财富积累的能力。第三种可能的解释是社会经济方面，来自教育的不同水平和劳动力市场表现。弱势群体可能教育入学率较低，或者劳动力市场参与率孱弱，显著降低其赚取收入的能力。所有这些解释都有一个共同点，就是弱势群体都有"最差"的特征，也就是说，这些属性绝大多数都典型地和较高的贫困联系在一起，或者因为意味着收入较低，或者需求较高。在某些案例中需要强调的是这些因果关系会殊途同归，导致某个群体较高的贫困。例如，较高的贫困也可以解释较高的生育率或者较低的入学率。

或者，某些族群的贫困率较高可能直接是由诸如劳动力市场的收入歧视等非观测因素造成的，或者是因为某些属性质量较低，比如教育或者位置（例如，生活在边远农村地区），造成劳动力市场回报较低。在工资差距的协同分析中，一旦工资差距来自已经观察到的群体内的生产率差距，工资歧视通常被确定为非观测差距（或者协同效应）的一部分。然而，歧视可能会通过减少他们的特征回报（通过不可解释或者协同效应来捕捉）直接导致高贫困率，或者通过教育程度较低、劳动力市场受排斥、缺乏地理上的流动性等（特征效应）的积累间接导致高贫困率，强调这些因素非常重要。也就是说，歧视可能是禀赋较低的根本原因，从而最终导致族群贫困差距。由于在历史上政府忽视传统社区的基础设施建设，或者被排斥在最富饶的土地之外，弱势群体只能生活在偏远地区，其生育率较高，不是因为家庭观念的文化不同，而是因为制定的家庭规划不同。同样，他们的教育和劳动力参与程度较低，是因为歧视所导致的入学机会较低、劳动市场参与分割和低回报。

本节旨在厘清哪些因素（地理、人口、社会经济或者不可观测的因素）

对于解释选定亚洲国家的贫困差距是相关的且是显著的。更多关于歧视造成的结果，或者如何导致这个结果以及程度如何的详细研究，将不在本节讨论的范围之内，这些需要涉及更多的、全面的国别分析。

为此，我们选取了一些可能会决定家庭财富的变量作为逻辑回归中的解释变量。我们通过一个标示城市或者农村地区的名义变量和居住地区来测量位置。在尼泊尔，地区是指 13 个次级地区中的一个。印度的邦和菲律宾的省，都是根据平均财富来进行分组。同样，巴基斯坦的行政区划也是根据财富四分位数进行分组。

我们也会考虑一些人口因素，如婚姻状况（已婚或者离婚）、早婚（初次结婚的年龄小于 18 岁）、家庭类型（家中有两个成人、家中有三个及以上的成人、其余类型的家庭）、家庭成员的数量、家庭中有 5 岁以下儿童的数量以及存活的子女总数量。采集每个个人和户主的年龄（以及平方值），还包括户主的性别。移民状态反映个人是否移民，当确为移民时，移民时间是否少于 5 年，是否来自农村或者城市。教育主要捕捉业主、每个合格个人以及已婚妇女的伴侣的教育完成程度（小学肄业、小学、中学肄业、中学或者更高层次）。也考虑个人的识字水平。对于劳动相关的变量，我们使用每个合格个体（及其伴侣）的职业信息（1 位数水平），过去 12 个月是否工作，或者从事无报酬工作①。其他所有因素，包括直接工资歧视或者教育质量的差异，都通过不可解释的非观测元素进行捕捉。附录表 8A - 4 至附录表 8A - 7 中报告了解释变量汇总统计，以及对比较群体分布的权重调整后逻辑概率的回归系数和标准差。

8.5.2　族群贫困差距的分解

表 8 - 5 和表 8 - 6 呈现的是使用 8.3.3 中描述的方法，在对应的参照群体的三个不同的百分位数（1/10、1/25、1/50）下，印度、尼泊尔、菲律宾和巴基斯坦这四个国家的相关族群贫困差距的分解结果。图 8 - 9 到图 8 - 11 是对每个因素的比例进行总结。表 8 - 7 到表 8 - 9 报告了一些相关特征的分布。

在所有国家，很大一部分可观测的族群贫困差距与该族群可观测特征的分布背离（特征效应）相关联。我们把潜在的因素分为三种不同的类型。印度和

---

① 尽管每个国家的调查问题都非常相似，但是仍然具有国家特色，调查的阶段和调查有所不同，因而某些变量在特定案例中无法使用。

尼泊尔的社会经济因素最为突出，是弱势族群贫困较高的根本原因。菲律宾弱势群体的贫困较高，主要来自地理位置因素。地理位置和社会经济因素在造成巴基斯坦族群贫困水平不均中扮演了重要的角色。接下来我们详细讨论这些问题。

印度

特征效应在印度造成了 80% 的族群贫困差距（剩下的 20% 不可解释）[①]。正如之前看到的，使用参照群体不同的百分位数作为贫困线，其差距的程度也不尽相同，但是决定因素相当稳定。社会经济因素加起来造成了族群贫困率差距的 56%~57%。族群弱势群体的教育程度较低单独造成了 40% 以上的差距，在弱势群体贫困更高时（在百分位数为 1/25 和 1/50）则为 11 个百分点，这一点都不奇怪。例如，弱势群体（表列部落/表列种姓/其他落后阶层）的合格人口中大约有 2/3（65%）是文盲，合格妇女中只有 46% 的户主完成了小学教育（见表 8-7）。形成强烈对比的是，参照群体的这些指标分别达到 39% 和 65%。

弱势群体的大部分人口生活在农村地区（74%，相比之下，在参照群体中为 49%，参见表 8-8）和最贫困的州，分别造成贫困差距的 7% 和 2%~7%（取决于阈值）。人口因素与地理变量的重要性不相上下，造成大约 12% 的族群贫困率差距（例如，从农民移出的比率越高，族群贫困率差距则会提高 9%，早婚越多，族群贫困率差距则会提高 16%）。

表 8-5　参照群体的不同百分位数下的族群贫困差距分解

国家	族群贫困差距	可解释差距						不可解释的差距
		总计	地区	地域	人口	教育	劳动	
印度（2005 年、2006 年）								
1/10	13.6	10.8	0.4	0.8	1.6	5.9	2.1	2.8
	(0.4)	(0.3)	(0.2)	(0.1)	(0.2)	(0.2)	(0.2)	(0.3)
1/25	26.2	21.2	1.8	1.5	2.8	10.8	4.3	5.0
	(0.5)	(0.4)	(0.3)	(0.3)	(0.3)	(0.4)	(0.3)	(0.4)

---

① 这个结果意味着族群贫困率差距的不可解释部分要小于 Borooah（2005）报告的收入贫困：使用印度教人（印度教人被视为表列种姓或者表列部落）的平均特征时的协同效应分别为 27% 和 46%。在该部分中，印度教人的贫困率为 29%，表列种姓和表列部落分别为 46% 和 47%。在使用的特征序列或者福利变量中分解技术的差异，会导致背离。Gang 等（2008）也进行了一个类似的分解（使用 40% 和 51% 的不可解释差距），但它主要关注农村贫困和表列种姓/表列的平均特征带来的协同效应。

续表

国家	族群贫困差距	可解释差距						不可解释的差距
		总计	地区	地域	人口	教育	劳动	
印度（2005 年、2006 年）								
表列种姓	28.4	22.0	2.9	0.5	4.0	12.5	2.1	6.4
	(0.7)	(0.6)	(0.4)	(0.4)	(0.4)	(0.5)	(0.4)	(0.6)
表列部落	50.0	42.7	3.7	9.1	3.7	16.6	10.5	7.3
	(0.8)	(1.3)	(0.9)	(0.7)	(0.7)	(0.9)	(0.8)	(1.3)
其他落后阶层	20.2	18.5	3.9	1.2	2.2	7.4	3.6	3.7
	(0.6)	(0.8)	(0.7)	(0.3)	(0.3)	(0.4)	(0.3)	(0.5)
1/50	27.4	22.4	1.5	1.8	3.2	11.6	4.4	4.9
	(0.5)	(0.5)	(0.3)	(0.3)	(0.3)	(0.4)	(0.3)	(0.5)
尼泊尔（2011 年）								
1/10	38.6	26.5	1.3	−1.2	3.2	23.0	0.1	12.2
	(1.3)	(1.1)	(0.6)	(0.5)	(0.7)	(1.3)	(1.0)	(1.3)
1/25	39.0	28.0	0.3	−1.7	3.6	26.3	−0.6	10.9
	(1.7)	(1.4)	(0.8)	(0.6)	(0.8)	(1.5)	(1.3)	(1.6)
1/50	27.5	24.3	−0.8	−2.0	3.4	24.6	−1.0	3.2
	(1.8)	(1.7)	(0.9)	(0.8)	(0.8)	(1.7)	(1.2)	(1.9)
巴基斯坦（2006 年）								
1/10	48.6	43.0	6.2	18.9	0.0	15.3	2.6	5.7
	(1.5)	(1.3)	(0.9)	(1.5)	(0.6)	(1.7)	(1.1)	(1.2)
1/25	50.7	45.8	7.3	19.3	−0.2	17.3	2.2	4.9
	(2.1)	(1.6)	(1.0)	(1.6)	(0.7)	(1.8)	(1.1)	(1.79)
1/50	39.0	34.2	6.4	13.5	−0.6	13.6	1.4	4.8
	(2.6)	(1.9)	(0.9)	(1.2)	(0.7)	(1.6)	(0.9)	(2.7)
菲律宾（2008 年）								
1/10	24.4	23.3	20.0	−2.0	−1.6	5.1	1.8	1.2
	(0.9)	(0.8)	(0.9)	(0.6)	(0.6)	(0.8)	(0.7)	(0.8)

续表

国家	族群贫困差距	可解释差距						不可解释的差距
		总计	地区	地域	人口	教育	劳动	
菲律宾(2008年)								
1/25	30.1	27.9	25.4	-2.6	-2.5	5.6	1.9	2.1
	(1.2)	(1.1)	(1.2)	(0.7)	(0.8)	(1.0)	(0.8)	(1.4)
1/50	25.1	17.7	16.3	-2.1	-2.4	4.5	1.3	7.4
	(1.4)	(1.3)	(1.3)	(0.6)	(0.7)	(1.0)	(0.8)	(1.7)

注:合格人口为15~49岁的已婚妇女;族群列表参见表8-1,权重调整的分解见8.3.3中的论述;括号中为Bootstraps标准差(重复300次)。

表8-6 参照群体的不同百分位下族群贫困差距的变化分解

国家	族群贫困差距的变化	可解释差距						不可解释的差距
		总计	地区	地域	人口	教育	劳动	
印度(1998/1999~2005/2006年),印度国别财富指数								
1/10	4.5	4.3	1.1	0.3	0.7	1.3	1.0	0.1
	(0.6)	(0.4)	(0.3)	(0.2)	(0.2)	(0.3)	(0.2)	(0.5)
1/25	4.5	5.7	1.8	0.4	1.3	0.8	1.3	-1.1
	(0.7)	(0.5)	(0.4)	(0.4)	(0.3)	(0.6)	(0.4)	(0.6)
1/50	3.0	3.3	0.7	0.2	1.5	0.1	0.8	-0.3
	(0.6)	(0.6)	(0.4)	(0.4)	(0.3)	(0.6)	(0.4)	(0.7)
菲律宾(2003~2008年),菲律宾国别财富指数								
1/10	-7.1	-4.4	-3.8	-2.7	0.1	0.4	1.6	-2.7
	(1.3)	(1.2)	(1.3)	(0.8)	(0.9)	(1.1)	(1.09)	(1.3)
1/25	-5.0	-5.1	-3.5	-3.0	-0.4	0.3	1.3	0.1
	(1.8)	(1.6)	(1.6)	(0.8)	(1.1)	(1.5)	(1.1)	(2.0)
1/50	-0.4	-4.0	-2.1	-2.4	0.0	-0.1	0.7	3.6
	(1.9)	(1.8)	(1.6)	(0.7)	(1.1)	(1.4)	(1.1)	(2.3)

注:合格人口为15~49岁的已婚妇女;族群列表参见表8-1,权重调整的分解见8.3.3中的论述;括号中为Bootstraps标准差(重复300次)。

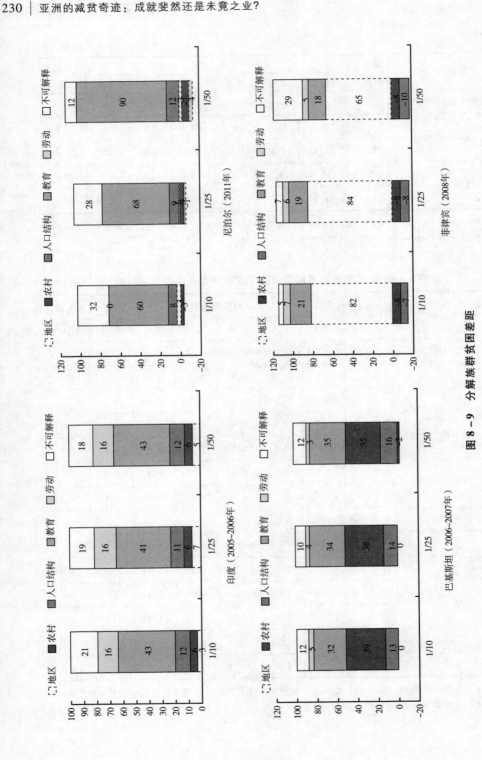

图 8-9　分解族群贫困差距

注：合格人口为 15~49 岁的已婚妇女；族群列表参见表 8-1。

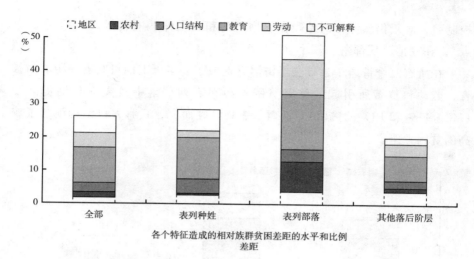

各个特征造成的相对族群贫困差距的水平和比例

差距

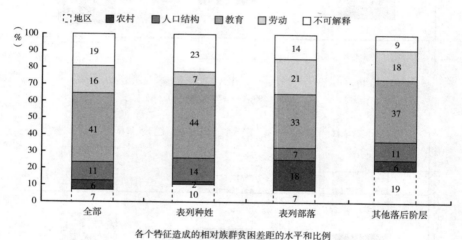

各个特征造成的相对族群贫困差距的水平和比例

差距

图 8 – 10 印度的族群贫困差距分解（1/25）

注：合格人口为 15 ~ 49 岁的已婚妇女；族群列表参见表 8 – 1。

印度贫困水平上的族群（种姓）差距的这些特征体现在全部三个弱势群体：表列部落、表列种姓和其他落后阶层（见表 8 – 5 和图 8 – 10）。现在考察当贫困线固定在参照群体的 1/25 百分位时的案例。正如前面章节中提到的，表列部落的族群贫困率差距较大（51 个百分点），表列种姓（28 个百分点）和其他落后阶层（20 个百分点）较小。由特征引起的贫困差距的比例在表列部落中最大（86%），在表列种姓中最小（77%）。在特征得到控制后，对于仍然保留的差距在表列部落和表列种姓中相似（6~7 个百分点），在其他落后部落中较小（4 个百分点）。

在所有三个群体中，社会经济因素造成了一半以上的可观测差距。由教育、劳动和位置所引起的绝对贫困差距在表列部落中较大（分别提高了17%、11% 和 13% 的贫困）。而对于表列种姓而言，只有人口结构引起了较高的贫困差距。

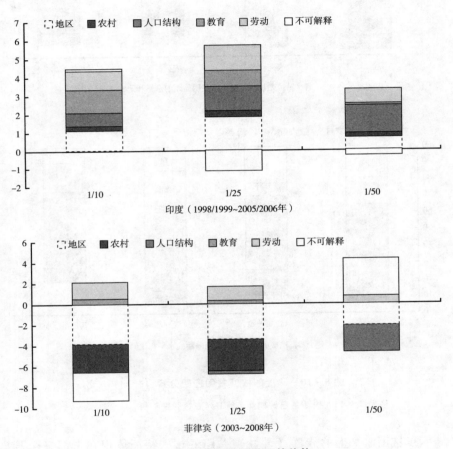

图 8 - 11　族群贫困差距的趋势

注：合格人口为 15~49 岁的已婚妇女；族群列表参见表 8 - 1。

重要因素在全部结果中的分布基本反映了其他落后阶层的情况。对特征效应贡献最大的因素来自教育（差距的 39%），其次是劳动力变量（15%）、人口结构（13%），生活在农村区域（9%）。在最弱势的表列部落中，教育的相关程度相对较低（33%），但是劳动力变量（21%）和居住在农村区域的比例过高（18%），有着比其他群体更高的重要性。对于表列种姓，教育（44%）和生活的地区（10%）比起其他两个群体有着更高的相关性。

对于各因素在印度的影响的跨期变化，我们发现在 1998/1999 ~ 2005/2006 年差距有所上升，以上讨论的（在 1/10 和 1/25 的百分位数下达到4%）情况是由所有因素的影响上升所导致的。

表 8 - 7　教育和族群

国家	个体		户主	国家	个体		户主
	文盲	小学毕业	小学毕业		文盲	小学毕业	小学毕业
印度（2005 年、2006 年）				印度（1998 年、1999 年）			
其他群体	38.6	62 1	65.1	其他群体	41.7	50.6	59.6
表列种姓	69.5	31 9	41.7	表列种姓	70.9	23.0	37.7
表列部落	78.4	22.1	32.7	表列部落	76.9	16.5	30.6
其他落后阶层	60.9	41.0	51.4	其他落后阶层	58.8	35.4	49.5
表列种姓/表列部落/其他部落阶层	65.5	36.1	46.4	表列种姓/表列部落/其他部落阶层	65.1	28.9	43.1
尼泊尔（2011 年）				巴基斯坦（2006 年）			
山区婆罗门	22.2	67.0	64.4	乌尔都		31.5	44.9
其他群体	54.0	34.9	36.8	其他群体		74.3	21.8
菲律宾（2008 年）				菲律宾（2003 年）			
他加禄	2.8	95.5	88.7	他加禄	2.8	93.9	87.8
其他群体	11.1	85.4	76.2	其他群体	11.2	82.5	74.3

注：合格人口为 15 ~ 49 岁的已婚妇女；族群列表参见表 8 - 1。

表 8 - 8　居住地域和族群

国家	农村	国家	农村
印度（2005 年、2006 年）		印度（1998 年、1999 年）	
其他群体	57.9	其他群体	65.8
表列种姓	72.6	表列种姓	78.9
表列部落	89.9	表列部落	89.3
其他部落阶层	71.1	其他部落阶层	76.0
表列种姓/表列部落/其他部落阶层	73.9	表列种姓/表列部落/其他部落阶层	78.8

续表

国家	农村	国家	农村
尼泊尔（2011 年）		巴基斯坦（2006 年）	
山区婆罗门	82.7	乌尔都	15.4
其他群体	87.5	其他群体	71.1
菲律宾（2008 年）		菲律宾（2003 年）	
他加禄	27.9	他加禄	22.9
其他群体	55.9	其他群体	55.3

注：合格人口为 15~49 岁的已婚妇女；族群列表参见表 8-1。

尼泊尔

在尼泊尔，由特征引起的族群贫困差距的比例较小，最低为 68%，但在贫困线提高时，会急剧上升。教育引起的比例甚至高于印度，在 1/10 百分位数时为 60%，在中位数时会攀升至 90%，意味着教育在该国的族群弱势群体中拉高了 23%~26% 的贫困。由于尼泊尔参照人群的平均教育程度更高，因而比起印度，尼泊尔教育不平等更加强烈，这也不会让人感到意外。在弱势群体中，54% 的合格妇女是文盲，而 37% 的户主小学毕业，相比之下，这两个比例在参照群体中分别为 22% 和 64%。人口结构因素也具有一定的相关性（造成 3% 的差异），尤其是造成了一般贫困（造成 12% 的差距）。地理位置和劳动力变量的总体相关性较小。

巴基斯坦

在巴基斯坦，特征效应也是造成族群贫困率可观测差距的最重要原因（将近 90%）。差距很大程度上与地理位置相关联。在巴基斯坦的案例中，过于集中在农村区域（占弱势族群中的合格人口的 71%，相比乌尔都语群只有 15%）是族群贫困差距背后的主要原因。这造成了 35%~39% 的差距，也就是说，在 1/10 和 1/25 百分位数下会拉高 19% 的贫困。乌尔都语族群将近 60% 居住在最富裕的地区，而弱势群体中只有 19%，这种现实造成了 13%~16% 的贫困差距（是 6~7 个额外的百分点）。然而，教育差距也造成了 1/3 左右的全体贫困差距（14%~17%）。这也要归咎于获得教育上的巨大差距。与尼泊尔的情况非常相似，弱势族群合格妇女中 74% 是文盲，只有 45% 的户主小学毕业，而乌尔都语族群相应的比例分别为 31% 和 73%。

菲律宾

与印度和尼泊尔的社会经济原因占主导地位形成对比的是，菲律宾是地理位置具有相当重要性的典型案例。由于历史原因，少数民族大多集中在特定的地区，各地区在族群线上的财富不平等非常明显（见表8-9）。地区居民的财富分布造成了1/10百分位数和1/25百分位数80%以上的差距。在这两个百分位数上，特征效应在全球范围内造成了90%以上的贫困差距。地区原因所占的比例在中位数时跃升到65%，仍有相当一部分的差距（29%）难以解释。教育同样重要，大约占差异的20%（5个百分点），但是比印度和尼泊尔要低，因为教育差距同样较小（见表8-7）。对跨期趋势的考察揭示出，2003~2008年，菲律宾族群贫困差距的减少受地理位置（地区和地域）因素的驱动减弱，因为农村地区和少数民族人口占多数的区域（例如表8-9中的Ⅸ区、Ⅵ区或者Ⅷ区）财富大幅度增长，而城市地区和他加禄人较多的地区财富增长较慢（如Ⅳ-a区、Ⅲ区和国家首都区）。

表8-9 地理位置和族群：菲律宾

区域	2008年			2003年		
	财富	他加禄	其他	财富	他加禄	其他
Ⅰ-伊罗戈斯	0.543	1.3	6.2	0.472	1.3	6.3
Ⅱ-卡加扬谷地	0.487	1.0	4.1	0.418	1.3	4.7
Ⅲ-中央吕宋	0.568	20.9	6.8	0.527	18.7	7.6
Ⅳ-a-卡拉巴松	0.594	36.3	3.6	0.567	36.4	3.7
Ⅳ-b-民马罗巴	0.369	5.2	1.9	0.291	4.1	2.4
Ⅴ-比科尔区	0.424	1.3	7.3	0.366	1.8	6.7
Ⅵ-西米沙鄢	0.423	0.3	10.1	0.320	0.5	9.2
Ⅶ-中米沙鄢	0.467	0.3	9.9	0.406	0.3	10.7
Ⅷ-东米沙鄢	0.388	0.1	5.5	0.303	0.2	5.8
Ⅸ-三宝颜半岛	0.393	0.2	5.3	0.279	0.2	5.4
Ⅹ-棉兰老岛北部	0.410	0.1	6.1	0.388	0.1	5.9
Ⅺ-达沃半岛	0.414	0.1	6.7	0.417	0.3	6.8
Ⅻ-Soccsksargen	0.377	0.3	5.4	0.323	0.4	5.7

续表

区域	2008 年			2003 年		
	财富	他加禄	其他	财富	他加禄	其他
XIII－卡拉加	0.406	0.2	3.4	0.346	0.1	3.5
国家首都区	0.643	32.2	10.1	0.599	34.2	8.4
科迪勒拉行政区	0.493	0.4	2.2	0.461	0.3	2.1
区域						
阿姆	0.269	0.1	5.5	0.199	0.0	5.3
城市	0.592	72.0	44.1	0.550	77.1	44.7
农村	0.391	27.9	55.9	0.316	22.9	55.3

注：合格人口为 15～49 岁的已婚妇女；族群列表参见表 8－1。

8.6 结论

族群肯定是亚洲国家都关注的问题。本研究的结果显示了，在六个选定的国家中，当使用财富指数来测量经济状况时，一些族群面临更高的贫困风险。不过，各国在族群贫困的程度、主要原因以及跨期演变上都存在着重大的异质性。

一些族群与该国的参照群体之间的贫困差距之大令人惊讶。在一些案例中，某些财富截面上的贫困率差距大于 50 甚至 60 个百分点。这些特别的案例包括巴基斯坦的西莱基语族群和其他语种族群、印度的表列部落、尼泊尔的山区达利特，或者越南的少数民族族群。很显然，在阿塞拜疆，受调查的少数民族族群财富水平不但不如阿塞拜疆人，而且贫困差距也较小（最高值为 20 个百分点）。菲律宾的贫困差距在小范围内也趋向于缩小，峰值大约为 30 个百分点，与印度的表列种姓、尼泊尔的山区刹帝利和山区达利特相似。

有关族群贫困率不平等的原因，我们知道某些族群通常会在不同维度上累积许多弱势之处，比如教育程度更低、失业率更高、家庭庞大、社区发展较低，这些都会造成较高的贫困率。在研究的案例中，印度的表列部落贫困差距较高就是很好的例子，该族群是我们分析的所有对象中绝对贫困率最高的。

然而，我们在对四个国家进行更详细的分析中发现，造成族群贫困差距的原因在各国存在着显著的差异。印度和尼泊尔的弱势群体贫困率较高，主要是因为占这两个国家多数的族群在获得教育上的极其严重的不平等。正如之前提到的，在印度的表列部落这一特别的案例中，除了高度集中于农村地区，劳动力市场表现较差也是非常重要的决定因素。相反，菲律宾的地区财富不平等是关系到弱势族群贫困差距的主要因素。巴基斯坦与印度、尼泊尔的情况相似，弱势群体的教育程度较差也是非常重要的原因，但是集中在农村地区与其较高的贫困有关。

在地区经济强劲增长的时期内，印度和菲律宾的族群财富也上升了。但是只有菲律宾的族群贫困差距缩小（由于地区间不平等减小），而印度的某些族群，特别是表列部落，从增长中受益比参照群体较少，相对族群贫困差距上升（所有因素的影响造成的）。

由于本研究没有进行因果分析，而且每个国家每个特定族群较高的贫困形成机制需要更加深入的分析，因而本研究并没有提出特别的政策建议。但是，本研究得出的几条教训可能对制定减少族群贫困差距的政策有所帮助。

本章描述的亚洲国家许多群体的族群贫困差距的重要程度，意味着必须严肃对待族群弱势群体的状况。族群应当受到关注，成为今后该地区减贫日程中的一部分。这就需要族群的统计数据有更高的可见度，能够监测这些年该地区经济强劲增长中取得的进步，确立减贫的特定目标，并规划合适的战略加以实现。事实上，绝大多数族群贫困差距似乎与一系列基本的可观测的特征相关联，意味着不难确定何种政策基本上会在减少每一例贫困差距上发挥较大的影响。指出与族群贫困差距相关联的因素，为旨在缩小差距的政策指明了方向，即提高最贫困族群的基本禀赋。

在尼泊尔和印度，教育被确认为是与族群贫困差距有关的主要因素。如果族群弱势群体（种姓和部落）在获得教育水平上的极度不平等得不到解决，那么就不可能期望有关状况会得到改善。值得一提的是，族群内部在教育基础阶段就存在差异，识字率和小学毕业的人口比例都存在着巨大的差距。因此，在基础阶段就应该花大力气来提高和扩大现有的基础设施，提高最贫困族群的入学率。例如，有条件现金转移支付在成功提高许多国家贫困人口的入学率和增加收入方面（例如，Saavedra 和 García，2012 中的荟萃分析）已经有大量的经验证据，意味着扩大这种转移支付也会在缩小族群差距方面发挥强劲的影响。印度在政治、公共就业和教育方面有着很长的积极行动能力的传统，也许可以阻止差距进一步扩大。不过，印度也没有很好地缩小族群贫困差距，也就是阻止差距的跨期扩大。

巴基斯坦、印度和尼泊尔的结论都大致相似，在获得基础教育方面存在着很高的族群不平等，这是语系弱势群体贫困率高的决定因素。在巴基斯坦，通过发展弱势群体集居的农村社区，缩小了城乡差距，族群差距有望大幅度地缩小。这种途径在印度也是相当的重要，特别是对于表列部落。在菲律宾，所有政策都旨在缩小地理上的高度不平等，从而增加欠发达省份的经济机遇，同样有望在缩小族群差距上产生巨大的影响。实际上，本书已经显示了，2003～2008 年，该国减少了地理上的不平等，从而带来了族群绝对贫困差距和相对贫困差距的缩小。

参考文献[*]

Abdi, H. and D. Valentin (2007), 'Multiple correspondence analysis,' in N. Salkind (ed.), *Encyclopedia of Measurement and Statistics*, Thousand Oaks, CA: Sage.

Asian Development Bank (ADB) (2002), *Indigenous Peoples/Ethnic Minorities and Poverty Reduction*, regional reports for Viet Nam, the Philippines, Pacific Region, Indonesia, and Cambodia, Environment and Social Safeguard Division, Regional and Sustainable Development Department, Asian Development Bank, Manila: ADB.

Bhalla, A.S. and D. Luo (2013), *Poverty and Exclusion of Minorities in China and India*, New York: Palgrave Macmillan.

Baulch, B. (2008), *Ethnic Minority Underdevelopment in Vietnam: Full Research Report*, Economic and Social Research Council (ESRC) End of Award Report, RES-167-25-0157, Swindon: ESRC.

Baulch, B., H.T.M. Nguyen, P.T.T. Phuong and H.T. Pham (2010), 'Ethnic minority poverty in Vietnam', Working Paper 169. Manchester: Chronic Poverty Research Centre.

Baulch, B., H.T Pham and B. Reilly (2008), 'Decomposing the Ethnic Gap in Living Standards in Rural Vietnam: 1993 to 2004', mimeo, Institute of Development Studies, University of Sussex, Brighton.

---

[*] 亚洲开发银行确认中国代表中华人民共和国，老挝代表老挝人民民主共和国，越南代表越南社会主义共和国。

Baulch, B., C. Truong, D. Haughton and J. Haughton (2004), 'Ethnic minority development in Vietnam: a socio-economic perspective', in P. Glewwe, N. Agrawal and D. Dollar (eds), *Economic Growth, Poverty and Household Welfare in Vietnam*, World Bank Regional and Sectoral Studies, Washington, DC: World Bank.

Baulch, B., C. Truong, D. Haughton and J. Haughton (2007), 'Ethnic minority development in Vietnam', *Journal of Development Studies*, **43** (7), 1151–76.

Blinder, A.S. (1973), 'Wage discrimination: reduced form and structural estimates', *Journal of Human Resources*, **8** (4), 436–55.

Borooah, V.K. (2005), 'Caste, inequality, and poverty in India', *Review of Development Economics*, **9** (3), 399–414.

Butler, R.J. and J.B. McDonald (1987), 'Interdistributional income inequality', *Journal of Business and Economic Statistics*, **5** (1), 13–18.

Chantreuil, F. and A. Tranroy (2013), 'Inequality decomposition values: the trade-off between marginality and consistency', *Journal of Economic Inequality*, **11** (1), 83–98.

Dang, H.-A. (2012), 'Vietnam: a widening poverty gap for ethnic minorities', in G. Hall and H.A. Patrinos (eds), *Indigenous Peoples, Poverty and Development*, New York: Cambridge University Press.

Das, M.B., G.H. Hall, S. Kapoor and D. Nikitin (2012), 'India: the scheduled tribes', in G. Hall and H.A. Patrinos (eds), *Indigenous Peoples, Poverty and Development*, New York: Cambridge University Press.

DiNardo, J., N. Fortin and T. Lemieux (1996), 'Labor market institutions and the distribution of wages, 1973–1992: a semiparametric approach', *Econometrica*, **64** (5), 1001–44.

Filmer, D. and L. Pritchett (2001), 'Estimating wealth effects without expenditure data – or tears: an application to educational enrollments in states of India', *Demography*, **38** (1), 115–32.

Foster, J. and A.F. Shorrocks (1988a), 'Poverty orderings', *Econometrica*, **56** (1), 173–7.

Foster, J. and A.F. Shorrocks (1988b), 'Poverty ordering and welfare dominance', *Social Choice and Welfare*, **5** (2–3), 179–98.

Gang, I.N., K. Sen and M-S. Yun (2008), 'Poverty in rural India: caste and tribe', *Review of Income and Wealth*, **54** (1), 50–70.

Gradín, C. (2009), 'Why is poverty so high among Afro-Brazilians? A decomposition analysis of the racial poverty gap', *Journal of Development Studies*, **45** (9), 1–38.

Gradín, C. (2013), 'Race, poverty, and deprivation in South Africa', *Journal of African Economies*, **22** (2), 187–238.

Gradín, C. (2014), 'Race and income distribution: evidence from the US, Brazil and South Africa', *Review of Development Economics*, **18** (1), 73–92.

Gradín, C. (2015), 'Rural poverty and ethnicity in China', *Research on Economic Inequality*, **23**, 221–47.

Hall, G. and H.A. Patrinos (eds) (2012), *Indigenous Peoples, Poverty and Development*, New York: Cambridge University Press.

Hannum, E.C. and M. Wang (2012), 'China: a case study in rapid poverty reduction', in G. Hall and H.A. Patrinos (eds), *Indigenous Peoples, Poverty and Development*, New York: Cambridge University Press.

Hoang, H., G. Pham, M. Tran and H. Hansen (2007), 'Ethnicity and poverty reduction', in T. Nguyen and H. Hansen (eds), *Markets, Policy and Poverty Reduction in Vietnam*, Ha Noi: Viet Nam Academy of Social Sciences/National Political Publishing House.

Imai, K.S., R. Gaiha and W. Kanga (2011), 'Poverty, inequality and ethnic minorities in Vietnam', *International Review of Applied Economics*, **2** (3), 249–82.

King, E.M. and D. van de Walle (2012), 'Laos: ethno-linguistic diversity and disadvantage', in in G. Hall and H.A. Patrinos (eds), *Indigenous Peoples, Poverty and Development*, New York: Cambridge University Press.

Le Breton, M., A. Michelangeli and E. Peluso (2012), 'A stochastic dominance approach to the measurement of discrimination', *Journal of Economic Theory*, **147** (4), 1342–50.

Oaxaca, R.L. (1973), 'Male-female wage differentials in urban labor markets', *International Economic Review*, **14** (3), 693–709.

Pham, T.H., T. Le Dang and V.C. Nguyen (2010), 'Poverty of the ethnic minorities in Vietnam: situation and challenges from the poorest communes', MPRA Paper 50372, Munich: Munich Personal RePEc Archive.

Rutstein, S.O. and K. Johnson (2004), 'The DHS Wealth Index', DHS Comparative Reports No. 6, Calverton, MD: US ORC Macro.

Saavedra, J.E. and S. García (2012), 'Impacts of conditional cash transfer programs on educational outcomes in developing countries: a meta-analysis', RAND Labor and Population Working Paper Series, WR-921-1, RAND Corporation, Santa Monica, CA.

Sastre, M. and A. Trannoy (2002), 'Shapley inequality decomposition by factor components: some methodological issues', *Journal of Economics*, 9 (supplement 1), 51–89.

Shorrocks, A. (2013), 'Decomposition procedures for distributional analysis: a unified framework based on the Shapley value', *Journal of Economic Inequality*, **11** (1), 99–126.

Swinkels, R. and C. Turk (2006), 'Explaining ethnic minority poverty in Vietnam: a summary of recent trends and current challenges', background paper for Committee for Ethnic Minorities Affairs/Ministry of Planning and Investment of Vietnam (CEM/MPI) meeting on Ethnic Minority Report 28, Ha Noi: World Bank.

Van de Walle, D. and D. Gunewardena (2001), 'Sources of ethnic inequality in Viet Nam', *Journal of Development Economics*, **65** (1), 177–207.

Vinod, H. (1985), 'Measurement of Economic Distance between Blacks and Whites', *Journal of Business and Economic Statistics*, **3** (1), 78–88.

附录 8A－1

表 8A－1 各国各群体财富指数的构成和分布

合格人口：各国各群体的分布（%）（C = 比较群体，R = 参照群体）

变量种类	MCA 得分 s_j^g	正规化 权重 w_j^g	阿塞拜疆 C	R	印度 C	R	尼泊尔 C	R	巴基斯坦 C	R	菲律宾 C	R	越南 C	R
饮用水来源														
管道进入住宅	1.514	0.08	17.5	32.2	8.4	21.7	4.1	9.5	26.4	63.5	19.5	33.4	4.1	21.8
管道进入院子/地基	0.513	0.05	16.8	19.8	10.3	13.4	14.7	24.7	6.1	5.3	6.4	5.1	0.0	0.0
公共水龙头/立管	-0.942	0.02	5.9	3.8	18.1	12.1	23.6	24.6	2.2	3.3	6.1	2.9	2.0	1.1
管井/井眼	-0.932	0.02	9.5	9.9	46.1	40.9	43.8	29.0	15.0	11.0	21.8	19.2	0.0	0.0
受保护的水井	-0.317	0.03	22.5	5.4	2.0	3.0	1.7	2.8	41.9	8.7	6.1	1.4	34.2	54.0
未受保护的水井	-1.770	0.00	0.0	0.2	11.2	6.6	2.4	0.7	1.3	0.0	5.1	1.1	5.2	1.9
地表水	-0.623	0.03	26.1	15.9	2.7	1.2	8.6	6.9	4.2	0.7	11.6	3.4	53.9	7.5
雨水	0.215	0.05	0.0	0.0	0.2	0.1	0.1	0.0	0.3	0.0	0.8	0.0	0.5	12.8
液罐车	1.687	0.08	1.7	10.3	0.4	0.4	0.7	0.7	0.9	3.0	1.0	0.6	0.0	0.8
小型平板车	0.541	0.05	0.0	1.0	0.1	0.2	0.0	0.0	0.5	0.2	0.6	0.5	0.0	0.0
瓶装水	1.558	0.08	0.0	0.1	0.3	0.3	0.5	1.1	0.2	3.7	19.4	31.5	0.0	0.1
其他	-0.003	0.04	0.0	1.4	0.2	0.1	1.1	0.0	1.1	0.7	1.6	0.7	0.2	0.1
厕所设施类型														
冲洗管道下水道系统	1.760	0.09	16.6	42.7	5.6	17.3	5.2	9.3	27.7	80.6	1.3	8.4	4.2	35.3
冲洗粪池	0.571	0.06	0.0	1.1	17.1	32.2	32.3	59.1	18.9	8.4	62.4	85.0	0.0	0.0
冲刷坑式厕所	-0.543	0.04	0.0	0.0	5.0	8.3	4.0	6.6	0.0	0.0	14.1	1.7	0.0	0.0
冲洗其他地方式	0.145	0.05	0.5	0.7	1.5	1.1	0.3	0.1	9.3	5.4	0.8	1.0	0.2	0.0

续表

合格人口：各国各群体的分布（%）
（C = 比较群体，R = 参照群体）

变量种类	MCA得分 s_j^q	正规化权重 w_j^q	阿塞拜疆 C	阿塞拜疆 R	印度 C	印度 R	尼泊尔 C	尼泊尔 R	巴基斯坦 C	巴基斯坦 R	菲律宾 C	菲律宾 R	越南 C	越南 R
厕所设施类型														
通风改良坑厕	0.146	0.05	0.0	0.0	0.3	0.4	1.0	1.1	0.9	0.1	1.4	0.2	3.5	9.8
坑厕板	0.437	0.06	59.4	40.2	2.0	3.8	8.4	11.7	1.1	1.6	2.6	0.3	47.5	42.2
无板／露天坑式厕所	0.073	0.05	22.9	14.6	1.0	1.9	7.1	5.4	3.1	0.3	3.1	0.2	0.0	0.0
无设施／灌木／地方	-2.165	0.00	0.6	0.3	66.7	33.9	41.6	6.2	30.5	1.0	12.1	3.1	44.9	12.7
有发酵装置的厕所	-1.285	0.02	0.0	0.0	0.1	0.1	0.2	0.4	0.0	0.1	0.7	0.0	0.0	0.0
桶／干厕所	-1.328	0.02	0.0	0.0	0.4	0.9	0.0	0.0	1.7	0.1	0.2	0.2	0.0	0.0
挂式马桶／厕所	-0.480	0.04	0.0	0.0	0.0	0.0	0.0	0.0	6.7	2.6	1.4	0.2	0.0	0.0
其他	0.017	0.05	0.0	0.4	0.3	0.2	0.0	0.0	0.2	0.0	0.0	0.0	0.0	0.0
与其他家庭共用厕所														
否	0.849	0.07	96.4	91.2	23.8	49.9	40.7	74.9	59.4	88.5	65.1	78.4	49.6	79.2
是	0.094	0.05	2.8	8.3	9.5	15.8	17.6	18.8	9.6	10.1	21.3	17.2	5.1	7.7
无设施／未知	-2.129	0.00	0.8	0.5	66.7	34.3	41.8	6.3	31.1	1.5	13.7	4.5	45.3	13.2
有电														
否	-2.413	0.00	0.4	0.6	36.4	21.0	26.2	4.8	11.0	0.5	19.9	5.5	15.4	2.5
是	0.421	0.07	99.6	99.5	63.6	79.0	73.8	95.3	89.0	99.6	80.1	94.5	84.7	97.5
有电话														
否	-0.659	0.00	43.7	42.1	90.2	74.2	92.4	78.3	52.9	26.6	91.4	80.6	94.7	63.9
是	1.593	0.05	56.3	57.9	9.8	25.8	7.6	21.7	47.1	73.4	8.6	19.4	5.3	36.1

续表

变量种类	MCA得分 s_j^q	正规化权重 w_j^q	合格人口：各国各群体的分布（%）（C＝比较群体，R＝参照群体）											
			阿塞拜疆		印度		尼泊尔		巴基斯坦		菲律宾		越南	
			C	R	C	R	C	R	C	R	C	R	C	R
有收音机														
否	-0.374	0.00	54.1	53.9	71.2	58.7	51.3	30.7	65.8	73.5	36.4	27.4	66.4	57.3
是	0.449	0.02	45.9	46.1	28.8	41.3	48.7	69.3	34.2	26.5	63.6	77.6	33.7	42.7
有电视														
否	-1.750	0.00	4.2	4.1	59.1	38.0	53.3	27.0	44.6	10.3	32.4	11.4	42.3	9.8
是	0.845	0.06	95.8	95.9	40.9	62.0	46.7	73.0	55.4	89.7	67.6	88.6	57.7	90.3
有冰箱														
否	-0.866	0.00	30.1	23.8	90.2	69.9	90.7	79.8	64.4	26.4	65.3	47.2	95.2	75.9
是	1.711	0.06	69.9	76.2	9.8	30.1	9.3	20.2	35.6	73.6	34.7	52.8	4.8	24.1
有自行车														
否	0.097	0.01	89.8	91.4	43.6	42.3	55.1	55.7	56.9	64.1	75.4	74.5	41.9	16.4
是	-0.129	0.00	10.2	8.6	56.4	57.7	44.9	44.4	43.1	35.9	24.6	25.5	58.1	83.6
有摩托车/滑板车														
否	-0.270	0.00	94.2	99.1	85.0	70.2	89.8	77.5	80.2	61.0	76.1	75.3	56.3	35.6
是	0.929	0.03	5.9	0.9	15.0	29.8	10.2	22.6	19.8	39.0	23.9	24.7	43.7	64.4
有汽车/卡车														
否	-0.168	0.00	82.0	77.0	98.5	94.5	98.4	97.0	92.9	87.7	92.0	84.0	99.7	98.8
否	2.013	0.05	18.0	23.0	1.5	5.5	1.6	3.0	7.1	12.3	8.0	16.0	0.3	1.2

续表

合格人口：各国各群体的分布（%）
（C＝比较群体，R＝参照群体）

变量种类	MCA得分 s_j^q	正规化权重 w_j^q	阿塞拜疆 C	阿塞拜疆 R	印度 C	印度 R	尼泊尔 C	尼泊尔 R	巴基斯坦 C	巴基斯坦 R	菲律宾 C	菲律宾 R	越南 C	越南 R
有畜力板车														
否	0.049	0.02	96.3	96.6	93.2	93.3	95.3	99.1	88.3	97.0	95.4	99.1	95.8	95.7
否	−0.802	0.00	3.7	3.4	6.8	6.7	4.7	0.9	11.7	3.0	4.6	0.9	4.2	4.3
主要地板材料														
自然	−1.812	0.00	1.1	2.8	53.2	33.0	71.4	44.2	52.6	6.3	9.2	6.9	35.3	11.9
简陋的（木板，棕榈）	0.906	0.06	87.0	78.6	6.5	7.1	1.5	1.3	0.0	0.0	29.3	6.5	29.5	3.4
木地板,抛光木材	2.433	0.10	6.5	10.0	0.1	0.1	0.3	1.1	0.0	0.0	0.5	0.3	0.3	0.5
乙烯沥青标准	1.095	0.07	0.0	0.0	0.2	1.1	1.3	2.3	0.0	0.0	3.1	6.3	0.0	0.0
瓷砖	1.203	0.07	0.7	1.5	3.5	7.6	0.2	1.3	0.9	1.7	8.1	16.2	9.6	54.9
水泥	0.454	0.05	0.0	0.4	31.1	39.0	19.5	36.0	28.0	54.3	48.6	60.9	25.3	29.3
地毯/垫	1.325	0.07	0.0	0.0	0.2	0.4	5.7	13.9	1.0	3.5	0.2	0.2	0.0	0.1
其他地成品（抛光石,大理石）	1.391	0.07	2.7	3.9	5.2	11.7	0.0	0.0	17.6	34.0	0.9	2.7	0.0	0.0
其他	1.446	0.08	2.1	2.8	0.0	0.1	0.1	0.0	0.0	0.2	0.0	0.1	0.0	0.0
主要墙体材料														
无墙	−2.134	0.00	0.0	0.1	0.1	0.1	0.0	0.0	8.5	0.8	0.0	0.0	0.2	0.0
甘蔗/棕榈/树干草	−1.570	0.01	0.2	0.1	3.8	2.5	2.5	0.8	0.0	0.0	2.0	1.3	17.9	10.0
泥沙/泥土/沙子	−2.077	0.00	0.9	2.5	27.2	14.3	6.6	2.2	23.1	3.6	0.0	0.0	3.1	0.4
竹与泥	−1.800	0.01	0.0	0.0	2.6	2.9	23.8	5.7	0.0	0.0	20.3	4.5	13.2	1.3
石泥	−1.297	0.02	10.7	5.5	3.2	2.1	26.9	27.8	0.0	0.0	0.0	0.1	0.9	0.1

续表

变量种类	MCA得分 s_j^q	正规化权重 w_j^q	合格人口：各国各群体的分布（%）（C＝比较群体，R＝参照群体）											
			阿塞拜疆 C	阿塞拜疆 R	印度 C	印度 R	尼泊尔 C	尼泊尔 R	巴基斯坦 C	巴基斯坦 R	菲律宾 C	菲律宾 R	越南 C	越南 R
主要墙体材料														
胶合板/再生木材	-0.433	0.04	0.5	0.3	0.3	0.2	1.0	2.0	0.1	0.0	12.9	9.6	19.6	3.5
纸板	-1.380	0.02	0.0	1.0	0.0	0.0	0.0	0.0	6.1	0.5	1.1	0.7	0.2	0.1
未覆盖土坯或者非非燃烧物	-0.529	0.04	5.4	1.0	1.7	1.1	24.5	48.2	0.0	0.0	0.0	0.0	0.4	0.1
水泥	0.676	0.07	0.7	0.6	32.8	50.4	0.9	1.6	0.0	0.0	21.2	38.5	0.1	0.2
石灰/水泥石	0.317	0.06	11.7	4.3	5.8	5.9	7.8	6.1	0.6	0.9	0.4	0.6	1.4	1.2
烧结砖	0.200	0.05	5.3	3.7	19.2	16.1	0.8	1.9	21.6	14.4	0.1	0.1	15.7	76.9
水泥块	0.980	0.07	1.7	0.3	2.7	3.8	0.0	0.0	39.5	79.1	29.0	39.8	0.1	0.4
覆盖土坯	1.008	0.07	8.5	3.7	0.0	0.0	4.6	3.3	0.0	0.0	0.1	0.2	2.6	0.7
木板/木料	-0.725	0.03	1.7	0.5	0.1	0.1	0.0	0.0	0.0	0.0	11.6	3.6	20.9	3.2
其他成品	1.955	0.09	52.6	76.8	0.3	0.4	0.0	0.0	0.0	0.3	1.0	0.9	0.0	0.0
其他	-0.680	0.03	0.0	0.6	0.2	0.2	0.5	0.3	0.6	0.3	0.1	0.3	3.9	1.9
主要屋面材料														
无屋面	-0.881	0.03	0.0	0.1	0.1	0.1	0.1	0.0	0.0	0.0	0.0	0.2	0.0	0.0
自然的	-2.015	0.00	0.0	0.1	17.7	8.9	19.2	4.7	35.5	6.1	16.6	2.8	15.3	6.2
基本的	-1.872	0.00	0.4	0.3	7.2	4.2	1.2	0.2	0.2	0.2	1.0	0.4	3.1	0.3
金属	0.290	0.05	3.0	4.3	9.2	11.5	28.0	38.3	2.8	6.4	80.4	94.4	13.1	29.2
木材	-0.150	0.04	0.0	0.1	0.8	1.1	0.2	0.2	39.3	24.9	0.1	0.2	0.0	0.0
炉甘石/水泥	-0.122	0.04	0.0	0.0	0.8	1.1	2.2	1.1	0.0	0.0	0.1	0.1	15.8	10.8

续表

合格人口：各国各群体的分布（%）（C=比较群体，R=参照群体）

变量种类	MCA得分 s_j^q	正规化权重 w_j^q	阿塞拜疆 C	阿塞拜疆 R	印度 C	印度 R	尼泊尔 C	尼泊尔 R	巴基斯坦 C	巴基斯坦 R	菲律宾 C	菲律宾 R	越南 C	越南 R
主要屋面材料														
水泥	0.913	0.07	2.5	6.3	29.7	45.4	18.9	33.8	22.1	62.2	0.9	1.5	4.0	16.9
瓷砖	-0.766	0.03	4.7	3.4	13.8	13.1	29.4	21.7	0.0	0.0	0.2	0.2	48.8	36.2
其他成品	1.224	0.08	87.7	84.0	20.5	14.5	0.0	0.0	0.0	0.0	0.8	0.2	0.0	0.4
其他	-0.104	0.04	1.7	1.4	0.3	0.2	0.9	0.1	0.1	0.3	0.0	0.1	0.0	0.0
家庭成员/可用卧室														
<1	0.720	0.05	2.5	1.3	0.7	0.9	2.5	6.6	0.9	2.3	1.1	0.9	0.4	1.6
1-2	0.667	0.05	20.9	15.6	9.0	14.6	24.6	42.6	5.6	8.9	14.6	14.7	14.9	23.2
2-2.5	0.515	0.05	28.3	27.0	14.3	18.5	21.6	22.5	9.1	11.4	16.9	19.0	16.1	26.1
2.5-3	0.370	0.04	16.7	14.8	9.1	11.2	10.6	8.7	8.3	8.0	11.1	12.5	8.7	13.1
3-4	-0.052	0.03	15.9	20.3	21.0	20.0	18.7	11.6	23.2	23.1	22.2	22.2	18.1	17.5
4-5	-0.331	0.03	9.3	13.3	18.0	15.8	10.3	5.1	18.1	16.1	13.9	11.6	14.5	11.3
5-10	-0.998	0.01	6.5	7.5	27.0	18.2	11.4	2.8	32.0	28.1	19.3	18.9	25.2	7.0
≥10	-1.432	0.00	0.0	0.2	1.0	0.8	0.4	0.2	2.8	2.3	1.0	0.3	2.3	0.2
烹任燃料种类														
电	1.437	0.07	20.0	22.6	0.3	0.5	0.1	0.0	0.2	0.2	1.0	1.1	0.2	0.5
天然气	1.665	0.08	54.9	68.4	17.4	38.1	15.5	32.1	25.9	82.8	24.3	53.7	3.3	35.4

续表

变量种类	MCA得分 s_j^q	正规化权重 w_j^q	合格人口:各国各群体的分布(%) (C=比较群体,R=参照群体)											
			阿塞拜疆		印度		尼泊尔		巴基斯坦		菲律宾		越南	
			C	R	C	R	C	R	C	R	C	R	C	R
烹饪燃料种类														
沼气	-0.077	0.04	0.0	0.0	0.4	0.7	2.3	13.0	2.0	0.4	0.0	0.0	0.0	1.7
煤油	0.302	0.05	0.0	0.4	2.1	2.9	0.3	0.0	0.0	0.0	1.1	3.9	0.0	0.0
煤/褐煤	0.308	0.05	0.3	0.1	1.7	2.8	0.0	0.0	0.0	0.0	0.1	0.2	0.9	11.1
木炭	0.278	0.05	2.0	0.5	0.3	0.5	0.1	0.7	0.5	0.0	16.1	16.4	0.0	0.0
木材	-1.039	0.02	22.8	7.5	55.7	34.2	70.7	53.5	55.3	14.0	56.4	23.8	94.7	38.7
稻草/灌木/草	-1.217	0.01	0.0	0.0	4.7	6.3	3.5	0.1	4.4	0.7	0.0	0.0	1.0	12.5
农作物	-1.505	0.01	0.0	0.0	4.0	4.2	1.1	0.2	4.1	0.4	0.9	0.8	0.0	0.0
动物粪便	-1.789	0.00	0.2	0.3	13.5	9.7	6.2	0.2	7.5	1.5	0.0	0.0	0.0	0.0
不在家中做饭	-0.069	0.04	0.0	0.0	0.0	0.0	0.1	0.2	0.0	0.0	0.1	0.0	0.0	0.0
其他	-0.571	0.03	0.0	0.1	0.0	0.0	0.0	0.0	0.1	0.0	0.0	0.1	0.0	0.1

注:合格人口为15~49岁的已婚妇女。

表 8A－2　印度、菲律宾国别财富指标体系中使用的变量

印度（1998/1999～2005/2006 年）				
饮用水来源	住房	摩托车	水泵	婴儿床或床
厕所设施的类型	耕地面积（亩）	汽车	打谷机	椅子
人口/卧室	电	电话	拖拉机	床垫
主要烹饪燃料	收音机	钟表	电扇	高压锅
净化水	冰箱	牛车	电视（黑白）	桌子
独立厨房	自行车	家庭拥有牲畜	电视（彩色）	缝纫机

菲律宾（2003～2008 年）				
饮用水来源	主要墙面材料	冰箱	拥有有线电话	CD/VCD/DVD 播放机
获得水资源的时间	电	自行车	手机	组装/卡拉 OK
厕所设施的类型	收音机	摩托车/滑板车	个人电脑	拥有拖拉机
主要地板材料	电视	三轮车/无盖货车	洗衣机	拥有很多不动产

表 8A－3　样本规模

样本	参照	比较					比较（全部）	合计
	阿塞拜疆人	其他						
阿塞拜疆（2006 年）	5318	458					458	5776
	其他	表列部落	表列种姓	其他落后阶层				
印度（2005 年、2006 年）	31763	15814	11789	30318			57921	89684
印度（1998 年、1999 年）	37467	15256	10906	26028			52190	89657
	婆罗门	刹帝利	达利特	贾那贾提	其他			
尼泊尔（2011 年）	1359	2528	1154	2241	2555		8478	9837
	乌尔都	旁遮普	信德	普什图	西莱基	其他		
巴基斯坦（2006 年、2007 年）	735	3098	1318	2057	1372	1437	9282	10017
	他加禄	宿务	伊洛卡诺	希利盖农	其他			
菲律宾（2008 年）	2131	2186	897	841	3139		7063	9194
菲律宾（2003 年）	2342	2410	1014	834	2724		6982	9324
	越南人	其他						
越南（2005 年）	4220	785					758	5005
全部								228494

注：合格人口为 15～49 岁的已婚妇女；族群列表参见表 8－1。

表 8A - 4 总结变量和逻辑回归：印度 2005/2006 年属于参照群体的概率

	参照		比较		相关系数	标准差
	均值	标准差	均值	标准差		
邦 1	9.5	29.3	13.3	34.0	Ref.	
邦 2	6.2	24.2	13.5	34.1	- 0.336	0.055
邦 3	12.7	33.3	16.6	37.2	0.006	0.053
邦 4	15.3	36.0	4.6	21.0	1.491	0.059
邦 5	6.6	24.9	8.2	27.4	0.189	0.056
邦 6	7.5	26.4	9.4	29.1	0.203	0.059
邦 7	3.8	19.1	15.5	36.2	- 1.412	0.058
邦 8	19.9	39.9	9.9	29.8	0.918	0.052
邦 9	7.2	25.8	5.0	21.8	0.560	0.058
邦 10	11.3	31.7	4.1	19.8	0.823	0.051
农村	57.9	49.4	73.9	43.9	- 0.144	0.028
2 相关成年人	28.9	45.3	32.9	47.0	Ref.	
3 + 相关成年人	67.4	46.9	62.8	48.3	0.015	0.031
其他家庭类型	3.6	18.7	4.3	20.4	0.177	0.071
女户主	12.6	33.2	12.6	33.2	0.190	0.047
户主年龄	46.5	13.5	44.1	12.9	- 0.019	0.006
户主年龄平方 × 100					0.026	0.006
年龄	32.4	8.3	31.3	8.4	0.085	0.012
年龄平方 × 100					- 0.095	0.017
N 成员	5.6	2.9	5.8	3.0	0.004	0.007
N 子女(5 岁以上)	0.7	1.0	0.9	1.1	- 0.063	0.017
N 活着的子女	2.3	1.6	2.6	1.7	- 0.019	0.009
小学教育(肄业)	37.9	48.5	63.9	48.0		
小学教育(毕业)	7.9	27.0	6.9	25.3	0.346	0.046
中学教育(肄业)	36.6	48.2	23.3	42.3	0.225	0.050
中学教育(毕业)	6.1	24.0	2.7	16.2	0.381	0.070
高等教育	11.5	31.9	3.2	17.5	0.721	0.071
文盲	38.6	48.7	65.5	47.5	- 0.338	0.045
户主小学(肄业)	34.9	47.7	53.6	49.9	Ref.	
户主小学(毕业)	6.8	25.2	8.0	27.1	0.099	0.049
户主中学(肄业)	37.3	48.4	29.5	45.6	0.273	0.040
户主中学(毕业)	6.7	25.0	3.6	18.6	0.501	0.062
户主的高等教育	14.3	35.0	5.4	22.5	0.439	0.068
无移民	15.7	36.4	17.8	38.2	Ref.	
移民(6 年及以下)	27.1	44.5	23.9	42.7	0.153	0.039

续表

	参照		比较		相关系数	标准差
	均值	标准差	均值	标准差		
移民（6 年以上）	57.2	49.5	58.3	49.3	0.198	0.037
从乡村移民	53.5	49.9	62.6	48.4	-0.073	0.028
已婚	94.7	22.4	93.9	23.9	Ref.	
离婚	5.3	22.4	6.1	23.9	-0.041	0.051
早婚	49.2	50.0	65.1	47.7	-0.189	0.024
无工作/其他	74.1	43.8	57.1	49.5	Ref.	
职业,文秘	4.3	20.2	2.1	14.5	0.347	0.078
服务业,熟练	10.8	31.1	13.3	33.9	0.386	0.058
农业	10.8	31.0	27.4	44.6	-0.248	0.064
最近 12 个月在工作	70.9	45.4	48.5	50.0	0.892	0.052
无报酬工作	6.9	25.3	13.8	34.5	0.217	0.051
伴侣不工作/无伴侣	2.3	14.8	1.7	13.0	Ref.	
伴侣:职业的/技术的/管理的	11.1	31.4	5.0	21.9	-0.111	0.083
伴侣:文秘	6.0	23.7	3.5	18.3	-0.188	0.087
伴侣:销售	17.1	37.7	10.3	30.4	0.027	0.078
伴侣:农业	25.7	43.7	35.2	47.8	0.059	0.076
伴侣:服务业	5.9	23.5	5.4	22.6	-0.372	0.084
伴侣:熟练的和非熟练的体力劳动	31.7	46.5	38.7	48.7	-0.255	0.075
伴侣:未知职业	0.2	4.9	0.2	4.8	0.177	0.222
伴侣:无教育/不知道	17.4	38.0	32.7	46.9	Ref.	
伴侣:小学教育	13.2	33.9	17.1	37.7	0.090	0.038
伴侣:中学教育	49.9	50.0	42.4	49.4	0.015	0.039
伴侣:高等教育	19.4	39.5	7.8	26.8	0.158	0.062
截距					-2.986	0.247
无观测量					89684	
Wald chi^2					8010	
Pseudo R^2					0.177	

表 8A – 5 总结变量和逻辑回归：尼泊尔 2011 年属于参照群体的概率

	参照		比较		相关系数	标准差
	均值	标准差	均值	标准差		
东部山岳	1.1	10.3	1.8	13.5	Ref.	
中部山岳	2.1	14.4	1.9	13.8	1.075	0.237
西部山岳	0.5	7.1	3.2	17.7	-0.762	0.350
东部山区	2.5	15.6	8.1	27.3	-0.548	0.262

续表

	参照		比较		相关系数	标准差
	均值	标准差	均值	标准差		
中部山区	11.6	32.0	11.4	31.8	0.335	0.225
西部山区	25.9	43.8	10.0	30.0	1.528	0.207
中西部山区	4.0	19.7	5.5	22.8	0.575	0.241
远西部山区	2.9	16.8	3.3	17.9	1.071	0.242
东部低湿地	14.9	35.7	14.6	35.4	0.550	0.219
中心低湿地	13.0	33.6	21.0	40.7	0.517	0.229
西部低湿地	13.2	33.8	8.3	27.6	1.192	0.216
中西部低湿地	3.4	18.1	5.5	22.2	0.501	0.239
远西部低湿地	4.9	21.6	5.2	22.2	0.947	0.246
农村	82.7	37.9	87.5	33.1	0.286	0.106
2 相关成年人	29.1	45.4	29.4	45.5	Ref.	
3 + 相关成年人	58.9	49.2	57.4	49.4	0.170	0.119
其他家庭类型	12.1	32.6	13.2	33.9	− 0.203	0.172
女户主	28.8	45.3	28.1	45.0	0.167	0.135
户主年龄					− 0.001	0.020
户主年龄平方 × 100					0.020	0.019
年龄	33.2	8.6	31.1	8.7	0.052	0.041
年龄平方 × 100					− 0.010	0.060
N 成员	4.5	1.9	5.3	2.6	− 0.151	0.033
N 子女（5 岁以上）	0.5	0.7	0.8	0.9	− 0.104	0.069
N 活着的子女	2.2	1.4	2.5	1.7	0.067	0.040
小学教育（肄业）	33.0	47.0	65.1	47.7	Ref.	
小学教育（毕业）	5.7	23.2	6.5	24.7	− 0.042	0.206
中学教育（肄业）	23.7	42.5	18.1	38.5	0.299	0.147
中学教育（毕业）	18.5	38.8	6.5	24.7	0.906	0.175
高等教育	19.1	39.3	3.8	19.1	1.336	0.205
文盲	22.2	41.6	54.0	49.8	− 0.691	0.137
户主小学（肄业）	35.6	47.9	63.2	48.2	Ref.	
户主小学（毕业）	5.6	23.0	7.4	26.1	0.371	0.199
户主中学（肄业）	23.3	42.3	18.1	38.6	0.525	0.149
户主的中学（毕业）	16.6	37.2	6.5	24.6	0.760	0.181
户主高等教育	18.9	39.1	4.8	21.4	0.668	0.212
已婚	96.0	19.6	96.5	18.4	Ref.	
离婚	4.0	19.6	3.5	18.4	− 0.033	0.201
早婚	41.1	49.2	61.4	48.7	− 0.173	0.090

续表

	参照		比较		相关系数	标准差
	均值	标准差	均值	标准差		
无工作/其他	35.8	48.0	38.7	48.7	Ref.	
职业,文秘	8.8	28.3	2.2	14.5	-0.184	0.211
服务业,熟练	13.4	34.1	11.2	31.5	-0.389	0.163
农业	41.8	49.3	46.0	49.8	0.024	0.188
不熟练的手工	0.3	5.1	1.9	13.8	-1.322	0.521
最近 12 个月在工作	23.2	42.2	22.6	41.9	-0.274	0.145
无报酬工作	41.4	49.3	42.5	49.4	0.065	0.156
伴侣:职业的/技术的/管理的	18.2	38.6	5.0	21.8	Ref.	
伴侣:文秘	9.7	29.6	11.5	31.9	-0.457	0.169
伴侣:销售	22.0	41.4	28.1	44.9	-0.303	0.158
伴侣:服务业	36.1	48.1	23.7	42.5	-0.127	0.136
伴侣:熟练工	6.5	24.6	16.2	36.8	-0.836	0.191
伴侣:非熟练工	7.4	26.2	15.5	36.2	-0.637	0.192
伴侣:无教育/不知道	7.2	25.9	24.0	42.7	Ref.	
伴侣:小学教育	11.5	31.9	25.4	43.5	0.179	0.171
伴侣:中学教育	49.1	50.0	42.0	49.4	0.562	0.172
伴侣:高等教育	32.2	46.8	8.7	28.2	0.899	0.214
截距					-4.524	0.871
无观测量					9837	
Wald chi^2					1000	
Pseudo R^2					0.228	

注：合格人口为 15~49 岁已婚妇女；族群参见表 8-1 中列表。

表 8A-6   总结变量和逻辑回归：巴基斯坦 2006/2007 年属于参照群体的概率

	参照		比较		相关系数	标准差
	均值	标准差	均值	标准差		
地区 1	8.2	27.4	27.1	44.4	Ref.	
地区 2	15.3	36.0	27.1	44.4	0.488	0.191
地区 3	16.6	37.2	26.4	44.1	0.209	0.193
地区 4	59.9	49.0	19.5	39.6	1.116	0.170
农村	15.4	36.1	71.1	45.3	-1.621	0.141
2 相关成年人	25.1	43.4	21.5	41.1	Ref.	
3 + 相关成年人	72.4	44.7	75.5	43.0	-0.237	0.163
其他家庭类型	2.5	15.7	3.0	17.2	-0.026	0.391

续表

	参照		比较		相关系数	标准差
	均值	标准差	均值	标准差		
女户主	8.3	27.6	9.7	29.5	−0.279	0.262
户主年龄	46.0	12.3	47.4	14.7	0.036	0.029
户主年龄平方×100					−0.045	0.029
年龄	33.3	7.9	32.2	8.7	0.058	0.054
年龄平方×100					−0.072	0.078
N 成员	7.9	4.2	8.6	4.8	0.026	0.027
N 子女(5 岁以上)	1.2	1.3	1.5	1.5	−0.098	0.067
N 活着的子女	3.3	2.4	3.5	2.5	0.050	0.036
小学教育(肄业)	28.7	45.3	73.5	44.1	Ref.	
小学教育(毕业)	10.7	30.9	9.2	28.9	0.700	0.216
中学教育(肄业)	12.6	33.2	6.6	24.8	0.716	0.245
中学教育(毕业)	21.6	41.2	6.1	23.8	1.254	0.259
高等教育	26.4	44.1	4.7	21.2	1.768	0.285
文盲	31.5	46.5	74.3	43.7	−0.188	0.209
户主小学(肄业)	26.8	44.3	54.8	49.8	Ref.	
户主小学(毕业)	10.2	30.3	11.5	31.4	0.176	0.218
户主中学(肄业)	16.3	37.0	11.1	31.4	0.324	0.245
户主的中学(毕业)	18.8	39.1	13.0	33.6	0.022	0.229
户主高等教育	27.8	44.8	9.7	29.6	0.105	0.265
已婚	95.6	20.5	95.3	21.1	Ref.	
离婚	4.4	20.5	4.7	21.1	0.243	0.259
早婚	32.8	47.0	47.9	50.0	−0.078	0.125
无工作/其他	83.9	36.8	74.3	43.7	Ref.	
职业,文秘	4.8	21.4	2.0	14.0	−0.408	0.337
服务业,熟练	9.0	28.6	9.8	29.8	0.156	0.272
农业	0.6	7.6	12.3	32.8	−1.367	0.509
不熟练的手工	1.8	13.3	1.5	12.3	0.638	0.456
最近 12 个月在工作	79.8	40.2	68.8	46.3	0.199	0.222
无报酬工作	1.1	10.7	3.6	18.6	0.368	0.411
伴侣不工作/无伴侣	2.9	16.8	4.0	19.5	Ref.	
伴侣:职业的/技术的/管理的	16.3	36.9	8.4	27.7	0.118	0.314
伴侣:文秘	3.7	18.8	3.8	19.0	−0.586	0.363
伴侣:销售	23.4	42.4	12.4	33.0	0.271	0.301
伴侣:农业	4.5	20.7	22.9	42.0	−0.223	0.343
伴侣:服务业	11.7	32.1	10.2	30.2	0.038	0.314

续表

	参照		比较		相关系数	标准差
	均值	标准差	均值	标准差		
伴侣:熟练的和非熟练的体力劳动	20.1	40.1	15.4	36.1	0.119	0.296
伴侣:未知职业	17.5	38.0	23.0	42.1	0.222	0.294
伴侣:无教育/不知道	18.2	38.6	36.9	48.3	Ref.	
伴侣:小学教育	11.1	31.4	16.5	37.2	0.043	0.202
伴侣:中学教育	38.3	48.7	33.3	47.1	0.012	0.201
伴侣:高等教育	32.4	46.8	13.2	33.9	−0.098	0.263
截距					−4.834	1.171
无观测量					10017	
Wald chi^2					666	
Pseudo R^2					0.276	

注：合格人口为 15~49 岁已婚妇女；族群参见表 8 - 1 中列表。

表 8A - 7　总结变量和逻辑回归：菲律宾 2008 年属于参照群体的概率

	参照		比较		相关系数	标准差
	均值	标准差	均值	标准差		
省 1	2.7	16.4	14.8	35.6	Ref.	
省 2	2.6	16.0	14.0	34.7	−0.021	0.164
省 3	1.8	13.2	14.2	34.9	−0.512	0.179
省 4	6.6	24.8	13.7	34.4	0.781	0.157
省 5	3.0	17.2	13.5	34.2	−0.020	0.176
省 6	6.6	24.9	9.4	29.2	1.230	0.166
省 7	21.5	41.1	6.1	23.9	2.877	0.154
省 8	23.3	42.3	4.3	20.2	3.479	0.167
省 9	16.6	37.2	4.7	21.2	2.997	0.169
省 10	15.2	36.0	5.3	22.3	2.802	0.174
农村	27.9	44.9	55.9	49.7	0.326	0.090
2 相关成年人	33.9	47.3	40.4	49.1	Ref.	
3 + 相关成年人	55.4	49.7	50.5	50.0	0.096	0.094
其他家庭类型	10.7	30.9	9.1	28.7	−0.187	0.131
女户主	15.0	35.7	11.0	31.3	0.114	0.110
户主年龄	43.5	12.5	42.8	12.1	0.013	0.018
户主年龄平方 ×100					−0.011	0.018
年龄	33.7	8.5	34.3	8.5	−0.056	0.034
年龄平方 ×100					0.057	0.048

续表

	参照		比较		相关系数	标准差
	均值	标准差	均值	标准差		
N 成员	5.7	2.3	5.7	2.4	0.002	0.022
N 子女（5 岁以上）	0.9	0.9	1.0	1.0	-0.022	0.047
N 活着的子女	2.5	1.8	3.0	2.2	0.013	0.025
小学教育（肄业）	4.4	20.6	14.6	35.3	Ref.	
小学教育（毕业）	10.8	31.1	15.6	36.3	0.227	0.167
中学教育（肄业）	12.3	32.8	16.4	37.0	0.116	0.178
中学教育（毕业）	35.3	47.8	26.6	44.2	0.376	0.171
高等教育	37.2	48.3	26.8	44.3	0.432	0.181
文盲	2.8	16.4	11.1	31.4	-0.594	0.190
户主小学（肄业）	11.3	31.7	23.8	42.6	Ref.	
户主小学（毕业）	15.4	36.1	16.8	37.4	0.306	0.127
户主中学（肄业）	11.4	31.8	13.0	33.6	0.056	0.158
户主中学（毕业）	26.4	44.1	22.0	41.4	-0.014	0.148
户主的高等教育	35.4	47.8	24.4	42.9	0.027	0.150
无移民	29.1	45.4	31.3	46.4	Ref.	
移民（5 年及以下）	32.4	46.8	29.6	45.6	-0.456	0.093
移民（6 年以上）	38.5	48.7	39.2	48.8	-0.279	0.088
从乡村移民	25.8	43.8	33.8	47.3	-0.090	0.087
已婚	91.2	28.3	93.5	24.6	Ref.	
离婚	8.8	28.3	6.5	24.6	0.038	0.122
早婚	18.8	39.0	22.6	41.8	0.282	0.094
无工作/其他	53.5	49.9	52.7	49.9	Ref.	
职业，文秘	20.4	40.3	17.7	38.1	0.017	0.118
服务业，熟练	21.6	41.2	16.4	37.0	0.318	0.115
农业	2.3	14.9	11.6	32.0	-0.196	0.192
不熟练的手工	2.3	14.8	1.7	12.9	0.193	0.248
最近 12 个月在工作	38.9	48.8	38.4	48.6	0.061	0.103
无报酬工作	0.6	8.0	5.6	22.9	-1.857	0.302
伴侣不工作/无伴侣	4.7	21.1	2.9	16.8	Ref.	
伴侣：职业的/技术的/管理的	16.9	37.5	10.6	30.8	0.189	0.175
伴侣：文秘	2.6	15.9	1.4	11.7	0.296	0.256
伴侣：销售	7.6	26.6	5.2	22.2	0.314	0.197
伴侣：农业	10.5	30.6	29.9	45.8	-0.030	0.182
伴侣：国内	2.1	14.3	1.0	10.0	0.380	0.269
伴侣：服务业	8.0	27.2	6.6	24.8	-0.142	0.189

续表

	参照		比较		相关系数	标准差
	均值	标准差	均值	标准差		
伴侣:熟练的和非熟练的体力劳动	34.4	47.5	27.9	44.8	-0.008	0.162
伴侣:未知职业	13.1	33.8	14.6	35.3	0.125	0.174
伴侣:无教育/不知道	0.3	5.6	2.6	16.0	Ref.	
伴侣:小学教育	17.8	38.2	32.3	46.8	0.897	0.433
伴侣:中学教育	43.2	49.5	38.3	48.6	1.079	0.435
伴侣:高等教育	38.8	48.7	26.8	44.3	1.217	0.437
截距					-3.189	0.853
无观测量			—		9194	
Wald chi^2					1823	
Pseudo R^2					0.287	

注：合格人口为 15~49 岁已婚妇女；族群参见表 8-1 中列表。

附 录

亚洲的贫困：深度考察

1 引言

亚洲和太平洋地区①持续引领全球削减极度贫困②的进程。没有亚洲，"将极度贫困削减一半"的千年发展目标（MDG）就无法提前完成。如果亚洲能继续保持增长和减贫的趋势，2025 年之前将彻底消除极度贫困③。但是对于亚太地区，仍有一个值得探讨的问题，即 1.25 美元的贫困线低估了贫困人口面临的最低成本，已经不太合适。本篇特别章将检验几个若干批评的视角，这些视角尽管不为 1.25 美元贫困线所捕捉，但是对亚洲整个地区的贫困会起到显著的影响。

1981 年，亚洲有 15.9 亿贫困人口——贫困率④高达 69.8%（见图 1-1）。1990 年，贫困人口数量已经下降到 14.8 亿人口——贫困率为 54.7%。到 2005 年，亚洲的极度贫困已经减少了一半——26.9% 的贫困率相当于 1990

---

① "亚洲和太平洋地区"（本章中简称"亚洲"）包括亚洲开发银行（ADB）的 48 个地区成员。"发展中亚洲"指亚洲开发银行的 45 个发展中国家成员。由于可用数据的问题，本章并没有包括所有国家。

② "极度贫困"是指生活在每人每天 1.25 美元的极度贫困线以下的人口规模或比例，这条贫困线是由世界银行根据 2005 年购买力平价调整后得到的。同理，"一般贫困"线是指生活在每人每天 2 美元的极度贫困线以下的人口规模或比例。尽管 2014 年 5 月公布了 2011 年的购买力平价，但在各国国家贫困线更新之前，还没有用于贫困线测量（见专栏 1-1）。因此，本文中的所有贫困线都是运用 2005 年的购买力平价。

③ 世界银行所认为的"根除'贫困是指贫困率低于 3% 及以下。

④ 贫困率是指低于给定贫困线的人口占总人口的比重。

年水平的一半，比 2015 年千年发展目标的最后期限提前了 10 年。

如果把发展中世界作为一个整体，其贫困率已从 1990 年的 43.1% 下降到 2005 年的 25.1%，到 2010 年为 20.6%，实现了千年发展目标的全球性目标。然而，如果将亚洲不算在内，极度贫困率在 1990 年则为 24.9%，2010 年为 20.5%。这意味着除亚洲以外的发展中世界无法在 2030 年实现将贫困率降低到 1990 年水平的一半。

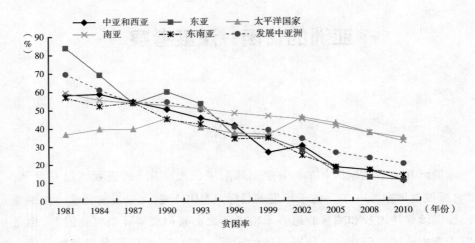

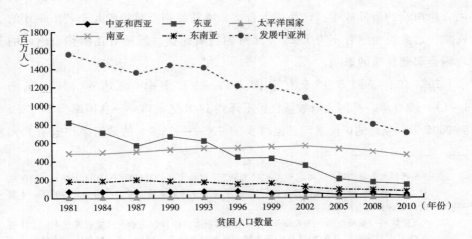

图 1-1 亚洲各地区的贫困率和贫困人口数量

资料来源：ADB 运用 World Bank 的数据的测算结果；Povcalnet 指一种贫困分析在线分析工具，http://iresearch.worldbank.org/PovcalNet/index.htm?（访问时间：2014 年 4 月 28 日）。

专栏 1 - 1　贫困测算与购买力平价

国际比较项目（The International Comparison Program，ICP）提出了"国际可比价格"或者"购买力平价"（PPPs）概念。在 2011 年这一轮，该项目收集了 199 个国家大范围的最终产品和服务的价格和支出，它们都是国内生产总值（GDP）中的构成要素。购买力平价是不同国家间同一指定商品的价格与本国货币的比率。其计算包括三个步骤：一是，计算单个商品的相对价格；二是，计算每一基本支出分类下的相对价格的平均值，得到不赋权重的购买力平价；三是，利用基本分类下各个商品或服务价格比率作为权重，取不赋权重的购买力平价的平均值，得到最终的购买力平价（World Bank，2014a）。

首个每人每天 1.08 美元的国际贫困线是基于 1993 年的购买力平价和 33 个国家的贫困线设定的。1.25 美元的贫困线是基于 2005 年的购买力平价和 74 个国家的贫困线。尽管 2011 年的购买力平价已于 2014 年 5 月公布，但在许多国家贫困线更新之前，它并没有用于更新国际贫困线。据说世界银行已经开始着手更新国际贫困线——以过去经验来看，这估计需要一段时间。

从数量上来看，亚洲极度贫困人口 1990 ~ 2010 年减少了 7454.2 万——而全球范围内为 6934.7 万。这就意味着亚洲以外的发展中世界的极度贫困人口实际上增加了（519.5 万），这部分归因于人口增长。如果"一般贫困"线定义为每人每天 2 美元，亚洲的成绩也很突出。1990 ~ 2010 年，亚洲一般贫困人口减少了 5663.1 万，相反其他地区则增加了 977.3 万。

在亚洲内部，各次地区、各经济体的减贫情况有所不同。东亚的成绩最好，中国这个全球人口最多的国家居功至伟。在 20 年间，东亚的极度贫困率从 1990 年的 60.2% 降低到 2010 年的 11.6%，其中中国的极度贫困人口减少了 5276.4 万。相比之下，印度这个人口第二大国，极度贫困人口减少了 482.6 万。

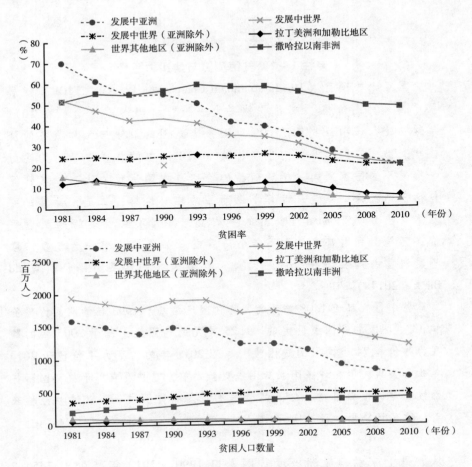

图 1 - 2　世界和地区范围内的贫困率和贫困人口数量（每天 1.25 美元的贫困线）

资料来源：ADB 运用 World Bank 的数据的测算结果；Povcalnet 指一种贫困分析在线分析工具，http：//iresearch. worldbank. org/PovcalNet/index. htm？（访问时间：2014 年 4 月 28 日）。

发展中亚洲的极度贫困水平将持续显著下降。第 5 节将显示该地区的极度贫困率预计从 2010 年的 20.7% 下降到 2015 年的 12.7%，到 2020 年将下降到 5.8%，到 2025 年将下降到 2.5% 左右。运用世界银行标准，这意味着到 2025 年该地区将从技术上"消除"极度贫困。这些预测将支撑其他研究[①]。

————————

① 例如，联合国（2010）预计 2015 年中国和印度的贫困率将分别下降到 5% 左右和 24%。Chandyand Gertz（2011）的预计则更为乐观，其预言中国的贫困率在 2015 年将下降到 1% 以下，而印度的贫困率会迅猛下降 34.6 个百分点——从 2005 年的 41.6% 下降到 2015 年的 7%。

但这也不能一概而论，亚洲贫困还有不为人知的另一面。本篇特别章将通过检验决定贫困线更为合理的三个主要问题，深入分析亚洲贫困的全貌。本文使用的家庭支出数据来源于世界银行的 PovcalNet[①]。从一开始，1.25 美元的极度贫困线就不再适用于亚洲。它主要是基于非洲的数据，并且也已经过时了，需要最新的数据。第 2 节解释了为什么亚洲贫困线测算为每人每天 1.51 美元（2005 年购买力平价），比 1.25 美元标准提高了 80%。利用这条贫困线，2010 年亚洲极度贫困率为 30.5%，相比 1.25 美元标准时的 20.7%，提高了 9.8 个百分点。

专栏 1-2 有关 Shorrocks 和 Wan（2009）的"收入分布分组"

家庭支出数据分组的算法规则如下。

假定一条洛伦茨曲线的 $(m+1)$ 坐标 (p_k^*, L_k^*)，其中 p_k^* 和 L_k^* $(k=1, 2, \cdots, m)$ 代表从 1 到 k 的收入阶层的人数和收入分别占总人口和总收入的累计比例。而且，一旦所有观测对象根据分布的总体均值进行正态化以后，阶层 k 的实际均值 μ_k^* 变成了：

$$\mu_k^* = \frac{L_k^* - L_{k-1}^*}{p_k^* - p_{k-1}^*}, k \text{ 从 1 到 } m \tag{1}$$

我们的目标是得到一个包含 n 个等权重、总体均值为 1 的观测对象的合成样本。这 n 个观测对象分成 m 个非迭代的、有次序的分组，每个分组有 $m_k = n (p_k^* - p_{k-1}^*)$ 个观测对象。令 x_{ki} 是阶层 k 中第 i 个观测对象，该阶层在合成数据中的均值为 u_k。

这一算法规则包括两个阶段。第一阶段是通过一个适用于分组数据的参数模型，生成一个单一均值的初始样本。Ryu 和 Slottje（1999）进行了一项不同参数的洛伦茨曲线的研究[②]。第二步，算法规则对初始合成观测对象进行了调整，使得 $u_k^* = u_k$。

---

① 这些数据采用分组形式，可以从世界银行的 PovcalNet 网页上获得，http：//iresearch. worldbank. org/PovcalNet/index. htm。数据分组采用 Shorrocks 和 Wan（2009）提出的算法规则（见专栏 1-2）。

② Shorrocks 和 Wan（2009）在一个对数正太分布的基础上，选择生成初始样本。

其次，当地区或者社会经历显著的经济转型，如在亚洲，家庭或者个人的生活质量（见专栏1-3）可能会改变，即使收入或支出水平仍然保持不变。确保贫困人口保持一定的福利或者生活质量水平，并不仅是与收入或支出水平持平，这一点至关重要。从这个角度来看，粮食安全——亚洲面临的挑战日益严峻——应该被纳入贫困方程式中。应当调整贫困线，确保贫困人口在面临食物价格迅速上涨时维持其福利状态。第3节检验了粮食安全，显示2010年极度贫困从20.7%上升到24.7%，提高了4个百分点。

专栏1-3　生活质量、幸福、效用和福利

本章交替使用"生活质量"和"幸福"这两个概念。它们可以通过福利或者效用水平来测量。效用原理分析个人的选择和价值法则，福利原理讨论有关各种选择的"社会"需求的科学结论的结果概率与多人价值之间的关系（Rothbard，1956）。福利分析采用宏观经济技术来测算加总（经济范围）水平上的福利（Deardorff，2014）。当关注点放在个人水平上时，效用界限用于描述生活质量或者幸福。

最后，应该考虑面对自然灾害、气候变化的影响上升、经济危机以及其他冲击等方面的脆弱性。普遍认同的是，许多人在遭受到如地震、极端天气事件、失业或者疾病等不可预测的冲击以后，被迫跌落到给定的贫困线以下。然而，传统的贫困测算忽视了这些脆弱性。亚洲普遍缺乏正规的保险，因而减贫政策、计划和项目应该考虑脆弱性。第4节采用一套方法将冲击或者风险整合进亚洲的贫困线设置和贫困脆弱性的测算中。例如，测算结果显示，2010年有4179.9万人——另外11.9%的亚洲人口——对贫困具有脆弱性。

因此，亚洲减贫的独特记录忽视了1.25美元的传统贫困线的不合理之处。它没有考虑粮食安全和脆弱性的上升。所有这些问题会影响福利，尤其是亚洲贫困人口的福利。由于1.25美元贫困线简单地根据观测到的支出得出，福利的基本范围更广，在深究亚洲不为人知的贫困全貌时，应当予以利用。

第5节同时融入了所有这些考虑环节之后，得出2010年亚洲贫困率为49.5%的测算结果。换句话说，亚洲有将近17.5亿极度贫困人口，而不是一般使用1.25美元的贫困线报告的7亿3306万极度贫困人员。因此，不得不说，实现亚洲和太平洋地区完全脱贫任务将很具挑战性。2030年，该地区的极度贫困人口仍然会有7亿843万，或占该地区总人口的17.1%。很

明显，减贫仍然是亚洲未来几十年发展所面临的主要挑战。

第 6 节对全章进行总结，提出特别针对减少粮食安全和贫困脆弱性的政策建议，还简要讨论了与亚洲贫困有关的几个不断演变的问题。

2　设立一个适合亚洲的极度贫困线

2.1　引言

从本质上讲，测量贫困就是根据可用的家庭支出数据，选择或测算贫困线和贫困指标。贫困指标有很多，但最常用也最广为人知的就是贫困率（贯穿本章）。每人每天 1.25 美元的极度贫困线不断被广泛使用。亚洲在减少贫困方面的骄人成绩也是以 1.25 美元的贫困线为基础的。

然而，1.25 美元的传统贫困线是否适合亚洲应该受到质疑。本节讨论了它的不足之处，并检验用不同的方法来设置一个更适合亚洲的贫困线，然后得出一个亚洲地区极度贫困线和相应的贫困评估报告。

2.2　1.25 美元贫困线的不足之处

一般来说，发展中国家使用绝对贫困线，而发达经济体使用相对贫困线。绝对贫困线，如 1.25 美元，代表了避免剥夺的绝对最低生活水平。使用世界银行的标准，当 1.25 美元的贫困率低于 3% 时，就可以认为根除了极端贫困。相反，相对贫困线①通常等于一个国家人均收入或人均支出中位数的 50%。显然，要根除相对贫困是不可能的。绝对和相对贫困线的结合产物已经得到了研究关注，并在 2.3 讨论。

绝对贫困线通常是用基本需求成本（简称 CBN）的方法来获得的。这种方法被许多发展中国家用来定义国家贫困线，首先确定一个接近贫困线的参照群体，利用他们的消费数据，得到一个商品和服务组合的支出比例。组合中的食品项目由热量摄入进行评估，根据所需的热量标准来扩大（或缩小）组合，比如每人每天 2100 卡路里②。食物组合的成本是贫困线的一个

---

①　"相对"指的是个人的地位与社会的其他成员相比。
②　例如，印度使用的最低饮食能源需求是农村人口每人每天 2400 卡路里，城市居民为每人每天 2100 卡路里。

组成部分。非食品部分有时用食品的成本乘以贫困人口非食物预算与食物预算的比率来估算。食品和非食品成本相加就得到了绝对贫困线。

为了得出 1.25 美元的贫困线，利用人均消费支出（PCE）或其对数（log）来绘制国家贫困线。世界银行就是用这种方法获得了 1.25 美元的贫困线。

然而，对亚洲来说，1.25 美元的贫困线在以下几个方面受到质疑。首先，它是全球 15 个最贫困国家的国家贫困线的平均值，其中大部分国家来自非洲，塔吉克斯坦和尼泊尔是仅有的两个亚洲国家。事实上，以 2005 年购买力平价来看（见表 2－1），1.25 美元的贫困线低于大多数亚洲发展中国家的国家贫困线。在研究的 28 个亚洲发展中国家中，只有阿富汗的贫困线较低，仅低了 1 美分（1.24 美元）。其中 19 个国家贫困线设定在 1.50 美元或高于 1.50 美元，而有 12 个国家的贫困线是 2 美元或高于 2 美元。

表 2－1　最新国家贫困线

国家	每月 （以本国货币计）	每日 （以本国货币计）	每日 （以 2005 年购买力平价计）	年份
阿富汗	690	22.70	1.24	2007/2008
亚美尼亚	37004	1217.24	5.05	2012
阿塞拜疆	64	2.11	5.01	2007
孟加拉国	1487	48.91	1.48	2010
不丹	1100	36.18	1.88	2007
柬埔寨	119473	3930.03	1.88	2009
中国	192	6.30	1.46	2011
斐济	188	6.19	3.81	2008
格鲁吉亚	132	4.34	4.23	2013
印度	908	29.87	1.33	2011/2012
印度尼西亚	248707	8181.15	1.43	2012
哈萨克斯坦	16698	549.28	5.39	2012
基里巴斯	70	2.29	3.38	2006
吉尔吉斯斯坦	1526	50.20	2.94	2008
老挝	192000	6315.79	1.48	2010
马来西亚	198	6.51	3.02	2010
密克罗尼西亚联邦	27.45	0.90	1.37	2005
蒙古国	118668	3903.55	4.16	2012
尼泊尔	1605	52.80	1.43	2010/2011
巴基斯坦	944	31.07	1.50	2005/2006

续表

国家	每月 （以本国货币计）	每日 （以本国货币计）	每日 （以 2005 年购买力平价计）	年份
菲律宾	1578	51.91	1.84	2012
萨摩亚	232	7.64	3.68	2008
所罗门群岛	205	6.75	1.72	2005/2006
斯里兰卡	3781	124.38	1.85	2013
塔吉克斯坦	195	6.41	4.76	2009
泰国	922	30.33	1.75	2002
汤加	122	4.02	4.11	2001
越南	400000	13157.89	1.29	2011～2015

资料来源：国家来源。

其次，基本需求因地区而异。甚至是在同一地区，它们也会随着时间的推移而变化，特别是对快速发展的亚洲而言。例如，手机在 20 世纪 90 年代不是发展中国家的必需品，但在 21 世纪初，即使对贫困人口来说，它也成为一种必需品。类似的项目包括基本的出行、用电、通信和互联网。不幸的是，用于计算 1.25 美元贫困线的消费或支出的数据是从 1988 年开始至 2005 年。反映亚洲消费状况变化的最新数据可能会导致更高的贫困线。

最后，技术进步和消费者偏好的变化，包括其他决定因素，可以随时间显著地改变商品和服务的相对价格。消费者倾向于替代那些相对价格上涨较快的基本商品和服务。即使是同一组合，用于估计 1.25 美元贫困线的项目数量可能无法对应穷人实际消费的东西。

2.3 亚洲地区贫困线的测算方法

发展亚洲和太平洋地区绝对贫困线有三种可行方法。第一种是遵循世界银行用来生成 1.25 美元的贫困线的方法，特定使用最新的亚洲数据。第二种是使用同一套最新数据产生"弱相对"贫困线（详见下文）。第三种是以国家贫困测量为基础，取一条亚洲贫困线。

世界银行方法

世界银行通过三个步骤得到其绝对贫困线（Ravallion、Chen 和

Sangraula，2009）。首先，用2005年购买力平价来调整74个国家的可用国家贫困线。其次，根据每个国家的人均消费支出（也是用2005年购买力平价）绘制国家贫困线。最后，选择测算线开始上升的那一点（见图2－1中的演示）①——在这一点的左侧，测算线几乎是平坦的，而在这一点的右侧，测算线随着人均消费支出的上升而上升。在这一点左侧的国家贫困线平均达到1.25美元贫困线。仅使用图上平坦部分的原因是，在这一点之前，贫困线不随人均消费显著变化，符合绝对贫困线的概念。过了这一点后，贫困线随着生活水平的提高而提高，因此更符合相对贫困的概念。

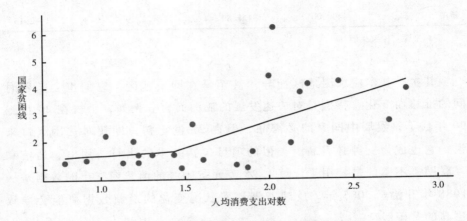

图 2 - 1   人均消费支出的对数与国家贫困线的关系

资料来源：亚洲开发银行测算。

这种方法受到许多批评（参见 Reddy 和 Pogge，2010；Klasen，2009，2013，2014；Deaton，2010；Dotter，2013）。其中一个主要的问题就是它高度依赖于所囊括的样本国家和所使用的购买力平价汇率。当世界银行在2008年重复贫困线检验时，用2005年购买力平价取代了1993年的购买力平价，传统的贫困线也从1.08美元提高到了1.25美元。这就意味着每年全球贫困都会发生巨大的向上偏移。例如，1990年的贫困率从29%左右上升到41%左右。同时，在那些利用国家贫困线的平均值来生成全球贫困线的

---

① 图 2 - 1 用人均消费支出的对数来绘制最新的亚洲国家贫困线，而不是世界银行所使用的人均消费支出。

国家中（Deaton，2010；Greb 等，2011），更新后的购买力平价创造了不同的参考组，这种变化导致了一些反常的影响。尤其是印度，在使用 1993 年购买力平价测算贫困线时入选了参考组，而由于其高速经济增长，在使用 2005 年购买力平价测算时则被剔除在外。由于印度的贫困线相当低，它被排除在参照组之外导致了全球贫困线的整体上升。相应地，使用新的贫困线导致印度贫困的增加。印度快速增长的收入会导致可观测的贫困率更高吗？总之，改变购买力平价产生了问题和不确定性——如果 2005 年购买力平价被 2011 年购买力平价取代，那么相同的情况会发生[①]。

第二类批评是购买力平价是用来比较整体的价格水平的，而不一定完全适用于贫困人口。此外，它们对与穷人无关的商品和服务的价格变动非常敏感（Reddy 和 Pogge，2010）。再者，购买力平价只涉及一个特定的基准年——无法进行跨期。应该只使用一个基准年还是几个基准年呢（例如，宾夕法尼亚大学的佩恩表就采用了这种方法——也使用了购买力平价调整后的收入数据）？

第三个问题也是重要的。当传统贫困线明显不同于国家贫困线时，它跟国家级贫困评估之间有很少的关联性（Dotter，2013）。对于亚洲来说，国家层面的贫困线和 1.25 美元之间的差异很大（见表 2-1）。例如，在哈萨克斯坦，极度贫困（每人每天 1.25 美元）远远低于国际贫困线测算的数值，然而在阿富汗，它却更高。实际上，国家贫困线存在明显的次区域格局——南亚国家往往有较低的贫困线；中亚和西亚国家一般有较高的贫困线。

这就导致了第四种批评，即亚洲作为一个地区——对许多个别经济体来说，1.25 美元的贫困线太低，对政策制定者来说没有意义。事实上，包括中国和印度在内的几个亚洲国家最近都提高了它们的国家贫困线，使之对国家决策有更大意义。所以现在的问题是，一个国家是否应该调整其贫困线使之与不断提高的繁荣程度相一致，从而发展一个"弱相对"贫困线（Ravallion 和 Chen，2011）。

一个混合产物或"弱相对"贫困线

由于种种原因，满足营养需求的商品组合成本会随着人均 GDP 增长而

---

① 在 http://www.ft.com/cms/s/0/091808e0-d6da-11e3-b95e-00144feabdc0.html#axzz37VaElTHU 上有一个有趣的结论。

上升（Thorbecke，2004）。这些原因包括商品消费范围的变化，基本食品价格相对于其他商品的价格上涨，城市人口比例不断提高——城市的食物可能会更昂贵，还有生存型农业正在逐渐消失。基本需求与发展之间的潜在联系要求有一条灵活的或者可调整的贫困线。

争论的地方在于，对于那些处于测算线平坦部分的国家（见图 2-1），应该使用 1.25 美元的贫困线。但对于那些处在上升部分的国家，贫困线应该随着人均消费支出的增加而上调。根据 Ravallion 和 Chen（2011）的观点，这提高了那些处于上升部分国家的贫困线，即人均消费支出每上升 1 美元，贫困线增加约 0.33 美元。

对于亚洲来说，这种方法根据经济繁荣的上升而"自动"调整了贫困线，并保证了二者之间的相关性。Chen 和 Ravallion（2013）表明，2008年，东亚的弱相对贫困线为 2.34 美元，南亚的弱相对贫困线为 1.94 美元。这条贫困线的增长速度要慢于平均收入的增长。

然而，弱相对贫困线仍然具有世界银行方法的所有其他缺点。更重要的事实是，它是一条相对的贫困线，不同国家之间的贫困无法比较，还存在聚类的问题。

用国家贫困线来判断亚洲的贫困程度

另一种选择是发展可比较的国家贫困线。这种方法需要一套标准化的方法（Reddy、Visaria 和 Asali，2008；Klasen，2009，2014）。这些国家的贫困线将用本国货币来表示，还可以实现跨国间贫困的聚集。这也避免了与购买力平价汇率相关的问题。另一个好处是，这些贫困线与国家贫困测量密切相关，也因此将更具有意义。

除了在全国范围内设计类似的调查问卷外，也需要协调过程良好的标准化方法——像国民经济核算体系一样。有足够的数据，就可以采用之前讨论过的基本需求成本方法。在较长的时间内，可以调整商品组合来反映不断变化的支出模式。然而，这需要一个长期的过程，目前还不可行。

2.4　亚洲地区贫困线

在给出的一系列方法中，目前最好的解决办法是遵循世界银行的方法，使用最新的亚洲国家贫困线。由于这些贫困线是最新的而且是亚洲独有的，之前的一些批评就不再适用。人均日消费支出对数（log PCE）和国家贫困线之间的关系是非线性的. 相对平坦的一部分在某一人均日消费支出的阈值下，上升的一部分在阈值之上（见图 2 - 1）。阈值点[①]位于人均日消费支出对数[②]等于 1.44 的地方。在这个阈值左侧的国家贫困线的平均值可以产生区域贫困线，计算后得出为 1.51 美元。

使用 1.51 美元作为极度贫困线，可以利用世界银行的 PovcalNet 家庭调查数据来测算亚洲的贫困。每个国家每一年的数据用十分位数记录。然后将其代入算法中，得出 10 万个假设个体的支出（见专栏 1 - 2）[③]。PovcalNet 还可以计算出每个国家每年的平均支出。使用 1.51 美元的贫困线，能够计算出 2005 年、2008 年和 2010 年亚洲地区和每个国家的贫困率及贫困人口的数量（见表 2 - 2、图 2 - 2 和图 2 - 3）。对于亚洲这个整体而言，测算出的贫困率上升了 9.8 个百分点，这意味着 2010 年新的贫困率为 30.5%，而不是 20.7%。贫困人口的数量增加了 3 亿 4320 万。对于该地区的大型经济体来说，印度的贫困率上升了 15 个百分点，印度尼西亚上升了 9.9 个百分点，中国上升了 4.9 个百分点。各国贫困率变化的差异与初始贫困率呈正相关。

表 2 - 2 使用 1.51 美元的区域贫困线的贫困估算

单位：%，百万人

次区域/国家	贫困率			贫困人口数量		
	2005 年	2008 年	2010 年	2005 年	2008 年	2010 年
中亚和西亚	30.6	29.3	21.9	63.04	63.36	49.11
亚美尼亚	9.3	3.4	6.5	0.28	0.10	0.20
阿塞拜疆	3.1	0.8	0.4	0.26	0.07	0.04
格鲁吉亚	21.7	20.7	23.8	0.95	0.91	1.06
哈萨克斯坦	2.2	0.2	0.6	0.34	0.02	0.11
吉尔吉斯斯坦	31.2	11.2	12.6	1.60	0.59	0.67

① 为了得到阈值点，要使用分段的回归方法，其中涉及用斜率参数和线性关系变化的断点定义的折线线性关系来估计一个模型。

② Greb 等（2011）声称原始的世界银行的方法是使用人均消费支出而不是人均消费支出的对数。但是当使用 PCE 的时候，阈值点是无法得到的。

③ Shorrocks 和 Wan（2009）表明，产生一个包括 3000 个体的样本对于不平等和贫困的测量来说是足够的。但这些数据将用于估计贫困的脆弱性。因此，生成的包括 100000 个体的样本确保了准确性和可靠性。

续表

次区域/国家	贫困率			贫困人口数量		
	2005 年	2008 年	2010 年	2005 年	2008 年	2010 年
巴基斯坦	36.4	36.2	26.5	57.80	60.54	46.04
塔吉克斯坦	27.0	16.6	14.2	1.74	1.11	0.97
土库曼斯坦	1.4	0.3	0.2	0.06	0.02	0.01
东亚	22.7	18.4	16.5	295.57	243.71	220.67
中国	22.7	18.4	16.5	295.57	243.71	220.67
南亚	56.2	52.5	48.0	747.46	728.19	683.98
孟加拉国	64.5	61.2	58.0	90.63	89.06	86.24
不丹	27.6	17.3	9.5	0.18	0.12	0.07
印度	55.8	52.3	47.7	636.93	622.61	584.33
马尔代夫	4.6	1.2	1.2	0.01	0.00	0.00
尼泊尔	57.5	46.9	37.2	15.68	13.55	11.15
斯里兰卡	20.3	13.9	10.5	4.02	2.84	2.20
东南亚	27.9	26.0	22.0	141.72	136.81	118.57
柬埔寨	45.5	34.4	25.4	6.08	4.76	3.59
印度尼西亚	32.9	34.6	28.0	74.86	81.20	67.16
老挝	54.1	46.7	38.1	3.11	2.81	2.36
马来西亚	0.9	0.4	0.4	0.23	0.11	0.13
菲律宾	30.9	27.9	26.9	26.41	25.19	25.12
泰国	2.5	1.2	1.1	1.67	0.85	0.78
越南	35.6	25.7	22.4	29.36	21.89	19.43
太平洋岛国	52.3	47.1	44.3	4.16	4.00	3.93
斐济	23.9	10.8	13.3	0.20	0.09	0.11
密克罗尼西亚联邦	35.8	37.4	37.3	0.01	0.01	0.01
巴布亚新几内亚	55.3	51.3	47.3	3.38	3.36	3.25
东帝汶	57.2	49.8	49.8	0.58	0.54	0.56
发展中亚洲	37.3	34.0	30.5	1251.95	1176.07	1076.26

资料来源：ADB 测算。

改变贫困线并不会改变亚洲地区或个别国家的贫困趋势，也不意味着人们实际生活水平有任何变化，只能提高人们对该地区贫困现状的认识。

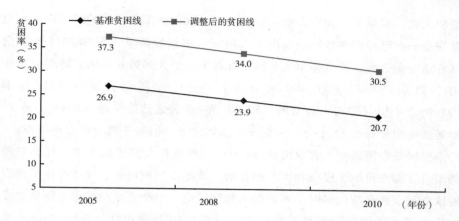

图 2 - 2　亚洲贫困率（1.51 美元与基准 1.25 美元贫困线）

资料来源：ADB 测算。

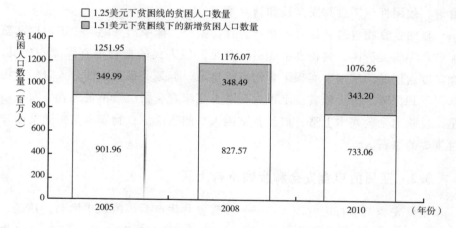

图 2 - 3　亚洲贫困人口数量（1.51 美元与基准 1.25 美元贫困线）

资料来源：ADB 估算。

3　粮食安全与贫困

3.1　引言

早些时候，贫困是根据热卡摄入量来进行定义的。食物贫困线在许多亚洲国家仍然是一个重要的评价标准。上述提到建立贫困线的 CBN 法包含了食物元素。很显然，食物安全是减贫中不可缺少的部分。它的对立面——粮食安全——已经严重威胁到亚洲许多国家。根据经济学人智库 2014 年度全球食物安全指数，在全部 109 个国家排名中，绝大多数亚洲国家的得分都在 50 名以后（还可能在 100 名开外）——只有新加坡（84.3）、日本（77.8）、中国（62.2）和泰国（59.9）在 50 名之前。全球平均分为 56.1，而亚洲平均分只有 55.1 分——低于中东和北非，但高于撒哈拉以南非洲。

根据联合国粮食及农业组织（FAO），当所有人都能从生理、社会和经济渠道获得充足的、安全和营养的食物，满足他们积极的、健康的生活所需的饮食需求和食物偏好时，才称得上食物安全。一个更复杂的定义将食物安全分为四个维度：可用性、稳定性、可获性以及效用性（Schmidhuber 和 Tubiello，2007）。可用性是满足食物需求的能力。稳定性是确保个人能够持续获得充足的食物。可获性意味着有充足的来源以获得适当食物，满足营养食谱。效用性包括食物安全性和营养度。

显然，食物自给自足并不意味着食物安全。像中国香港、中国内地和新加坡这样的经济体，食物都不能自给自足，但人民的食物都有保障。相反，像印度这样的国家基本实现了食物自给自足，但是其很大一部分人口的食物都得不到保障。由于粮食安全很大程度上意味着食物供给不足或者可获性不足，反映出食物成本上涨，威胁到贫困人口的生活。食物安全是根除贫困非常重要的基石。

3.2　亚洲的粮食安全和食物价格上涨

粮食安全严重打击贫困人口——尽管食物生产商可能从中渔利。这是因为贫困家庭的大部分预算是用于食物——这一比例与收入呈负相关（见表 3-1）。2008 年食物和能源危机以来，亚洲食物安全的未来特别受到质疑。由于气候变化、前所未有的城镇化、土地退化、水源短缺和人口增长在整个地区的影响导致需求和供给波动，食物安全的前景日益令人担忧。

食物供给已经成为人们关注的主要问题，这不单单是因为气候变化。前所未有的城市化消耗大片肥沃的土地——城市边界扩大、郊区和工业发展，以及由于建设道路及其他基础设施。有能力、年轻、受过良好教育的农村劳动力从农村迁入城镇也会影响食物供应。此外，农业用地由于腐蚀、污染、营养降解、枯竭和盐渍化已经严重退化（ADB，2011b）。同时，越来越多地使用乙醇替代石油，减少了全球粮食和食糖的供应。最后，水资源短缺对

表 3 - 1　食物预算在整个家庭消费和支出中的比例

单位：%

收入十分位数	孟加拉国	印度（农村）	印度（城镇）	印度尼西亚（农村）	印度尼西亚（城镇）	泰国	柬埔寨
1	69	62	59	69	65	54	70
2	68	61	56	68	62	52	69
3	66	60	53	67	61	50	68
4	64	59	51	67	59	47	67
5	63	58	49	66	57	45	65
6	61	57	46	65	55	42	64
7	59	56	44	65	54	39	62
8	56	54	41	64	52	35	60
9	51	51	37	62	49	31	57
10	40	43	29	56	41	24	49

资料来源：ADB 根据 2010/2011 年家庭调查数据测算得出。

亚洲食物的生产构成了越来越大的威胁。到 2030 年，发展中亚洲可能面临 40% 的供水短缺（ADB，2008，2012a）。这些都将给农业技术没有重大突破的地区的粮食供给造成巨大的压力。

另外，食物需求持续上升。由于人口预计会从 2014 年的 38.6 亿人增长到 2030 年的 43.4 亿人（United Nations，2014a），因而从现在到 2030 年，发展中亚洲必须养活另外 4.8 亿人。与此同时，经济快速增长提高了生活标准，尤其是在印度和中国这样的新兴经济体。这意味着食物需求的迅猛增加和饮食偏好的巨大改变。像肉类和乳制品这样的副食品消费需要更多的土地和其他投入，谷类和豆类已直接进入人类的消费。

因此，要保持食物低成本很有难度。事实上，食物价格的快速上涨已经成为自 20 世纪 60 年代末以来的全球性现象。特别是 20 世纪 80 年代中期以来（见图 3 - 1）。在亚洲，除了一些趋势上的变化以外，2008 年食物危机前后，大多数年份的食品消费价格指数（CPI）上涨趋势要快于大多数国家的整体消费价格指数（见图 3 - 2）。以柬埔寨和菲律宾为例，食品消费价格指数在 2008 年及其后几年大幅下跌。通过出口禁令、食物价格调控以及对大米或小麦的价格补贴，政府起到了重要的干预作用。但这种干预不具有可持续性，也不能改变亚洲粮食安全加剧的长期趋势。

当结构性因素和周期性因素结合在一起时，食物价格达到 2008 年危机

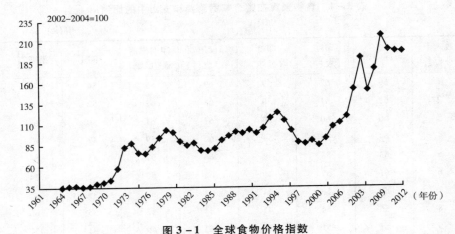

图 3 – 1　全球食物价格指数

资料来源：联合国粮食与农业组织，FAOSTAT，http：//faostat. fao. org/，最后访问日期为 2014 年 5 月 25 日。

时的水平并不会令人大跌眼镜。结构性因素包括世界范围内大米和其他谷物的库存减少，而周期性因素来自气候（洪水或干旱）和金融的不稳定，及其他。高油价也会"助纣为虐"（Baffes 和 Dennis，2013）。

食物价格上涨会有重要的分配效应。净消费者特别是城市贫民——将会受损，而净生产者往往获益。然而，受益最大的可能是大农场主，他们开始丰收。ADB（2008）发现，食物价格每增加 10%，会带动菲律宾的基尼系数[①]上升 0.6 个百分点，巴基斯坦的基尼系数上升 0.4 个百分点。这种上升同时会使菲律宾和巴基斯坦的实际人均支出分别降低 4.2% 和 4.8%。更重要的是，正如所预计的那样，食物价格上升使得同一国家中 10% 的最贫困人口实际人均支出的降低幅度要远远高于 10% 的最富裕人群。

同时，在食物价格上涨期间，大多数贫困家庭往往会提高消费支出用于食物的比重（见图 3 – 3）。2007 ~ 2010 年[②]，食物在消费总预算中的分配比例在泰国和越南的农村都出现了上升，意味着大多数农村家庭不得不在食物上分配更高比例的消费支出。2008 年食物危机的影响在越南更为强烈，大多数家庭的食物所占比例上升到 80% 左右，而在泰国也上升到了 60% 以上。

---

① 基尼系数是不平等的一种测量方法，范围从 0 到 1，0 代表完全平等，1 代表完全不平等，即一个人占据了所有的收入。

② 2008 年和 2009 年的数据无法获得。

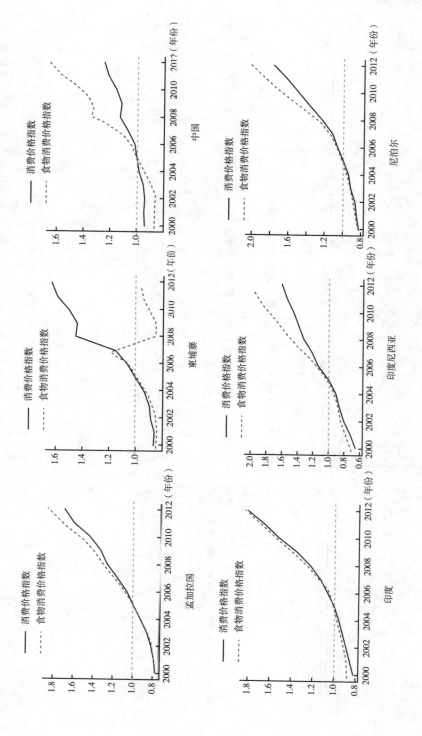

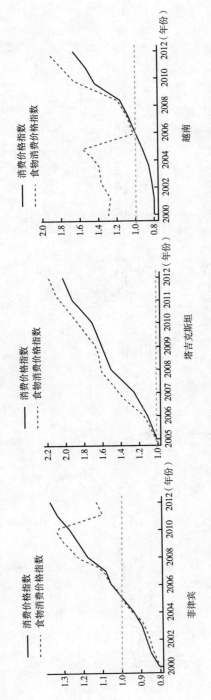

图 3 - 2 一般消费价格指数和食物消费价格指数：选定的亚洲经济体

注：运用 2005 年的数据作为基准的价格指数。

资料来源：联合国粮食和农业组织，FAOSTAT，http：//faostat. fao. org/（accessed 25 May 2014）；ADB，在线统计数据系统，https：//sd-bs. adb. org/sdbs/index. jsp（accessed 28 May 2014）。

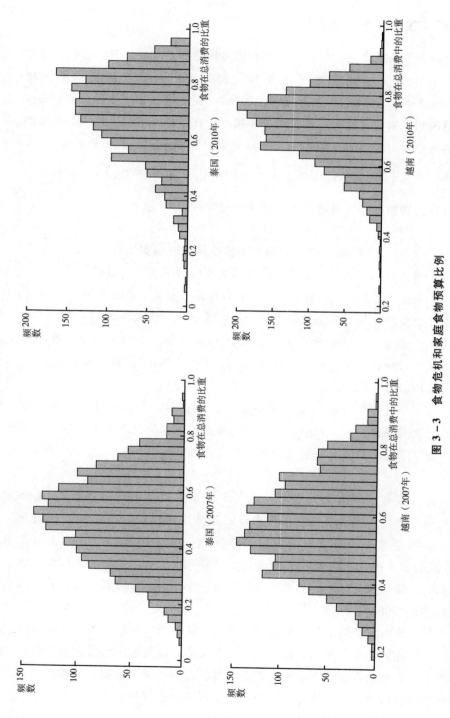

图 3 - 3　食物危机和家庭食物预算比例

资料来源：Waibel 和 Hohfeld（2014）。

3.3 粮食安全和贫困

将粮食安全或者食物价格变化整合进贫困分析的一种途径就是使用食物预算比例作为家庭福利水平的指标：食物比例越高，福利水平越低（Deaton，1997；De Hoyos 和 Lessem，2008）。保持福利水平不变意味着要保持跨期内的食物预算比例不变。对于那些生活在贫困线上的人们——在基准期的消费总支出为 z_0——新的总支出 z_1 要保持福利不变，就必须满足 $z_1 = z_0 (1 + \frac{\Delta p_j}{p_j})$，其中 $\frac{\Delta p_j}{p_j}$ 是指食物价格上升的百分比（见专栏 3-1）。这等同于利用食物价格指数计算基准贫困线的通胀或紧缩。

专栏 3-1　利用食物价格指数升级贫困线

通过以下方法，可以得出考虑粮食安全后调整的贫困线。

令贫困线记作 z_t，时期 t 内的食物预算占总支出的比重为 α_t^F。对于那些生活水平刚好处于贫困线的人们，支出 z_t = 食物成本（FC_t）+ 非食物成本（NF_t）。由于 $FC_t = z_t FC_t / z_t = z_t \alpha_t^F$，为保持福利不变，食物支出比例应保持跨期内不变（Deaton，1997 以及其他）。也就是说：

$$FC_0 / z_0 = FC_1 / z_1 \text{ 或 } z_1 = z_0 FC_1 / FC_0。$$

只要食物组合在跨期内不会变动，FC_1 / FC_0 是简单的食物价格指数。换句话说，为了保持贫困人口的福利水平，必须利用食物消费价格指数而不是一般消费价格指数来升级贫困线。

这种方式有别于通常使用一般消费价格指数对贫困线进行通胀/紧缩化的处理。利用一般消费价格指数来升级基准贫困线假定食物和非食物的商品价格都是根据一般消费价格指数来变动。本书并非这种情况（见表 3-2）。例如，受亚洲金融危机的冲击，1998 年，印度尼西亚的大米价格（贫困人口的主要食物）上涨的幅度是一般消费价格指数的好几倍（Thorbecke，2004）。

当食物价格上涨快于其他商品时，使用一般消费价格指数来对贫困线进行通胀化处理，意味着贫困人口不能维持购买力。这是因为消费价格指数组合项目以代表性消费者而非贫困人口的消费状况为基础。贫困人口的典型消费项目会因价格而异。最值得一提的是，贫困人口在食物上的支出要多于非贫困人口。因此，在食物价格快速上升的情况下，贫困人口不能够维持与之前一样的消费组合——如果贫困线根据一般消费价格指数进行指数化的话。因此，运用食物价格指数会更合理。

支持使用食物价格指数的实证经验可见于发展中亚洲的食物预算在家庭中比例（见表 3 – 1）。大多数经济体利用参照分组来构建地区贫困线。例如，在孟加拉国、印度农村、印度尼西亚农村和城镇以及柬埔寨，处于十分位最底层的人口的食物支出比例达到 60% 或者更高。很显然，非贫困人口的食物支出比例会低一些。因此，根据食物价格指数来跨期调整贫困线是比较合理的。

因此，利用食物消费价格指数——而非传统使用的一般消费价格指数——对贫困线进行通胀化处理，代表着将粮食安全整合进贫困分析的一种途径。但是，当食物消费价格指数上涨慢于一般消费价格指数时，使用食物消费价格指数意味着贫困人口不能负担像之前一样的非食物项目。为了确保贫困人口维持食物和非食物项目上的购买力，理想情况是根据食物消费价格指数和非食物构成要素分别对贫困线的食物和非食物构成要素进行通胀化处理。不幸的是，非食物消费价格指数从来没有发布过，要将贫困线拆成食物和非食物构成要素的信息也无法获得。这样的话，当一般消费价格指数上涨快于食物消费指数的上涨时，使用前者更为合理。

表 3 – 2 显示了利用 2005 年作为基准年，整合食物安全考量后的贫困线。对于大多数国家，整合粮食安全会在 2005 年以后的时期内将贫困线提高 10% 左右。升级后的中国和印度尼西亚的贫困线分别提高了 23.2%（从 1.25 美元到 1.54 美元）和 20.8%（从 1.25 美元到 1.51 美元）。泰国和越南分别提高了 16.0%（从 1.25 美元到 1.45 美元）和 17.6%（从 1.25 美元到 1.47 美元）。菲律宾的贫困线在 2005~2010 年略微有所上升。有趣的是，印度的贫困线几乎没有什么变化。

表 3 – 2　粮食安全调整后的贫困线（2005 年购买力平价美元/天）

次区域/国家	贫困线		
	2005 年	2008 年	2010 年
中亚和西亚			
亚美尼亚	1.25	1.32	1.28
阿塞拜疆	1.25	1.37	1.34
格鲁吉亚	1.25	1.30	1.53
哈萨克斯坦	1.25	1.34	1.31

续表

次区域/国家	贫困线		
	2005 年	2008 年	2010 年
中亚和西亚			
吉尔吉斯斯坦	1.25	1.37	1.29
巴基斯坦	1.25	1.37	1.40
塔吉克斯坦	1.25	1.35	1.38
土库曼斯坦	1.25	1.25	1.25
东亚			
中国	1.25	1.46	1.54
南亚			
孟加拉国	1.25	1.30	1.32
不丹	1.25	1.33	1.41
印度	1.25	1.28	1.27
马尔代夫	1.25	1.44	1.41
尼泊尔	1.25	1.30	1.41
斯里兰卡	1.25	1.25	1.25
东南亚			
柬埔寨	1.25	1.25	1.25
印度尼西亚	1.25	1.42	1.51
老挝	1.25	1.37	1.42
马来西亚	1.25	1.30	1.36
菲律宾	1.25	1.31	1.32
泰国	1.25	1.34	1.45
越南	1.25	1.42	1.47
太平洋岛国			
斐济	1.25	1.34	1.36
密克罗尼西亚联邦	1.25	1.27	1.32
巴布亚新几内亚	1.25	1.35	1.35
东帝汶	1.25	1.25	1.25

资料来源：ADB 测算。

3.4　考虑粮食安全的贫困测算

在考虑粮食安全调整贫困线后，亚洲的极度贫困率在 2008 年上升到 27.5%，2010 年上升到 24.7%。高于传统方法测算出的 2008 年（23.9%）和 2010 年（20.7%）的值（见表 3-3、图 3-4）。这意味着发展中亚洲的贫困人口数量在 2008 年低估了 1243.8 万人（从 8275.7 万到 9519.6 万），在 2010 年低估了 1405.2 万人（从 7330.6 万人到 8735.8 万）。这一结果还显示，一旦考虑到粮食安全，贫困趋势并不总是下降，或者呈线性。2008 年食物价格上涨创造了一个倒"V"形状态。

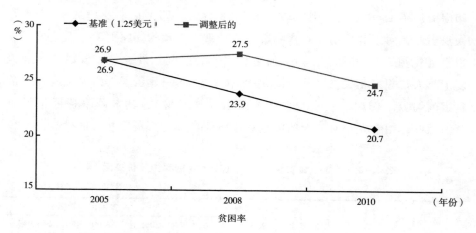

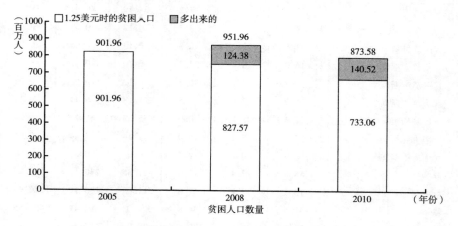

图 3 – 4　考虑粮食安全调整后的贫困率和贫困人口数量

注：最上面的数字 = 考虑到粮食安全的贫困人口数量。
资料来源：ADB 测算。

就次区域而言，南亚的贫困在 2008 年低估了 2.1 个百分点边际，2010 年低估了 1.6 个百分点边际，即相应分别低估了 2956 万和 2284 万的贫困人口数量（见表 3 – 3、表 5 – 2 和表 5 – 3 的基准测算）。在东亚更加显著：2008 年和 2010 年分别低估了 5712 万和 7138 万贫困人口。

国家层面的情况比较复杂，部分反映出不同的政策干预。尽管当考虑到食物价格上升时，印度的贫困人口比例上升幅度相对较小（2010 年从 32.7% 上升到 33.8%），而中国（从 11.6% 上升到 17.0%）和印度尼西亚（从 18.1 到 28.0%）上升的幅度相当大。从多出来的贫困人口数量来看，印度增加了 1368 万人，中国增加了 7138 万人，印度尼西亚增加了 2386 万人。当然，对于危机期间对食物市场进行重大干预的国家而言，低估的规模很小（见图 3－5 和图 3－6）。而且让人不会感到意外的是，该数量很大程度上与人口规模相关。因此，图 3－5 和图 3－6 只显示了人口大国或者非常贫困的国家。例如，一些非常小的国家（如老挝），其贫困率特征也很显著。因此，粮食安全对亚洲的大国和小国而言都是与贫困相关的挑战。

表 3－3 考虑粮食安全的贫困（2005 年购买力平价美元/天）

单位：%，百万人

次区域/国家	贫困率			贫困人口数量		
	2005 年	2008 年	2010 年	2005 年	2008 年	2010 年
中亚和西亚	18.8	22.8	17.2	38.79	49.33	38.57
亚美尼亚	4.0	1.7	2.7	0.12	0.05	0.08
阿塞拜疆	1.5	0.6	0.3	0.13	0.05	0.03
格鲁吉亚	16.0	16.4	24.2	0.70	0.72	1.08
哈萨克斯坦	0.8	0.1	0.3	0.12	0.02	0.05
吉尔吉斯斯坦	22.9	8.4	7.5	1.18	0.44	0.40
巴基斯坦	22.3	28.2	20.9	35.38	47.20	36.24
塔吉克斯坦	17.7	12.6	10.0	1.14	0.84	0.69
土库曼斯坦	0.5	0.1	0.1	0.02	0.01	0.00
东亚	16.3	17.4	17.0	211.85	230.12	226.90
中国	16.3	17.4	17.0	211.85	230.12	226.90
南亚	41.5	39.9	34.8	552.03	553.41	495.56
孟加拉国	50.5	49.7	47.8	70.96	72.30	71.11
不丹	18.9	11.7	7.0	0.12	0.08	0.05
印度	40.8	39.4	33.8	466.30	469.28	413.76
马尔代夫	2.3	0.9	0.7	0.01	0.00	0.00
尼泊尔	46.3	36.7	32.6	12.64	10.60	9.78
斯里兰卡	10.1	5.6	4.1	2.00	1.14	0.86
东南亚	18.9	22.0	20.3	95.87	115.65	109.20
柬埔寨	33.8	22.8	14.7	4.51	3.14	2.08
印度尼西亚	21.4	30.5	28.0	48.73	71.74	67.18

续表

次区域/国家	贫困率			贫困人口数量		
	2005 年	2008 年	2010 年	2005 年	2008 年	2010 年
马来西亚	0.4	0.1	0.2	0.11	0.02	0.04
老挝	39.5	39.8	33.9	2.27	2.40	2.10
菲律宾	22.2	20.9	20.3	19.02	18.85	18.93
泰国	1.0	0.6	0.9	0.68	0.43	0.62
越南	24.9	22.4	21.0	20.55	19.07	18.25
太平洋岛国	43.0	40.7	37.8	3.42	3.45	3.35
斐济	17.9	6.3	8.9	0.15	0.05	0.08
密克罗尼西亚联邦	30.6	32.4	33.5	0.01	0.01	0.01
巴布亚新几内亚	46.6	46.1	42.0	2.84	3.02	2.88
东帝汶	42.0	34.7	34.7	0.42	0.37	0.39
发展中亚洲	26.9	27.5	24.7	901.96	951.96	873.58

资料来源：ADB 测算。

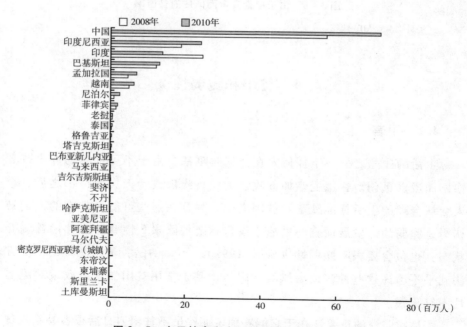

图 3-5 由于粮食安全而低估的贫困人口数量

资料来源：ADB 测算。

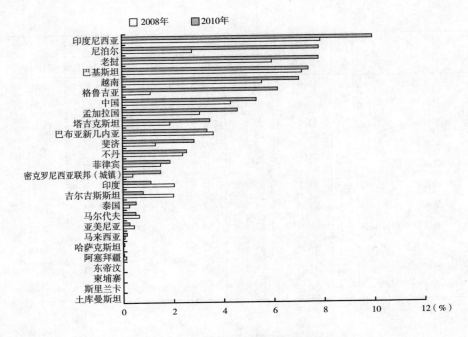

图 3 - 6　由于粮食安全而低估的贫困率

资料来源：ADB 测算。

4　贫困和脆弱性

4.1　引言

　　生活的残酷之处在于任何人在任何时刻都会由于不可预测的冲击或者惨剧而遭受重创。在遭受诸如歉收、失业、疾病或者天灾等冲击之后，个人会从合理的生活标准跌落到贫困之中。暴露在这些可能事件中的人们被认为是脆弱的。发展面临的挑战不仅包括要根除永久性和阶段性的被剥夺状态，也包含要根除脆弱性（Sen，1999）。不幸的是，贫困测量的传统方法几乎不考虑这些冲击或者风险。因而，基于常用贫困概念的政策对脆弱性不够重视。

　　测量脆弱性的重要性在于它能够确定那些虽不贫困但日后很容易陷入贫困的人，使得设计和实施预防性的干预措施成为可能。本杰明·富兰克林的名言"一分的预防胜于十分的治疗"，早有先见之明。

4.2　脆弱性概念及之前针对亚洲的研究

一般来说，脆弱性可以定义为国家、企业或者个人等实体遭受到诸如自然灾害、经济危机、健康退化和社会政治挫败等各种冲击或风险（World Bank，2014b）。贫困脆弱性也有多种定义（见专栏4-1）。

专栏4-1　贫困脆弱性

贫困和贫困脆弱性之间的关键差异在于脆弱性还包括未来的风险，这是一个前瞻性概念，不能被观测出来。在多项研究中，脆弱性概念有不同的视角（Hcddinott 和 Quisumbing，2003；Hoogeven 等，2004；Klasen 和 Povel，2013；Fujii，2013）。

脆弱性是未被保险地暴露在风险前。

一般来说，人们总会面临各种风险，包括自然灾害、疾病、役用动物死亡、作物病害以及其他。发展中国家面临的风险带来三个相关问题（Townsend，1994）。第一，这些风险可以被保险吗？如果冲击具有特质性，也就是说，具体到一个特定的个人或家庭，那么这就是共担风险，可以对其进行投保。但如果是影响整个人口的聚集性冲击——例如自然灾害，就很难实施投保。第二，可以运用市场或技术来克服这些风险吗？例如，几个世纪以来，粮食储藏已被用来应对这些风险。家庭和朋友网络也可以用来应对这些冲击（Rosenzweig，1988）。第三，地方或者国家层面的金融机构——或者更广泛的制度安排——能够提供隐性和显性保险吗？

脆弱性是预期效用过低。

Ligon 和 Schechter（2003）首次将脆弱性定义为家庭从一般均衡消费中得到的效用与其从实际消费中得到的预期效用之间的差异。他们的研究致力于将脆弱性分为四个组成部分：贫困、聚集、特质风险和不可解释的风险。

脆弱性是未来贫困或者可能贫困的概率。

Kühl（2003）将贫困脆弱性定义为家庭遭受重大冲击，导致福利低于社会接受水平的倾向。其他贫困脆弱性的概念是家庭在不久的将来或者一个给定的时间周期内陷入贫困的可能性（Pritchett、Suryahadi 和 Sumarto，2000；Mansuri 和 Healy，2001）。这种方法将脆弱性正式定义为一个家庭未来的消费将跌落到预定贫困线之下的可能性（Chaudhuri、Jalan 和 Suryahadi，2002）。

在公理的基础上定义脆弱性。

Calvo 和 Dercon（2005，2007）认为脆弱性是被剥夺未来状态以概率作为权重的平均值。他们假设脆弱性测量应具备几个理想化公理。在这些公理中，风险具有敏感性，也就意味着脆弱度越高反映不确定性越高。

不管脆弱性定义如何，它都会损害家庭福利（Klasen 和 Povel，2013）。脆弱性会给家庭带来巨大的困难——无论是贫困与否，因为必须为可能的冲击做好准备。脆弱性可能是长期被剥夺的主要原因，这是因为在较低的收入水平下，风险相对比回报更重要。脆弱家庭更倾向于选择回报率低但稳定的投资。如果这项行为是理性的话，那么这也是脆弱家庭更容易陷入贫困的重要原因。

例如，在孟加拉国，小额信贷被认为成功地推广到贫困人口中，但是很少有效地在脆弱人群中推广（Amin、Rai 和 Topa，2003）。这可能是因为造成脆弱性的因素也被小额信贷的提供者看作风险。McCulloch 和 Calandrino（2003）使用中国四川（覆盖 1991~1995 年）的面板数据，发现人口特征、教育、资产存量和位置是脆弱性最重要的决定因素。在对 2000~2004 年的中国六个农村地区的脆弱性进行检验后，Zhang 和 Wan（2006）发现教育程度低的家庭比那些教育程度好的家庭更加脆弱。

Gaiha 和 Imai（2004）的一项研究中关注 1975~1984 年的印度南部农村地区，即便是相对富裕的家庭，在作物损坏的严重冲击下也会非常脆弱，从而长期陷入贫困。在塔吉克斯坦，农村家庭比城市家庭更贫困，也更脆弱（Jha、Dang 和 Tashrifov，2010）。在越南，来自少数民族家庭的脆弱性比主要民族家庭更强（Imai、Gaiha 和 Thapa，2012）。

根据 Sulaiman、Azman 和 Abdelhak（2013），Hamzah（2005）和 Siwar 等（2009）等研究，越南大多数贫困人口在各类风险面前都十分脆弱。马来西亚农民遇到的最常见风险包括洪水、干旱、暴雨、强风、杂草、虫害、受伤和疾病（Alam 等，2012；Begum 等，2011；Siwar 等，2009）。使用一个三轮面板调查收集到的数据，Sulaiman、Azman 和 Abdelhak（2013）发现任何帮助农民增加生产性资产的援助措施都会降低脆弱性。例如，机械化应用、现代技术和灌溉都降低了脆弱性。这些农民也在设法储蓄，投资于更多的生产性资产和牲畜，这样可以帮助他们更好地面对负面冲击。

4.3 亚洲日益上升的脆弱性

脆弱性的根源是不同类型的冲击，它们可能在国家、社区或个人/家庭层面上发生。在过去的 20 年里，亚洲面对自然灾害时的脆弱性及其严重性日益上升（见图 4-1）。这些灾害包括干旱、洪水、地震、传染病、山体滑坡、风暴、火山喷发、野火和海啸。比起其他次区域，东亚、南亚和东南亚是自然灾害的高发地带，东亚和东南亚屡遭死亡、受伤和住房损坏等损失。随着时间的推移，灾害发生越发频繁，尤其是 2000~2013 年显然要比 1980~1995 年更频繁。

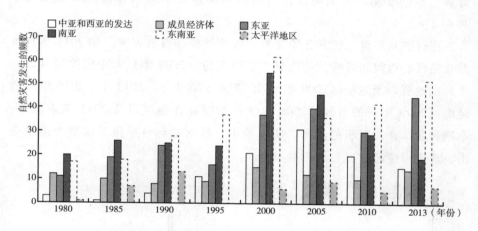

图 4-1 按地区划分的亚洲自然灾害（1980~2013 年）

资料来源：EM-DAT，The OFDA/CRED 国际灾害数据库，参见 www.emdat.be，鲁汶天主教大学，布鲁塞尔，比利时。

洪水和风暴是最常见的灾害（见图 4-2），而且日益增加。自 1990 年以来，受自然灾害影响的人数一直在上升，特别是在东亚和东南亚（程度稍低）（见图 4-3）。南亚受到自然灾害的影响程度普遍远低于东亚。这些观察有助于为 4.4 分析结果提供事实根据。

自然冲击

自然冲击是指诸如火山喷发、海啸等灾害以及由侵蚀或盐渍化等环境变化造成的损害，还包括传染病等其他种类的自然事件，如流行病。

世界上脆弱的 10 个国家中有 7 个在亚洲（World Bank，2014b）。1980～2009 年，全球与灾害相关的经济损失中 38% 发生在亚洲地区。自 2000 年以来，东亚和太平洋地区（按照世界银行的分类）有超过 16 亿人遭受到灾难的影响。过去 30 年里，这两个次区域发生洪水的数量约占全球的 40%（Jha 和 Stanton Geddes，2013）。特别是太平洋岛国（Pacific island countries，PICs）更容易发生灾害。1980～2009 年，太平洋岛国发生的自然灾害占世界总量的 2.3%，而这一地区的人口只占世界的 0.1%。这些灾难造成死亡、伤害、财产损失或破坏，以及大范围的经济停滞。事实上，每年与自然灾害相关的经济损失最重的全球前 20 名国家中有 8 个是太平洋岛国（World Bank，2014b）。每年由龙卷风、地震和海啸造成的平均经济损失在瓦努阿图和汤加分别达到各自 GDP 的 6.5% 和 4.2%。

在过去几年里，亚洲已经发生了好几例极端自然灾害，如 2011 年日本东北地区的地震和海啸，印度尼西亚巴东岛（2009 年）和中国汶川（2008 年）的地震以及老挝（2009 年）、菲律宾（2009 年、2013 年、2014 年）和越南（2009 年）的台风，2008 年缅甸的破坏性飓风以及 2011 年柬埔寨、泰国和菲律宾大面积的洪水。胡志明市、雅加达和马尼拉多次遭受洪水袭击，严重程度超过过去十几年。

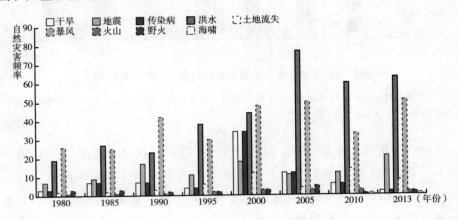

图 4－2　按照类型划分的亚洲自然灾害

资料来源：EM-DAT，The OFDA/CRED 国际灾害数据库，参见 www. emdat. be，鲁汶天主教大学，布鲁塞尔，比利时。

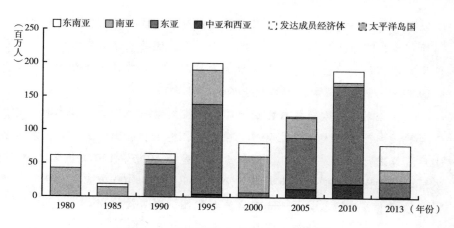

图4-3 遭受自然灾害影响的人口数量

资料来源：EM-DAT，The OFDA/CRED 国际灾害数据库，参见 www.emdat.be，鲁汶天主教大学，布鲁塞尔，比利时。

在南亚，1991年，飓风"高尔基"袭击了孟加拉国沿海地区，造成14万人死亡，1000万人无家可归。季风频繁给恒河—布拉马普特拉河流域带来大面积的洪水，造成了巨大的破坏（Mirza，2011）。在孟加拉国，与洪水有关的所有损失中，约30%是农作物损失，对贫困人口的打击特别大（Gain 和 Dasgupta，即将发表）。

正常来看，灾害往往会更多地影响贫困和边缘人口（见专栏4-2）。例如，热带风暴"纳尔吉斯"袭击缅甸后的两年里，工人和渔民的平均最高债务增加了一倍以上，小农场主的平均最高债务几乎增加两倍了。社会经济地位低的女性在自然灾害时死亡率更高。2004年，在印度尼西亚班达亚齐海啸中的伤亡者中将近70%是女性（Neumayer 和 Plümper，2007）。这可以归结为三大原因。第一，两性间生物和生理上的差异使得女性在身体损害上更加脆弱；第二，社会规范可能会使得女性对灾害的脆弱性更高，比如，女性经常会挺身而出，保护儿童、老人甚至家庭财产；第三，灾后的基本资源往往首先分配给男性或非贫困人口。

专栏4-2 台风"海燕"对贫困的影响

2013年11月8日，超级台风"海燕"（菲律宾命名为 Yolanda），致使6000人丧生，数以百万计无家可归。它毁坏了学校、医院、政府大楼等关键性基础设施，破坏巨大。在基础设施、农业、渔业、旅游业以及其他行业的破坏，致使经济活动停滞，导致失业。投资者和游客望而却步，进一步加深了产出和就业的下降。破坏还造成农作物损失，引发基本商品价格上升——直接影响贫困人口，尤其是农业贡献了总就业的 1/3，而食物占贫困人口支出的比例非常高。

台风对贫困人口的打击最大。为了应对耐用资产、工作和收入等方面的损失，贫困人口往往会减少在食物、健康和教育上的开支。尽管灾后政策进行了有效的干预，预计台风还是使 60 万 ~ 150 万人陷入贫困。同时，贫困脆弱性也因为台风出现了上升。大约 400 万人流离失所，他们仍处于可能陷入贫困——或者更加贫困的高风险之中。

气候变化

气候变化——引发冲击和风险也是人尽皆知。例如，洪水的影响也在上升（见表 4 - 1），预计未来会更加恶劣（见图 4 - 4）。并且，东亚受到的影响要甚于其他地区。气候变化带来的脆弱性也是一个长期受关注的问题。这种损害已经为人所感知。对气候变化敏感度高的农业、林业和渔业为 60% 的亚洲人口提供生计（Lohani，2012）。特别是低洼沿海地区，包括小岛屿国家，对海平面升高和风暴潮汐更加敏感。比起内陆国家，他们在气候变化中的损失会更大。

表 4 - 1　洪水对亚太次区域的经济风险（10 亿美元，2000 年恒定美元）

分区	1980 年	1990 年	2000 年	2010 年
东亚和东北亚	4.6	8.3	14.4	27
东南亚	2.4	3.9	6.4	10.7
南亚和南亚	4.5	6.9	11.2	20.6
北中亚	1.2	1.4	1	1.6
太平洋	0.4	0.5	0.7	0.9
总计	13.1	21	33.7	60.8

资料来源：Bonapace、Srivastava 和 Mohanty（2012）。

南亚和太平洋岛国对海平面升高特别脆弱，海平面上升损害了一些岛屿的"淡水透镜"（"淡水透镜"是地方用水供应的一种来源，特别是对许多岛屿居民。当低密度的淡水渗入地下，漂浮在高密度的海水之上。这种地下淡水不会与海水混合，并得到雨水定期的补充）。海洋变暖损害了珊瑚，海水变酸威胁太平洋岛国人口的许多食物来源。太平洋岛国预计将会经历史无前例的极端气候（Jha 和 Stanton-Geddes，2013）。南亚特殊的气候特征——喜马拉雅山的融雪、季风气候波动以及海平面升高——导致该地区多次遭受洪水、干旱和飓风的袭击（Gain 和 Dasgupta，即将发表）。

气候变化可能直接影响贫困。例如，印度的贫困就受制于气候变化对农业净收入和私人消费的影响——单是降雨增加 7% 一项而其他条件不变，其在 1 月、4月、7 月这几个月份对消费就会产生显著的负面影响（Kar 和 Das，即将发表）。

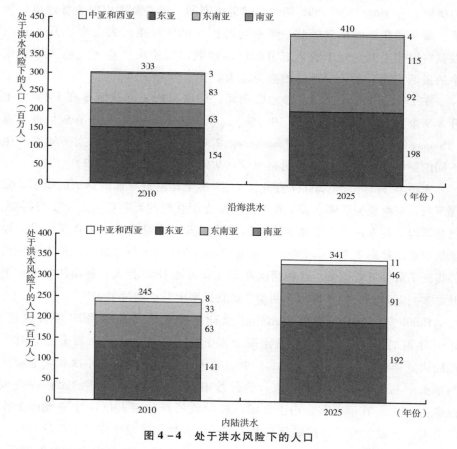

图 4-4 处于洪水风险下的人口

资料来源：ADB（2012b）。

经济冲击

经济冲击会破坏家庭收入，如通过价格波动或失业。贸易体制和资本账户开放的经济体更容易遭受经济冲击的影响。太平洋岛国特别容易遭受价格冲击，尤其是小环礁国家，经济几乎没有多样化，食品和燃料依赖进口。风险跨境传递——或者传染——的最好案例就是通过经济和金融危机。失业率上升、工作时间和工资减少、非正规服务的需求降低、货币贬值导致价格上涨、公共开支削减等因素都会加重贫困。

金融危机对产出和就业会产生持久的影响（Reinhart 和 Rogoff，2008；Reinhart，2009）。平均而言，他们导致 2 年内实际人均 GDP 下降超过 9%，几年内失业率上升 7 个百分点。根据 Baldacci、de Mello 和 Inchauste（2002）的研究，在 1960 年到 1998 年的金融危机期间，世界范围内的金融危机导致了：每年通货膨胀比危机前一年平均增长了 62%；正式失业率上升 1.1%；以及贫困率上升，处于收入五分位中的倒数第二层次（而不是收入五分位中的最低层次）的人口遭受的损失最大。

在 1997/1998 年亚洲金融危机期间，印度尼西亚的贫困率在 1998 年上升 8.9 个百分点（从 11% 到 19.9%），菲律宾的贫困率上升了 9 个百分点（Thomas 等，1999；Datt 和 Hoogeveen，2003）。这场危机对男女劳动者产生不同的影响，导致家庭消费明显减少（Wan 和 Francisco，2009）。

Wan 和 Francisco（2009）建立了 2008 年全球危机对亚洲影响的模型，发现东亚和东南亚经济体在失业和工资削减方面受到的影响最大。印度尼西亚、巴基斯坦、马来西亚、菲律宾和泰国的贫困人口绝对数量也出现了上升。印度尼西亚的贫困率上升 2.7%，意味着原本有 654 万人可以脱贫，但由于危机仍将处于贫困或者返贫。这种情况在印度有将近 1800 万人。越南的贫困率上升更多（2.9%），巴基斯坦和菲律宾的贫困率上升也超过了 2%。

Habib 等（2010）测算得出由于全球金融危机带来的 GDP 增长放缓，2010 年孟加拉国和菲律宾的贫困率分别上升了 1.2 和 1.5 个百分点。对中产阶级的影响较大——在菲律宾，处在收入十分位中的第五层次到第七层次的家庭中有 15%~20% 跌到收入分位数中更低的层次，这样的家庭在孟加拉国占 10%。在菲律宾，由于金融危机导致的新贫困人口往往是城市工作的穷人。在孟加拉国，这些新贫困人口的收入更加依赖于流入的汇款。

重要的是，那些遭受经济冲击的人往往也会在自然灾害面前更加脆弱。他们通常住在城市中心周围的非正式的定居点，这些地区特别容易被淹没。当灾害影响欠发达和偏远地区，后勤方面的救援或援助会更加困难。

其他冲击

其他形式的冲击包括诸如暴力和种族冲突等社会政治层面的冲击，或者像非传热性疾病等这样的群体性健康事件。除了群体性冲击之外，个人还面临着像个人疾病、受伤、家庭暴力或意外怀孕等特定的冲击。联合国艾滋病规划署（UNAIDS, 2013）对 28139 名已婚妇女的研究表明，来自丈夫的生理和性暴力使得 HIV 感染率增加近四倍。同样，联合国儿童基金会（UNICEF, 2012）报告称，南亚儿童经受的暴力遍及家庭和家庭成员、学校和教育环境、照护系统和司法系统、工作场所和所在社区。这种暴力对家庭和个人的影响产生了严重的贫困后果。不幸的是，现有的家庭调查很少能提供这种信息。

亚洲前所未有的都市化提高了脆弱性——在人口稠密地区，灾害与传染病会殃及更多的受害者。更糟糕的是，亚洲城市的人口密度非常高（见图 4-5）。根据联合国（2014b）报告，亚洲的贫民窟居民占世界一半以上。贫民区通常面临高度的风险。以马尼拉大都区为例，有 80 万人生活在高风险区域（Jha 和 Stanton-Geddes，2013）。

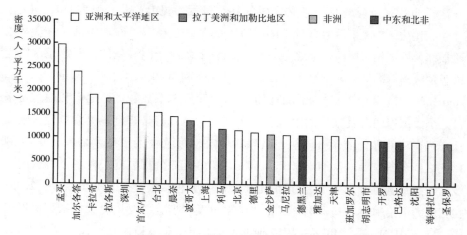

图 4-5　2007 年人口密度最大的 25 个城市排名

资料来源：ADB（2012b）。

总而言之，发展中国家的贫困人口面临着许多冲击。无论是自然灾害、气候变化、经济危机，或是特定的冲击，都会导致贫困人口和准贫困人口福利的下降。因此，必须将脆弱性纳入贫困相关分析与干预之中。

4.4　脆弱性调整贫困线：方法和实证结果

由于贫困家庭的福利取决于其面临的风险或者冲击——除了收入或者消费的水平之外，脆弱性还与贫困有内在的关联。发展脆弱性调整贫困线的原理与粮食安全调整贫困线相似（见第 3 节）——与基准贫困线相关的福利或者效用必须等于调整贫困线。因此，应该从生活水平在基准贫困线 z_0 的某个人开始，此人能够接受无任何不确定性或者风险的 z_0。对应地，此人在冲击或者风险（记为 ε）到来时的收入为 z_1。广泛接受的一个事实是，z_1 一般比 z_0 大（对风险的补偿），两者之间的差值量级取决于被考察的个人的风险态度和规模。同样，一致认为风险规模通常由统计方差的测量去顶。风险态度由代表风险厌恶程度的参数来确定。在下面的计算中，收入或者支出的冲击记为 ε，其方差代表风险，风险厌恶程度记为一个参数。

不幸的是，如何在存在冲击或者风险的情况下调整贫困线，这方面的先验知识非常缺乏。对于愿意接受无风险 z_0 的个人来说，风险产出造成的差异可以表达成 $z_1 + \varepsilon$ 或者 $z_2 (1 + \varepsilon)$。前者可以叫作加性风险，后者叫作乘性风险。假设乘性风险意味着风险及其影响与收入成正比，而加性风险不具备这样的特征。脆弱性调整贫困线的计算过程参见专栏 4-3 和专栏 4-4。

相比之下，测算乘性风险下的风险厌恶参数已经有了许多尝试。这个参数通常称为恒定相对风险厌恶系数（CRRA），不依赖于测量单位。恒定相对风险厌恶系数测算的结果差别很大（Hartley、Lanot 和 Walker，2013）。Gandelman 和 Hernández-Murillo（2013）测算的恒定相对风险厌恶系数较低，他们利用的是来自三个数据库的自我报告的主观个人福利的信息：盖洛普世界民意测验、欧洲社会调查和世界价值调查。他们测算的恒定相对风险厌恶系数结果在 0.79 到 1.44 之间不等。Hartley、Lanot 和 Walker（2013）的分析数据来自一个著名的游戏"谁想成为百万富翁"，发现恒定相对风险厌恶系数接近于 1。Chetty（2006）在劳动力供给弹性的基础上，测算的结果也发现恒定相对风险厌恶系数接近于 1。最后，从 Hoosier Millionaire 得到的数据也用于研究恒定相对风险厌恶系数：在 0.64 到 1.76 之间（Fullenkamp、Tenorio 和 Battalio，2003）。

Attanasio、Banks 和 Tanner（2002）利用来自英国的大样本调查，对恒定相对风险厌恶系数进行测算，得到一个中间值 1.44。利用保险费的时间序列数据，恒定相对风险厌恶系数的测算值接近于 2（Szpiro，1986）。Chiappori 和 Paiella（2011）选择面板数据——因为它们可以反映个人偏好状态的影响以及偏好和财富之间的关系，并发现，恒定相对风险厌恶系数的中位数在 2 左右。

专栏 4-3　脆弱性调整贫困线：加性风险的情形

令记作效用方程，假定冲击的均值为 0，方差为 σ^2。确定有风险和无风险的相同效用的简单数学表达式为：$U(z_0) = E[U(z_1 + \varepsilon)]$，其中 E 代表期望的运算式。z_0 是没有考虑脆弱性时的贫困线，z_1 是考虑脆弱性的贫困线。这一思路与金融原理中的一般均衡概念相似。

扩展表达式的右边

根据 z_1 左右的 Taylor 序列的 $U(z_0) = E[U(z_1 + \varepsilon)]$ 我们得到 $U(z_0) = E[U(z_1) + \varepsilon U'(z_1) + (\frac{\varepsilon^2}{2}) U''(z_1) + \cdots]$，忽略 2 阶以上的项目，我们得到：

$$U(z_0) = U(z_1) + (\frac{\sigma_A^2}{2}) U''(z_1) \tag{1}$$

由于 $U' > 0$，$U'' < 0$，要求 $z_1 > z_0$，因为 $(\frac{\sigma_A^2}{2}) U''(z_1) < 0$。这个要求具备直观上的合理性，因为 $z_1 + \varepsilon$ 是考虑脆弱性的贫困线，z_1 的值必须大于 z_0，因此在有额外收入的情况下，个人可以应对由脆弱性带来的收入损失，其福利应等于 (z_0)。

设效用函数的形式为 $U(z) = A - Be^{-\alpha z}$，其中 A、B 和 α 都是参数。那么 $U'(z) = -B(-\alpha)e^{-\alpha z}$ 和 $U''(z) = \alpha B(-\alpha)e^{-\alpha z} = -B\alpha^2 e^{-\alpha z}$。将这些代入方程（1）中得到：

$$A - Be^{-\alpha z_0} = A - Be^{-\alpha z_1} + (\frac{\sigma_A^2}{2})(-B\alpha^2)e^{-\alpha z_1}$$

求解 z_1 得到脆弱性调整贫困线：

$$z_1 = z_0 + (\frac{1}{\alpha}) \ln[1 + (\frac{\sigma_A^2}{2})\sigma^2] \tag{2}$$

测算加性风险的方差

在存在脆弱性的收入分布中，需要了解冲击 ε 的方差，通过已有的贫困线 z_0 来测算调整贫困线 z_1。这个方差可以通过如下来测算。

设不存在脆弱性的贫困线 z_0（即时间点 0）下可观测的收入分布为 X。现在假设时间点 1 时的分布为 Y_1，这一分布存在脆弱性，在此情形下，在时刻 0 时已有的分布之上加入一个干扰项 ε_1，也就是说 $Y_1 = X + \varepsilon_1$，其中假定 X 和 ε_1 是不相关的。于是，变量 ε_1 的方差、Y_1 的方差减去 X 的方差，或者：

$$Var(\varepsilon_1) = Var(Y_1) - Var(X) \qquad\qquad (3)$$

然后，假想分布 X 仍然未知。

于是，给定 T 分布 Y_1，$\cdots$，Y_p，$\cdots Y_T$ 实际上每年可以观测到，我们可以写成：

$$Y_t = X + \varepsilon_t, t \text{ 从 } 1 \text{ 到 } T \qquad\qquad (4)$$

其中 $Var(\varepsilon_t) = \sigma_A^2$。分布 Y_t 的平均分布 $\overline{Y}$ 可以简化成：

$$\overline{Y} = X + \overline{\varepsilon} \qquad\qquad (5)$$

其中 $\overline{\varepsilon}$ 是所有冲击 ε 的平均值。

于是，$\overline{\varepsilon}$ 的方差可以表达为：

$$Var(\overline{\varepsilon}) = \frac{\sigma_T^2}{T}$$

如果 σ 较小或者 $T \rightarrow \infty$，记 $Var(\overline{\varepsilon}) \rightarrow 0$。

平均分布 $\overline{Y}$ 可被认为无限接近于假想分布 X。

于是，表达式（3）变成：

$$\sigma_A^2 = Var(Y_t) - Var(\overline{Y}) \qquad\qquad (6)$$

Beetsma 和 Schotman（2001）运用来自一个叫作 *lingo* 的荷兰游戏的数据，对恒定相对风险厌恶系数进行了较高测算（其值在 3 到 7 之间）。Jianakoplos 和 Bernasek（1998）检验了美国家庭风险资产组合数据，测算的结果显示单身女性的风险厌恶程度（恒定相对风险厌恶系数为 9）要高于单身男性（恒定相对风险厌恶系数为 6）。Barsky 等（1997）分析了美国健康和退休调查数据，发现恒定相对风险厌恶系数均值约为 12。Hersch 和 McDougall（1997）使用来自《伊利诺伊瞬间暴富》电视游戏节目的数据，测算恒定相对风险厌恶系数高达 15。

实证结果

引用的文献显示出恒定相对风险厌恶系数可能值的范围很广。总体上，风险厌恶程度与财富状况或者收入呈负相关——富人更愿意冒险，穷人则更加厌恶风险。对于贫困国家的贫困人口，使用中等或者较高的恒定相对风险厌恶系数来产生调整贫困线是合理的（见表 4 - 2）。

专栏 4 – 4　脆弱性调整贫困线：乘性风险的情形

与专栏 4 – 3 不同，这里的效用变为 $U(z_0) = E\{U[z_2(1 + \varepsilon)]\}$。利用 Taylor 序列对右边项进行扩展，得到：

$$U(z_0) = E[U(z_2) + \varepsilon z_2 U'(z_2) + \frac{\varepsilon^2}{2} z_2^2 U''(z_2) + \cdots]$$

取近似值，得到：

$$U(z_0) = U(z_2) + \frac{\sigma_R^2}{2} z_2^2 U''(z_2) \tag{7}$$

其中 σ_R^2 代表冲击 ε 的方差，z_0 是确定性之下的贫困线，z_1 是脆弱性下的贫困线。由于 $U' > 0$，$U'' < 0$，我们有 $U(z_0) - U(z_2) = \frac{\sigma_R^2}{2} z_2^2 U''(z_2) < 0$，以及 $z_2 > z_0$。

效用方程采取如下形式（与一般使用的对数形式类似，但是更多的并不采用对数形式）：

$$U(z) = A_1 + B_1 \frac{z^{1-\delta}}{1-\delta} \text{（其中 } \delta \text{、} A \text{、} B \text{ 都是参数）}$$

可以得到 $U'(z) = B_1 \frac{1}{1-\delta}(1-\delta)z^{-\delta} = B_1 z^{-\delta}$ 和 $U''(z) = B_1(-\delta)z^{-\delta-1}$。

将这些分解式代入（7）式中，得到：

$$A_1 + B_1 \frac{(z_c)^{1-\delta}}{1-\delta} = A_1 + B_1 \frac{(z_2)^{1-\delta}}{1-\delta} + \frac{\sigma_R^2}{2}(z_2)^2 B_1(-\delta)(z_2)^{-\delta-1}$$

求解脆弱性调整贫困线 z_2 为：

$$z_2 = z_0 [1 - \delta(1-\delta)\frac{\sigma_R^2}{2}]^{\frac{-1}{(1-\delta)}} \tag{8}$$

其中一个特例是 $\delta = 1$，在这种情形下，$U(z) = A_1 + B_1 \ln z$。
$U(z) = A_1 + B_1 \ln z$（这是一般使用对数效用函数）

$$U'(z) = B_1(\frac{1}{z})$$

$$U''(z) = -B_1 \frac{1}{z^2}$$

将这些代入（7）式中可以得到：

$$A_1 + B_1 \ln z_0 = A_1 + B_1 \ln z_2 + \frac{\sigma_R^2}{2}(z_2)^2(-B_1)\frac{1}{(z_2)^2}$$

求解 z_2：

$$z_2 = z_0 e^{(\frac{\sigma^2 R}{2})} \tag{9}$$

测算乘性风险情形中的方差。

使用专栏 5-3 中的记号，一种测量方差的方法应开始于：

$$Y_t = X(1 + \varepsilon_t) \tag{10}$$

或者 $log(Y_t) = log X + log(1 + \varepsilon_t)$ $\tag{11}$

其中 $E(\varepsilon_t) = E(\varepsilon_{t.}) = 0$

假设 X 与 ε_t 没有相关性。

利用 Y_t 的 T 分布，可以得出：

$$(\frac{1}{T})\sum_{t=1}^{T}\log Y_t = \log X + (\frac{1}{T})\sum_{t=1}^{T}\log(1 + \varepsilon_t) \tag{12}$$

$$(\frac{1}{T})\sum_{t=1}^{T}\log Y_t \approx \log X \tag{13}$$

计算上述方程式两边的方差：

$$Var(\log X) = Var[(\frac{1}{T})\sum_{t=1}^{T}\log Y_t] = (\frac{1}{T^2})\sum_{t=1}^{T}Var(\log Y_t) \tag{14}$$

在实证应用中，对于每一个时期 t，分布 Y_t 的收入 Y_{it} 中的 i 从 1 到 n 不等。因此，我们也可以得到分布 $\log Y_t$，具有典型元素 $\log Y_{it}$。于是可以测算这些 $\log Y_{it}$ 在每一个时间 t 的方差 $Var(\log Y_t)$。

根据公式（13），可以得到：

$$E(\log X) = E(\frac{1}{T}\sum_{t=1}^{T}\log Y_t) = \frac{1}{T}\sum_{t=1}^{T}E(\log Y_t)\frac{1}{n}\sum_{t-1}^{n}\log Y_{it} \tag{15}$$

$E(\log Y_t)$ 可以根据第 t 时期的观测值对数的简单平均 $\frac{1}{n}\sum_{i=1}^{n}\log Y_{it}$ 测算。于是，样本均值的平均数可以测算为 $E(\log X)$。

使用 Taylor 序列扩展 $\log X$，得到：

$$Var(\log X) \approx \frac{1}{[E(X)]^2} Var(X) \tag{16}$$

和

$$E(\log X) \approx \log E(X) - \frac{1}{2[E(X)]^2} Var(X) \tag{17}$$

合并（16）和（17）得到：

$$\frac{1}{2} Var(\log X) \approx E(\log X) \approx \frac{1}{2[E(X)]^2} Var(X) + E(\log X) \approx \log E(X) \tag{18}$$

给定之前得到的 Var（$\log X$）和 E（$\log X$），可以得到 $\log E$（X），使得 E（X）的测算为：

$$E(X) = e^{\log E(X)} \tag{19}$$

代入（16）得到：

$$Var(X) \approx Var(\log X)[E(X)]^2 \tag{20}$$

将著名的双变量乘积的方差公式用于（10） Var（Y_t） $= Var$（X） $+ Var$（$X\varepsilon_t$） $= Var$（X） $+ [Var$（X）Var（ε_t）$] + \{Var$（X）$[E$（ε_T）$^2]\} + \{Var$（ε_t）$[E$（X）$]^2\}$，我们可以得到：

$$Var(\varepsilon_t) = \frac{Var(Y_t) - Var(X)}{Var(X) + [E(X)]^2} = \sigma_R^2 \tag{21}$$

冲击变量 σ_R^2 的方差被估测为被观测的分组支出的方差（从世界银行的 Povcal）与同一数据（通过自举法进行模拟）长期分布的方差之间的差。

表 4 - 2　脆弱性调整贫困线（恒定相对风险厌恶系数为 3）

次区域	2005 年	2008 年	2010 年
中亚和西亚			
亚美尼亚	1.39	1.45	1.39
阿塞拜疆	1.46	1.60	1.66
格鲁吉亚	1.51	1.53	1.51
哈萨克斯坦	1.38	1.41	1.42
吉尔吉斯斯坦	1.36	1.56	1.49

续表

次区域	2005 年	2008 年	2010 年 B
巴基斯坦	1.40	1.39	1.47
塔吉克斯坦	1.46	1.57	1.58
土库曼斯坦	1.56	1.56	1.56
东亚			
中国	1.88	2.15	2.26
南亚			
孟加拉国	1.35	1.37	1.38
不丹	1.36	1.44	1.50
印度	1.37	1.39	1.40
马尔代夫	1.47	1.38	1.46
尼泊尔	1.43	1.50	1.56
斯里兰卡	1.42	1.45	1.45
东南亚			
柬埔寨	1.37	1.43	1.46
印度尼西亚	1.44	1.43	1.49
老挝	1.38	1.41	1.47
马来西亚	1.51	1.81	1.82
菲律宾	1.48	1.48	1.49
泰国	1.56	1.55	1.59
越南	1.50	1.56	1.60
太平洋岛国			
斐济	1.41	1.46	1.48
密克罗尼西亚联邦	1.38	1.40	1.41
巴布亚新几内亚	1.38	1.40	1.41
东帝汶	1.35	1.35	1.34

资料来源：ADB 测算。

对于 2005 年，利用恒定相对风险厌恶系数等于 3，可以观察到脆弱性调整贫困线在各国的值较高：中国（1.88 美元）、泰国（1.56 美元）、土库曼斯坦（1.56 美元）、格鲁吉亚（1.51 美元）、泰国（1.56 美元）、土库曼斯坦（1.56 美元）、格鲁吉亚（1.51 美元）、马来西亚（1.51 美元）、越南（1.51 美元）。在 2010 年，这种次序并没有多大改变——贫困线较高的国家包括中国（2.26 美元）、马来西亚（1.82 美元）、阿塞拜疆（1.66 美元）、越南（1.60 美元）、泰国（1.59 美元）、塔吉克斯坦（1.58 美元）和土库曼斯坦（1.56 美元）。

利用脆弱性调整贫困线，可以计算贫困率和贫困数量（见表 4-3）。通过比较表 4-3 和表 5-3，可以发现亚洲地区整体的脆弱人口数量在 2005 年为 3 亿 4808 万人，2008 年为 3 亿 9493 万人，2010 年为 4 亿 1799 万人。结合图 4-1 和图 4-3，显然可以看出脆弱人口的数量随着时间而增加。中国脆弱人口的规模很大。一旦将脆弱性考虑进来的话，其贫困率在 2005 年从 16.3% 的基准水平（贫困线为 1.25 美元）上升到 31.8%，在 2010 年从 11.6% 上升到 28.7%。巴基斯坦（在 2005 年从 22.3% 上升到 30.6%，在 2010 年从 13.5% 上升到 24.5%）、塔吉克斯坦（在 2010 年从 6.6% 上升到 16.4%）、孟加拉国（在 2005 年从 50.5% 上升到 56.4%，在 2010 年从 43.3% 上升到 50.9%）、印度（在 2005 年从 40.8% 上升到 48.1%，在 2010 年从 32.7% 上升到 41.6%）、尼泊尔（从 2005 年的 46.3% 上升到 54.4%，在 2010 年从 24.8% 上升到 39.6%）、印度尼西亚（在 2005 年从 21.4% 上升到 29.6%，在 2010 年从 18.1% 上升到 27.1%）、菲律宾（在 2005 年从 22.2% 上升到 30.0%，在 2010 年从 18.4% 上升到 26.4%）和越南（在 2005 年从 24.9% 上升到 35.1%，在 2010 年从 14.0% 上升到 25.4%）等国的贫困率都有大幅度上升。

可以理解，脆弱人口的数量与国家的规模呈正相关关系，尽管并非百分之百如此。在 2010 年，脆弱总人口在中国有 2 亿 2854 万人，在印度有 1 亿 987 万人，印度尼西亚有 2161 万人，巴基斯坦有 1910 万人，孟加拉国有 1131 万人，越南有 993 万人，菲律宾有 745 万人。有关东亚脆弱人口规模之大的实证数据见图 4-1、图 4-3、图 4-4 和表 4-1。

表 4-3 脆弱性调整贫困线下的亚洲贫困

单位：%，百万人

次区域	贫困率			贫困人口数量		
	2005 年	2008 年	2010 年	2005 年	2008 年	2010 年
中亚和西亚	25.8	23.9	20.4	53.12	51.57	45.59
亚美尼亚	6.6	2.8	4.1	0.20	0.09	0.13
阿塞拜疆	2.8	1.0	0.6	0.23	0.09	0.06
格鲁吉亚	21.7	21.1	23.7	0.95	0.93	1.05

续表

次区域	贫困率			贫困人口数量		
	2005 年	2008 年	2010 年	2005 年	2008 年	2010 年
哈萨克斯坦	1.4	0.1	0.5	0.21	0.02	0.07
吉尔吉斯斯坦	26.5	12.2	12.1	1.36	0.64	0.65
巴基斯坦	30.6	29.0	24.5	48.48	48.57	42.48
塔吉克斯坦	25.0	18.3	16.4	1.61	1.22	1.13
土库曼斯坦	1.6	0.4	0.2	0.08	0.02	0.01
东亚	31.8	30.3	28.7	414.39	401.53	384.05
中国	31.8	30.3	28.7	414.39	401.53	384.05
南亚	48.6	46.0	42.0	646.82	637.38	599.28
孟加拉国	56.4	53.6	50.9	79.24	77.92	75.62
不丹	22.8	15.2	9.1	0.15	0.11	0.07
印度	48.1	45.6	41.6	549.20	543.56	509.96
印度	4.2	0.6	0.9	0.01	0.00	0.00
马尔代夫	54.4	46.5	39.6	14.83	13.43	11.87
尼泊尔	17.0	11.6	8.5	3.38	2.37	1.77
斯里兰卡	26.0	24.4	22.0	131.93	128.36	118.54
东南亚	39.4	30.8	23.3	5.27	4.25	3.29
柬埔寨	29.6	30.9	27.1	67.18	72.49	64.94
印度尼西亚	47.2	42.0	36.5	2.71	2.53	2.26
老挝	0.9	1.2	1.2	0.23	0.32	0.35
马来西亚	30.0	27.0	26.4	25.68	24.30	24.63
菲律宾	2.9	1.4	1.5	1.91	0.96	1.01
泰国	35.1	27.6	25.4	28.95	23.51	22.06
越南	47.6	43.0	40.5	3.79	3.65	3.59
太平洋岛国	21.6	9.2	12.3	0.18	0.08	0.11
斐济	33.2	35.1	35.2	0.01	0.01	0.01
密克罗尼西亚联邦	51.1	47.8	44.1	3.12	3.13	3.02
巴布亚新几内亚	47.9	40.5	40.3	0.48	0.44	0.45
东帝汶	37.3	35.3	32.6	1250.04	1222.50	1151.05

资料来源：ADB 测算。

5 亚洲地区的贫困：重新评估和预测

5.1 引言

亚洲经济快速增长，成功地减少了贫困，意味着收入贫困或者消费贫困将会持续下降。许多预测使用了 1.25 美元贫困线，描述了非常光明的前景。从技术层面上看，处于这条贫困线以下的极度贫困在亚洲将会很快终结。

然而，对贫困进行深入考察后发现，1.25 美元贫困线对于亚洲来说是不够的。前面几节分别探讨了粮食安全上升和脆弱性增强造成的威胁。将它们纳入贫困的全面评估中，将会为预测未来的贫困水平提供一个更加全面而合理的基础①。

本节将会在构建亚洲地区贫困线以及考虑粮食安全和脆弱性等影响的基础上，重新评估极度贫困（见 5.2）。然后，首先使用传统的 1.25 美元贫困线进行新的预测，其次，使用考虑了以上所述因素影响的贫困线，进行新的贫困预测（见 5.3）。

5.2 对亚洲贫困进行更为综合的评估

前面三节解释了亚洲贫困被低估的原因。使用亚洲地区独有的贫困线（第 2 节），其贫困率会增加 10 个百分点。如果考虑进粮食安全（第 3 节），将会增加 3～4 个百分点。同样，如果考虑进脆弱性，将会增加 10～12 个百分点。因此，这些因素加在一块，亚洲贫困将会是一个什么状况？这也许可以通过构建一条组合贫困线（见专栏 5-1）来反映。次地区的贫困线范围如表 5-1 所示。

专栏 5-1 构建一条组合贫困线

各个国家 i 在年份 t 的组合贫困线可以表示成：

贫困线$_{it}$ = 1.51 美元 × max（粮食 CPI_{it}，一般 CPI_{it}）

其中，1.51 美元是亚洲地区贫困线（第 2 节），脆弱性调整函数是 σ_R^2，代表着风险（参见专栏 4-4 中的方程 8）。这一计算以 1.51 美元

---

① 2008 年和 2009 年的数据无法获得。

的地区贫困线为起点，考虑到粮食安全，在食物消费价格指数和一般消费价格指数（2005 年 = 100）两者中选择一个较大值的基础上，进行通胀化处理。计算结果为 PL_1，这将作为纳入粮食安全的基准贫困线。在考虑脆弱性之后的调整将会纳入脆弱性和风险的影响。

表 5 - 1　组合贫困线（2005 年购买力平价美元）

次区域/国家	基准	组合贫困线（亚洲贫困线 + 粮食安全 + 脆弱性）			
		2002 年	2005 年	2008 年	2010 年
中亚和西亚	1.25	[1.54,1.89]	[1.64,1.89]	[1.83,2.12]	[1.72,2.22]
东亚	1.25	[1.86,1.86]	[2.27,2.27]	[3.04,3.04]	[3.36,3.36]
南亚	1.25	[1.62,1.96]	[1.63,1.78]	[1.72,1.92]	[1.72,2.14]
东南亚	1.25	[1.63,2.73]	[1.65,1.89]	[1.73,2.27]	[1.77,2.38]
太平洋岛国	1.25	[1.62,1.67]	[1.63,1.70]	[1.63,1.89]	[1.62,1.95]
次区域/国家	基准	组合贫困线（亚洲贫困线 + 粮食安全 + 脆弱性）			
		2015 年	2020 年	2025 年	2030 年
中亚和西亚	1.25	[1.79,2.29]	[1.90,2.56]	[2.01,2.86]	[2.10,3.12]
东亚	1.25	[2.99,2.99]	[2.64,2.64]	[2.72,2.72]	[2.79,2.79]
南亚	1.25	[1.94,2.30]	[2.03,2.45]	[2.08,2.59]	[2.12,2.72]
东南亚	1.25	[1.89,2.39]	[1.97,2.40]	[2.09,2.64]	[2.24,2.84]
太平洋岛国	1.25	[1.92,2.32]	[2.05,2.32]	[2.11,2.32]	[2.14,2.33]

资料来源：ADB 测算。

在组合贫困线下的贫困测算包含了粮食安全和脆弱性造成的贫困（见表 5 - 2 和表 5 - 3）。就贫困率而言（见表 5 - 2），对于 2005 年，发展中亚洲整体水平从 26.9% 上升到 48.7%，中亚和西亚从 18.8% 上升到 38.9%，东亚从 16.3% 上升到 40.7%，南亚从 41.5% 上升到 62.7%，东南亚从 18.9% 上升到 36.4%，太平洋岛国从 43.0% 上升到 56.8%。对于 2010 年，发展中亚洲整体水平从 20.7% 上升到 49.5%，中亚和西亚从 11.2% 上升到 41.7%，东亚从 11.6% 上升到 45.6%，南亚从 33.2% 上升到 58.2%，东南亚从 14.2% 上升到 39.6%，太平洋岛国从 34.9% 上升到 53.0%。

表5－2 使用组合贫困线测算的贫困率

单位：%

次区域/国家	1.25 美元			组合贫困线		
	2005 年	2008 年	2010 年	2005 年	2008 年	2010 年
中亚和西亚	18.8	17.1	11.2	38.9	43.8	41.7
东亚	16.3	13.1	11.6	40.7	45.8	45.6
南亚	41.5	37.8	33.2	62.7	62.3	58.2
东南亚	18.9	17.2	14.2	36.4	40.7	39.6
太平洋岛国	43.0	37.8	34.9	56.8	55.5	53.0
发展中亚洲	26.9	23.9	20.7	48.7	51.5	49.5

资料来源：ADB 测算。

表5－3 使用组合贫困线测算的贫困人数

单位：百万人

次区域/国家	1.25 美元			组合贫困线		
	2005 年	2008 年	2010 年	2005 年	2008 年	2010 年
中亚和西亚	38.79	37.05	25.14	80.11	94.71	93.25
东亚	211.85	173.00	155.51	530.60	606.72	610.08
南亚	552.03	523.85	472.72	834.08	863.80	829.46
东南亚	95.87	90.47	76.59	184.58	213.94	212.92
太平洋岛国	3.42	3.21	3.10	4.52	4.71	4.70
发展中亚洲	901.96	827.57	733.06	1633.89	1783.88	1750.42

资料来源：ADB 测算。

就贫困人口数量而言，2005 年，发展中亚洲增加了 7 亿 3193 万人（从 9 亿 196 万人上升到 16 亿 3389 万人），中亚和西亚增加了 4132 万人（从 3879 万人到 8011 万人），东亚增加了 3 亿 1875 万人（从 2 亿 1185 万人上升到 5 亿 3060 万人），南亚增加了 2 亿 8205 万人（从 5 亿 5203 万人到 8 亿 3408 万人），东南亚增加了 8871 万人（从 9587 万人到 1 亿 8458 万人），太平洋岛国增加了 110 万人（从 342 万人到 452 万人）。

2010 年，发展中亚洲增加了 10 亿 1736 万人（从 7 亿 3306 万人上升到 17 亿 5042 万人），中亚和西亚增加了 6811 万人（从 2514 万人到 9325 万人），东亚增加了 4 亿 5457 万人（从 1 亿 5551 万人上升到 6 亿 1008 万人），南亚增加了 3 亿 5674 万人（从 4 亿 7272 万人到 8 亿 2946 万人），东南亚增加了 1 亿 3633 万人（从 7659 万人到 2 亿 1292 万人），太平洋岛国增加了 160 万人（从 310 万人到 470 万人）。

本质上，有些研究人员可能希望使用关于粮食安全和脆弱性对贫困影响的不同基准或者假设。但是这里的结果仅仅代表了这些因素其中的一些影响而已。

5.3 分别使用 1.25 美元贫困线与考虑了粮食安全和脆弱性之后的组合贫困线预测的亚洲贫困

在 1.25 美元贫困下预测亚洲贫困的关键在于预测经济增长。ADB（2011a）使用 Cobb-Douglas 生产函数模型——实际 GDP 由劳动投入、物质资本投入和全要素生产率来决定。再利用一个回归模型将预测的 GDP 水平乘以人均消费支出增长（以 2005 年购买力平价），其中人均消费支出的 Box-Cox 变换是对人均 GDP 的 Box-Cox 变换和一个时间趋势的回归。这一预测使用支出的均值。

假设支出离差不随时间改变，贫困测算就可以简化成通过改变支出均值来转换支出分布。当然，支出变量的离差可能会随时间变动很大，Wan 和 Francisco（2009）在预测不平等的基础上，使用贫困的不平等弹性来测算这种情形对贫困的影响。

在预测不平等中，会用到库兹涅茨假设。诺贝尔奖获得者西蒙·库兹涅茨（1955）在其经典著作中建立了不平等与工业化或城市化之间的关系。尽管绝大多数后续研究将工业化或者城市化变量替换成了人均 GDP，本文还是使用城市化率来解释和预测不平等。这不但是保留库兹涅茨原有的思路，而且也可以利用到联合国（2014b）预测的城市化率数据。

于是，基尼系数就是对城市化率及其平方的回归。将世界银行世界发展指数和世界发展经济学研究所各自测算的基尼系数合并在一起，组成一个亚洲和太平洋 30 个经济体的非平衡面板。基尼系数测算在三次及以下的国家被排除在外。这些数据很好地匹配了固定国家效应模型（见专栏 5-2）。使用这个模型和城市化率预测，很容易预测出单个国家的不平等。

贫困预测见表 5-4 和表 5-5。主要因为经济强劲增长，未来几年内，发展中亚洲国家[①]在 1.25 美元下的极度贫困将显著下降。预测发展中亚洲的总体贫困率将从 2010 年的 20.7% 下降到 2015 年的 12.7%，2020 年为 2.5%，2030 年为 1.4%。南亚下降的幅度最大——从 2010 年的 33.2% 下降到 2030 年的 1.6%。2010~2030 年，中亚和西亚的贫困率将从 11.2% 下降到 1.0%。东亚将从 11.6% 下降到 1.4%，南亚将从 14.2% 下降到 0.8%，太平洋岛国将从 34.9% 下降到 6.1%。

专栏 5 - 2 不平等预测

在库兹涅茨（1955）的基础上，使用下列专用模型来进行预测：

$$logGini_{it} = \alpha_i + \gamma_1 urb_{it} + \gamma_2 urb_{it}^2 + \gamma_3 t + \varepsilon_{it}$$

与上述模型配套的是覆盖了 24 个国家，1978~2012 年的非平衡面板数据，包括亚美尼亚、阿塞拜疆、孟加拉国、不丹、柬埔寨、中国、斐济、格鲁吉亚、印度、印度尼西亚、哈萨克斯坦、吉尔吉斯斯坦、老挝、马来西亚、马尔代夫、尼泊尔、巴基斯坦、菲律宾、斯里兰卡、塔吉克斯坦、泰国、东帝汶、土库曼斯坦和越南。

表 B5 - 1 不平等模型

因变量：LogGini	系数	标准差
城市化率	0.017 ***	0.005
城市化率的平方	- 1.57e - 04 **	6.58e - 05
时间	0.001	0.001
常数项	0.867	2.66
虚拟变量（未报告）		
调整后的 R²	0.58	
自由度	203	

注：** 表示显著性在 5% 水平上，*** 表示显著性在 1% 水平上。

这一模型在联合国（2014b）的城市化率预测基础之上，对基尼系数进行预测。

[①] 在此情形下，发展中亚洲根据数据的可用性来定义，包括 26 个经济体：亚美尼亚、阿塞拜疆、孟加拉国、不丹、柬埔寨、中国、密克罗尼西亚联邦、斐济、格鲁吉亚、印度、印度尼西亚、哈萨克斯坦、吉尔吉斯斯坦、老挝、马来西亚、马尔代夫、尼泊尔、巴基斯坦、巴布亚新几内亚、菲律宾、斯里兰卡、塔吉克斯坦、泰国、东帝汶、土库曼斯坦和越南，占 2010 年亚洲开发银行 45 个发展中成员国家总人口的 94.5%。

表 5 - 4 贫困率预测

单位：%

次区域/国家	1. 25 美元				1. 51 美元						组合贫困线	
	2015年	2020年	2025年	2030年	2015年	2020年	2025年	2030年	2015年	2020年	2025年	2030年
中亚和西亚	6.5	2.5	1.3	1.0	17.1	9.3	3.3	1.8	41.1	33.9	26.6	20.1
东亚	7.1	4.3	2.5	1.4	10.3	6.7	4.2	2.5	29.9	19.1	14.6	10.9
南亚	21.0	8.7	3.1	1.6	34.7	18.3	7.2	2.9	54.9	45.5	35.0	24.5
东南亚	6.9	2.5	1.3	0.8	14.9	6.5	2.7	1.5	32.4	23.5	16.0	9.7
太平洋岛国	25.6	17.9	12.1	6.1	34.1	25.3	17.8	12.3	49.0	41.6	34.2	27.0
发展中亚洲	12.7	5.8	2.5	1.4	21.5	11.7	5.2	2.5	41.2	31.7	24.2	17.1

资料来源：ADB 测算。

表 5 - 5 对贫困人口的预测

单位：百万人

中亚和西亚	1. 25 美元				1. 51 美元				组合贫困线			
	2015 年	2020 年	2025 年	2030 年	2015 年	2020 年	2025 年	2030 年	2015 年	2020 年	2025 年	2030 年
东亚	15.74	6.55	3.69	2.82	41.27	24.03	9.09	5.32	99.41	88.04	73.59	58.72
南亚	97.91	61.21	35.42	20.08	141.99	94.56	59.75	36.37	411.95	269.05	207.86	155.77
东南亚	318.11	138.45	51.18	27.24	526.09	292.42	120.95	51.10	831.07	727.04	586.76	427.08
南洋	39.23	15.03	8.05	5.54	85.04	38.94	17.06	9.54	184.71	141.10	100.83	63.45
太平洋岛国	2.50	1.91	1.42	0.78	3.33	2.71	2.08	1.56	4.79	4.45	3.99	3.41
发展中亚洲	473.49	223.15	99.77	56.46	797.72	452.66	208.93	103.89	1531.92	1229.69	973.03	708.43

资料来源：ADB 测算。

对于极度贫困人数，发展中亚洲的贫困人口将从 2010 年的 7 亿 3306 万下降到 2020 年的 2 亿 2315 万，2030 年下降到 5646 万，而 1.25 美元以上的亚洲人口在 2010～2020 年将增加 5 亿 991 万，2020 年到 2030 年期间再增加 1 亿 6669 万。2010～2020 年，在所有新增 1.25 美元贫困线上的人口中，中亚和西亚有 1859 万，东亚有 9430 万，南亚有 3 亿 3427 万，东南亚有 6156 万，太平洋岛国有 119 万。在 2020 年到 2030 年期间摆脱极度贫困的人口中，中亚和西亚有 373 万，东亚有 4114 万，南亚有 1 亿 1121 万，东南亚有

949 万，太平洋岛国有 114 万。

以上做出的预测与利用其他来源做出的预测基本一致。例如，Ravallion（2012，2013）就预测了截至 2030 年以 1.25 美元为贫困线的世界贫困水平。在其中一种情景下，他检验了 1981 年以来的全球贫困率，得出的结论认为全球贫困率每年以 1% 左右的速度下降。假定这一趋势能够延续的话，发展中世界的贫困率将会在 2027 年下降到 3% 左右。在另一种情景下，他强调过去 10 年里，世界人均家庭支出每年增长 4.5%。如果这种趋势持续的话，发展中世界的贫困率在 2027 年将达到 3% 的水平。

然而，Yoshida、Uematsu 和 Sobrado（2014）认为这些预测都过于乐观。他们特别批评了 Ravallion 有关统一的人口增长率、平均家庭支出或平均收入增长率以及收入或者消费分布不变的假设。当然，之前的预测并没有考虑本章中检验过的贫困其他元素的影响。

接下来，将使用亚洲特定的贫困线，并考虑粮食安全和脆弱性的影响，再加上放宽在统一的平均家庭支出增长率和恒定消费分布方面的假定，对亚洲贫困进行更为综合的评论。这种检验需要预测每个国家每年的人均消费，这在本节之前的内容中已经完成。此外，还需要食物消费价格指数与一般消费价格指数的比率和冲击的方差（代表冲击）。所需要的人口预测可以从联合国（2014a）获得。

预测价格指数比率

为了预测食物价格指数与一般消费价格指数的比率（FPI/CPI），首先对不同国家的历史状况进行检验，这些国家分成泾渭分明的两个组别：一类是这一比例的趋势持续上升——意味着食物价格快于一般消费价格，另一类是该比率波动较大。

另一项研究成果是当前的 *FPI/CPI* 比率与周期滞后的值高度相关，而与分组无关。因此，价格比率遵循"自回归过程"。利用这个过程，可以测算时间序列模型，并用于预测比率（见专栏 5 - 3）。

不同的模型有特定的结构性变量——比如说人口和城市化率，这样是为了提高预测的质量。然而并没有提高原始测算模型的质量。

专栏 5 - 3　价格比率预测

加入时间趋势和危机虚拟变量作为解释变量。为了整合人口异质性，在预测人口比例的权重时使用带有权重的最小二乘法。

$$\frac{FPI}{CPI_t} = \alpha_i + \lambda \frac{FPI}{CPI_{t-1}} + \beta_2（危机虚拟变量）+ \varepsilon_t$$

在模型测算时使用 17 个国家在 2000~2012 年的 FPI/CPI 数据。这些国家包括亚美尼亚、阿塞拜疆、孟加拉国、柬埔寨、中国、格鲁吉亚、印度、印度尼西亚、哈萨克斯坦、吉尔吉斯斯坦、老挝、尼泊尔、巴基斯坦、菲律宾、斯里兰卡、塔吉克斯坦、泰国、东帝汶、土库曼斯坦和越南。

表 B5 - 2　食物—价格比率模型

因变量 FPI/CPI	相关系数	标准差
周期滞后的 FPI/CPI	0.946 ***	0.033
危机虚拟变量（2007 年和 2008 年）	0.027 ***	0.010
常数项	0.015	0.049
固定效应的测算未报告		
调整后的 R^2	0.83	
自由度	180	

注：*** 表示显著性为 1%。

周期较小的 FPI/CPI 和危机虚拟变量的显著性都为 1%。调整后的 R^2 是 0.83。由于采用的回归是跨国一阶自回归，在预测中 R^2 具有高度显著性。使用这些参数测算，可以预测每个国家/年的 FPI/CPI。

预测方差（代表风险）

方差反映在支出方面不可预期的冲击，用它来得到脆弱性调整贫困线（见第 4 节）。为了预测方差，必须找出它的相关性——包括潜在的支出分布、周期滞后方差，以及国家固定效应。因此，对带有国家固定效应和潜在支出分布均值的一阶自回归模型进行假定和测算（见专栏 5 - 4）。在这个模型基础上可以预测未来的方差。

贫困预测

表 5 - 4 和表 5 - 5 列举出了贫困预测的结果。表 5 - 4 分别显示了 1.25 美元、1.51 美元和组合贫困线下的贫困率预测结果。表 5 - 5 显示了相应的贫困人数。由于组合贫困线具有乘性特征（见专栏 5 - 1），在这条贫困线下的贫困人数会大于第 2 节至第 4 节中测算的贫困人数综合。两者之差代表遭

受粮食安全和脆弱性加在一起的额外贫困人口。例如，一个家庭在单独的粮食安全或者脆弱性情况下并不贫困，但是如果遭受两者同时打击时则会陷入贫困。

表5-4和图5-1显示了除太平洋岛国以外，其他所有的次地区在1.25美元和1.51美元下的贫困率、贫困人口数量都急剧地下降了，因为预测太平洋岛国未来经济增长较慢。从亚洲整体而言，1.51美元下的贫困率从2015年的21.4%下降到2030年的2.5%，意味着贫困在技术层面已经根除。然而，如果加上粮食安全和脆弱性，则减贫的步伐会延缓下来。更重要的是，它会导致不同的结论：贫困率在2015年仍高达41.2%，2020年会下跌至31.7%，2025年会达到24.2%，2030年会达到17.1%。南亚的贫困率始终都相对较高：2015年为54.9%，2020年为45.5%，2025年为35.0%，2030年为24.5%。对于太平洋岛国，2015年的贫困率为49.0%，2030年下降到27.0%。中亚和西亚的贫困率在2015～2030年将会从41.1%下降到20.1%。东南亚的贫困率将会从32.4%（2015年）下降到9.7%（2030年）。东亚的贫困率将会从2015年的29.9%下降到2025年的14.6%，到2030年会进一步下降到10.9%。

就2030年的整个地区的贫困数量而言（见图5-2），处在1.25美元以下的贫困人口只有5646万。如果运用1.51美元的地区贫困线，贫困人口数量将会增至1亿389万人。但是在组合贫困线下，2030年的贫困人口数量为7亿843万人。

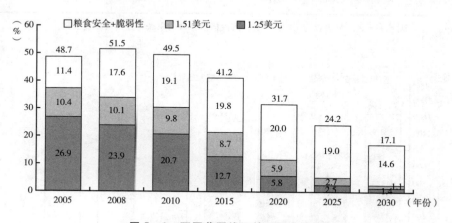

图5-1 不同贫困线下的亚洲贫困率

资料来源：ADB测算。

专栏5-4 方差（冲击）预测

将消费支出作为附加解释变量，对方差进行一阶自回归的模型如下：

$$\overline{\sigma}_{it} = \alpha_i + \lambda\overline{\sigma}_{it-1} + \beta\hat{\mu}_{it} + \varepsilon_{it}$$

其中，预计 $\lambda > 0$ 和 $\beta > 0$。

上述模型使用 24 个国家 1978～2012 年非平衡面板数据，包括亚美尼亚、阿塞拜疆、孟加拉国、不丹、柬埔寨、中国、斐济、格鲁吉亚、印度、印度尼西亚、哈萨克斯坦、吉尔吉斯斯坦、老挝、马来西亚、尼泊尔、巴基斯坦、菲律宾、斯里兰卡、塔吉克斯坦、泰国、东帝汶、土库曼斯坦和越南。

截距、干扰项的周期滞后标准离差以及支出均值的显著性全部为 1%。干扰项的周期滞后标准差和分布均值的相关系数分别为 0.642 和 0.113。调整后的 R^2 为 0.94。

表 B5-3 脆弱性模型

因变量：干扰项 $\overline{\sigma}_t$ 的标准离差	相关系数	标准误差
干扰项 $\overline{\sigma}_t$ 的周期滞后标准离差	0.642 ***	0.016
分布 $\overline{\mu}$ 的均值	0.113 ***	0.005
常数项	-0.499 ***	0.024
固定效应的测算未报告		
调整后的 R^2	0.94	
自由度	4461	

注：*** 表示显著性为 1% 水平上；线性插值已被用来获得连续的年度数据。

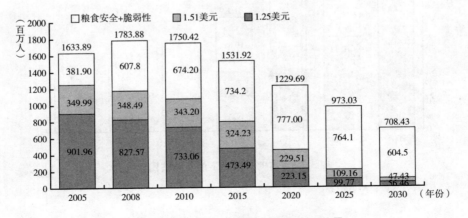

图 5-2 不同贫困线的亚洲贫困人口数量

资料来源：ADB 测算。

6　总结和政策建议

6.1　总结

按照目前传统的极度贫困线每人每天 1.25 美元，亚洲和太平洋地区有可能在 2025 年前根除极度贫困。但是，前面章节已经表明这种测量标准无法完全显示出该地区极度贫困的状况。

第一，1.25 美元的贫困线是基于 1988 ~ 2005 年的数据，非洲占的权重很大。因此，这种测量标准尽管不过时，但是不适用于测量亚洲的贫困。如果使用亚洲的最新数据，那么该地区的贫困线应该是 1.51 美元。按此标准，那么 2010 年另外还有 3 亿 4320 万人口处于极度贫困。2010 年该地区的贫困率也会攀升到 30.5%，而不是普遍所说的 20.7%

第二，亚洲很多国家面临着食品不安全的新挑战。近几年来，随着食物价格上涨快于一般消费价格的上涨——价格波动幅度很大，贫困线附近的人们的基本营养需求越来越难以得到满足。如果考虑食物价格上涨的因素，粮食安全会使 2010 年亚洲地区的贫困率上升 4%，极度贫困人口增加到 1 亿 4052 万人。而且随着城镇化进程的推进，越来越多的土地和水资源不再用于粮食生产，在未来几年内，粮食安全将成为重要的发展挑战。

第三，低收入家庭在面临各种风险和冲击时脆弱性会不断上升，这些危险和冲击包括频繁的自然灾害和疾病等。考虑到资源的有限性，贫困人口通常是风险厌恶型的。这些约束使得低收入家庭面临福利减少的脆弱性和不确定性。如果根据脆弱性调整贫困线，2010 年，1.25 美元贫困线下的极度贫困人口还将有 4 亿 1799 万人。

结合这些因素——可能有重叠部分——使得亚洲和太平洋地区贫困状况更加清晰[①]。因此，2010 年，亚洲的极度贫困人口就有 17 亿 5042 万（49.5%），而不是 7 亿 3306 万（20.7%）。这也就说明了一个事实，尽管近几十年来经济增长，但是即使在 2030 年之后，贫困问题还是亚洲发展的

---

① 如第五节中所示，基于组合贫困线所估计的贫困数量，与第 2 节到第 4 节中的贫困人口数量不同。这是因为组合贫困线是亚洲贫困线和根据食品安全和脆弱性调整后的贫困线共同预测的结果，但不是总和。

首要挑战，届时还会有 17.1% 的人口（即 7 亿 843 万人）处于极度贫困。

亚洲应该如何面对这些现实呢？不用说，经济增长、稳健的宏观经济调控以及有效治理还是基础之所在。同时，区域合作将很有帮助。但是增长的质量也很关键。解决粮食安全和脆弱性上升等问题所需要的政策战略不仅是总体上的，也需要适合各个国家国情。

6.2　应对粮食安全

增加粮食供应量和获取渠道，降低粮食价格，稳定粮食供给是解决并确保食物供应量的有效途径。提高农场生产力是长期解决粮食安全问题的根本方法。可以通过以下方法实现：提高粮食生产的生产率；提高收割后的生产率——提高销售效率和储存能力（包括冷藏）；加强交通基础设施建设（ADB，2012a）。

亚洲不同国家粮食产量的不同使得提高生产率的潜能也不同（见表 6 - 1）。无论如何，提高生产力都需要研发（R&D），通过扩展和实地援助（应用适当的技术）实现技术转移和应用。私人投资在研发中越来越重要（由公司或者基金会投资）。由于很多创新缺乏即时的商业潜力，这一工程必将是浩大的、长期的①。研发投资应该更多地投放到土地缺乏的小佃户手中，以提高产量和质量，尤其是山区或者偏远地区的边缘农民（Asia Society and IRRI，2010）。这些小农户占农村人口的绝大多数（Salim，2010）。

在亚洲，寻找水稻和小麦的替代品是至关重要的，土豆就是一个恰当的替代品，其产量很高，而每一单位面积所产出的能量和蛋白质比大多数农作物都要多。而且它很适合流行于该地区的多数种植系统。但是，该地区所使用的大多数土豆品种都来自秘鲁，适合生长于欧洲和北美的气候。大家都知道，研发应该投入更适合于热带气候、目前的生产技术和产后加工的土豆品种（ADB，2012a）。

研究本身并不能直接提高农场生产力。还需要把新知识推广到农民那里。关于这一点，需要改革现在大多数地区所盛行的供给驱动系统，使其成为需求驱动型推广系统，能够回应农民的需求，为农民着想（ADB，2012a）。农业推广和信息服务应被列入国家多部门综合食品安全议程（Rivera 和 Qamar，2003）。

----

① 一个最好的例子就是私人和基金会对水稻培育研究和推广工作（Asia Society and IRRI，2010）。

表 6 - 1　小麦和水稻产量（吨/公顷）

国家/地区	小麦		水稻	
	2005～2012 年平均产量	2012 年	2005～2012 年平均产量	2012 年
阿富汗	1.71	2.01	3.12	2.44
亚美尼亚	2.31	2.60		
澳大利亚	1.62	2.15	8.74	8.91
阿塞拜疆	2.52	2.61	2.91	2.22
孟加拉国	2.15	2.78	3.95	2.93
不丹	1.76	2.14	3.10	3.48
文莱	—	—	0.68	0.63
柬埔寨			2.77	3.09
中国	4.71	5.00	6.50	6.74
中国台湾	3.37	1.78	5.95	6.54
斐济			2.59	2.67
乔治亚	1.56	1.74	—	
印度	2.83	3.17	3.33	3.59
印度尼西亚	—		4.87	5.14
哈萨克斯坦	1.09	0.79	3.55	3.77
吉尔吉斯斯坦	2.11	1.68	3.06	3.22
老挝	—		3.69	3.74
马来西亚			3.63	3.97
密克罗尼西亚联邦	—		1.41	1.80
蒙古国	1.24	1.57	—	
缅甸	1.68	1.81	3.94	4.05
尼泊尔	2.17	2.41	2.84	3.31
新西兰	7.93	8.92		
巴基斯坦	2.63	2.71	3.36	3.48
巴布新几内亚	—	—	2.42	3.00
菲律宾			3.70	3.84
韩国	3.56	3.91	7.06	7.58
所罗门群岛			3.36	4.00
斯里兰卡			3.76	3.89
塔吉克斯坦	2.39	2.48	4.57	6.46
泰国	1.00	0.87	2.95	3.00
东帝汶			2.22	2.81
土库曼斯坦	2.80	1.71	2.33	2.63
乌兹别克斯坦	4.52	4.66	3.88	1.78
越南			5.22	5.63

资料来源：联合国粮农组织，粮农组织数据库，http：//faostat.fao.org/（2014 年 5 月 25 日访问）。

即使有可用的新技术，农民也可能无力支付。因此必须有相应的金融服务渠道来填补这一空缺，只有这样，技术才能被大规模应用。这种渠道也就减少了弱势农民面临危机时需要变卖生产资产（牛或者犁）的可能性。此外，通过融资渠道使得农民能够积累提高生产力的资产和设备。同时，政府也能够通过提供农业输入（如化肥、种子和其他）补贴来提高粮食产量（Timmer，2014）。对灌溉、交通和通信等基础设施的投资也将对提高粮食生产起到关键作用。灌溉使得农民能够每年增收。例如，尼泊尔和阿富汗已经有能力增加粮食生产，但是一半以上的农田都还没实现合理的灌溉（World Bank，2010）。

确保购买渠道和可购性。一个人购买足够食物的能力取决于购买力和可获性。拥有一份体面的、稳定的工作是前提条件（见6.3节）。发展壮大农用工业能够很好地提高农村收入。另一种途径是促进农村非农业发展。例如，中国乡镇企业雇用了1亿农民工。提高农村投资环境和提高人力资源对促进农村非农业产业发展至关重要，对于发展壮大中小型企业（SMEs）来说也非常必要（Asia Society and IRRI，2010）。

决定食物可获性的一个主要因素是价格。收入或支出没有增加，食品价格高涨使得人们更难得到食物，尤其对于那些粮食占据大部分预算的穷人来说。价格上涨会使购买力下降，从而使得那些刚刚在贫困线以上的人跌入贫困。那些本来就贫穷的人可能会徘徊于饥饿和营养不良的边缘。从这个角度来说，定向食物补助可以保护穷人免受不可逆转的食物和热量摄取问题的困扰。同时，定向实物补助可以防止市场价格反常，从而减轻恶性价格效应对生产者的影响（Ninno、Dorosh和Subbarao，2005；Timmer，2014）。政府补贴从生物燃料转向农作物，也可以激励农民回到粮食生产中（Nellemann等，2009）。

危机使得粮食可购性和可获取性成为严重问题。社会保护机制——包括农作物保险——应该包括更多可能发生的事件（World Bank，2005）。总之，政府应该放弃高成本的综合补贴，采取有针对性的社会安全网项目——比如现金转移支付或者食物券、学龄儿童校餐计划、以工代赈等。这些方法不会扭曲市场（就像食物补贴一样），而且会更有效（因为它们更有针对性）。现金转移支付甚至会对地方经济产生乘数效应，更具可持续性（ADB，2012a）。

保持稳定性。产量不足，投入成本高和贸易限制在一定程度上造成了粮食供应不稳定。虽然存放粮食成本很高，但是国家粮食储备有助于稳定价格，保障本国粮食安全。粮食库存量应该公开透明，当价格异常高时，应该提前公布库存量。从另一方面来说，当人民遭遇暂时的粮食安全冲击时，应急储备能够立即响应来满足这些食物需求。例如，每个东盟成员都维持着一定的国家粮食储备。在地区内协调储备——正如我们所讨论的——使成员国能够利用该地区储备池，从而减少仓储成本（ADB，2012a）。

应急基金能够为社会安全网项目提供资金，这也是一个可以考虑的方法。采取一些激励私人企业的措施——比如减少税收——可以让这些企业捐赠基金，由政府机关和私人企业共同合作来运营（亚洲发展银行，2012a）。这个基金可以对接应对自然灾害和其他灾难的保险（ADB，2012a）。

粮食贸易能够帮助稳定粮食价格，确保食品安全。但是国家政策往往反对自由化，尤其在粮食方面。进一步来说，关于粮食出口限制甚至是减少进口限制的多边谈判一直很困难。而通过区域合作能使这一谈判成为可能。粮食进口国可以和粮食出口国商谈禁止单边出口限制，作为交换，粮食进口国同意降低自给自足的程度，从而通过建立应急粮食储存和经济援助的协议。

准确、及时的食品市场和食品储量信息有助于政策协调，也可以缓和价格波动，避免投机买卖。例如，当预测到粮食储备较少时，实行适当的税收和价格激励方案来提高粮食生产。

可以通过建立弹性的农业系统，发挥研发的作用。一个很好的例子就是通过新的精确培育方法来提高水稻种的微量营养素含量，开发新的水稻品种，增加水稻非生物逆境的耐受性（如干旱、洪涝，以及土地盐渍化），提高对害虫疾病的抵抗性（Asia Society and IRRI，2010）。滴灌技术也可以提高水资源利用率。

6.3　应对脆弱性

降低受灾风险。根据脆弱性来源评估处于危险的地区和人口是减少灾害风险根本条件（Joakim，2011）。这些信息——以脆弱性地图的形式——使社会应对全球性灾害更有针对性，更精确地知道灾前或灾难发生后应该针对哪些群体（Birkmann，2007）。这些地图反映了社会资源和应对能力——像避难所、社区活动中心、公园、地方服务团队，以及街坊反应网（Morrow，1999）。这些地图必须随着新数据和更好的预测技术而持久更新。需要更多的研究来分析脆弱性的动态过程，以便更好地探测不同灾害的敏感性，同时也增强应对和适应能力（BEH，2011）。

在降低灾害风险方面的投资有助于降低灾害脆弱性。这些投资的重点放在如何直接应对危险——包括通过保护森林来降低山体滑坡和洪水的可能性；谨慎规划土地使用来减少危害；应用预警系统；增加经济多样性使得工作更有弹性。在亚洲，政府在降低灾害风险方面的投资逐渐增加。例如，2006年，印度尼西亚政府预算的0.6%用在了降低灾害风险上，到2012年，这一预算超过了1%。孟加拉国在过去35年里在这一方面的投资超过了100亿美元，从而降低了灾害损失。而中国的综合防灾减灾计划（2011~2015年）每年将灾害损失降低到了GDP总量的1.5%以下（Bonapace、Srivastava和Mohanty，2012）。

中小规模的灾害正在增加，这也增加了脆弱性。因此，首要任务是需要将脆弱人群纳入计划之中并采取缓和措施。这种从下而上的方法被普遍接受，社会参与到每个灾害风险管理阶段中来——从情况分析到计划实施（Yodmani，2001）。这种方法要求培养社区能力，储备地方资源，以及部署灾害发生时的应对策略（Yodmani，2001；BEH，2011）。

现在国际灾难援助机构主要采取的方法是一旦灾难发生，快速投入救援行动中。但是即使立即提供援助，也不如当地团队就地提供知识和所有权来的有效。这种援助需要长期积极的参与。在灾难发生前很早就应该做好降低灾害风险的措施（BEH，2011）。尤其是必须要扩大预警系统。

应对气候变化——缓解和适应。在脆弱性上升过程中，气候变化与降低灾害风险密切相关。这种相关性见之于大量研究成果及其提出的政策建议中。有很多缓和政策已经起到了对环境的有效改善——比如减少化石燃料补贴、税收或对使用化石燃料作为能源征收碳排放费；对购买车辆、登记和汽车燃料征税；对汽车使用、过路费和停车费征税；加强对环境友好型公共交通设施和非机动交通工具建设的投资；公共部门领导计划，包括采购和激励能源服务公司（ESCOs）；为产业提供基准信息、行为标准和补贴、税收豁免；利用财政激励和法规来提高土地管理，保持土壤含碳量，保证化肥和农业灌溉使用效率（Metz等，2007）。

适应气候变化要求每个人在现有社会力量的基础之上，努力提高一定的适应能力，来处理应对现在和未来可能发生的事件（Joakim，2011）。已有5种先行适应的一般方法：（1）加强基础设施建设来抵御气候变化带来的影响——例如，扩大系统抵御温度或者降雨的范围；（2）增强潜在脆弱性管理系统的灵活性——例如，改变土地用途，或重新安置脆弱人群；（3）增强脆弱自然体系的适应能力——例如，减轻非气候因素影响的压力，或者解除对植物移植和动物迁徙的非必要障碍；（4）扭转脆弱性上升的趋势——从减少人类在脆弱地区的活动到保护自然系统免受危害；（5）提高公共防范意识——就气候变化可能带来的后果和危险开展公共信息活动，对于极端气候事件建立预警系统。这些都是针对减少灾害危险的相关措施，无论是沿海地区和内陆大城市都适用。在为气候变化做好准备和减少气候相关的危害之间没有明显的界线（Klein、Nicholls 和 Thomalla，2003）。

　　能否成功适应气候变化主要取决于总体发展进程。气候变化并不是独自发生的。例如，虽然为农村家庭提供更多的抗旱口粮作物可能会有作用，但是通过一套协调的措施，包括农业推广、作物多样化、病虫害综合治理以及雨水集蓄来提高粮食安全会更好。此外，如果农村贫困户中至少有一个家庭成员识字的话，那么这些家庭更可能有以下选择，特别是：可以通过当地金融机构获得投资资本；可以利用相对完整的社会网络，并且他们能让决策者负起责任。也就是说，提高适应能力可以采用更加广泛，不仅仅针对气候的方法（Klein，2010）。

　　社会救助和社会保护。在发展中亚洲，社会安全网的构建跟不上经济的快速发展。统计数据表明，政府只承担了一小部分的灾害损失（见图6-1）。这对于贫困人口影响很大。需要建立一个旨在保护弱势群体包括老人的综合社会保障系统（Giang 和 Pfau，2009）。使用脆弱性地图可以使社会保护的实施更好、更加有效地瞄准受保护对象。

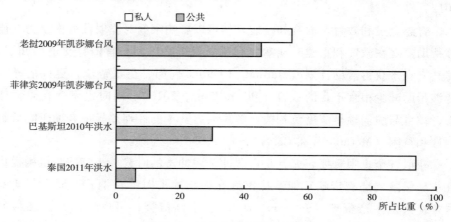

图6-1　谁来为灾害损失买单？

资料来源：Bonapace、Srivastava 和 Mohanty（2012）。

总的来说，老人更加容易遭受与健康相关的问题，他们不太能应对风险，而且从疾病中恢复过来会较慢。有些老人在被告知要撤离时不愿意离开家园。因此社区不仅需要更新老人的位置和环境知识，还需要理解老人的关切（Giang 和 Pfau，2009）。儿童的脆弱性不言而喻，尤其是那些家庭支持不够的儿童。在自然灾害多发区，学校系统应该纳入预防和疏散计划，制订切合实际的、及时的复课计划（Morrow，1999）。

生活在山区或者沿海地区是脆弱性最强的单一决定因素（McCulloch 和 Calandrino，2003）。政府和非政府组织应该扩大计划的外延，确保救济能够到位，尤其在应对即时自然灾害之时（Toufique 和 Yunus，2013）。这些措施包括应急避难所、应急市场、医疗救助、临时学校、应急消防系统以及其他方面。

收入来源多样化。在农村地区，能够从多个工作谋生比依赖于单一经济来源要好。这明显降低了脆弱程度（Ellis，2000）。由于在一年之中在不同的时间能做不同的工作，这种多样化可能会增加收入（Dercon，2002）。尤其增加非农业活动能够提高收入。但是贫困户缺乏资产和创业精神，因此很难实现收入多样化（Gaiha 和 Imai，2004）。这就是普惠金融和人力资源信息对于穷人非常重要的一大原因。

例如，在越南和印度农村地区，非农业就业显著增加了人均消费量或者人均支出。相当数量的家庭不仅贫困，而且在天气侵害、疾病和宏观经济下滑时十分脆弱。因此，收入多样性有助于降低风险（Imai、Gaiha 和 Thapa，2012）。

普惠金融和教育。教育和技能显然可以影响家庭对脆弱性的恢复力，能够帮助家庭在救灾和重建时期掌握有关处置策略以及与官僚打交道的知识，尤其有利于获得援助计划（Morrow，1999）。例如，在东帝汶，更好的教育能够帮助减少粮食不足的威胁（Jha 和 Dang，2010）。同时也发现在中国四川，教育与脆弱性呈高度负相关。解决人力资本的性别差异也有助于降低脆弱性和贫困（McCulloch 和 Calandrino，2003）。

获取资金也很重要，尤其是在缓冲金融冲击的时候。小额信贷机构提供存款和保险（还有贷款）能够让家庭在面临冲击时维持消费，而不用售卖家畜或其他生产资产（Johnson，2006）。小额信贷也可以巩固共同支撑网络，赋予女人权力，这将有助于降低成员的脆弱性（Swain 和 Floro，2011；Donaghue，2004）。弱势家庭能够利用贷款或者存款应对家庭支出受到的冲击，因而有助于熨平消费（Montgomery 和 Weiss，2006）。

市场基本工具。尽管最近掀起一股提供农业保险的浪潮——主要在中国，但是亚洲有农业保险制度的国家不超过 20 个。因此，对于决策者来说，主要的挑战来自发展和扩大保险产品和服务的规模，然后进行销售。针对那些目前只有少数农业保险的地区，政府可以帮助创建保险基础设施，包括建立法律法规框架；加强气象站数据和信息系统的基础设施；进行保险产品的研发，以及教育、培训、建设保险公司、经销商和农民的能力。在某些情况下，提供灾难再保险保护对政府来说可能非常划算。最后，尽管政府希望能够通过谨慎的高额补贴来促进农业保险的购买，但是也要小心谨慎地实施无限制补贴——一旦采用这种补贴，政府将很难再撤回。尤其对那些小国家来说，想要推广他们的农业保险计划，他们会发现不能采用高额补贴。

只有很少的亚洲国家实现了全民医疗保障或是准全民医疗保障。政府补贴对于贫困人口来说非常重要。一个很好的例子是中国实行的新型农村合作医疗制度就是针对所有农村人口的。在为最贫困家庭提供的补助费用和共同分担的医疗费用中，来自政府财政的比重为 80%（ADB，2013）。

最后，作为一个尤其有利于穷人的风险应对机制，地区小额贷款的可获性正在日益提升。它覆盖面广，而且能够降低面临各种危险时的脆弱性（Collins 等，2010）。

6.4　其他相关贫穷问题

贫穷分析的范围正在扩大，且不断演进。除了本章所说的亚洲贫困的三大问题之外，还有其他相关问题值得引起关注。

多维贫困

直到最近，以货币为标准的贫困线还在用来测量贫困。事实上，福利是多方面的事实意味着贫困也是多维的。因此，无论对于个人或者家庭来说，以货币数量为衡量标准不能完整地展现福利状况，必须考虑其他维度（见 Hulme 和 McKay，2007；Carter 和 Barrett，2006；Baulch 和 Masset，2003；McKay 和 Lawson，2003）。当市场失灵或者不存在时，金钱的意义不大。

实证证据表明货币收入和其他维度的人类福利并没有什么关联（Baulch 和 Masset，2003；McKay 和 Lawson，2003；Günther 和 Klasen，2009）。非货币性贫困往往比货币性贫困更加持久。例如，一旦儿童发育不良，那么收入如何增加都无法扭转这一情况。教育也是这样的——即使有些人在后来变富裕了，大多数辍学者在人力资本方面仍然处于贫困状态（Baulch 和 Masset，2003；Stifel、Sahn 和 Younger，1999）。

研发一套连续的、能够跨越时间和空间的贫困分析指标和权重是一项巨大挑战。联合国开发计划署在 2010 年发布了多维贫困指数，这是第一次尝试开发可比较的贫困测量方法。它使用了所谓的"双临界值"方法（Alkire 和 Foster，2011），第一个临界值定义家庭在某一个特定的维度是否被剥夺，第二个临界值决定一个家庭是否超过了可以界定为多维贫困的被剥夺阈值。

尽管很多细节还有待完善（Dotter 和 Klasen，2013），但是仍能称为亚洲特定版本的多维贫困指数。亚洲多维贫困指数为什么、怎样拥有不同的指标、临界值或权都还无法确定。这不是一个简单的问题，必须处理亚洲巨大的异质性。

相对贫困

在过去 20 年里，相对贫困这个研究领域不断在发展。人们对分析所谓的"参照收入/参照组"的生活满意度的影响极其感兴趣。换句话说，个人福利不仅仅取决于自身的收入，还取决于他人的收入。例如，个人效用会受到收入更高的其他人的负面影响（Duesenberry，1949）。

这种挑战往往在于如何决定参照组。其中一种就是考虑同事（Senik，2009）。例如，Clark 和 Oswald（1996）通过将拥有相同工作、相同年龄、相同资格的工人定义参照组，分析了工作满意度。Ferrer-i-Carbonell（2005）用具有相同特征（如年龄、教育程度、居住区域）的人组成了参照组。其他研究者也有以地理位置来确定参照收入的，比如调查某一地区同一种族的个人平均收入（Kingdon 和 Knight，2007）。某个目标个体在其所居住的区域内的排名也反映了他在消费方面的生活满意度（如尼泊尔）（Fafchamps 和 Shilpi，2008）。

高速城镇化所带来的贫困挑战

亚洲面临着前所未有的城市化（亚洲发展银行，2012b）。而且城镇化率从 10% 到 50% 的过程只经过了很短的时间。而这一过程在拉丁美洲用了 210 年（从 1750 年到 1960 年），欧洲用了 160 年（从 1800 年到 1960 年），北美用了 105 年（从 1825 年到 1930 年），而亚洲预计只要 95 年（从 1930 年到 2025 年）。

城市化和贫困在多方面交织在一起。首先，亚洲城市里充满了贫困人口——不是因为城市让人贫困，而是因为城市唤起贫困想要提升生活许多方面的意愿（Glaeser，2011）。在世界范围内，城市贫困率随着城市化的进程从 1993 年的 49.5% 上升到了 2002 年的 58.0%（Ravallion、Chen 和

Sangraula，2007）。在亚洲不管用哪种贫困线（传统的或是国内的），有一个很明显的趋势就是贫困的地理分布从乡村转到了城市。城市贫困不仅仅在总贫困中的比重上升，而且绝对数也在上升。

其次，城市生活成本远远高于乡村生活。这是因为城市和乡村地区的内部市场尚未完全整合，商品在地理上存在不可流通的现象。Ravallion、Chen和 Sangraula（2007）发现国家城市贫困线平均比农村贫困线高30%。例如，在柬埔寨，1999年，政府使用不同的贫困线——在金边，贫困线是每人每天 2470 瑞尔，在其他城市是 2093 瑞尔，而在乡村地区是 1777 瑞尔（Haughton 和 Khandker，2009）。此外，一个人如果从农村到城市，可能无法利用公共交通和很多公共服务，或者是本来免费的设施必须要付费才能享用。人们必须在市场上购买所有东西。而且伴随着发展而来的是基本需求的增加——尤其是在早期发展阶段。移民们通常比在农村赚更多的钱，购买一些以前基本不用，但是城市必需的物品（比如之前所列举的手机）。

最后，人们可能会觉得在城市里比在乡村更加贫困，这是因为：他们更容易在受到冲击时更加脆弱，包括自然和经济冲击；因为看到了更好的城市生活水平，他们可能会更加感受到被剥夺感；城市里社会纽带更加薄弱，使人们在移居之后更加感受到社会资本的匮乏。

长期贫困与短期贫困

这里的分析并没有明显区分长期和短期贫困。事实上，由于缓解不同贫困的方法不同，区分贫困类型是非常重要的。合理的保险制度（比如农作物保险）和其他促进消费的方法可以有效地减少短期贫困，但是这两个方法无法解决长期贫困。对人力资本和健康资本的投资以及资产重新分配——尤其是土地——将更有利于解决长期贫困。

如果消费能力因为风险而长期降低，那么这个家庭将处于长期贫困（McCulloch 和 Calandrino，2003）。寻求家庭安全可以将贫困人口锁定在社会结构中，尽管降低了脆弱性，但他们还是处于贫困之中。很多家庭试图"保持安全"但仍停留在"贫困"（Wood，2003）。如果长期贫困测量以跨期的平均消费量为基础，那么大部分长期贫困事实上反映了风险（Elbers 和 Gunning，2003）。而传统方法往往低估了长期贫困（Wan 和 Zhang，2013）。

6.5 结论

快速增长使得亚洲成为减少极度贫困的榜样——按照传统的 1.25 美元贫

困线来算。但是，伴随着快速增长而来的是粮食安全脆弱性的上升。根据这些研究可以得出的结论是，贫困仍然是亚洲的一个重大挑战，包括那些已经处于中等收入水平的国家——即使在 2030 年以后。为了迎接这一挑战，除了要促增长外，亚洲还必须提高粮食安全，降低脆弱性。这需要亚洲国家以及其他的政府、发展机构以及慈善机构针对穷人提供资源、协助和合理的政策。

参考文献

ADB. Statistical Database System Online. https://sdbs.adb.org/sdbs/index.jsp (accessed 28 May 2014).

_____. 2008. *Food Prices and Inflation in Developing Asia: Is Poverty Reduction Coming to an End? Special Report.* Manila.

_____. 2011a. *Asia 2050: Realizing the Asian Century.* Manila.

_____. 2011b. *Global Food Price Inflation and Developing Asia.* Manila.

_____. 2012a. *Food Security and Poverty in Asia and the Pacific: Key Challenges and Policy Issues.* Manila.

_____. 2012b. *Key Indicators for Asia and the Pacific 2012.* Manila.

_____. 2013. *Social Protection Index Brief: Social Insurance Programs in Asia and the Pacific.* Manila.

Alam, M. et al. 2012. Climate Change Induced Adaptation by Paddy Farmers in Malaysia. *Mitigation and Adaptation Strategies for Global Change.* 17 (2). pp. 173-186.

Alkire, S. and J. Foster. 2011. Counting and Multidimensional Poverty Measurement. *Journal of Public Economics.* 95 (7-8). pp. 476-487.

Amin, S., A. Rai, and G. Topa. 2003. Does Microcredit Reach the Poor and Vulnerable? Evidence from Northern Bangladesh. *Journal of Development Economics.* 70 (1). pp. 59-82.

Asia Society and IRRI. 2010. *Never an Empty Bowl: Sustaining Food Security in Asia.* Laguna, Philippines.

Attanasio, O., J. Banks, and S. Tanner. 2002. Asset Holding and Consumption Volatility. *Journal of Political Economy.* 110 (4). pp. 771-792.

Baffes, J. and A. Dennis. 2013. Long Term Drivers of Food Prices. *Policy Research Working Paper.* No. 6455. Washington, DC: The World Bank.

Baldacci, E., L. de Mello, and G. Inchauste. 2002. Financial Crises, Poverty, and Income Distribution. *IMF Working Papers.* No. 02/4. Washington, DC: International Monetary Fund,.

Barsky, R. et al. 1997. Preference Parameters and Behavioral Heterogeneity: An Experimental Approach in the Health and Retirement Study. *The Quarterly Journal of Economics.* 112 (2). pp. 537-579.

Baulch, B. and E. Masset. 2003. Do Monetary and Nonmonetary Indicators Tell the Same Story About Chronic Poverty? A Study of Vietnam in the 1990s. *World Development.* 31 (3). pp. 441-453.

Beetsma, R. and P. Schotman. 2001. Measuring Risk Attitudes in a Natural Experiment: Data from the Television Game Show Lingo. *The Economic Journal.* 111 (474). pp. 821-848.

Begum, R. et al. 2011. Vulnerability of Climate Change and Hardcore Poverty in Malaysia. *Journal of Environmental Science & Technology.* 4 (2). pp. 112-117.

BEH. 2011. World Risk Report 2011. Berlin: Bundnis Entwicklung Hilft (Alliance Development Works).

Birkmann, J. 2007. Risk and Vulnerability Indicators at Different Scales: Applicability, Usefulness and Policy Implications. *Environmental Hazards.* 7. pp. 20-31.

Bonapace, T., S. Srivastava, and S. Mohanty. 2012. *Reducing Vulnerability and Exposure to Disasters: Asia-Pacific Disaster Report 2012.* Bangkok: UNESCAP and UNISDR.

Calvo, C. and S. Dercon. 2005. Measuring Individual Vulnerability. *Economics Series Working Paper.* No. 229. Oxford, UK: Department of

Economics, University of Oxford.

————. 2007. Risk and Vulnerability to Poverty. In N. Kakwani and J. Silber, eds. *The Many Dimensions of Poverty.* Basingstoke, UK and New York, NY: Palgrave Macmillan.

Carter, M. and C. Barrett. 2006. The Economics of Poverty Traps and Persistent Poverty: An Asset-Based Approach. *Journal of Development Studies.* 42 (2). pp. 178-199.

Chandy, L. and G. Gertz. 2011. *Poverty in Numbers. The Changing State of Global Poverty from 2005 to 2015.* Washington, DC: The Brookings Institution.

Chaudhuri, S., J. Jalan, and A. Suryahadi. 2002. Assessing Household Vulnerability to Poverty from Cross-Sectional Data: A Methodology and Estimates from Indonesia. *Discussion Paper Series.* No. 0102-52. New York, NY: Department of Economics, Columbia University.

Chen, S. and M. Ravallion. 2013. More Relatively-Poor People in a Less Absolutely-Poor World. *Review of Income and Wealth.* 59 (1). pp. 1-28.

Chetty, R. 2006. A New Method of Estimating Risk Aversion. *American Economic Review.* 96 (5). pp. 1821-1834.

Chiappori, P.-A. and M. Paiella. 2011. Relative Risk Aversion is Constant: Evidence from Panel Data. *Journal of the European Economic Association.* 9 (6). pp. 1021-1052.

Clark, A. and A. Oswald. 1996. Satisfaction and Comparison Income. *Journal of Public Economics.* 61 (3). pp. 359-381.

Collins, D. et al. 2010. *Portfolios of the Poor: How the World's Poor Live on $2 a Day.* Princeton, NJ: Princeton University Press.

Datt, G. and H. Hoogeveen. 2003. El Niño or El Peso? Crisis, Poverty and Income Distribution in the Philippines. *World Development.* 31 (7). pp. 1103-1124.

De Hoyos, R. and R. Lessem. 2008. Food Shares in Consumption: New Evidence Using Engel Curves for Developing Countries. Washington, DC: The World Bank.

Deardorff, A. 2014. "Welfare Economics". In *Deardorffs' Glossary of International Economics.* http://www-personal.umich.edu/~alandear/glossary/ (accessed 9 June).

Deaton, A. 1997. *The Analysis of Household Surveys.* Baltimore, MD: Johns Hopkins University Press.

————. 2010. Price Indexes, Inequality, and the Measurement of World Poverty. *American Economic Review.* 100 (1). pp. 5-34.

Dercon, S. 2002. Income Risk, Coping Strategies, and Safety Nets. *The World Bank Research Observer.* 17 (2). pp. 141-166.

Donaghue, K. 2004. Microfinance in the Asia Pacific. *Asian-Pacific Economic Literature.* 18 (1). pp. 41-61.

Dotter, C. 2013. *The (Ir-)Relevance of the International Poverty Line for National Poverty Measurement.* Mimeo. Göttingen: University of Göttingen.

Dotter, C. and S. Klasen. 2013. *The Multidimensional Poverty Index: Achievements, Conceptual and Empirical Issues.* Mimeo. Göttingen: University of Göttingen.

Duesenberry, J. 1949. *Income, Saving, and the Theory of Consumer Behavior, Harvard Economic Studies.* Cambridge, MA: Harvard University Press.

Economist Intelligence Unit. Global Food Security Index. http://foodsecurityindex.eiu.com/ (accessed 01 July 2014).

Elbers, C. and J. Gunning. 2003. Estimating Vulnerability. *Development and Comp Systems.* No. 0408015. St. Louis, MO: EconWPA.

Ellis, F. 2000. The Determinants of Rural Livelihood Diversification in Developing Countries. *Journal of Agricultural Economics.* 51 (2). pp. 289-302.

EM-DAT: The OFDA/CRED International Disaster Database, at www.emdat.be, Université catholique de Louvain. Brussels, Belgium.

Fafchamps, M. and F. Shilpi. 2008. Subjective Welfare, Isolation, and Relative Consumption. *Journal of Development Economics.* 86 (1). pp. 43-60.

Ferrer-i-Carbonell, A. 2005. Income and Well-Being: An Empirical Analysis of the Comparison Income Effect. *Journal of Public Economics.* 89 (5-6). pp. 997-1019.

Food and Agriculture Organization of the United Nations. FAOSTAT. http://faostat.fao.org (accessed 25 May 2014).

Fujii, T. 2013. *Vulnerability: A Review of Literature.* Background paper. Manila: Asian Development Bank.

Fullenkamp, C., R. Tenorio, and R. Battalio. 2003. Assessing Individual Risk Attitudes Using Field Data from Lottery Games. *Review of Economics and Statistics.* 85 (1). pp. 218-226.

Gaiha, R. and K. Imai. 2004. Vulnerability, Shocks and Persistence of Poverty: Estimates for Semi-Arid Rural South India. *Oxford Development Studies.* 32 (2). pp. 261-281.

Gain, A. and S. Dasgupta. forthcoming. Integration

of Climate Change Adaptation, Disaster Management and Poverty Reduction Policies in Bangladesh. In A. Heshmati, E. Maasoumi, and G. Wan, eds. *Poverty Reduction Policies and Practices in Developing Asia*. Manila: Asian Development Bank.

Gandelman, N. and R. Hernández-Murillo. 2013. What Do Happiness and Health Satisfaction Data Tell Us About Relative Risk Aversion? *Journal of Economic Psychology*. 39. pp. 301-312.

Giang, L. and W. Pfau. 2009. Vulnerability of Vietnamese Elderly to Poverty: Determinants and Policy Implications. *Asian Economic Journal*. 23 (4). pp. 419-437.

Glaeser, E. 2011. *Triumph of the City: How Our Greatest Invention Makes Us Richer, Smarter, Greener, Healthier, and Happier*. New York, NY: Penguin Press.

Greb, F. et al. 2011. Dollar a Day Re-Revisited. *Discussion Paper*. No. 91. Göttingen: Courant Research Centre PEG.

Günther, I. and S. Klasen. 2009. Measuring Chronic Non-income Poverty. In T. Addison, D. Hulme, and R. Kanbur, eds. *Poverty Dynamics: Interdisciplinary Perspectives*. Oxford, UK: Oxford University Press.

Habib, B. et al. 2010. *The Impact of the Financial Crisis on Poverty and Income Distribution: Insights from Simulations in Selected Countries*. Washington, DC: The World Bank.

Hamzah, H. 2005. Roadmap toward Effective Flood Hazard Mapping in Malaysia. *JICA Region Focused Training Course on Flood Hazard Mapping*. Kuala Lumpur: Department of Irrigation and Drainage.

Hartley, R., G. Lanot, and I. Walker. 2013. Who Really Wants to be a Millionaire? Estimates of Risk Aversion from Gameshow Data. *Journal of Applied Econometrics*. pp. 1099-1255.

Haughton, J. and S. Khandker. 2009. *Measuring and Analyzing Poverty*. Washington, DC: The World Bank.

Hersch, P. and G. McDougall. 1997. Decision Making under Uncertainty When the Stakes are High: Evidence from a Lottery Game Show. *Southern Economic Journal*. 97 (64). pp. 75-84.

Hoddinott, J. and A. Quisumbing. 2003. Methods for Microeconometric Risk and Vulnerability Assessments. *Social Protection Discussion Papers*. No. 0324. Washington, DC: The World Bank.

Hoogeveen, J. et al. 2004. A Guide to the Analysis of Risk, Vulnerability and Vulnerable Groups. *Policy Research Working Paper*. Washington, DC: The World Bank.

Hulme, D. and A. McKay. 2007. Identifying and Measuring Chronic Poverty: Beyond Monetary Measures? In N. Kakwani and J. Silber, eds. *The Many Dimensions of Poverty*. New York, NY: Palgrave Macmillan.

Hur, S.-K. forthcoming. Government Spending and Inclusive Growth in Developing Asia. *ADB Economics Working Paper Series*. Manila: Asian Development Bank.

Imai, K., R. Gaiha, and G. Thapa. 2012. Does Non-Farm Sector Employment Reduce Rural Poverty and Vulnerability? Evidence from Vietnam and India. Kobe, Hyogo Prefecture: Research Institute for Economics & Business Administration, Kobe University.

Jha, A. and Z. Stanton-Geddes, eds. 2013. *Strong, Safe, and Resilient: A Strategic Policy Guide for Disaster Risk Management in East Asia and the Pacific*. Washington, DC: The World Bank.

Jha, R. and T. Dang. 2010. Education and the Vulnerability to Food Inadequacy in Timor-Leste. Canberra: Arndt-Corden Department of Economics, The Australian National University.

Jha, R., T. Dang, and Y. Tashrifov. 2010. Economic Vulnerability and Poverty in Tajikistan. *Economic Change and Restructuring*. 43 (2). pp. 95-112.

Jianakoplos, N. and A. Bernasek. 1998. Are Women More Risk Averse? *Economic Inquiry*. 36 (4). pp. 620-630.

Joakim, E. 2011. Post-Disaster Recovery and Vulnerability. In D. Etkin and B. L. Murphy, eds. *Disaster and Emergency Management in Canada*. Toronto: CRHNet.

Johnson, W. 2006. Policy Responses to Economic Vulnerability. *CDP Background Papers*. New York, NY: Department of Economics and Social Affairs, United Nations.

Kar, S. and N. Das. forthcoming. Climate Change, Agricultural Production and Poverty in India. In A. Heshmati, E. Maasoumi, and G. Wan, eds. *Poverty Reduction Policies and Practices in Developing Asia*. Manila: Asian Development Bank.

Kingdon, G. and J. Knight. 2007. Community, Comparisons and Subjective Well-Being in a Divided Society. *Journal of Economic Behavior & Organization*. 64 (1). pp. 69-90.

Klasen, S. 2009. Levels and Trends in Absolute Poverty in the World: What We Know and

What We Don't. *Discussion Paper*. Göttingen: Courant Research Centre EEG.

———. 2013. *Is It Time for a New International Poverty Measure?*, *Development Co-Operation Report 2013: Ending Poverty*. Paris: OECD Publishing.

———. 2014. Measuring Levels and Trends in Absolute Poverty in the World: Open Questions and Possible Alternatives. In G. Betti and A. Lemmi, eds. *Poverty and Social Exclusion: New Methods of Analysis*. Oxford, UK and New York, NY: Routledge.

Klasen, S. and F. Povel. 2013. Defining and Measuring Vulnerability: State of the Art and New Proposals. In S. Klasen and H. Waibel, eds. *Vulnerability to Poverty: Theory, Measurement and Determinants, with Case Studies from Thailand and Vietnam*. Basingstoke, UK and New York, NY: Palgrave Macmillan.

Klein, R. 2010. Mainstreaming Climate Adaptation into Development: A Policy Dilemma. In A. Ansohn and B. Pleskovic, eds. *Climate Governance and Development: Berlin Workshop Series 2010*. Washington, DC: The World Bank.

Klein, R., R. Nicholls, and F. Thomalla. 2003. Resilience to Natural Hazards: How Useful is This Concept? *Global Environmental Change Part B: Environmental Hazards*. 5 (1–2). pp. 35–45.

Kühl, J. 2003. *Disaggregating Household Vulnerability: Analyzing fluctuations in Consumption Using a Simulation Approach*. Manuscript. Copenhagen: University of Copenhagen & UNEP Risoe Centre.

Kuznets, S. 1955. Economic Growth and Income Inequality. *American Economic Review*. 45 (1). pp. 1–28.

Ligon, E. and L. Schechter. 2003. Measuring Vulnerability. *The Economic Journal*. 113 (486). pp. 95–102.

Lohani, B. 2012. Asia-Pacific's Vulnerability to Climate Change. *Straits Times; Korea Herald; Jakarta Post; Philippine Daily Inquirer; South China Morning Post*. 29 November.

Mansuri, G. and A. Healy. 2001. *Vulnerability Prediction in Rural Pakistan*. Washington, DC: The World Bank.

McCulloch, N. and M. Calandrino. 2003. Vulnerability and Chronic Poverty in Rural Sichuan. *World Development*. 31 (3). pp. 611–628.

McKay, A. and D. Lawson. 2003. Assessing the Extent and Nature of Chronic Poverty in Low Income Countries: Issues and Evidence. *World Development*. 31 (3). pp. 425–439.

Metz, B. et al., eds. 2007. *Contribution of Working Group Three to the Fourth Assessment Report of the Intergovernmental Panel on Climate Change 2007*. Cambridge, UK and New York, NY: Cambridge University Press.

Mirza, M. 2011. Climate Change, Flooding in South Asia and Implications. *Regional Environmental Change*. 11 (1). pp. 95–107.

Montgomery, H. and J. Weiss. 2006. Modalities of Microfinance Delivery in Asia and Latin America: Lessons for [People's Republic of] China. *[People's Republic of] China & World Economy*. 14 (1). pp. 30–43.

Morrow, B. 1999. Identifying and Mapping Community Vulnerability. *Disasters*. 23 (1). pp. 1–18.

Nellemann, C. et al., eds. 2009. *The Environmental Food Crisis – the Environment's Role in Averting Future Food Crises: A UNEP Rapid Response Assessment*. Arendal, Norway: United Nations Environment Programme.

Neumayer, E. and T. Plümper. 2007. The Gendered Nature of Natural Disasters: The Impact of Catastrophic Events on the Gender Gap in Life Expectancy, 1981–2002. *Annals of the Association of American Geographers*. 97 (3). pp. 551–566.

Ninno, C., P. Dorosh, and K. Subbarao. 2005. Food Aid and Food Security in the Short and Long Run: Country Experience from Asia and Sub-Saharan Africa. *World Bank Institute SP Discussion Paper*. No. 0538. Washington, DC: World Bank Institute.

Pritchett, L., A. Suryahadi, and S. Sumarto. 2000. *Quantifying Vulnerability to Poverty: A Proposed Measure, with Application to Indonesia*. Jakarta: Social Monitoring Early Response Unit.

Ravallion, M. 2012. Benchmarking Global Poverty Reduction. *Policy Research Working Paper*. No. 6205. Washington, DC: The World Bank.

———. 2013. How Long Will It Take to Lift One Billion People out of Poverty? *The World Bank Research Observer*.

Ravallion, M. and S. Chen. 2011. Weakly Relative Poverty. *Review of Economics and Statistics*. 93 (4). pp. 1251–1261.

Ravallion, M., S. Chen, and P. Sangraula. 2007. New Evidence on the Urbanization of Global Poverty. *Policy Research Working Paper*. No. 4199. Washington, DC: The World Bank.

———. 2009. Dollar a Day Revisited. *The World*

Bank Economic Review. 23 (2). pp. 163-184.

Reddy, S. and T. Pogge. 2010. How Not to Count the Poor. In S. Anand, P. Segal, and J. E. Stiglitz, eds. *Debates on the Measurement of Global Poverty.* Oxford, UK and New York, NY: Oxford University Press.

Reddy, S., S. Visaria, and M. Asali. 2008. Inter country Comparisons of Income Poverty Based on a Capability Approach. In K. Basu and R. Kanbur, eds. *Arguments for a Better World: Essays in Honor of Amartya Sen, Volume 2: Society, Institutions, and Development.* Oxford, UK: Oxford University Press.

Reinhart, C. 2009. The Economic and Fiscal Consequences of Financial Crises. *MPRA Paper.* No. 03025. Germany: University Library of Munich.

Reinhart, C. and K. Rogoff. 2008. Is the 2007 US Sub-Prime Financial Crisis So Different? An International Historical Comparison. *American Economic Review.* 98 (2). pp. 339-344.

Rivera, W. and M. Qamar. 2003. *Agricultural Extension, Rural Development and the Food Security Challenge.* Rome: Food and Agriculture Organization of the United Nations.

Rosenzweig, M. 1988. Risk, Implicit Contracts and the Family in Rural Areas of Low-Income Countries. *The Economic Journal.* 98 (393). pp. 1148-1170.

Rothbard, M. 1956. Toward a Reconstruction of Utility and Welfare Economics. In M. Sennholz, ed. *On Freedom and Free Enterprise: The Economics of Free Enterprise.* Princeton, NJ: D. Van Nostrand.

Ryu, H. and D. Slottje. 1999. Parametric Approximations of the Lorenz Curve. In J. Silber, ed. *Handbook of Income Inequality Measurement.* Boston, MA: Kluwer Academic.

Salim, Z. 2010. Food Security Policies in Maritime Southeast Asia: The Case of Indonesia. *Series on Trade and Food Security – Policy Report 1.* Winnipeg: International Institute for Sustainable Development.

Schmidhuber, J. and F. Tubiello. 2007. Global Food Security under Climate Change. *Proceedings of the National Academy of Sciences.* 104 (50). pp. 19703-19708.

Sen, A. 1999. A Plan for Asia's Growth. *Asia Week.* 8 October.

Senik, C. 2009. *Income Distribution and Subjective Happiness: A Survey.* Paris: OECD Publishing.

Shorrocks, A. and G. Wan. 2009. Ungrouping Income Distributions. Synthesizing Samples for Inequality and Poverty Analysis. In K. Basu and R. Kanbur, eds. *Arguments for a Better World: Essays in Honor of Amartya Sen, Volume 1, Ethics, Welfare and Measurement.* Oxford, UK: Oxford University Press.

Siwar, C. et al. 2009. A Review of the Linkages between Climate Change, Agricultural Sustainability and Poverty in Malaysia. *International Review of Business Research Papers.* 5 (6). pp. 309-321.

Skoufias, E. and A. Quisumbing. 2005. Consumption Insurance and Vulnerability to Poverty: A Synthesis of the Evidence from Bangladesh, Ethiopia, Mali, Mexico and Russia. *European Journal of Development Research.* 17 (1). pp. 24-58.

Stifel, D., D. Sahn, and S. Younger. 1999. Inter-Temporal Changes in Welfare: Preliminary Results from Nine African Countries. *CFNPP Working Paper.* No. 94. Ithaca, NY: Cornell University.

Sulaiman, J., A. Azman, and S. Abdelhak. 2013. Vulnerability to Poverty among Paddy Farmers in Perlis, Malaysia: What Institutions Can Do? Background paper for the Poverty Reduction in Asia: Drivers, Best Practices and Policy Initiatives. Sogang University, Seoul. 23-24 August.

Swain, R. and Floro, M. 2011. Assessing the Effect of Microfinance on Vulnerability and Poverty Among Low Income Households. *Journal of Development Studies.* 48 (5). pp. 605-618.

Szpiro, G. 1986. Measuring Risk Aversion: An Alternative Approach. *Review of Economics and Statistics.* 68 (1). pp. 156-159.

Thomas, D. et al. 1999. *Household Budgets, Household Composition and the Crisis in Indonesia: Evidence from Longitudinal Household Survey Data.* Los Angeles, CA: University of California.

Thorbecke, E. 2004. Conceptual and Measurement Issues in Poverty Analysis. *Discussion Paper.* No. 2004/04. Helsinki: World Institute for Development Economic Research (UNU-WIDER).

Timmer, C. 2014. Food Security in Asia and the Pacific: The Rapidly Changing Role of Rice. *Asia and the Pacific Policy Studies.* 1 (1). pp. 73-90.

Toufique, K. and M. Yunus. 2013. Vulnerability of Livelihoods in the Coastal Districts of Bangladesh. *Bangladesh Development Studies.* 36 (1). pp. 95-118.

Townsend, R. M. 1994. Risk and Insurance in Village

India. *Econometrica*. 62 (3). pp. 539-591.

UNAIDS. 2013. *HIV in Asia and the Pacific, UNAIDS Report 2013*. Geneva.

UNICEF. 2012. *Violence Against Children in South Asia*. Kathmandu.

United Nations. 2010. We Can End Poverty. 2015 Millenium Development Goals. Goal 1: Eradicate Extreme Poverty and Hunger. *Fact Sheet UN Department of Public Information/2650 A/Rev.1*. September.

——. 2014a. World Population Prospects: The 2012 Revision. http://esa.un.org/wpp/ (accessed 15 July 2014).

——. 2014b. World Urbanization Prospects, the 2011 Revision. http://esa.un.org/unup/CD-ROM/Urban-Rural-Population.htm (accessed 15 May 2014).

Waibel, H. and L. Hohfeld. 2014. *Poverty, Vulnerability and Nutrition: The Weak Underbelly of the Asian Poverty Reduction?* Background paper. Manila: Asian Development Bank.

Wan, G. and R. Francisco. 2009. How is the Global Recession Impacting on Poverty and Social Spending? An Ex Ante Assessment Methodology with Applications to Developing Asia. *ADB Sustainable Development Working Paper Series*. Manila: Asian Development Bank.

Wan, G. and Y. Zhang. 2013. Chronic and Transient Poverty in Rural [People's Republic of] China. *Economics Letters*. 119 (3). pp. 284-286.

Wood, G. 2003. Staying Secure, Staying Poor: The "Faustian Bargain". *World Development*. 31 (3). pp. 455-471.

World Bank. Povcalnet: An Online Poverty Analysis Tool. http://iresearch.worldbank.org/PovcalNet/index.htm?0,0 (accessed 28 April 2014).

——. World Development Indicators Online. http://data.worldbank.org/data-catalog/world-development-indicators (accessed 27 February 2014).

——. 2005. *Managing Food Price Risks and Instability in an Environment of Market Liberalization*. Washington, DC.

——. 2010. *Food Price Increases in South Asia: National Responses and Regional Dimensions*. Washington, DC.

——. 2014a. International Comparison Program. http://web.worldbank.org/WBSITE/EXTERNAL/DATASTATISTICS/ICPEXT/0,,contentMDK:22377119~menuPK:6747831~pagePK:60002244~piPK:62002388~theSitePK:270065,00.html (accessed 24 June 2014).

——. 2014b. *Hardship and Vulnerability in the Pacific Island Countries: A Regional Companion to the World Development Report 2014*. Washington, DC.

Yodmani, S. 2001. Disaster Risk Management and Vulnerability Reduction: Protecting the Poor. Background paper for the Asia and Pacific Forum on Poverty: Reforming Policies and Institutions for Poverty Reduction. Manila. 5-9 February 2001.

Yoshida, N., H. Uematsu, and C. Sobrado. 2014. Is Extreme Poverty Going to End? An Analytical Framework to Evaluate Progress in Ending Extreme Poverty. *Policy Research Working Paper*. No. 6740. Washington, DC: The World Bank.

Zhang, Y. and G. Wan. 2006. An Empirical Analysis of Household Vulnerability in Rural PRC. *Journal of the Asia Pacific Economy*. 11 (2). pp. 196-212.

关于亚洲开发银行（ADB）

———❦———

  亚洲开发银行的愿景是让亚太地区消除贫困。其使命是帮助其发展中成员消除贫困，提高民众生活质量。尽管 ACI 国家取得了许多成功，但是该地区依然生活着世界上大约三分之二的贫困人口：16 亿人日均消费不足 2 美元，7. 33 亿人日均消费不足 1. 25 美元。亚行致力于通过包容性经济发展、环境可持续发展和区域融合等途径消除贫困。

  亚行总部位于马尼拉，拥有 67 个成员，其中 48 个来自亚太地区。其帮助发展中成员的主要方式有：政策对话、贷款、股权投资、担保、赠款和技术援助等。

亚洲开发银行
菲律宾大马尼拉曼达卢永市亚行大道 6 号
邮编：1550
电话： + 632 632 4444
邮箱：adbpub@ adb. org
网址：www. adb. org

关于亚洲开发银行研究院（ADBI）

————— ❧❦❧ —————

    亚洲开发银行研究院位于东京，是亚洲开发银行的智囊团。ADBI 的使命是探寻有效的发展战略，改善亚洲开发银行发展中成员方的发展管理。ADBI 在亚太地区和全球建立了广泛的合作伙伴网络。ADBI 的行动与亚洲开发银行的战略重点保持一致，这其中包括减少贫困、包容性经济增长、环境保护、区域合作与融合、基础设施发展、中等收入国家发展、私营部门发展与运营等。

亚洲开发银行研究院
日本东京都千代田区霞关 3 – 2 – 5，霞关大厦 8 楼
邮编：100 – 6008
电话：+ 813 3593 5500
邮箱：adbpub@ adb. org
网址：www. adb. org

图书在版编目（CIP）数据

亚洲的减贫奇迹：成就斐然还是未竟之业？ ／（以）
雅克·西尔伯（Jacques Silber），万广华主编；唐俊
译．－－北京：社会科学文献出版社，2017.10
（亚洲研究丛书）
书名原文：The Asian 'Poverty Miracle'：
Impressive Accomplishments or Incomplete
Achievements?
ISBN 978 - 7 - 5201 - 1208 - 6

Ⅰ.①亚… Ⅱ.①雅… ②万… ③唐… Ⅲ.①贫困问
题 - 研究 - 亚洲 Ⅳ.①F130.6

中国版本图书馆 CIP 数据核字（2017）第 190841 号

亚洲研究丛书

亚洲的减贫奇迹：成就斐然还是未竟之业？

主　　编／［以色列］雅克·西尔伯　万广华
译　　者／唐　俊

出 版 人／谢寿光
项目统筹／祝得彬
责任编辑／张　萍　刘晓飞　刘　娟

出　　版／社会科学文献出版社·当代世界出版分社（010）59367004
　　　　　地址：北京市北三环中路甲 29 号院华龙大厦　邮编：100029
　　　　　网址：www. ssap. com. cn
发　　行／市场营销中心（010）59367081　59367018
印　　装／北京季蜂印刷有限公司

规　　格／开　本：787mm × 1092mm　1/16
　　　　　印　张：22　字　数：382 千字
版　　次／2017 年 10 月第 1 版　2017 年 10 月第 1 次印刷
书　　号／ISBN 978 - 7 - 5201 - 1208 - 6
著作权合同
登 记 号　／图字 01 - 2017 - 6400 号
定　　价／88.00 元